Estética da Contradição

Coleção Estudos
Dirigida por J. Guinsburg

Equipe de realização – Edição de Texto: Laura Martinez Moreira; Revisão: Iracema
A. Oliveira; Sobrecapa: Sergio Kon; Produção: Ricardo W. Neves, Raquel Fernandes
Abranches, Sergio Kon, Elen Durando, Mariana Munhoz e Luiz Henrique Soares.

João Ricardo Moderno

ESTÉTICA DA CONTRADIÇÃO

CIP-Brasil. Catalogação na Publicação
Sindicato Nacional dos Editores de Livros, RJ, Brasil

M694e

Moderno, João Ricardo, 1954-
Estética da contradição / João Ricardo Moderno. - [2. ed.].
- São Paulo : Perspectiva, 2013.
400 p. ; 23 cm. (Estudos ; 313)

Inclui bibliografia e índice
ISBN 978-85-273-0982-0

1. Estética. 2. Arte - Filosofia. I. Título. II. Série.

13-01751

CDD: 111.85
CDU: 111.85

04/06/2013   05/06/2013

2ª edição

Direitos reservados
EDITORA PERSPECTIVA S.A.

Av. Brigadeiro Luís Antônio, 3025
01401-000 São Paulo SP Brasil
Telefax: (011) 3885-8388
www.editoraperspectiva.com.br

2013

Sumário

Apresentação XV

Introdução XVII

1. ELEMENTOS DA ESTÉTICA ANTIGA
ATÉ PLATÃO 1

    1.1 A Estética Pitagórica. 9

2. A ESTÉTICA DE PLATÃO E A MODERNIDADE
ESTÉTICA 17

    2.1 O Nascimento da Dialética das Contradições
Estéticas e suas Consequências Modernas 17

    2.2 A Filosofia da Arte de Platão e a Estética
da Modernidade. 67

3. AS CONTRADIÇÕES ESTÉTICAS
FUNDAMENTAIS DO SÉCULO XVIII............. 93

3.1 Os Conflitos entre o Entendimento
e a Imaginação 95

3.2 Os Conflitos Estéticos no Interior
da Problemática do Gosto....................133

3.3 O Gênio da Arte e o Gênio do Gosto.......... 138

3.4 Arte e Natureza 167

3.5 A Natureza e a Natureza Estética 169

3.6 Presença de Diderot 172

3.7 O Momento Schiller da Contradição Estética .. 182

APÊNDICE I:
Schiller e a *Kalocagathia* da Modernidade..........211

1. *Estética Alemã do Século XVIII*.............. 213

2. *Estética Europeia do Século XVIII*............ 226

APÊNDICE II:
Perrault ou o Templo do Gosto Moderno 232

APÊNDICE III:
Elementos da Estética de Leibniz e o Intelectualismo
Estético Alemão do Século XVIII 243

APÊNDICE IV:
A Estética de Descartes e o Ocaso do Racionalismo
Estético 248

4. HEGEL E A SISTEMATIZAÇÃO DAS
CONTRADIÇÕES 255

4.1 Antecedentes 255

4.2 Elogio Hegeliano da Contradição............. 266

5. ADORNO E A TEORIA ESTÉTICA
DA CONTRADIÇÃO 313

APÊNDICE V:
Adorno e a Estética do Terceiro Incluso. 345

APÊNDICE VI:
Revault d'Allonnes e a Expressão Francesa
Contemporânea de uma Estética da Contradição. . . .351

6. PRINCÍPIO DO TERCEIRO INCLUSO 359

Referências Bibliográficas. 363

Índice Onomástico 369

O livro de João Ricardo Moderno constitui absoluta novidade no Brasil. Trata-se de um estudo sério, profundo e minudente do problema da estética da contradição, título do próprio ensaio levado a efeito durante longos anos de pesquisa. Estética da Contradição *é um livro que honra a bibliografia filosófica brasileira, ensinando, provocando debates e esclarecendo. Coloca, sem dúvida, o seu autor, presidente da Academia Brasileira de Filosofia, no primeiro plano dos que pensam e fazem filosofia no Brasil. O leitor brasileiro, com a tradução e a edição da tese, está de parabéns.*

EVARISTO DE MORAES FILHO
membro da Academia Brasileira de Letras
e da Academia Brasileira de Filosofia

Estética da Contradição, *de João Ricardo Moderno, é simplesmente o mais importante livro da história da filosofia brasileira. É um livro impressionante.*

CARLOS NEJAR
membro da academia Brasileira de Letras
e da Academia Brasileira de Filosofia

A meus pais, Jurema Carneiro Moderno
(in memoriam) *e Darcy do Nascimento Moderno,*
pela vida em todos os sentidos;
e a Olivier Revault d'Allonnes (in memoriam).

Apresentação

João Ricardo Moderno é um excelente pesquisador e um dos melhores da Sorbonne. Este livro fornece as provas de sua aptidão para a investigação filosófica mais sólida possível e para a reflexão particularmente rica e original. Devo assinalar a riqueza e a exatidão das referências, a clareza e a qualidade do pensamento, da exposição e da expressão, assim como uma evidente preocupação com a elegância da escrita. É notável a importância do objeto de sua pesquisa e a originalidade do seu procedimento. Este livro será muito útil aos pesquisadores do mundo inteiro, pois o ponto de vista de Moderno é totalmente novo, e jamais tal empreendimento havia sido realizado.

Moderno trabalhou com uma assiduidade exemplar e, em razão da importância do tema, da competência incontestável do pesquisador e da qualidade e penetração dos textos, a tese inicialmente de Terceiro Ciclo foi transformada em tese de Doutorado de Estado – *Doctorat d'État* – após um exame por especialistas. Trata-se de uma promoção raríssima. Em um trabalho de longo fôlego, elucidou muitas coisas que haviam permanecido nas sombras. Enfim, Moderno domina perfeitamente a língua e a cultura francesas, e seu livro é uma importante contribuição à compreensão da cultura europeia e universal. É motivo de orgulho para a Sorbonne que um pesquisador dessa qualidade tenha redigido uma obra filosófica de tal importância em nossa língua e na França.

Olivier Revault d'Allonnes (†)
Ex-professor emérito da Université de Paris i – Panthéon-Sorbonne
Ex-diretor da Revue d'Esthétique
Ex-presidente da École de Beaux Arts de Paris

Introdução

Estética da Contradição tem como objetivo precípuo constituir o corpo histórico-crítico da contradição estética no seio da história da estética em seus mais significativos momentos – entenda-se por mais significativos aqueles relativos à própria história da contradição estética, e não aos da história da estética –, desde os pré-socráticos e, principalmente, a partir de Platão. A história crítica da contradição estética é uma história singular no seio da história da estética. É um destaque crítico tomado da história geral da estética. A singularidade de tal empresa deve-se ao fato de estarmos concentrados na constituição de um corpo teórico fundado no conceito filosófico, e não na história como *nominata* e como cronologia fática. O conceito de contradição estética é um universo autônomo, simultaneamente constituído e integrado no corpo mesmo da história da estética, além de dissimulado e velado, ainda que sua força expressiva esteja plenamente manifestada na história da filosofia. De conteúdo latente, torna-se manifesto. A pesquisa fundamental deste livro quis dar voz manifesta a esse conteúdo latente, bastante influente na história da estética, mas até então adormecido no conforto das grandes interpretações e de uma hermenêutica estética acomodada.

O conceito de contradição estética sempre foi de uma presença velada ao longo da história da filosofia da arte em sua versão diacrônica descontínua, e igualmente age na contemporaneidade das artes e da filosofia em sua versão sincrônica. Não é, pois, uma evidência, como algo que estivesse claramente à disposição crítica dos estudiosos, e sua pesquisa crítico-histórica não se configura como uma duplicação estéril e inócua. A história da contradição estética como conceito interno à história da estética é também a história de sua submersão e penetração nos mais variados problemas estéticos, nos mais diferentes aspectos conceituais da estética, porém sem ter, até então, conquistado sua autonomia teórica e possuído a escrita de um estatuto definido. A autonomia do conceito de contradição estética nos deu um instrumento de leitura da criação artística e filosófica rigorosamente original, com ampla confirmação científica em toda a história da filosofia e em toda a história da arte. Buscou-se, então, um conjunto coerentemente racional que se prestasse a uma clara demonstração filosófica. Esperamos que onde nos falte rigor, tenhamos espírito, e onde nos falte espírito, tenhamos rigor. Quem tem espírito alcança o rigor, mas a recíproca não é verdadeira, pois nesse caso a filosofia sem espírito não é nada.

O interesse desse empreendimento crítico está centrado na ação teórica de isolar a contradição estética, maximizá-la, torná-la legível e visível a olho nu, conhecer sua itinerância e errância históricas através dos séculos e dos momentos descontínuos, suas peculiaridades, singularidades e consequências no todo filosófico da estética. A consciência humana amanhecera desde sempre dividida a partir da queda, e sua ideia de unidade é somente uma imagem da abstração conceitual. De qualquer modo, a busca da unidade do ser dividido dá-se na exploração filosófica das contradições, e não em sua dissimulação e ocultação. Assim como a consciência em sua justa imbricação com a sociedade, a arte acompanhará os destinos contraditórios da humanidade, enquanto um dos maiores exemplos das grandes formas de confirmação da vida humana sobre a Terra. Desde cedo, a arte começara a se dar conta de seu destino na contradição, como comprova a dimensão mítica da arte em suas origens e, de modo inconsciente, em nossos dias. A vida imaterial do conceito de contradição estética é verificada na materialidade espiritual da arte e da história da filosofia como acúmulo concreto de textos filosóficos. A reflexão crítica sobre a arte acompanha esse movimento e, ao mesmo tempo, interioriza-se na prática da arte.

A hipótese apresentada em *Estética da Contradição* resume-se na demonstrabilidade histórica e teórica da existência de uma contradição de caráter especificamente estético, confirmada tanto pela história da estética quanto pela história da arte, o que equivale dizer, tanto pela teoria quanto pela prática artística. Isso posto, a demonstração é desvelada em meio ao próprio exercício filosófico e ao esforço de teorização para a constituição de uma *teoria da contradição estética*. Apesar de sua longa extensão no tempo, somos conscientes de não termos podido alcançar todo o arco da problemática, visto não ter sido esse o propósito inicial e nem a promessa formal do presente estudo. Em função de seus próprios interesses demarcados, acrescentamos a impossibilidade de um merecido aprofundamento em certos períodos, autores e problemáticas estéticas, justamente a fim de mantermos a fidelidade ao projeto de pesquisa. De Platão a Adorno, muitos foram os filósofos, problemas e períodos preteridos, mas o conjunto não parece trair a expectativa do percurso histórico, tampouco o rigor da hipótese da existência de uma história singularíssima dentro da história maior da estética e da filosofia da arte. Nossa estratégia teórica consistiu em destacar a importância da contradição estética, suas várias formas de aparição e desenvolvimento e suas intrínsecas divisões internas. Desta feita, a contradição estética estaria situada na vida externa da obra de arte e em sua concepção interna em meio às contradições, conflitos, tensões e problemáticas artístico-estéticas. A *teoria da contradição estética* nutre-se da dialética da unidade conflitual da obra de arte. Pode-se dizer que também é terreno nosso aquele onde não se encontra qualquer contradição, pois o lugar da contradição estética está previsto no código filosófico, no qual certamente teremos conflitos e não conflitos, tensões e não tensões etc.

Estética da Contradição procura responder a um certo número de perguntas impostas por si mesma quanto ao desenvolvimento histórico do conceito de contradição estética. A

XX ESTÉTICA DA CONTRADIÇÃO

pergunta-base, entretanto, poderia ser formulada do seguinte modo: qual é a história da contradição estética no seio da história da estética? A questão traz embutida a hipótese segundo a qual *existe* o conceito de contradição estética, e que precisamos responder o que ela é, como se manifesta, onde se manifesta e, logo, qual a sua história. Uma história que parecia nos ter sido sonegada por inúmeros racionalismos como invariante histórica, mas que, na verdade, é muito mais que isso, pois a ocultação não era consciente, mas o resultado das dificuldades inerentes à contradição estética afogada pelos problemas estéticos mais visivelmente objetivos. A visibilidade histórica e crítica é uma das pretensões deste livro, e uma das constatações oriundas dela é a percepção de uma relação simétrica de coincidência histórica entre os avanços majoritariamente significativos da criação artística e a radicalização produtiva das contradições na obra de arte. Há um vínculo evidente entre ambos os avanços, que, mesmo sem tudo explicar, ao menos não se pode mais negligenciar.

Nossa *teoria da contradição estética* procurou aproximar a realidade estética de seu estatuto autônomo, diminuindo o espaço físico-conceitual entre ambos. Autônoma em relação à contradição lógica, a contradição estética somente aos poucos foi abandonando os traços lógicos, como as marcas genéticas, principalmente a partir da transição do século XVII para o século XVIII, coincidindo com a afirmação da imaginação criadora diante da razão operadora. Por muito tempo, a contradição estética permanecera à espera de uma ordem conceitual e territorial à altura de suas realizações concretas. Mascarada pela ação diversificada das tradições pensante e política – que a converteram em ideologia –, a contradição, agora estética, precisou sofrer um processo de desreificação desideologizante de parte a parte, para apresentar-se publicamente com toda a sua força dialética e fundada na razão. Cumpre assinalar que o conceito de contradição estética ganha pleno sentido ao ser pensado lado a lado com outros tantos conceitos e categorias da história da estética, em meio às frequentes divisões conceituais típicas do discurso filosófico e do organismo artístico.

O conceito de contradição (*contradictio*) foi definido exemplar e historicamente por Aristóteles como oposição entre a

INTRODUÇÃO

afirmação e a negação de uma mesma proposição ou *lexis* (enunciado considerado independentemente de sua verdade, "juízo virtual" ou a exclusão do meio na oposição de duas proposições). Baumgarten a completou ao criar o *princípio do terceiro excluso ou meio excluso* no livro *Metafísica*, como veremos um pouco mais adiante. Lalande sinteticamente a define do seguinte modo:

a. A relação que existe entre a afirmação e a negação de um mesmo elemento de conhecimento; primeiro entre dois termos, do qual um é a negação do outro, como A e não A; segundo, entre duas proposições, como: "A é verdadeira" e "A não é verdadeira" (ou "A é falsa"). Mais especialmente, tipo de oposição que existe entre a universal afirmativa e a particular negativa, e entre a universal negativa e a particular afirmativa (tendo os mesmos termos); e
b. O caráter de um termo ou de uma proposição que reúne elementos incompatíveis (contrários ou contraditórios) etc.[1]

Walter Brugger esclarece:

O princípio de contradição ou, mais exatamente, o princípio de não-contradição, é considerado com razão pela escolástica clássica como o princípio primeiro, ou seja, como o princípio universal, cuja intelecção se reveste de importância básica em todas as operações mentais [...] Aristóteles assim formulou o princípio de contradição: "É impossível que o mesmo [determinante] convenha e não convenha ao mesmo ente ao mesmo tempo e sob o mesmo aspecto" (*Metafísica*, 4, 3; 1005b 19s.). Esse princípio baseia-se no conceito do ser e na incompatibilidade do ser com o não-ser; do ente (isto é, de alguma coisa que possui o ser), diz ele, que enquanto é não pode deixar de ser. Do exposto se infere que o princípio de contradição enuncia, antes de mais nada, alguma coisa acerca do ente; pertence, pois, em primeiro lugar, à ontologia, e não à lógica. O princípio lógico de contradição fundamenta-se no ontológico. Exprime que duas proposições mutuamente contraditórias não podem ser verdadeiras; por conseguinte, que nunca se pode afirmar e negar simultaneamente a mesma coisa. A manutenção desse princípio é a condição primeira de todo pensamento ordenado.[2]

Afirmamos anteriormente ter sido Baumgarten o fundador do *princípio do terceiro excluso* (ou *meio excluso*); se ele não rompeu com o princípio do terceiro excluso por completo – fato

1   *Vocabulaire technique et critique de la philosophie.*
2   *Dicionário de Filosofia.*

XXII ESTÉTICA DA CONTRADIÇÃO

que se configurará somente com Theodor Adorno –, ao menos iniciou o processo. Isso porque, ao fundar a Estética por razão da insuficiência da Lógica na interpretação da criação artística, de uma certa forma, ainda que inconscientemente, ele indica a transição para o que passamos a chamar de *princípio do terceiro incluso* – termo por mim criado para designar a ruptura com o princípio do terceiro excluso na obra de arte e suas interpretações críticas. Com efeito, Nicola Abbagnano confirma:

> Foi Baumgarten o primeiro a dar o nome a esse princípio, considerando-o independente do princípio de contradição (*Metafísica*, 1739, §10) [...]
> A história desse princípio está estritamente relacionada com a do princípio da contradição, do qual não se separou até Baumgarten. Contudo, Aristóteles formulou-o com toda clareza ao dizer: "Entre os opostos contraditórios não há meio termo. Na verdade, contradição é o seguinte: oposição em que uma das partes está presente na outra, de tal modo que não há meio termo" (*Metafísica*, x 7, 1057a 33) [...]. A partir de meados do século XVIII, por obra de Wolff e Baumgarten, o princípio do Terceiro Incluso era introduzido entre as "leis fundamentais do pensamento".[3]

Sabemos que sua tese de doutorado inaugura seu pensamento estético em 1735, com as *Meditações Filosóficas sobre Alguns Tópicos Referentes* à *Essência do Poema*[4]. Sua *Metafísica* foi publicada em 1739, e sua *Estética*, entre 1750 e 1758.

Baumgarten estabelece as fronteiras entre a lógica e a estética, cujos termos e objetivos constrói:

> Existindo a definição, podemos facilmente descobrir o termo assim definido. Já os filósofos gregos e os padres da Igreja sempre distinguiram cuidadosamente as coisas sensíveis (*aistheta*) das coisas inteligíveis (*noeta*). É evidente o bastante que as coisas sensíveis não equivalem somente aos objetos das sensações, uma vez que também honramos com esse nome as representações sensíveis de objetos ausentes (logo, os objetos da imaginação). As coisas inteligíveis devem, portanto, ser conhecidas através da faculdade do conhecimento superior, e se constituem em objetos da Lógica; as coisas sensíveis são objetos da ciência estética (*episteme aisthetike*), ou então, da *Estética*.[5]

---

3   *Dicionário de Filosofia*, p. 954-955.
4   Em J.R. Moderno (org.), op cit.
5   *Estética – A Lógica da Arte e do Poema*, p. 116.

Com a publicação de sua *Metafísica*, em 1739, fica estabelecida a mediação e a passagem do livro *Meditações* para a *Metafísica*, e deste para a *Estética*. O princípio do terceiro excluso, definido na *Metafísica* como uma lei lógica do pensamento, é analisado na *Estética* como inadequado artística e esteticamente, iniciando o processo histórico que denominamos constituição do princípio do terceiro incluso (incluído ou meio incluído). Disse ele:

> As leis da arte estética, todavia – como um tipo de constelação de leis particulares –, estão difundidas por todas as artes liberais, e ainda possuem uma esfera mais abrangente: elas valem onde quer que seja preferível conhecer algo – do qual não é necessário o conhecimento científico – de modo belo a conhecê-lo de modo feio. A partir disso, esta constelação de lei, mais do que alguma das leis particulares, merece ser reconduzida a uma forma de arte, pois um dia há de apresentar – como partes distintas das artes tiradas dela mesma – um sistema mais completo para o conhecimento da beleza. Devido à sua infinita variedade, não pode ser esperado algo completo nas leis particulares, a não ser que – elevando-nos às fontes não só da beleza, mas também às do conhecimento, elevando-nos, enfim, à natureza de ambas – examinemos as primeiras divisões de ambos os conceitos que se esgotam se divididos segundo o *princípio do terceiro excluso* aplicado na presença de dois opostos contraditórios. Mas isto transformará a arte estética, levando-a a assumir a forma de uma ciência.[6]

Baumgarten recusou categoricamente a aplicação do princípio lógico do terceiro excluso nos objetos estéticos, a menos que se quisesse reduzir a arte a uma dependência do campo científico. Historicamente coube a Adorno, e não a Baumgarten, executar de fato essa passagem. A Baumgarten só faltou nomear a regência da arte pelo *princípio do terceiro incluso*, mas essa nomeação só foi possível agora, após toda a modernidade esgotada com as formas mais radicais da arte moderna e pós-moderna, e após estéticas radicais, como a de Theodor Adorno, por meio da teoria da contradição estética contida na *Estética da Contradição*.

---

6   Idem, p. 117.

1. Elementos da Estética Antiga Até Platão

A história da estética antiga, que praticamente se identifica com a ocidentalidade da estética greco-europeia, sempre foi um dos pontos mais obscuros do pensamento internacional referentes à história da estética. Raymond Bayer, Bernard Bosanquet, Lionello Venturi, H. Kuhn e K. Gilbert, entre outros, são nomes de ponta nas pesquisas históricas. Venturi, entretanto, apesar de sua documentadíssima *História da Crítica de Arte*, permanece voltado para as questões relativas à crítica de arte, propriamente dita. Crítico de arte ele mesmo, sua *História* é uma obra de crítico de arte, agora preocupado com a história dos conceitos de arte e dos nomes que os desenvolveram, ao passo que todo o restante de sua obra trata da crítica de arte envolvida diretamente com a obra de arte e sua hermenêutica. Os outros autores citados objetivam mais a estética filosófica, sem qualquer interpretação prioritária das obras de arte ou da prática artística detalhada.

Atualmente, o mais completo e brilhante estudo pertence ao autor da *Historia Estetyki* (História da Estética), o polonês Wladyslaw Tatarkiewicz, de Varsóvia. Seu tratado de história da estética começa na Grécia arcaica e termina na estética moderna até o ano de 1700. Procuraremos a seguir, tendo como sustentação histórica a obra de Tatarkiewicz, da tradução italiana *Storia dell'estetica*, dar rumo às investigações de modo a desembocar em Platão e, com isso, trazer elementos teóricos, históricos e conceituais que possam direta ou indiretamente servir à causa de uma melhor compreensão dos conflitos estéticos.

A contradição dialética na história da estética foi-se formando nos zigue-zagues dos conflitos humanos. A história da contradição estética também tem sua pré-história. Contudo, até Platão enfatizaremos, sobretudo a descrição das manifestações histórico-teóricas mais importantes, para aí sim debatermos mais detalhadamente sobre tudo aquilo que a obra de Platão sugere contribuir ao esclarecimento de nossa hipótese: *a existência de uma história da contradição estética na história da filosofia da arte.*

A estética antiga é, na verdade, a estética europeia que se prolonga por um período de aproximadamente mil anos. Consensualmente, tem início no século v a.C., ainda que alguns possam argumentar a favor do século vi a.C., e seu desenvolvimento se dá até o século iii d.C., com a estética de Plotino e seu neoplatonismo nas intenções, mas diferente do platonismo nos resultados.

Por outro lado, a estética antiga é praticamente grega, só mais tarde tendo sido objeto de outros povos e tornada, assim, "helenística". Poder-se-ia, então, dividir a estética antiga em dois períodos: o grego e o helenístico, sendo o século iii a.C. a transição.

A estética grega subdividir-se-ia por seu turno em dois períodos, chamados arcaico e clássico. O primeiro compreenderia o espaço histórico que vai do século vii, aproximadamente, ao início do século v a.C.; já o período clássico iria do final do século v até fins do século iv a.C. As histórias da estética unanimemente distinguem os períodos arcaico, clássico e helenístico como os três constitutivos do universo conceitual da estética antiga.

Isso não significa, entretanto, que o período arcaico dispusesse de uma teoria claramente definida ou de uma estética em sua plenitude. Aos pesquisadores, fica demonstrada a falta de uma unidade e de uma sistematização teórica, restando apenas ideias ao longo de questões de detalhe concernindo ao particular, sem alcançar qualquer questão geral ou universal. São frequentes as referências à poesia, sem rastro da noção de arte ou de beleza. Durante oito séculos, a humanidade europeia viveu e criou segundo uma estética do particular, sem vislumbrar a possibilidade da transcendência ao detalhe. Sem generalização das práticas ou sem teorização estética, seu conteúdo é indiferente aos conflitos e às contradições da criação artística e da filosofia da arte.

No que diz respeito à estética antiga como um todo, Tatarkiewicz chama a atenção para os conceitos estéticos que, mesmo aparentados com os conceitos modernos tidos como similares, não tem o idêntico conteúdo dos da modernidade estética. Segundo ele, a modernidade usou termos antigos com novos significados, como beleza e arte, muitíssimos mais amplos na Antiguidade e sem exclusividade estética, tal como nós os aplicamos. Os conceitos de catarse e imitação são mais dois exemplos de possíveis confusões interpretativas.

Contudo, observa o polonês, muitos outros conceitos difundidos na Antiguidade tardia eram similares aos da estética moderna. Pelo inventário de Tatarkiewicz seriam eles os seguintes (com citação na íntegra, dada sua importância):

Entre esses se encontram "fantasia", "ideia", "símbolo", "harmonia", "contemplação" (em grego, *thea, theoría*), "intuição", "composição" (em grego, *synthesis*) e "ficção", termos que permaneceram nas línguas modernas. Mas, frequentemente, também quando os termos eram diversos, os significados eram similares. Os termos gregos *ergon* e poiema (literalmente, "obra") designavam a obra de arte; *deinotes* (literalmente, "perícia") significava habilidade artística; *lexis* (literalmente, "modo de falar") significava estilo; *thema* (literalmente "proposição") significava convenção literária; *apate* (literalmente, "engano") designava arte ilusionística; *plasma* (literalmente, "aquilo que é modelado") indicava obra de arte; *krisis* (do qual deriva "crítica") significava juízo artístico; *aesthesis* (do qual deriva o termo "estética") designava sensação direta: *hyle* significava o material de uma obra de arte e *mythos*, trançado ou intriga. O termo *pragma* (literalmente, "coisa") significava também o conteúdo de uma obra de arte. *Epinoia* era o termo grego para inspiração, e *ekplexis* (literalmente, "estupefação") se referia às emoções. As categorias da estética grega assemelham-se àquelas dos tempos modernos: são exemplos o *hypsos* (sublime) e a *charis* (graça). Também os valores da arte que os gregos colocaram

4 ESTÉTICA DA CONTRADIÇÃO

em evidência encontram seus análogos modernos, como por exemplo, a *enargeia* (evidência sensível), a *sapheneia* (clareza) e a *poikilia* (variedade). Finalmente, os gregos desenvolveram também o conceito de originalidade e de criatividade na arte: *autophues* significava uma obra original. [...] *sophos architekton* e *poietes* tinham o significado de criadores. O léxico grego era suficientemente preciso para distinguir o bom poeta (*agathos poietes*) daquele que é especialista em escrever versos (*eu poion*). Existiam termos diferentes para a representação (*homoiosis*), a imitação (*mímesis*) e a cópia (*apeikasia*). Havia termos precisos para indicar a relatividade e a subjetividade. Os gregos possuíam os mesmos termos para os quais torna-se difícil encontrar os equivalentes modernos, como, por exemplo, o platônico *orthotes* (exatidão de uma obra de arte), *psychagogia* (o agir sobre as almas como guia), os *temperantiae*, de Vitrúvio (modificações óticas necessárias na arte) e a distinção entre *aisthesis autophues* e *epistemonike* (sensações naturais e adquiridas). Talvez o único importante termo estético que faltava na Antiguidade era exatamente o de "estética". Os gregos não usavam os termos "experiência estética" ou "juízo estético", pois esses são termos modernos com etimologia grega. Aos gregos faltava o termo "estética", porque não possuíam o conceito correspondente, do qual se aproximaram sem chegar a alcançar.[1]

A prática artística na Grécia antiga foi, durante muito tempo, mantida sem o auxílio dos filósofos. Seus principais conceitos estéticos foram se impondo à medida que a prática artística mostrava-se incapaz de autossustentação. Isso implica dizer que a criação de uma linguagem específica, isto é, de um discurso conceitual, fora resultado apodítico das leis imanentes da criação artística, segundo as quais a criação pressupõe pensamento, e não uma interferência exterior à coisa artificial e colonialista com relação aos objetivos da arte. Com efeito, pois, desde os antigos gregos ficou estabelecida a mútua implicação entre a criação artística e o conceito estético.

Com o surgimento dos filósofos na cena grega, os conceitos foram por eles incorporados ao discurso sábio, por vezes alterados e, por outras, sofreram modificação na amplitude de seu entendimento.

Um dos conceitos dentre aqueles que dominaram a história da filosofia da arte – e do qual, diga-se, ainda parece impossível qualquer descarte absoluto, e até mesmo se permite o ataque

---

1 *Storia dell'estetica*, p. 376.

sistemático e radicais operações cirúrgicas – é o conceito de Belo. Sua unidade reside na inexistência de unidade, mora em sua plurivocidade. Os gregos antigos designavam a palavra *kalon* para indicar tudo aquilo que agrada, causa admiração ou atração especial. Em geral traduzida por "belo", a palavra *kalon* diferia substantivamente daquilo que hoje comumente entendemos por belo.

Muitos conceitos utilizados em sentido amplo na Antiguidade grega foram sendo gradativamente reduzidos em seu conteúdo até atingirem o sentido restrito atual, e vice-versa, quando conceitos de acepção restrita entre os gregos antigos foram tomando uma densidade substantiva com o correr dos séculos e só formalmente remetem ao seu passado.

O conceito condensado na palavra *kalon* é mais amplo que o hodierno referente ao belo estético, embora tenhamos hoje algo de seu uso grego. Ele incluía tudo o que pudesse trazer satisfação ao ouvido e ao olho, ou que fosse agradável pela sua forma plástica. Assim, qualquer objeto agradável o bastante à sensibilidade grega poderia incluir-se entre os dignos da palavra *kalon*. Seguindo inspiração da crítica alemã, Raymund Bayer referiu-se ao método mitológico-poético dos gregos antigos e à aplicação por eles de *kalos*. O filósofo chama a atenção para o fato de que,

em Hesíodo, esse epíteto é aplicado inicialmente à mulher, e por extensão a Eros, porque ele participa da graça de Afrodite. Para Hesíodo, uma mulher é um *kalon kakon*: é um mal que é belo. Existem vários gêneros de beleza: cor, forma, expressão, até beleza moral. É exclusivamente da beleza exterior da qual fala Hesíodo: os traços e as cores. É belo aquilo cuja harmonia toca os olhos e, na beleza feminina, Hesíodo faz total abstração da atração sexual[2].

Por outro lado, abstrações como as qualidades da mente e do caráter também estavam incluídas entre as tantas significações possíveis do belo. Axiologicamente, pois, o belo moral e ético não era usado como metáfora, conforme assinala Tatarkiewicz, mas definia igualmente os mais altos valores na hierarquia moral da civilização grega. O justo é o belo. Ele lembra o célebre dito do Oráculo de Delfos, que dá a verdadeira dimensão da amplitude do conceito de beleza: "o mais justo é o mais belo".

2 *Histoire de l'esthétique*, p. 18 (trad. nossa).

Conceitos usados pelos gregos antigos que só bem mais tarde tiveram aceitação pelo senso comum, e que mantinham proximidade ou contiguidade com a ideia de belo, foram aqueles relativos à "harmonia" (*harmonia*), à "simetria" (*symmetria*) – isto é, à comensurabilidade ou medida apropriada (de *syn*, junto; e *métron*, medida) – e à "eurritmia" (*eurhytmia*), ou seja, ritmo exato (de eu, bem; e *rhythmos*, ritmo) e de boa proporção, justa proporção ou regularidade entre as partes de um todo. O cartesianismo estético na época moderna refletirá a influência pitagórica por meio desses conceitos da Grécia antiga. A pretensão ao belo não foi estranha à matematização pitagórica dos conceitos estéticos, daí podermos falar em uma estética matemática com uma inclinação natural à dominação prescritiva e normativa, porém também com resultados da mais alta qualidade estética.

É consensual entre especialistas que o termo *techne*, comumente traduzido por *arte* em nossa estética, foi por eles empregado com um significado muito mais amplo. O juízo *estético*, na verdade, era regido por um critério *técnico*: o da habilidade.

Para os gregos antigos, *techne* dizia respeito a toda atividade humana, porquanto é oposta à natureza, regida pela ideia de produção e não de cognição, fundada na habilidade e não na inspiração, orientada por normas genéricas e não aleatoriamente, por meio da força do hábito ou da repetição de práticas mecânicas. Esse conceito de arte sustentado pela categoria de habilidade era alimentado pela concepção de que tal atividade prática pressupunha talento. Sem talento, não há habilidade. Não há *techne*.

Os gregos incluíam no conceito de arte características partilhadas com a arquitetura, a escultura, a pintura, a carpintaria e a tecelagem. Para eles, a distinção moderna de belas-artes e artes simplesmente não era sequer imaginada, pois belas-artes e artes manuais eram a mesma coisa. O ideal de perfeição sendo alcançado do ponto de vista da habilidade técnica era o suficiente para que o artesão (*demiourgós*), por meio dessa aplicação na busca da perfeição, pudesse chegar a mestre (*architekton*).

Um dos paradoxos mais evidentes da concepção estética dos gregos antigos era o fato de valorizarem os conhecimentos do saber técnico, mas simultaneamente desprezarem os artesãos por considerá-los do mesmo nível de um operário. O uso das mãos na Grécia era revelador da camada social do indivíduo, pois apenas os que usavam a cabeça eram realmente exaltados. Se, por um lado, davam maior valor ao trabalho manual do que nós, reconhecendo a base de um saber acumulado necessário, por outro, o fato de essa atividade manual desgastar fisicamente o artesão, levando-o ao cansaço, era o bastante para o desprestígio diante das atividades intelectuais, de texto e outras. Os filósofos reforçam esse aspecto do senso comum pré-socrático.

A mais interessante caracterização concernindo a essa hierarquia social foi a subdivisão, por eles imposta, entre as *artes livres* e as *artes servis*. Estas se classificariam em uma ou outra denominação, segundo exigissem maior ou menor esforço físico, gerassem maior ou menor cansaço. Assim, as livres eram as que exigiam pouco ou nenhum esforço físico, como a música; as servis, por contraste, exigiam esforço, como a escultura e a arquitetura. A pintura, inicialmente julgada servil, aos poucos foi sendo incluída entre as de natureza livre.

Os gregos também desconheciam a ideia de arte como criação individual. O critério da habilidade técnica se sobrepunha a qualquer outro que pudesse fazer frente. A virtuosidade técnica era composta da matéria natural, do conhecimento necessário herdado da tradição cultural e da atividade manual do artista-artesão. Desconheciam critérios capazes de distinguir um artista criador de um artesão, ou seja, daquele que acrescenta algo mais que a simples repetição da regra, do outro que é fiel a ela sem nada acrescentar. A originalidade era desestimulada. O novo não era superior ao tradicional. A obediência à tradição garantia o sucesso da obra, pois a tradição era sinônima da perfeição, da qual os artesãos são meros herdeiros da universalidade cultural das formas aceitas e da continuidade necessária à identidade cultural dos gregos. O sentido de individualidade não tinha a menor importância e, no período arcaico, os artistas sequer eram lembrados pelo nome – o que, como marca da individualidade, impor-se-á no período clássico. Com efeito, as normas gerais do fazer prático prevaleciam sobre qualquer ideia de criação. O cânone (as normas gerais) era o que de mais importante havia na produção material grega. Aplicar as regras sem criar nada era superior a qualquer rasgo de individualidade.

No período arcaico, compreendido entre o século VII a.C. e o final do século VI a.C. (distinto do alto arcaísmo), o fazer de toda produção material era designado pela *póièsis* (de *poiein*), era obra do *poietes*, do poeta ao artesão comum. A amplitude desses termos era similar à de outros, como *mousike* (de "musas"), o qual significava a arte dos sons e quaisquer outras atividades protegidas pelas Musas. Dessa forma, qualquer homem culto ou erudito era chamado *mousikos*. A *architektonike* era considerada "a arte mais importante" em sentido amplo, e *architekton* designava "o mais antigo diretor dos trabalhos". Gradativamente, esses termos foram sofrendo restrições, os sentidos de cada qual perdendo a latitude do período arcaico e assumindo as significações por nós hoje adotadas, conforme Tatarkiewicz.

Segundo o autor, a estética do período clássico da arte grega teria em torno de cinco características dominantes. São as seguintes:

1. Ser uma estética das formas canônicas (*kánon*), de inspiração pitagórica. O canonismo do período clássico assenta-se na aceitação da existência de uma beleza objetiva e no proporcionalismo objetivo perfeito. As proporções objetivamente perfeitas são concebidas de modo matemático, sob o pressuposto de que a beleza objetiva é resultante do número e da medida. O objetivismo e o matematismo dessa concepção, contudo, não são inimigos da liberdade individual de expressão plástica;

2. Ser uma estética tendente às formas plásticas orgânicas. A beleza mais perfeita manifestar-se-ia nas formas, nas proporções e nas ordens de grandeza dos seres humanos. É procurado um equilíbrio entre os elementos orgânicos e os elementos matemáticos. O cânone de Policleto traduz perfeitamente uma das formas orgânicas baseada em números;

3. Ser uma estética realista fundada na convicção de que a natureza fornece o modelo da arte. Não há uma beleza artística em oposição a uma beleza natural;

4. Ser uma estética estática, privilegiando a beleza das formas fixas do movimento, em condições de repouso e equilíbrio, em que a simplicidade impor-se-ia diante da riqueza de elementos; e

5. Ser uma estética da beleza psicofísica, uma síntese das belezas espirituais e físicas, englobando forma e conteúdo. O belo consistiria na realização da unidade e na harmonia da alma com o corpo.

A filosofia pitagórica, responsável pelas concepções de uma estética matemática, e as filosofias socrática e aristotélica, responsáveis pelos princípios psicofísicos, dariam a complementação teórica à estética do período clássico da arte grega. A filosofia do período clássico, contudo, tinha dos problemas estéticos uma visão articulada, em que, por um lado, abriam uma perspectiva de análise dos fenômenos e dos conceitos, mas, por outro, "adaptavam esses fenômenos e conceitos às exigências de seus sistemas filosóficos". Adorno irá caracterizar esse comportamento como exemplo da estética positiva iluminista, na qual o sistema prevalece sobre o princípio das obras e da crítica negativa.

1.1 A ESTÉTICA PITAGÓRICA

A escola pitagórica é considerada a primeira a fazer menção aos problemas estéticos. Para Bayer,

Pitágoras é o criador de uma espécie de linha de vida bela mais do que de pensamento, de uma espécie de obra de arte viva, um partido aristocrático: a elite; é um nietzscheísmo antes do tempo. Ele se preocupa com a educação dos aristocratas já à maneira de Platão. A filosofia de Pitágoras é inteiramente uma estética. Ele é classificado por Aristóteles ao lado dos jônicos e dos hilozoístas. Mas, em Pitágoras, a abstração se sutiliza e se eteriza ainda mais, e as relações quantitativas das coisas aparecem antes das relações qualitativas. É a glória do formalismo. O número e a medida são abstrações mais refinadas e mais racionais que as da Escola jônica. Já é uma categoria: "os números constituem tudo aquilo que é". Ainda não são protótipos, arquétipos como as *ideias* de Platão. A natureza trabalha a partir de números, isto é, a partir de medidas determinadas. [...] Foi Pitágoras o primeiro a aplicar ao universo o nome de *cosmo*. Todas as coisas constituem uma sinfonia, uma música; o universo inteiro, "o mundo músico", é um convite à harmonia, e nós devemos nos acordar ao ritmo que é a lei do universo: *a harmonia é a unidade do variado e o acordo do que é discordante*[3].

A harmonia seria a antítese das contradições. A estética pitagórica recusa as contradições por meio do substitutivo da harmonia. Veremos mais adiante que esse conceito estético é igualmente rejeitado por Adorno quando fala em harmonia

3   Idem, p. 24.

bastarda das ideologias estéticas que não incorporam as contradições. A estética de Platão perceberá as contradições, chegará mesmo a fazer delas uma exposição, uma dissertação dos conflitos, mas terminará por procurar resolvê-las em uma solução impositiva, prescritiva e autoritária. Já Aristóteles as rejeita pela adoção do princípio do terceiro excluso aplicado na arte e na estética. Essa aplicação dominou a estética ocidental por muitos séculos, e só chegou a ser contestada de modo ainda inconsciente a partir do final do século XVII e início do século XVIII.

A estética pitagórica, distante de qualquer aceitação de uma harmonia dialética dos fenômenos estéticos, tinha uma visão dualística do mundo, onde conviviam elementos religiosos e científicos.

Sem a matematização da interpretação do mundo pelos pitagóricos, a estética não teria naquele momento descoberto as leis básicas da acústica. Aristóteles, lembra Tatarkiewicz, a respeito dos pitagóricos escreveu que "eles pensavam que seus princípios matemáticos fossem os princípios de todos os seres". Continua ele, dizendo que,

em particular, localizaram a presença de uma ordem matemática na acústica, baseando-se na observação do fato de que as cordas vibram harmonicamente ou não segundo sua extensão. Explicaram o fenômeno da harmonia em termos de proporção, medida e número, e a considerava baseada em uma relação matemática das partes. Esta foi uma descoberta importante; graças a ela, a música torna-se uma arte, no significado grego da palavra[4].

O conceito de harmonia, em princípio criado por eles, era equivalente ao conceito de belo, já que este não era usado. A harmonia definia-se etimologicamente pela ideia de acordo e unificação, exprimindo, pois, a concordância e a unidade das partes singulares. Afirma Tatarkiewicz que era por causa principalmente "dessa unidade que a harmonia representava para os pitagóricos algo de positivo e de belo no sentido grego (amplo) da palavra". A frase do pitagórico Filolau é esclarecedora: "A harmonia é a unificação de muitos termos misturados e o acordo dos elementos discordantes"[5].

4 Op. cit., p. 108.
5 Idem, p. 109.

A conciliação em Filolau está idealmente representada pela ideia de cosmo, no qual os conflitos seriam solucionados por meio da harmonia: "Os elementos que são dessemelhantes, e de espécies diversas e diversamente ordenados, devem ser resolvidos pela harmonia que os liga em um cosmo"[6].

A estética pitagórica deriva de algumas teses fundamentais da sua filosofia que tiveram um grande alcance na história da filosofia da arte. As coisas do mundo existem objetivamente e, como tal, devem as teorias refletir a fim de se manter a coerência do mundo. A exata proporção e a harmonia, por serem propriedades intrínsecas das coisas, isto é, serem o cerne da objetividade das coisas, indicam suas determinações objetivas, nas quais harmonia e exata proporção (*symmetria*) são por isso belas e úteis, logo, necessárias.

Suas outras teses poderiam ser resumidas da seguinte forma: a harmonia das coisas tem como propriedade causal o fato de manter a regularidade de cada coisa e segundo uma ordem fundamental. Por sua vez, ela não é pura expressão individual de um objeto em especial, mas sim a "justa disposição de muitos objetos". Haveria uma micro-harmonia e uma macro-harmonia regente das outras quaisquer micro-harmonias. A harmonia, conforme os especialistas reconhecem, é uma ordem matemática e numérica derivada do número, da medida e da proporção. Assinala Tatarkiewicz que essas últimas características da teoria pitagórica são as que justamente a definem como "puramente pitagóricas", "derivada de sua filosofia matemática e fundada sobre as suas descobertas na acústica". A música tornou-se a arte mais importante na estética pitagórica, com desdobramentos na arte grega futura e indiretamente integrando as bases das teorias e práticas da arquitetura e da escultura.

Apesar de os gregos terem uma concepção visual da beleza, a regularidade nas artes figurativas era uma condição e uma garantia de beleza e de harmonia; é na música que se tem o modelo estético perfeito explicável pela influência das proporções, das medidas e dos números. A partir do universo construído pela harmonia, onde Bayer vê "não apenas uma cosmologia, mas uma cosmologia cheia de esquemas e de figuras

6   Idem, ibidem.

12 ESTÉTICA DA CONTRADIÇÃO

tanto quanto de harmonia, na qual se encontram a aritmética das distâncias e a música das esferas"[7], os gregos vão nomeá-lo *kósmos* (ordem), para demonstrar a organização fundamental que rege o mundo como um todo racional e matematicamente criado. No mesmo sentido interpreta Tatarkiewicz, ao mencionar a harmonia do cosmo pitagórico:

dado que, segundo eles, cada movimento regular produz um som harmonioso, pensavam eles que o universo inteiro engendrava uma "música das esferas", uma sinfonia que não podemos perceber simplesmente porque ressoa ininterruptamente. Dessa premissa, eles deduziam também que a estrutura do mundo devesse ser regular e harmoniosa: a esfera possui essa qualidade, e por isso concluíam que o mundo devesse ser esférico. Sua estética permeava também o campo da psicologia; imaginando as almas similares aos corpos, eles consideravam perfeitas as almas construídas harmoniosamente, aquelas nas quais há uma congruente proporção das partes[8].

O paradoxo da convivência do corpo com a alma, por excelência o paradoxo da vida, não era visto como um sistema de contradições, conflitos e contrastes, mas sim como uma identidade conciliada pela harmonia. Há, portanto, uma esfericidade nas relações entre corpo e alma.

Da mais alta importância na filosofia da arte foi a concepção estética dos pitagóricos quanto ao fator receptivo da obra de arte, isto é, quanto aos efeitos sobre a alma produzidos por uma obra de arte musical. Segundo eles, a essência da música baseia-se na proporção entre as partes, coerente com o princípio da ordem e da regularidade das partes envolvidas diretamente na obra. São princípios internos, endógenos, mantidos pela sua firme disposição em atender às exigências de unidade conciliada, de acordo entre as contradições com o fim de que essas não se pronunciem. Porém, o *éthos* (disposição de espírito) como potência com a faculdade de agir sobre a alma é dado como princípio externo de recepção da obra musical.

Segundo Tatarkiewicz, a teoria do *éthos* da música

constituía um complemento das artes expressivas dos gregos, da *choreia una e trina* que se realizava por meio das palavras, gestos e

---

7   R. Bayer, op. cit., p. 24.
8   Op. cit., p. 110.

música. Originariamente, os gregos acreditavam que a *choreia* agisse exclusivamente sobre os sentimentos do dançarino ou do cantor. Os pitagóricos, porém, observaram que a arte da dança e da música produzia um efeito análogo sobre o espectador e sobre o ouvinte. Eles compreenderam que não agia só por meio do movimento, mas também por meio da observação do próprio movimento, e que a uma pessoa culta não era necessário participar de danças orgiásticas para provar intensas emoções, sendo suficiente assisti-las. [...] De tudo isso deriva que a música pode agir sobre a alma: a boa música pode melhorá-la, e vice-versa, a ruim poderá corrompê-la. Os gregos usavam aqui o termo de *psychagogía*, isto é, "guia das almas", assim, a dança, e em particular a música, possuíam um poder "psicagógico". A psicagogia era, entre os gregos antigos, a cerimônia religiosa de invocação das almas dos mortos. Assim entendida, a música pode conduzir a alma a um *éthos* bom ou ruim[9].

Platão dará sequência à teoria psicagógica, segundo a qual a música submete-se ao *éthos* decorrente, e desdobrada em suas consequências pedagógicas. A estética de Platão preserva essa característica permanente da doutrina musical grega e a radicaliza. Para Tatarkiewicz, nem a interpretação matemática da música supera em difusão a interpretação psicagógica. O fato de distinguirem a música boa da música ruim foi decisivo para a história da arte. O pitagorismo, como mais tarde adotado por Platão, impunha a exigência de que "a boa música fosse regida pelas leis", e que "em uma matéria moral e socialmente tão importante, a liberdade e os perigos a ela conexos fossem proibidos". O caráter repressivo da estética de Platão tem o rastro do pitagorismo atualizado. Desse modo, a estética de Platão sob certos aspectos funde pitagorismo com egitismo: *uma arte boa, imutável, conforme as leis e inimiga das contradições*. Dentro dos princípios fundamentais da estética pitagórica, poderíamos mencionar um que teve por destino ser quase uma invariante, o elemento órfico. Segundo esse, e no rastro da religião grega ou das crenças órficas, a música teria o poder de libertar o homem dos pecados e purificá-lo na alma, mantida refém do corpo. Esse sequestro da alma pelo corpo poderia chegar ao fim por meio dos esforços da música, principalmente para libertar a alma dos limites impostos pelo corpo. O transe

9   Idem, p. 111.

musical por eles atingido ritualisticamente, causador do ator-doamento (vertigem) espiritual, seria suficiente para "a alma adquirir a faculdade de libertar-se do corpo e de abandoná-lo temporariamente".

No século v a.c., a doutrina de Damon de Atenas teria um futuro assegurado um século depois com Platão. O damonismo pregava para a música uma função político-social destinada a ordenar a alma e organizar a sociedade. A imutabilidade da música traria estabilidade à sociedade, possibilitando com seus ritmos a realização da harmonia da alma (*eunomia*). O damo-nismo é a negação das contradições estéticas internas à mú-sica e daquelas oriundas das relações sociais. Seu conceito de harmonia da alma é contrário à ideia de convivência com os conflitos de natureza estética, pois esses teriam um efeito direto e imediato sobre a sociedade. Platão, nas *Leis*, explora o damo-nismo dando-lhe a necessária consistência jurídica. Como um platonismo *avant la lettre*, o damonismo está na origem histó-rica da rejeição à estética da contradição. A estética pedagógica tem nele seu patrono. O pedagogismo revelar-se-á uma expres-são do despotismo. François Châtelet dirá a respeito de Platão:

A Calípolis com suas hierarquias estritas e sua obediência ao saber prospectivo, e com sua pedagogia seletiva, é o que os diversos regimes político-econômicos atualmente em confronto procuram instituir, segundo suas possibilidades históricas e com mais ou menos sutilezas. Agora, o ideal de Platão é da ordem do fato. O despotismo tecnocrático, o poder encarnado por um homem esclarecido pela ciência – que se trate de uma nação, de uma unidade industrial ou bancária – impõe-se como efetuando teórica e praticamente aquilo no qual as totalidades sociais encontram sua vitória. A Cidade platônica se torna mundial[10].

O único grande nome anterior à Platão que pode ser con-siderado um precursor da estética é Demócrito. A doutrina de Heráclito não chega a representar qualquer avanço significa-tivo. O antidespotismo de Demócrito coloca-o em oposição à doutrina platônica, quando procura mais situar a arte do que prescrevê-la. Se Heráclito já se referira à concepção da arte como imitação dos procedimentos da natureza, uma mimese (*Sobre a Alimentação*) da natureza humana, Demócrito orienta

10 *Platon*, p. 245.

ELEMENTOS DA ESTÉTICA ANTIGA ATÉ PLATÃO 15

seguir a natureza em seus métodos perfeitos. A imitação das aparências tal como se vê na pintura e nas palavras é rigorosamente moderna na Grécia clássica. A essa concepção acrescentaríamos uma posterior de Platão no *Sofista*, segundo a qual a poética seria a arte de produzir aquilo que falta na natureza. A mimese da *poética* não seria meramente passiva. As artes da *estética* são aquelas segundo as quais se toma aquilo que já existe na natureza, vale dizer, não há produção e sim apropriação do existente, como na caça e na pesca. As artes da poética são aquelas produzidas pelo indivíduo, que não as encontra na natureza, restando a ele a tarefa de criá-las. Foi a partir desse sentido original que o termo *poética* firmou-se historicamente, com as alterações semânticas as mais variadas até os nossos dias. Assim, todo o criar seria uma poética.

Tomaremos uma síntese esclarecedora de Tatarkiewicz que, simultaneamente, nos introduzirá na estética de Platão propriamente dita:

> Platão empreende o primeiro passo rumo a uma teoria das artes imitativas. O termo usado para designar a representação através da arte não era fixo. Sócrates, em seus diálogos, usava variados termos, alguns dos quais similares a mimese; mas usou o termo no sentido em que os gregos do período lhe davam, designando a expressão do caráter e a recitação (teatral-dramática), não a imitação da realidade. *O termo mimese era usado para as práticas rituais dos sacerdotes ligadas à música e à dança, mas não para as artes figurativas.* Demócrito e a Escola de Heráclito o usaram no sentido de "seguir a natureza", mas não no de "reproduzir a aparência das coisas". Foi Platão o primeiro a introduzir o novo uso do velho termo.[11]

11 Op. cit., p. 150.

2. A Estética de Platão e a Modernidade Estética

2.1 O NASCIMENTO DA DIALÉTICA DAS CONTRADIÇÕES ESTÉTICAS E SUAS CONSEQUÊNCIAS MODERNAS

Platão nasceu em Atenas no ano de 428 a.C., em um momento em que já despontavam historicamente as condições materiais e de mentalidade da cultura e civilização gregas que as tornariam um legado e uma conquista mundiais. A coincidência do nascimento e da vida de Platão com o período mais nobre da civilização grega – sua vida estendeu-se do século V a.C. ao século IV a.C. e ele faleceu aos 81 anos, em 348 a.C. – torna-o quase uma atualização do desejo divino. Vive e morre no período clássico, do qual foi um dos artífices.

Do ponto de vista político, sua ambiência histórica envolvia a Liga Marítima Ática e Péricles; a Guerra do Peloponeso e as dificuldades da Sicília perante Cartago; a submissão das cidades jônicas à autoridade do rei da Pérsia; e, finalmente, a luta intestina na Grécia pela hegemonia, onde Esparta, Atenas e Tebas confrontavam-se com a intenção de cada qual impor seu prestígio.

Do ponto de vista artístico, situa-se entre o classicismo ático, com as grandes construções da Acrópole e dos templos do fim do classicismo e a segunda fase dos templos jônicos. Da influência rigorosa do estilo e do classicismo de Miron, Policleto e Fídias à evolução no sentido de uma maior distensão estilística, representada por Escopas, Praxíteles e a pintura monumental de Polinoto. Por sua vez, Platão também foi contemporâneo da literatura de Píndaro, Ésquilo, Sófocles, Aristófanes – contemporaneidade esta que justificaria uma pesquisa detalhada entre seu pensamento filosófico e o discurso da literatura da época –, assim como da historiografia de Heródoto e Tucídedes e da poesia solitária de Eurípedes, aquele que foi chamado por A. Hauser como "o primeiro poeta infeliz, o primeiro que a poesia tornou desgraçado"[1].

Se nos séculos VII e VI a.C. os gregos da Jônia antecipavam a conquista moderna de uma arte menos compromissada com um fim, ou deste descondicionada, aquilo que Kant viria a chamar de finalidade sem fim determinado ou sem representação de um fim, a ela opôs-se Platão. A antecipação aqui nada mais é do que uma imagem figurada, em um sentido de um entendimento às avessas da história, tendo validade relativa a uma experiência que só mais tarde viria a legitimar-se. Ainda que, *grosso modo*, tenhamos de Platão mais a imagem da ira contra a arte que não obedece aos fins heterônomos, veremos que a problemática artística em sua obra é bem mais complexa e profunda.

Na interpretação hauseriana, foi com a difusão do individualismo – motivada pela crescente contestação da nobreza de sangue e a ascensão simultânea de uma burguesia citadina, caracterizada sobretudo pelos excedentes econômico-financeiros – que a autonomia despontada na arte pôde desenvolver-se. Desse ponto de vista compartilha igualmente o esteta Tatarkiewicz. A ira de Platão voltada contra o caráter pessoal do artista na obra deve ser entendida nessa perspectiva, sobre a qual a dissonância da parte subverteria o todo social da República. Essa autonomia da arte vislumbrada pelos gregos teria sido a pedra de toque da diversidade estética e da investigação intelectual. Não aceitamos, entretanto, o caráter desinteressado da arte, ao menos de modo absoluto, conforme acredita Hauser.

---

1   *História Social da Literatura e da Arte*, v. 1, p. 140.

Se Platão, por um lado, opunha-se à autonomia da arte, por outro ajudou a construí-la. Queremos com isso dizer da impossibilidade teórica de um discurso unívoco que trace linearmente as variações contidas nas ideias estéticas de Platão.

A ambiguidade de sua teoria possivelmente nos revela, ainda que de modo primitivo em nossa perspectiva retroativa, a primeira grande intuição intelectual da condição ambígua da arte e da imaginação criadora. Embora sem nomear, a estética de Platão revela os princípios de uma estética da contradição, de uma estética dos conflitos e das ambiguidades, ainda que para rejeitá-los.

Hauser procurou enumerar algumas das contradições praticadas não somente por Platão, mas pela Antiguidade clássica, que as entendia como interiores ao ideário de coerência então em voga. Segundo ele, a mais fundamental dessas contradições era "a contradição interna entre seu menosprezo pelo trabalho e sua valorização da arte por meio de uma separação curiosa, oposta ao moderno conceito de gênio, dos produtos artísticos da pessoa do artista: venera as obras e despreza seus criadores"[2].

O jovem Platão inaugura sua obra estética com um diálogo decisivo para a história da estética, o *Hípias Maior*. Nesse livro complexo, toma o cuidado de demonstrar a riqueza do belo pela tática teórica de reduzir suas questões internas a esquemas definitivos e fechados às nuanças que o próprio belo autoriza. O *Hípias Maior* encerra um conjunto de tentativas de definição do belo, algumas análises críticas, outras tantas refutações ao estilo dialógico socrático, todas essas qualidades obedecendo a um plano dialético destinado a demonstrar a ineficácia e a puerilidade do discurso sofístico, deixando-o a nu em suas consequências caricaturais.

A não sistematização dos conceitos, entretanto, e o fato de não se chegar a qualquer conclusão definitiva ao final do diálogo, tornam ainda mais difíceis nossas pretensões de formar um todo a ser codificado, identificando-o como a imagem mesma da verdade estética platônica. Raymond Bayer igualmente chamara a atenção para esse aspecto tão relevante, porém muitas vezes esquecido. Ainda assim, ele considera a existência não

---

2 Idem, p. 141.

20 ESTÉTICA DA CONTRADIÇÃO

de um acordo entre as partes, mas de uma unidade opaca, na qual "encontramos o tema velado, mas persistente, que se desenvolve sob toda a obra sem jamais se manifestar, o parentesco inelutável da noção de belo e da noção de bem, a *kalokagathia* socrática"[3]. Dessa forma, apesar da arte platônica da variação – como Jaeger define com acuidade os diálogos de Platão –, o pano de fundo mantém-se com a *arete* helênica, integrada à *paideia* da antiga Grécia.

A obra de Platão, todavia, não bastasse as complexidades inerentes ao texto, ainda nos problematiza com a questão de Sócrates. Hegel, atento aos obstáculos quase sempre minimizados pelos pensadores menores, procurou em sua pequena grande obra sobre Platão revelar honestamente suas dificuldades:

> Devemos, é claro, lastimar que aquilo que nós temos dele não seja uma obra puramente filosófica, qual seja, aquela que é conhecida sob o título de *Da Filosofia*, que parece ter Aristóteles tido sob seus olhos quando descreve a filosofia platônica e dela fala. Pois assim teríamos diante de nós sua filosofia em uma forma mais fácil. Só temos seus diálogos, e esta forma nos impede de fazer, a partir de uma representação, uma determinada apresentação de sua filosofia. Isto mostra-se de fato difícil, já que Platão não intervém jamais pessoalmente. Ele faz Sócrates falar, e várias outras pessoas, de modo que poderia parecer que frequentemente não se sabia se o que é exposto é a opinião mesma de Platão.[4]

Vemos que em seus diálogos Platão ironiza as indicações de um conhecimento do belo enquanto somente representações parciais do mesmo belo que ninguém consegue precisar. Assim, o conhecimento de sua verdade, de um absoluto definido, independeria dessas representações manifestadas em concreto. Como de resto, essas não poderiam tão somente pelo acúmulo fornecer conteúdo suficiente para, por meio do recurso aproximativo, estabelecer-se um ponderado conceito universal.

O jovem Platão do *Hípias Maior* procura não minimizar o trabalho de conceituação do belo, não o trata como matéria simples e dada por antecipação, como o sofista Hípias parece inclinado a conceber. Platão o problematiza, distancia-se desse

3 *Histoire de l'esthétique*, p. 30.
4 *Leçons sur Platon*, p. 67.

modo do sofista que procura pensar o belo somente a favor de uma teoria *pro domo sua*, na qual prevalece o caminho mais rápido e o menos reflexivo e crítico.

Bayer afirma ser o *Hípias Maior* uma obra de estética negativa, embora não no sentido adorniano, devido ao seu caráter refutativo e anatréptico. A construção de um conceito universalizante do belo, isto é, da concepção de sua natureza em si, independentemente de suas formas de aparição no mundo, criava a justificativa moral do massacre dialético a que Hípias é submetido. A clareza que se buscava na definição do belo-em-si só poderia ser alcançada mediante o isolamento teórico – filosófico ou científico – do belo, tornando-o um objeto de estudo singular, dono de suas prerrogativas, aspirando a constituir uma categoria autônoma e específica, mesmo que embrionária e frágil. Contudo, o sentido anatréptico e refutativo da estética platônica não vem acompanhado da radicalidade crítica contida na estética adorniana.

Em Platão, o nascimento da problemática fundamental sobre a origem do belo advém da distinção estabelecida entre o que algo possa *conter* de beleza e a definição que dá conta do caráter em si da natureza do belo, isto é, sobre sua realidade enquanto tal e independente de suas manifestações empíricas ou fenomênicas. Platão, não obstante, era consciente de que o saber disponível em sua época não o levaria a uma conclusão satisfatória. Assim, em face do conhecimento constituído e que se constituía diante de si, ele procurou por meio dos diálogos ao menos alcançar a *consciência* crítica da impossibilidade de tocar com as mãos a essência mesma da beleza-em-si. Aquilo que para Sócrates era quase uma obviedade tornava-se um pesadelo para Hípias estabelecer a diferença, uma questão "difícil"[5]. Porém, convém deixar claro, não é o fato de Platão ter clareza quanto à natureza da conceituação que o leva à clareza da definição conceitual. A ele próprio escapou a resposta satisfatória, longe de ter sido resolvida a questão por ele fundada.

O desconforto de Hípias gerado pela impertinência socrática deve-se, sobretudo, ao fato de ele procurar afastar as contradições do processo de conhecimento. Uma autêntica teoria

---

5   Cf. Platão, *Oeuvres complètes*, 287d-e.

do conhecimento não afasta as contradições como manifestações espúrias, mas antes as integra como sendo essência mesma do conhecimento, da natureza do conhecimento. E o conhecimento estético, tal como vinha sendo elaborado por Sócrates, já dava os primeiros sinais históricos de que sua própria história seria dali para frente marcada pelo convívio com as contradições, e mais ainda, com as contradições de natureza estética. O jovem Platão aponta a direção do conviver, ainda que ele mais adiante abandone as lições do real. Hípias, aterrorizado com a presença dos conflitos conceituais, encara o conhecimento como algo exterior ao objeto, sobre o qual seria aplicado um saber organizado independente das lições do mundo concreto. Ao se refugiar na pura recusa inconsciente, quando a arrogância inviabiliza uma relação de produção crítica do saber, Hípias obstinadamente procura manter os conflitos – conceituais e estéticos – nas trevas da perda de contato. As diversas tentativas de afastamento das contradições em suas mais diferentes nuanças vão fazer do discurso sofístico um mosaico caricatural e travestido de ridículo. O percurso da violência conceitual é o da inversão: o "fictício" gaiato das objeções impertinentes é o condutor do saber esclarecido.

A história da estética não deu até agora muita importância à passagem do *Hípias Maior* relativa ao debate sobre a falsa nobreza dos materiais. Na verdade, é nessa obra de Platão que se inicia uma questão moderna de estética: a panela platônica inaugura a primeira grande querela dos antigos e modernos já na Grécia antiga.

Na concepção hipiasiana, a panela não poderia ser objeto de pensamento filosófico. Não há dignidade suficiente na coisa que justifique a intervenção filosófica, em princípio destinada ao exercício intelectual sobre valores mais elevados e sutis. Uma panela, portanto, não ensejaria qualquer discussão válida e de nível elevado o suficiente para a filosofia. Em Sócrates o prosaísmo do tema não está necessariamente associado ao grau de profundidade do pensamento. A estética platônica, por conseguinte, é no *Hípias Maior* superior em certos aspectos à estética sofista. Embora esta fosse mais progressista do que a platônica no geral e em seu desenvolvimento posterior, no caso do *Hípias Maior* a estética platônica revelou-se mais ousada e liberal.

A ESTÉTICA DE PLATÃO E A MODERNIDADE ESTÉTICA   23

Com a crescente tendência totalitária do pensamento de Platão, seu liberalismo perde simetricamente espaço nas questões de arte e estética, enquanto a estética sofista permanece liberal. A panela socrática é uma das primeiras lições críticas do conceito de belo.

Grosso modo, a concepção sofista de belo tendia a identificar a parcialidade das manifestações situadas com a totalidade do conceito enquanto tal, que representava a essência mesma da beleza. De forma que, em certo momento, o ouro poderia vir a designar a resposta definitiva da beleza em si, visto que, segundo suas propriedades internas, a aliança com os objetivos só poderia enaltecer e transformar suas características.

A dificuldade teórica do ouro e de todo e qualquer material sofisticado ou raro aplicável aos objetos, embora os tornasse mais nobres, esbarrava no fato de pertencerem ao mundo das aparências. Os objetos permaneciam os mesmos, mas exteriormente ganhavam uma nova aparência. Mesmo que sejam acrescentados elementos, não tocam no essencial nem dele fazem parte. No caso da música, as dificuldades são ainda maiores. Sua imaterialidade inviabiliza toda e qualquer aplicação. Escrever uma partitura em ouro tampouco altera a substância mesma da música, e, de todo modo, a partitura é uma escrita codificada e não a coisa mesma. Acrescente-se a esse grupo de dificuldades uma suplementar, na qual a obra enquanto unidade significante tornar-se-ia uma impossibilidade teórica de interpretação a partir do momento que recusasse a cobertura em ouro. Sendo assim, descartada a hipótese sofista da coincidência dos materiais com a essência do belo, só nos restaria a definição da escolha do material como um fato de discernimento estético relativo à adequação da ideia com a coisa. A conformidade da ideia com o objeto realizado concordaria com a lógica imaginativa do artista. A panela da melhor comida é a panela bela, boa.

Mas, afinal, o que é o belo? A panela bela, de barro ou de ouro, seria aquela que melhor realizasse seu destino ou objetivo, que vem a ser exterior às questões de natureza artística. Dito isto, correríamos o risco de afirmar que o belo se confunde com o útil, ou que ambos seriam uma coisa só. A utilidade do objeto regularia na prática a harmonia buscada. O belo não é

24 ESTÉTICA DA CONTRADIÇÃO

resultado da quantificação produtiva implícita na categoria do útil; caso contrário, a arquitetura, por exemplo, seria intrinsecamente bela, tal como o *design*. A prioridade dessas artes de articulação ou dobradiça legitimaria a beleza para além de suas realizações. A respeito da questão da panela, sem dúvida para Platão o belo é o útil; contudo, não funciona assim em toda a filosofia da arte de Platão. Olivier Revault d'Allonnes tem toda razão ao afirmar que, no geral de sua obra, Platão rejeita o útil.

Bruno Zevi, de modo objetivo, procurou estabelecer certos limites à compreensão da arquitetura ao dizer que

> a definição mais precisa que se pode dar atualmente da arquitetura é a que tem em conta o espaço interior. A arquitetura feia será aquela que tem um espaço interior que nos aborrece e nos repele, mas o importante é estabelecer que tudo o que não tem espaço interior não é arquitetura [...] Dizer que o espaço interior é a essência da arquitetura não significa efetivamente afirmar que o valor de uma obra arquitetônica se esgota no valor espacial.[6]

Esse valor espacial, que vem a ser o valor do interior, é o espaço do útil, o que define o espaço vivido, a essência mesma da arquitetura. Das artes, a arquitetura é a única que nos possibilita a fruição de dentro, a vivência realmente no interior da obra, participar da vida interna na obra. Qualquer outra manifestação artística exclui a vivência na ficção, mas a experimenta como ficção.

Na concepção moderna da arte, filha direta de Kant e Schiller, a inutilidade foi adotada como condição mesma da possibilidade de a arte desempenhar seu papel, desligada das funções teológicas e sacras e, portanto, em condições de exercer sua autonomia estética. A perda da aura também influiu nesse processo, como bem observou Benjamin. E foi com base nesse modo específico de produção estética que a arte, ao laicizar-se, encontrou seu caminho de liberdade. Esta facilitou o livramento de programas sufocantes e prescritivos, esforçando-se por desestabilizar o que poderíamos chamar de um certo positivismo artístico, associado por vezes com o *kitsch* e com formas sofisticadas e eruditas de limitação da imaginação criadora humana.

6 *Saber Ver Arquitetura*, p. 24.

No nosso século xx, a ideia de utilidade veio predominantemente confundir-se com a ideia de função social. A função social autêntica, acessível aos iniciados nas sutilezas do discurso criador, não se torna a pedra de toque da obra de arte simplesmente por força de uma deliberação e legitimação autoritárias. Não sendo produto da ação externa ou exógena – imposta por aqueles que justamente a inviabilizam –, a função social tem por vocação preferir dissimular-se, mimetizar-se no organismo vivo da obra imaginada. Afasta-se das obviedades do discurso primário, e procura as incertezas da enigmaticidade construída sobre o desconhecimento. O próprio Platão, no entanto, ainda que buscando refutar as assertivas de *Hípias*, não deixa de ceder ao charme da procura de um belo "que é belo para todos e sempre"[7].

As noções de conveniência, conformidade ou adequação formavam a trindade estética dentro da qual ficavam reguladas, na Antiguidade, as teorias do belo. O mérito de Platão, entre tantos outros no *Hípias Maior*, foi o de elaborar a crítica que superará a perfeição equilátera anterior à sua intervenção dialética e tornar-se-á um dos pontos altos da estética antiga. O historiador da estética Tatarkiewicz reconheceu esse momento platônico e adotou o termo "doutrina do funcionalismo", mais tarde chamada doutrina do *decorum*. Nossa compreensão coincide com a de Tatarkiewicz em suas análises da estética platônica, em sua monumental e indispensável *História da Estética*. Segundo ele, Platão volta-se contra uma concepção funcionalista e hedonista do belo, contrariando a tradição estética vigente. Em alguns aspectos, desenvolve conceitos pitagóricos e, em outros tantos, simplesmente ele mesmo inaugura novos conceitos. Ele atribui aos sofistas, entretanto, a representação da vanguarda iluminista da época, com Platão representando a ideologia do idealismo por meio da metafísica e do espiritualismo que atravessam juntos sua ordem moral.

Cabem nesse ponto algumas considerações analíticas a respeito do *Hípias Maior*, dadas as características singulares em relação ao conhecimento comum e sedimento do que se tem do restante de suas obras. Elas acabam ofuscando o verdadeiro

7   Op. cit., 292e.

26 ESTÉTICA DA CONTRADIÇÃO

texto do *Hípias*, que é lido e (mal) compreendido à luz dos textos subsequentes, não sendo percebidas suas particularidades internas que o fazem destoar do todo. *Hípias* deve ser entendido em si mesmo, em dialética com a estética grega do período arcaico que imediatamente o precede.

Há uma unanimidade internacional e milenar em considerar o Hípias um autêntico Platão. Reservamo-nos o direito de não discutir qualquer possível objeção no sentido de questionar a autenticidade da obra, deixando de lado como pura bizantinice. Concordamos igualmente que se trata de um texto pouco atraente, pouco prazeroso. Ao pesquisador interessa sobretudo a verdade, e não o prazer do texto.

Como dado fundamental, percebe-se a ausência de mitos, a *dianoia* (reflexão, pensamento, opinião) prevalecendo sobre a *noesis* (ideias); e a ausência de um pitagorismo que jamais será abandonado por Platão ao longo de sua obra, mesmo com sua presença intermitente e um tom de verve e de agressividade caricatural que, segundo Bayer, serão progressivamente postos de lado após o *Banquete* e detectados ligeiramente somente no *Sofista*.

O *Hípias Maior* é um debate com toda a estética precedente, momento de constituição do pensamento platônico, tendo como base a refutação das teorias arcaicas, a destruição da tradição anterior e de suas doutrinas.

A afirmação de Platão dá-se como um exercício anatréptico de reflexão necessário ao conhecimento da verdade do belo e, por sua vez, necessário ao pensamento. O mais intrigante, porém, conforme já dissemos, é que o *Hípias* foi construído dialeticamente fora do plano metafísico das Ideias. Essa é a dificuldade maior de sua compreensão. Ora, como é hábito automatizado ler-se Platão sempre associando-o ao mundo das Ideias, lê-se o *Hípias* com uma óptica viciada por seus diálogos posteriores, o que leva a uma interpretação desfocada e a verdadeiros absurdos teóricos. A filosofia não pode ser retroativa, mas sim compreendida em seu percurso na história do pensamento do autor. É possível, e avançamos uma hipótese ousada, que Platão tenha alcançado o mundo das Ideias inspirado nas dificuldades em descobrir a essência ou a Ideia do Belo. As sombras do belo expressas nas particulares das coisas

A ESTÉTICA DE PLATÃO E A MODERNIDADE ESTÉTICA 27

e das pessoas belas possivelmente remeteram Platão a visualizar o conceito de Ideia do Belo – e, por conseguinte, o que ocorria com o belo certamente ocorreria com todas as outras coisas do mundo. Todas elas também são sombras ou aplicações das Ideias.

Ainda que Platão não tenha escrito uma estética, toda a sua metafísica é marcada pela estética, ou ainda, sua metafísica é uma estética, como querem vários autores. Sua estética no *Hípias*, contudo, não pode ser encarada da mesma forma, como ficará demonstrada por sua evolução. Neste momento, estamos sob a égide da *Kalocagathia* socrática e não chegamos ainda às Ideias. A rápida menção à Ideia no *Hípias* fica como projeto futuro, não tem a menor aplicação prática nas questões e problemáticas internas da obra. Contudo, como vimos, é provável que daí decorra as Ideias. Estamos no plano dialético, o da *dianoia*, e não no da intuição da *noesis* (ideia). Verificamos a separação de categorias e noções de natureza estética, a refutação do inventário de coisas belas, da passagem do *Ti esti kalon* para o *Ti esti to kalon*. Passa-se da descrição das belas coisas e das ilustrações representativas para o domínio das definições conceituais. E, é claro, com todo o conflito e a contradição que isso implica.

Segundo Bayer, o *Hípias* é um clássico da estética negativa e o momento negativo e refutativo do pensamento estético platônico. Progressista sob muitos aspectos, conservador em outros e reacionário às vezes, o *Hípias* é um divisor de águas, um verdadeiro cruzamento na história da estética.

Com o passar do tempo e o evoluir de seu pensamento, essas proporções invertem-se, alteram-se, e cada vez que adotarmos uma ótica estática com a qual pretendamos observar a coerência, que é muito mais exigência nossa do que uma realidade da filosofia de Platão, nós estaremos distorcendo ideológica e conceitualmente toda sua obra.

Por mais que nos seja difícil admitir que o *Hípias* é fundado na dialética pura, e que se desenvolve fora do salto para as Ideias da *noesis*, vale a frustração em favor da inteligência filosófica. No *Hípias*, ainda não chegamos na estética intuitiva de Platão, marca posterior de seu pensamento. Finalmente, nada de pitagorismo, característico de sua estética da maturidade.

28 ESTÉTICA DA CONTRADIÇÃO

A estética de Platão não se desenvolve de modo unívoco, linear e coerente, mas em zigue-zague, em recuos e avanços, em desdobramentos, de modo fragmentário, conflitivo e confuso. E é confusamente, conforme Bayer, que Sócrates é ultrapassado por Platão.

Em Platão, a natureza do belo não deveria identificar-se com a aparência do belo, já que a aparência é a realidade da adequação. A aparência, portanto, não é a natureza do belo. A construção de seus diálogos desconcerta, leva-nos à vertigem da ausência de sustentação confiável. Ao inventariar as ideias do senso comum com seu "gênio paradoxal", como dizia François Châtelet, procura seguir a lógica adversária e, em virtude de suas consequências, apontar a debilidade, a insustentabilidade e a puerilidade nela intrínsecas. Na célebre Querela dos Antigos e Modernos, que tem como uma de suas origens a não menos insigne obra de Charles Perrault, *Paralelo dos Antigos e dos Modernos no que Concerne às Artes e às Ciências*, tanto o Abbé quanto o Chevalier dos diálogos reconhecem as dificuldades do texto platônico, e as usam como material de suporte para a tese de que os Antigos não poderiam ser considerados insuperáveis. Vale conferir a crítica, até mesmo pelo senso de humor e irreverência do autor:

É, sem dúvida, diz o Chevalier, do Diálogo intitulado *Hípias Maior*, ou do belo que falava nosso amigo. É realmente a mais cansativa leitura que se possa fazer. Não somente nela os sofistas dizem bobagens sem parar, mas o que desola ainda mais é que este Diálogo não conclui nada. Quando o li, tudo fiz para ter paciência com os frios e ridículos raciocínios dos sofistas, na esperança de que no fim o grande Sócrates, que se diverte, como era hábito seu, com a sua cara Ironia, me dissesse o que é que é o belo. A alegria que me dava de ir aprender o que é preciso saber sobre uma coisa tão difícil em definir me prendia sempre, mas confesso que quando nada encontrei ao fim do Diálogo, joguei o livro no chão de pura raiva, e que ainda não pude perdoar ao divino Platão o impertinente bocejo que ele me deu.[8]

Apesar de Tatarkiewicz considerar que os sofistas representavam a ideologia do Iluminismo e Platão simbolizava a do idealismo, é bem provável que a força deste tenha superado

8 *Parallèle des anciens et des modernes, en ce qui*, p. 114.

historicamente a do iluminismo sofista. Por outro lado, o idealismo no bruto de Platão rendeu mais esteticamente no varejo do que o iluminismo atribuído aos sofistas. Assim, o *Hípias Maior* é uma exposição e recriação da estética de seu tempo, com uma filosofia da arte em pleno movimento[9].

A estética platônica foi, sob muitos aspectos, revolucionária. O exemplo da panela é extremamente significativo e surpreendente para a época. Na concepção sofista, a discussão estética em torno do tema da panela é uma regressão intelectual, e o elitismo esteticista dos sofistas não pode ser interpretado como iluminista, mas idealista, ao menos nesse caso.

A indignação hipiasiana deve-se, sobretudo, à consequência de sua avaliação moral da "promiscuidade" teórica de Platão, quando este mistura nobres assuntos e nobres materiais com vis querelas. Estas "sujam" a busca da verdade estética e a inteligência do sofista. A razão de nossa atenção sobre esse fato deve-se à percepção de algo mais fundo, que à primeira vista poderia perder-se no emaranhado do diálogo. Há uma fissura efetiva, uma querela de um conflito sem retorno no qual a estética sofista adquire feições de uma "estética burguesa". A nobreza dos materiais teria necessariamente seu paralelo na nobreza conceitual da filosofia. Comprometer a teoria da arte é seguramente comprometer a teoria da alma.

O tema sujo é ruído filosófico. A limpeza conceitual não deve misturar-se ao barulho da indiferença da promiscuidade. Ao se referir ao próximo, mas distante devido aos preconceitos, Platão nos faz refletir sobre o evidente que perdeu seu caráter de evidência. E este é um dos aspectos da "modernidade" de sua estética:

> SÓCRATES: Quando, dirá ele, a panela, a bela panela da qual falávamos ainda agora, é levada à fervura cheia de uma bela sopa de legumes, qual delas convém, a de uma colher de ouro ou de uma colher de madeira de figueira?
>
> HÍPIAS: Por Hércules! De que homem estranho você me fala. Você não quer me dizer quem é?
>
> SÓCRATES: Inútil: você não o conheceria, assim, se te dissesse seu nome!
>
> HÍPIAS: Pois bem! Quanto a mim, sei agora que é um grosseiro!

9   Cf. Platão, op. cit., 293d.

30 ESTÉTICA DA CONTRADIÇÃO

sócrates: Ele é totalmente desagradável, Hípias. Entretanto, que devemos dizer?[10]

As contradições também são desagradáveis. Tanto quanto o "impertinente" e obstinado gaiato, as contradições tornam-se desagradáveis. A tranquilidade e calmaria da ausência de conflitos – opostas ao pensar dialético –, das respostas que procuram o caminho mais rápido, em uma pseudoeconomia intelectual, não trazem à tona o desconforto do reconhecimento das contradições. A Ideia artística é conflito, contradição. A obra de arte, nesse sentido, foi perfeitamente compreendida por Schelling, Hegel, Novalis, os irmãos Schlegel, Hölderlin, Eisenstein, Benjamin e Adorno. As contradições são desconfortáveis, assim como os conflitos. Incomodam. Esse abandono do desconforto associado ao abandono fácil está na raiz da alienação. A contradição se nos apresenta, portanto, como um divisor de águas: ou bem a integramos, e nela nos dissolvemos com toda a possível "desagradabilidade" advinda desta incorporação, ou bem dela nos afastamos, recusando a natureza mesma das problemáticas artísticas, tautologicamente incidindo em resultados bem comportados e seguros. O caráter dialético do pensamento de Platão foi que permitiu tamanhas ousadias, como fica claro no *Parmênides*:

> São estes objetos aqui, Sócrates? Eles poderiam mesmo parecer grotescos (por exemplo: pelo, lama, imundície, ou qualquer outra coisa a mais depreciada ou vil); também com relação a eles você está em dificuldade? É preciso dizer que para esses objetos também há respectivamente uma Ideia à parte e que ela é distinta das amostras que podemos manipular? Ou é o contrário? – Nenhuma hesitação, respondeu Sócrates; para os objetos desta natureza, os que nos são visíveis, estes mesmos existem; quanto a imaginar que haja para eles uma Ideia, cuidado com a extravagância! Aconteceu-me, confesso, disso me atormentar por vezes o espírito: não precisaria, com respeito a todos os objetos, admitir a mesma hipótese? E depois, tão logo me detenho nisso, rapidamente me desvio; temo me jogar em algum abismo de tolice e nele me perder. Volto, portanto, ao meu primeiro ponto de vista, aos objetos pelos quais, ainda agora, nós admitimos. Ideias; é delas que faço meu estudo e minha ocupação.[11]

10 Idem, 290e.
11 Idem, 130d-e.

Aqui, Platão faz uma correção filosófica nos objetos pobres, reconhecendo-lhes o direito de existência, mas sem lhe conferir *status* de Ideia, ou algum lugar no mundo das Ideias. Estas têm como conteúdo antes o Homem, o Fogo ou a Água que uma sujeira particular ou algo localizado, pouco abrangente. Nesse sentido, revisa o *Hípias Maior* em uma segunda versão. Mas, em outro momento do próprio *Parmênides* – que sensibilizou Hegel, conforme veremos adiante –, Platão chama a atenção para o que denominou de "treino dialético":

> Com efeito, é cedo, observou Parmênides; você ainda não tem treino, Sócrates; você tenta, entretanto, definir um Belo, um Justo, um Bem, e singularmente cada uma das Ideias; esta é a reflexão que fazia ainda anteontem, quando te ouvia dialogar aqui mesmo com Aristóteles, aqui presente. É belo, certo, e divino, saiba bem, o elã que te arrebata rumo aos argumentos; suavize-te, contudo, treine mais tempo por meio desses exercícios aparentemente inúteis e que a multidão chama tagarelices; faça isso enquanto tu és ainda jovem; senão tu deixarás te escapar a verdade.[12]

As contradições movem as diversas esferas da vida amplamente disseminadas, e não o próprio exercício do saber. A conversação despretensiosa é algo como um exercício lúdico, enquanto diretamente ligado à ciência em geral e, pois, também não muito longe do exercício estético. Este, na verdade, chega a muitas das conclusões igualmente válidas para a ciência. Conforme pertinentemente observou Hegel, em uma dialética raciocinante,

> já lembramos antes que a dialética platônica tem por objetivo perturbar as representações acabadas dos homens e de dissolvê-las para criar na consciência a necessidade da Ciência, a orientação rumo aquilo que é. Muitos diálogos de Platão têm esse objetivo e terminam sem conteúdo afirmativo. [...] Assim, o universal é determinado como aquilo que resolve em si as contradições, os opostos, o que é concreto em si. A dialética é, portanto, especulativa, não terminando por um resultado negativo; ao contrário, ela mostra a união dos opostos que se negaram. Sua dialética [de Platão], muitas vezes, é simplesmente raciocinante, procedendo de pontos de vista particulares; frequentemente ela só tem um resultado negativo, é frequentemente sem resultado. Para estudar os diálogos de Platão, é preciso um espírito desprendido, impassível[13].

12 Idem, 135d.
13 Op. cit., p. 93.

Ainda assim, Platão recusa a teoria do senso comum, segundo a qual o belo produziria o bem enquanto útil: o belo não seria a causa do bem, e o útil não seria condição prévia para o reconhecimento do belo por meio do bem. Quando diz que o belo não é o bem e o bem não é o belo – bem no sentido de algo útil –, Platão tenta, mesmo que por meio de um método excludente, chegar à natureza do belo enquanto tal e como tal. Conquanto não consiga alcançar esse absoluto, ao menos ele sabe algo e organiza um saber de tudo aquilo que não é ou não pode ser belo. O belo não seria nem causa nem efeito de qualquer outro conceito[14]. As dificuldades tão sinceramente reveladas por Platão atestam uma consciência profunda das qualidades dialéticas da beleza, qualidades estas que se perderão quando se tratar do poeta na *República*, ou mesmo nas *Leis*. Cabe ressaltar, contudo, que o belo platônico só muito raramente se refere à obra de arte. Mesmo nos comentários às esculturas de Fídias, girava ele em torno da questão da adequação dos materiais, logo, da adequação como causa ou fundamento do belo tangenciando a obra, e não tocava em sua organização interna, em si. Não chega a examiná-la como centro objetivo ou objetivado das incertezas e das indecisões acomodadas por maturidade estética ou artística, na qual a poeira das contradições baixa e toma lugar; onde a objetividade é a realização das soluções conciliatórias, como queria Hegel mais tarde.

Assim sendo, todavia, Platão reconhecia a impossibilidade das afirmações definitivas, desconfiando de serem elas mais do senso comum do que de um saber ou ciência específica; incluindo-se no raciocínio comum, pensando como ele e, logo em seguida, anatrepticamente, destruindo-o. Mais do que pensar a arte em relação ao belo, raciocinava em torno do belo para entender a arte. Hípias irritava-se com as nuanças introduzidas por Platão. Universalizar o particular por meio da ocultação da verdade no fundo significava implicar uma derrota dos princípios *morais* defendidos, tese somente válida para aquilo que acredita não comprometer os interesses do Estado. Ora, até prova em contrário, o belo não se constituiria politicamente como elemento desagregador. Caso tais *raciocínios* a

---

14   Cf. Platão, op. cit., 297a-b-c-d.

A ESTÉTICA DE PLATÃO E A MODERNIDADE ESTÉTICA 33

isso levassem, eliminar-se-ia a dialética, que também obedeceria aos limites impostos pelos valores de defesa do Estado. A prática da dúvida é parcial, setorial.

A natureza contraditória do belo chega a seu momento mais crítico quando de sua aproximação ou identificação com o útil e com o bem, ou do distanciamento daquele em relação a estes, como em Olivier Revault d'Allonnes – quando observa os textos de Platão sob a ótica do distanciamento. Nossa tese tende para outro caminho, afirmando que, na verdade, Platão não teria se decidido de maneira unívoca a respeito, alternando posições em uma lógica dialética, mas antes de tudo extremamente hesitante. Ora ele rejeita o útil, ora o aceita. Entretanto, Revault conclui no todo:

> Que se tome, por exemplo, os textos de Platão sobre a arte: para ele, é automático que o belo se situe em sua região diametralmente oposta à do útil ou ao do agradável. Os textos da Idade Média Cristã e dos séculos clássicos não o contradizem neste ponto: o belo é fundamentalmente desinteressado. Mas já em Kant, se essa situação do belo é reconhecida e recebe um estatuto teórico, ela começa, porém, a ser problema. As ideias de "prazer desinteressado" e de "finalidade sem representação de um fim" implicam um paradoxo, induzem uma tensão que pede para ser resolvida. Foi preciso esperar o triunfo da economia de mercado e a aparição do cinismo nas ideologias do capitalismo para que fosse explicitamente proclamada, por exemplo, esta forma de dessublimação estética que, sob o nome de funcionalismo, realizou para a arte uma redução do belo ao útil, paralela à redução do verdadeiro ao útil efetuada pelos pragmatismos.[15]

No *Hípias Maior*, contudo, Platão afirma:

> – Em consequência, o Útil, Hípias, a nós tem o ar de ser o belo.
> – [...] é bem provável que essa não seja a mais bem sucedida de nossas definições, como julgávamos ainda agora, aquela segundo a qual o belo é o útil, o utilizável, o poder de fazer qualquer coisa de bem feito [...]. [16]

Estas duas conclusões se negam, mas ambas têm marcas da verdade em Platão, que Sócrates acaba por confessar: "Para mim, Hípias, não sei mais para onde me dirigir, não consigo ter êxito"[17].

15 *Plaisir à Beethoven*, p. 144.
16 Op. cit., 296e.
17 Idem, 297d.

34 ESTÉTICA DA CONTRADIÇÃO

Não devemos buscar uma coerência em Platão nesse sentido, pois suas teorias realmente se deram de forma descosturada e desconexa do ponto de vista da arte e do belo. Encontraremos mais coerência exatamente na identificação do belo com o útil quando da associação problemática com o poder político. A estetização do poder político no *Hípias Maior* vai sendo elaborada gradativamente até desembocar nas *Leis*, passando pela *República*, paroxismo de estética repressiva que abordaremos adiante. Por outro lado, Platão também hesita entre a defesa do delírio, conflito este que de resto ele não tinha, o delírio como energia criadora, negação da utilidade ou excelência – *Fedro* e *Banquete* –, bem como a repressão e a defesa intransigente da violência do Estado, e a afirmação do útil e do bem comum ideologicamente construídos. Sabemos que ficou com a última, mesmo sem querer abandonar ou abdicar da primeira. Quanto ao delírio, discutiremo-lo adiante ao abordarmos *Fedro* e *Banquete*.

A não observância desse conflito por Platão nos leva a perceber uma profunda contradição em seu pensamento, e isso não é uma condenação, mas uma constatação. Hesitando entre o negativo do delírio e a positividade do discurso estatal, ele não via a incompatibilidade estrutural da arte com a defesa dos interesses do real. A esse propósito, cabe citarmos Miklos Haraszti quando afirma que "o socialismo foi mais rico de promessas que todos os 'ismos' artísticos, pois ele prometeu a reconciliação da arte com a sociedade"[18].

Revault d'Allonnes, ao diferenciar a arte da ideologia e apontar o que pode ser ideológico na arte, exibe com clareza as diferenças de ruptura com o real entre a arte e as manifestações ideológicas. Ao dizer que a arte não dissimula essa ruptura ou as suas fronteiras, isto é, que a arte não esconde seus conflitos (logo a seguir veremos como Adorno encara essas mesmas problemáticas), sendo parte de suas verdades, logo, uma ruptura transformativa, crítica, "revolucionária", Revault isola a ideologia em seu território, na capitulação diante da utopia e até mesmo do real, já que, conforme diz, o caráter utópico da arte é tornar o imaginário uma realidade atualizada. A visão stalinista da arte seria a realização concreta do ideal dos Guardiães do Estado, bem

18 *L'Artiste d'état*, p. 45.

exemplificada por Haraszti, quando observa que "o Regulamento de Brecht mostra com que rapidez o artista, mesmo anarquista, consegue gozar da beleza do poder desde que se engaje em servir ao Plano"[19]. Voltemos, contudo, a Revault:

> O caráter desinteressado da arte, entretanto, não é o único que resiste em reduzir-se à ideologia. Há um outro talvez mais decisivo: é que a ideologia depende de se apresentar ela mesma como que em continuidade com o mundo do qual ela está incumbida, às escondidas, de resolver os conflitos. Ela está obrigada a vestir o manto do saber, sob pena de denunciar o que ela é: uma gigantesca farsa.
>
> Sua primeira tarefa é dissimular sua ruptura com o real, de esconder o lugar onde o reflexo que ela fornece se faz reflexo invertido.
>
> A arte, ao contrário, mostra ou deixa ver esta ruptura, quando não a sublinha como em "O Albatroz", de Baudelaire […] A arte diz que ela é arte […] Não devemos nos surpreender muito com o fato de os teóricos da época stalinista não terem visto esta oposição, ainda que manifesta, entre a arte e a ideologia, porque foi justamente sua própria ideologia que os obrigava, fazendo-os automaticamente aduladores do realismo, a camuflar a ruptura entre a arte e o real, isto é, a impor uma arte ideológica.[20]

No final do século XIX, a estética francesa já dissertava sobre o belo, separando-o do útil, como podemos constatar em Jouffroy, apesar da visão ingênua do autor em muitos aspectos ao longo de seu *Cours d'esthétique* (Curso de Estética, 1843). Por sua vez, Revault segue o rastro deixado por Adorno quando da crítica da reificação (da dialética negativa como antídoto para a reificação) preconizada em *Prismen* (Prismas). A apologia ao caráter dialético da crítica da cultura por um lado defende a crítica imanente e a negatividade das contradições expostas e, por outro, a outra face da mesma moeda, o que chama de "cultura pura" ou autêntica, desvinculada da utilidade e da heteronomia totalitárias. Da "cultura pura", diz que ela "sempre inquietou os porta-vozes do poder. Platão e Aristóteles sabiam bem por que eles não permitiam que essa ideia se realizasse"[21].

E sobre a ideologia em sua relação com a crítica da cultura e as contradições afirma que

---

19 Idem, p. 57.
20 Op. cit., p. 124.
21 T. Adorno, *Prismes,* p. 15.

aos olhos da crítica imanente, a obra bem-sucedida não é aquela que reconcilia as contradições objetivas em uma harmonia ilusória, mas antes aquela que exprime negativamente a ideia de harmonia dando forma às contradições de modo puro e intransigente, até o coração de sua estrutura[22].

Tanto como Adorno, Marc Jimenez (*Théodor W. Adorno: Art, idéologie et théorie de l'art*; *Adorno et la modernité*) e Revault d'Allonnes orientam-se pela aceitação das contradições e conflitos (*Plaisir à Beethoven*; *La Création artistique et les promesses de la liberté*) e a obra de arte como negação das contradições; resolução no mundo da arte daquilo que espera ver um dia resolvido no mundo do dia a dia; conciliação enquanto negação, e não ocultação ou dissimulação convenientes à ideologia, mas integrando-as como projeto microutópico (em seu universo), "dando forma às contradições", tal como em Hegel em sua *Estética*, explorando a abertura deixada por Schelling, apesar de em Hegel as contradições na *Estética* terem feição lógica e não artística. Hegel discute estética valendo-se das contradições lógicas. As contradições ainda não apresentam feições especificamente estéticas. E também, por outro tanto, Adorno é rastreado quando da crítica da reificação elaborada no pequeno ensaio "Crítica da Cultura e Sociedade", publicado no corpo de *Prismas*. Nesse curto texto, ele mostra que a crítica da cultura locupleta-se quando se revela incapaz de ultrapassar seu vínculo com a ideologia; quando se restringe somente à crítica da ideologia no próprio exercício da crítica da ideologia, frustra a expectativa de sua resistência conceitual àquela.

Adorno chama a atenção para a dificuldade de sustentação de uma crítica da cultura ainda motivada pela mesma orientação que acredita estar destruindo – ou ao menos desconstruindo – em outro plano. A perda da negação como instrumento maior da verdade refletir-se-á em sua dialética, o que levaria Adorno sarcasticamente a dizer que "o entusiasmo pela cultura rima com o clima de pintura de batalhas e de música militar"[23]. Isso demonstra incapacidade dialética, a verdadeira face da aceitação do conceito de cultura que a sociedade fez e

22 Idem, p. 21.
23 Idem, p. 17.

tem de si mesma: para exercitar-se de maneira dialética, teria de submeter-se indispensavelmente à própria ultrapassagem da cultura como tal, repercutindo então igualmente nos mecanismos e contratos sociais do *statu quo*.

Finalmente, embora tenhamos deixado para mais adiante as problemáticas referentes ao relacionamento da arte com o poder, decisivas na *República*, cabe observar que a defesa intransigente do poder político e de sua beleza correspondente no *Hípias Maior* são fundamentais no tocante àquilo que Marcuse chamou de caráter afirmativo da cultura, típico dos porta-vozes da integração. A essa cultura opor-se-ia irredutivelmente a expressão moderna de uma cultura "pura" ou livre, na qual a beleza do poder não teria prioridade sobre aquela das contradições da arte, condição da utópica extinção das contradições no mundo.

A grande luta interna no pensamento de Platão, especificamente no que nos diz respeito ao pensamento estético, dá-se entre a repressão da *República* e a *mania* do *Fedro*[24]. Inútil procurar uma coerência. Mesmo no interior da *República* não há coerência e sim conflito conceitual entre a apologia e a reverência sincera aos valores poéticos dos artistas, *versus* a limitação desses aos valores do Estado, reprimindo a heresia do poético desvinculado dos interesses deste. Temos, pois, por um lado, a defesa da loucura de natureza criativa – diferente da *anoia* e da *aesiphrosue* (doenças) – um probo delírio, correta loucura, como na loucura ritual (contrapondo-se ao delírio de natureza patológica), como também a repressão do caráter individual da criação artística. Esse seria considerado um elemento subversor do coletivismo da sociedade, eliminando as possibilidades do discurso pessoal, de um idioleto; como também crê Umberto Eco, que considera o idioleto a própria raiz da criação original (em *A Estrutura Ausente*, *Obra Aberta* e *Apocalípticos e Integrados*), ou antes dele, Luigi Pareyson, com a pessoalidade artística. Na literatura brasileira, o bom delírio como loucura criadora é adotado por Carlos Nejar em toda a sua obra, mas temática e explicitamente no genial romance *Carta aos Loucos*. A insensatez da criação literária defendida por Nejar o situa

---

24 Cf. op. cit., 244b-c; 255a-b.

38 ESTÉTICA DA CONTRADIÇÃO

como um exemplo vivo das contradições estéticas. Essa decisão artística colabora decisivamente para credenciá-lo senão como o maior escritor das Américas, ao menos como um dos maiores. Voltemos, pois, a Platão:

> Uma terceira espécie de possessão e de delírio é aquela que provém das Musas, e que quando ela se apropria de uma alma terna e pura, quando ela lhe desperta e lhe inspira transportes, tanto na ordem dos cantos quanto na de qualquer outra espécie de composição, quando ela celebra mil grandes fatos dos Antigos, faz a educação da posteridade! Ao contrário, aquele que sem o delírio das Musas terá acedido às portas da Poesia com a convicção que decididamente um conhecimento técnico é suficiente para fazer dele um poeta, este é pessoalmente um poeta imperfeito, como também diante da poesia dos homens inspirados por um delírio se apaga a poesia daqueles que não perderam a cabeça.[25]

Logo, é preciso perder a cabeça para encontrá-la... poeticamente. O domínio técnico restringe-se ao uso sensato da razão. Ora, ele próprio, mais adiante no mesmo *Fedro*, dirá existir duas espécies de delírio, "uma que é o resultado de doenças humanas, e outra, a de uma ruptura de essência divina com o costume e suas regras"[26]. Tal ruptura ele próprio não leva a sério, pois, se no *Fedro* as portas estão abertas, na *República*, nas *Leis* e em outras obras aquelas se fecham radicalmente. Incoerência? Talvez. Quem decidirá se a ruptura é de origem divina ou humana? Os Guardiães do Estado; os únicos habilitados a decidir até que ponto essas *rupturas* foram longe demais. A *República* de Platão sistematiza uma rígida pedagogia visando a maximização do caráter dos Guardiães do Estado e, por que não, uma otimização moral dos valores sociais dos quais aqueles seriam a expressão mais pura e intocável.

O Guardião é a expressão máxima idealizada do homem público; sua habilitação de regulador moral da sociedade o autoriza a julgar o valor da loucura e da razão dos concidadãos e sua pertinência política. Espera-se dele a completude necessária ao bom desempenho da engrenagem republicana, que seja substância viva de um *sistema* moral e, consequentemente,

25 Idem, 245e.
26 Idem, 265a-b.

represente a defesa intransigente dos componentes ideológicos do Estado, pelos quais oferece sua vida com todo o investimento de seu sacrifício pessoal, mas sentido ataraxicamente.

Sinônimo de entrega total, da abdicação dos vis prazeres mundanos, o Guardião do Estado é o perverso modelo vivo do cidadão ideal, que preserva a servidão do indivíduo diante das prerrogativas coletivistas e na obediência reificante ao chefe. André Glucksmann, em *La Cuisinière et le mangeur d'hommes* (A Cozinheira e o Comedor de Homens), arrisca mostrar as relações do platonismo com a ideologia do marxismo soviético: "aproximar a *República* de Platão e o *Arquipélago Gulag* chocará os amigos do filósofo; comparar o espírito da 'edificação do socialismo na URSS' e o idealismo platônico ofuscará nossos marxistas". Segundo a linha de Glucksmann, que aproxima os guardas platônicos dos quadros marxistas na URSS que fazem o povo *falar* sob tortura e perseguição política, feita por "especialistas no jogo de perguntas e respostas que alimenta a máquina governamental", a loucura de origem humana na Grécia deveria ser "descoberta" por meio da confissão sob tortura. Deve também decidir do bom delírio e do mau delírio pela tortura e por meio da habilidade linguística do interrogatório, que dirá tratar-se ou não de delírio conspiratório – como no caso da poesia herética. A nos basearmos nas teorias platônicas e em suas contradições, o julgamento do poeta, da alçada do Guardião, deveria ser extremamente complexo: estaria o Guardião julgando-o de acordo com o *Fedro* ou com a *República*?

Anteriormente, esboçáramos o aspecto conflituoso das concepções platônicas referentes ao delírio na arte e ao pedagogismo estatal, em franca oposição. A *República* de Platão sistematiza uma rígida pedagogia civil e militar, visando a maximização do caráter dos Guardiães do Estado. A esses é vedado o acesso ao delírio, ou à sua imitação; logo, não poderão nunca ser Guardiães e poetas a uma só vez. A função da pedagogia é qualificá-los moralmente por meio de sua ação política, em pura identidade que os tornam a expressão mesma do Estado. A pedagogia os orienta como defensores dos valores morais do Estado.

Só resta ao artista a arte didático-pedagógica, a exemplo do Guardião. Ele é a expressão máxima do cidadão tornado homem público e arquétipo moral. Dos quatro delírios – profético,

40 ESTÉTICA DA CONTRADIÇÃO

purificador, erótico e poético –, só este último constitui uma verdadeira ameaça para o Estado, ainda que aos Guardiães devam ser prescritas certas regras[27]. A esse respeito, Foucault discorreu em *L'Usage des plaisirs* (A Função dos Prazeres), segundo livro da *História da Sexualidade*, à qual remetemos o leitor por se tratar de outra problemática. Jean Wahl, em seu texto sobre Platão publicado na *Encyclopédie de la Pléiade*, "Histoire de la philosophie I", chama a atenção para a intervenção divina, orientadora dos artistas e poetas, daqueles que agem apoiados no fígado. Este era considerado a sede das paixões, como o amor, a cólera, o medo etc. Wahl acredita estar o Sócrates dos primeiros diálogos ainda contraditoriamente situado entre a ciência e a inspiração. Esta, de origem demoníaca, marchava paralelamente ao discurso racional. Diz ele: "Este mestre dos racionalistas é ao mesmo tempo um homem que se refere sem cessar às indicações e particularmente às defesas de seu 'demônio', ele vai consultar a Pythia de Delfos". Anteriormente havíamos apontado a profunda contradição entre a negatividade do delírio poético e a positividade do discurso estatal, de natureza racional e repressiva. A inconciliação do racionalismo inerente à defesa do Estado e o irracionalismo da inspiração poética dar-se-á com a vitória do primeiro. A derrota do poético deve-se ao seu caráter indomesticável, "demoníaco", contrário aos interesses do Estado. Segundo ele, o verdadeiro educador é o legislador, não o poeta. O Guardião do Estado é o perverso modelo vivo do cidadão ideal[28]. Do nosso ponto de vista, o de uma estética da contradição, o poeta é o verdadeiro educador. Cabe ao legislador educar-se junto ao poeta.

A intransigência e o ódio ao adversário no Guardião do Estado devem conviver com a doçura devida aos amigos e aos familiares, tal como os cães de raça, dominado por um profundo ardor físico que o tornaria invencível, imbatível. É dentro dessa perspectiva educacional que Platão situa a importância da ginástica e da cultura na formação do Guardião. Para isso, faz-se necessário evitar que as narrativas mitológicas dos poetas e os contos sejam mentirosos, fantasistas[29], unindo a formação

27 Idem, 389d-e; 580e. (Ver trad. bras., *A República, de Platão*, J. Guinsburg [trad. e org.], São Paulo: Perspectiva, 2006 [col. Textos 19].)
28 J. Wahl, Histoire de la philosophie I, *Encyclopédie de la Pléiade*, p. 376-377.
29 Platão, 377c-d.

A ESTÉTICA DE PLATÃO E A MODERNIDADE ESTÉTICA   41

musical com a educação física[30]. A formação musical origina beleza e saúde espirituais e é reduzida à sua positividade e ao utilitarismo espartaquista, enquanto a ginástica desenvolve as capacidades físicas do indivíduo, preparando-o a combater e superar as adversidades.

Segundo Karl Popper, em "O Ascendente de Platão", a propalada "doçura da alma" não passa de demagogia, já que Platão, na verdade, não favorece de forma alguma a educação literária ou musical, a seu ver, indo de encontro a toda a mentalidade da época em Atenas, que as honrava. Popper vê nessa opção platônica sua tendência a preferir Esparta em detrimento de Atenas.[31] Ainda que o autor tenha se equivocado inúmeras vezes no volume II da edição de *A Sociedade Aberta e seus Inimigos (Hegel e Marx)*, comprovada na confrontação com os *Três Estudos sobre Hegel*, de Theodor W. Adorno, neste caso é verdadeira a afirmação de Popper. Suas críticas a Platão não podem ser simplesmente descartadas. Adorno, contudo, brilhantemente escreve na Introdução de *Dialética e Positivismo*:

> Popper patrocina a causa de uma sociedade "aberta". Mas à ideia desta sociedade contradiz o pensamento não aberto, regulamentado, que é postulado de sua lógica da ciência como "sistema dedutivo". O positivismo mais recente é feito sob medida para o mundo administrado[32].

A crermos em Léon Robin, platonismo e positivismo antes se aproximam do que se repelem[33], Robin exalta o fato de Platão defender o coletivismo, mas em detrimento não do individualismo puro, como diz, e sim do indivíduo visto enquanto funcionário do Estado. Voltando à questão educativa, assim criticará Popper:

> Enquanto que Esparta tratava seu gado humano com uma brutalidade excessiva, sintoma de fraqueza, para não dizer confissão, e signo anunciador da degenerescência da classe dirigente, Atenas, ao contrário, mostrava generosidade demais para com seus escravos. Platão conclui disso que Esparta insistia um pouco demais na ginástica, e

---

30 Idem, 410c-d; 411e; 412a-b.
31 Cf. *La Société ouverte et ses ennemis*, p. 54.
32 *Dialettica e positivismo in sociologia*, p. 304.
33 Cf. *La Pensée hellénique*, p. 230.

42 ESTÉTICA DA CONTRADIÇÃO

Atenas bastante demais na música. [...] Do ponto de vista do costume ateniense, isto nada mais era que a asfixia de toda educação literária. Como a poesia, a música propriamente dita deve estar submetida a uma rígida censura, e uma e outra devem tender a reforçar a estabilidade do Estado. [...] Ao pedir à música para contribuir em aumentar a bravura, Platão esquece que o papel da música era justamente cultivar nos jovens o espírito de doçura.[34]

Miklos Haraszti, em sua citada obra sobre a Hungria, coincidentemente exemplifica a estética da censura totalitária de esquerda até mesmo na negação da personalidade criadora na escrita de uma sonata. A exigência estatal é de uma música "construtiva", devido ao caráter público da arte, vista como propriedade coletiva. Dr. Goebbels, em sua carta a Furtwängler de 1933, caminha no mesmo sentido:

A política é também uma arte, talvez mesmo a arte mais elevada e a mais ampla que exista, e nós, que damos forma à política alemã moderna, nos sentimos como artistas aos quais foi confiada a mais alta responsabilidade de formar, a partir da massa bruta, a imagem sólida e plena do povo. [...] Os artistas que podem realmente fazer alguma coisa, e cuja ação nos domínios externos à arte não vá de encontro às normas elementares do Estado, da política e da sociedade, encontrarão no futuro, como no passado, a ajuda e os encorajamentos mais calorosos de nossa parte.[35]

Ao indivíduo, cabe a parte menos bela, cabendo ao Estado e à família o que há de melhor sob proteção da Lei, anulando as reivindicações individuais e assegurando, desta feita, seu coletivismo repressor. O sonho que o estimulava a fazer música possivelmente queria alertá-lo para os perigos de sua obsessão estatal. Fazer música, "produzir", deveria significar não mantê-la tal qual apoiada no conservadorismo elementar, mas rever sua política artística e, por extensão, sua teoria política totalitária. Fazer música seria criticar seus fundamentos políticos na avaliação do fenômeno musical e artístico em geral, pondo fim às restrições heteronômicas, liberando-a definitivamente. A desconfiança em relação ao pensamento independente encontrava eco na desconfiança de uma arte autônoma, liberta dos

34 Op. cit., p. 54.
35 Apud H. Brenner, *La Politique artistique du national-socialisme*, p. 275.

grilhões do Estado e de suas prescrições. Fazer música poderia significar desvincular o fenômeno artístico e a filosofia do serviço público ao Estado, tornando-as desinteressadas, como de fato a Grécia antiga antecipadamente começara a esboçar[36].

O pesadelo totalitário identifica os interesses do Estado desligados dos interesses da sociedade civil e da nação, como se esta não fosse a autora do Estado e este não estivesse a serviço daquela. A estatização completa da nação afunda a sociedade em um divórcio perene com o Estado, anunciando sua derrocada. A sociedade fica sob suspeita. Nas sociedades estatizantes dos mais diferentes matizes, do autoritário ao totalitário, só o Estado é digno de confiança. Moralmente, só o Estado está acima do bem e do mal. A sociedade não representa os mais legítimos interesses da nação, pois eles foram usurpados pelo Estado. Daí a tendência em considerar que não é a sociedade que gera riqueza, mas o Estado, quando na verdade ele só gera impostos.

A linha cultural de sua pedagogia assenta-se em uma moralização extrema que vai a ponto de torná-la caricatural, senão esdrúxula. A sociedade política deve criar os mecanismos necessários para protegê-la, a fim de assegurar a circularidade e a espiralidade do continuísmo educacional, formador de uma constante e sucessiva alta qualitativa dos indivíduos. As gerações suceder-se-iam por meio de saltos qualitativos, calcadas na segurança dos mecanismos patologicamente policiais de defesa dos interesses do Estado. O nazismo passou a desconfiar de Beethoven quando descobriu, isso em 1944, mais precisamente em outubro, que ele escrevera ao editor vienense Anton Hoffmeister, usando "Estimado irmão", entre outras fórmulas de intimidade social. Achando possível sua ligação com a franco-maçonaria vienense, perguntam: "Que possibilidade existe de esclarecer esta importante questão?" Na Polônia ocupada só o divertimento era considerado não subversivo, conforme atesta os documentos do Departamento de Propaganda: "Pode-se autorizar as interpretações musicais polonesas na medida em que se trata de divertimentos; cabe interditar os concertos cujos programas de qualidade sejam de natureza a suscitar nos ouvintes uma emoção artística"[37]. Platão antecipa aquilo que

36 Cf. A. Hauser, op. cit.
37 H. Brenner, op. cit., p. 315.

o nacional-socialismo (socialismo nacional) veio confirmar. Ele proíbe qualquer novidade que contrarie as ordens estatais, mesmo em relação à ginástica. As mudanças instauradas pela música, segundo ele, teriam um efeito desestabilizador geral, visto não haver qualquer possibilidade de mudar-se a música sem estremecer os alicerces políticos da sociedade: "é que em nenhum lugar se toca nos modos da música sem tocar nas leis mais importantes da Pólis"[38]. Aos Guardiães do Estado cabe zelar pelo andamento normal da música, preservando-a das emoções artísticas suscetíveis de facilitar o "espírito revolucionário", que sutilmente poderia vir a instalar-se na "superestrutura" da sociedade. Os Guardiães formam uma verdadeira central de controle do imaginário, pondo à disposição mecanismos e dispositivos de policiamento que estiverem ao alcance, no sentido de garantir o tipo de impacto emocional-ideológico mais adequado aos controlados. Há o patrulhamento doentio da imaginação, da produção e da emoção artísticas.

A pintura vê-se presa aos ditames do real, e aos desvios picto-poéticos tidos como imorais estão previstas punições. A procura da verdade torna-se o fundamento de repressão ao imaginário. A captura da inventividade é acompanhada de sua pretensão à verdade, ainda que só os governantes do Estado possam utilizar-se da mentira abertamente quando considerarem do interesse do Estado, e só a eles realmente é dado esse direito[39]. Seu furor contra Homero em boa parte origina-se das "mentiras" de suas histórias, que procedem por imitação:

> Eis agora o que eu entendia por isso: é que seria necessário nos acordarmos sobre a questão de saber se autorizaremos os poetas a usar de imitação em suas composições poéticas; ou bem a usá-la aqui e não lá, e para cada um dos casos em qual tipo de assunto; ou bem se nós não os autorizaremos de modo algum a se utilizarem da imitação[40].

Na verdade, Platão sempre atacara a poesia enquanto esta procurava sua autonomia estética e sua afirmação independente do poder político. Esse ataque passara pela condenação da poesia

38 Platão, op. cit., 424c.
39 Idem, 389b.
40 Idem, p. 394d.

enquanto arte de imitação dos prazeres do amor, do transporte entusiasmado, fazendo tornar real os sentimentos de prazer e pena. Para Platão, quanto mais o homem imitar esses estados da alma, mais distantes estará da verdadeira felicidade. E isso nada mais é do que, do ponto de vista psicológico, a resistência aos conflitos interiores da pessoa humana; nada mais é do que a neurótica recusa, pela anulação política, daqueles conflitos que habitam o ser. Quanto mais forem aceitos os seres humanos em suas contradições, mais serão capazes de entender a vida e buscar soluções duradouras, sem intervenção de decretos-lei que pretendam também governar os sentimentos humanos. Essa imitação poética é, para Platão, condenável e subversiva, "porque ela os alimenta, os irriga, ao passo que é preciso tê-las secas"[41].

Homero deve ser evitado e mesmo proibido, na medida em que só se deveriam admitir no Estado e pelo Estado os hinos aos Deuses e os cantos de homenagem aos homens de bem. Essa tese, já contida na *República*, permanece viva senão mais radical nas *Leis*. Platão volta-se contra a Musa[42] caso esta tenha a liberdade de ornar-se de inspirações e dons criativos isolados dos cantos de homenagem aos homens de bem e dos hinos aos deuses, subvertendo a lei e a regra com os discursos de sentimentos referentes ao prazer e à pena, incompatíveis com o Estado virtuoso que deve proteger-se da imitação poético-realista, mesmo que à custa da violência política. Dissimulando-os, acredita Platão evitar que o Estado se corrompa pela tristeza ou pelas angústias humanas. Reprimindo as contradições – sentimentais, emocionais, políticas, entre outras –, entende reduzir as possibilidades reais de transformação da sociedade. Platão almejava o fim da história, pois seu modelo representava o esgotamento da perfeição política.

Isso não muda nas *Leis*. Estas ainda vão determinar as condições prévias daqueles que estariam autorizados a *fazer* poesia ou música, bastando ao candidato ser considerado um homem de bem, mesmo que não tenha talento ou qualidade artística para tal. Critérios morais, pragmáticos e utilitários serão aplicados pelo Educador (o Ministro da Educação Pública) e pelos Guardiães-das-Leis. Estes detêm o poder de autorizar àqueles

41 Idem, 606d.
42 Idem, 606e, 607a-b.

ESTÉTICA DA CONTRADIÇÃO

escolhidos o privilégio ao direito de criar e apresentar suas obras, partindo do princípio de respeito à ordem de permissão tão somente aos que pelo menos sejam quinquagenários:

mais ainda, ninguém terá a audácia, sem que os Guardiães-das-Leis tenham julgado, de produzir um canto que não tenha recebido o sinete, mesmo que seja ele mais agradável que os hinos de Tamiras ou de Orfeu; mas unicamente as composições que após terem sido julgadas santas serão dedicadas às Divindades, ou aquelas que, devidas a homens de bem, forem julgadas, seja na crítica seja no elogio, aptas a responder exatamente a um tal objeto[43].

A liberdade de expressão via-se limitada àqueles artistas domesticados que desempenhavam o papel de "úteis" ao Estado, que se apresenta confundido com a sociedade. Platão revela na *República*[44] haver encontrado resistência de intelectuais ou, antes, poetas que se rebelavam contra os filósofos, a quem acusavam de brutalidade no trato com as questões artísticas. Os poetas criticavam a filosofia daqueles que queriam vê-la acorrentada aos critérios políticos e governamentais. Ainda que tidas como incertas, as frases a seguir são bastante ilustrativas das querelas da época, e da oposição e das lutas ideológicas das quais Platão tornara-se o símbolo maior: "Cadela que late contra o dono", "Homem eminente com vazio discurso de imbecil", "Com suas ridículas meditações, uns miseráveis no final das contas". Ora, Platão tenta ganhar esse debate como uma verdadeira guerra – pelo uso da força. Só volta do exílio aquela poesia que, não sendo só agradável com seu "charme mágico", faz-se de uma utilidade que não se presta à contestação, mostrando seus dotes para servir ao governo dos Estados, ou para a vida individual dos homens, tornando-os mais aptos à virtude. A poesia agradável é aquela útil, atendendo a uma causa política ou estimulando moralmente o homem. Evidencia-se mais uma vez o utilitarismo estético platônico. A oposição que Platão confessa existir entre poesia e filosofia é bastante significativa do ponto de vista histórico. Demonstra a incapacidade da filosofia da época, ou de uma certa filosofia que ele representa, de entender a especificidade do discurso

---

43 Idem, v. 8, 829e.
44 Cf. idem, 607b-c.

A ESTÉTICA DE PLATÃO E A MODERNIDADE ESTÉTICA 47

estético. Ainda não havia sido elaborada uma teoria filosófica capaz de dar conta das diferenças fundamentais que separavam o discurso poético do político, e do abismo instalado ao se decretarem as regras e prescrições artísticas como plano de governo. A política cultural platônica passa pela destruição da cultura como projeto político. A arte perdera-se no Tártaro, abismo mais profundo da Terra, onde, conforme ele próprio descreve no *Fédon*, "É rumo a este abismo que convergem os cursos de todos os rios, e ele é inversamente o ponto de partida de seus cursos divergentes"[45].

Karl Popper tem razão quando identifica o projeto político de Platão com o passado do Estado lacedemônio e seu ideal classista baseado nas castas. Segundo ele, a abolição da classe dá-se pela inabalável superioridade da classe dirigente, comparando-a ao domínio exercido em Esparta, onde os espartanos em pequeno grupo com direito a porte de arma dominavam rigidamente os hilotas e as populações da Lacônia e Messênia (provincianos). Aí o cidadão encontrava-se em estado de absoluta subordinação à classe dirigente. Ela reduzia todo e qualquer cidadão a soldado permanente a serviço das campanhas militares. Aos sete anos, eram as crianças dissociadas de suas famílias para irem engordar as fileiras de algum grupo militar, nos quais aprendiam a ler, marchar, fazer ginástica e "música".

Hauser, em sua comparação entre o gênio de Eurípedes e outros poetas gregos, vem ao encontro das mesmas críticas que tecemos em relação à doutrina do delírio. Diz ele:

> Os elementos racional e técnico na arte eram para eles muito mais importantes do que o irracional e intuitivo. A doutrina do entusiasmo de Platão punha de fato em destaque que os poetas deviam as suas criações à inspiração divina, e não à mera capacidade técnica; mas esta maneira de ver, de modo algum leva à exaltação do poeta, mas apenas alarga o abismo que o separa de sua obra e faz dele um mero instrumento da vontade divina.[46]

Esse abismo assemelha-se ao Tártaro, onde tudo converge para depois divergir. O caráter racional da arte é que a leva a perder-se no Tártaro das esperanças perdidas. A crítica do

45 Idem, 112a.
46 Op. cit., p. 140.

aspecto técnico na estética platônica é a defesa intransigente do racional-técnico, já que o artista faz-se "técnico" do divino, e não, como assinala justamente Hauser, o defensor da intuição. A defesa do delírio também não é a defesa da intuição, haja vista a loucura servir como mediadora dos Deuses e não como alimentadora dos homens. Claro, um alimento que por si só não seria suficiente. E nisso Pierre Boulez não poderia ter sido mais feliz, ao desconfiar da suficiência do puro delírio na criação artística, na suficiência da tão somente vertigem da improvisação ao referir-se à *organização do delírio*: "Cada vez mais eu imagino que para o criar eficaz é preciso considerar o delírio e organizá-lo, sim"[47]. Jean-François Lyotard, por sua vez, também foi preciso ao considerar a loucura artística como obra da vontade, ou do desejo, se preferirem. Ele foi direto à objetividade da problemática: "A doença não é irrupção do inconsciente, ela é esta irrupção e a furiosa luta contra ela. *O gênio se aproxima até à mesma figura de profundidade que a doença, mas ele não se defende dela, ele a deseja*"[48]. Acredita ele que do fundo da "alienação" alguma verdade possa ser expressa, ainda que, conforme ele mesmo adianta em observar, "o inverso não é verdadeiro: a profundidade do distúrbio interior não basta para se fazer poesia".

Hauser injustamente não aceita o romantismo dos séculos XVIII e XIX, rejeitando-o em bloco como antirrealista e antirrelativista, principalmente o alemão, comparando-o com as ideias de Platão na Atenas do século IV a.C. Em seu entender, e aí com toda razão, a revolta e a hostilidade de Platão contra a arte dá-se como rejeição política do esteticismo derivante de uma nova classe rica que veio desestabilizar a nobreza de sangue, até então segura de seu domínio sobre a arte. Sua crítica da iconoclastia de Platão revela que, pela primeira vez na história, a arte é objeto de ódio e hostilidades. Em verdade, a história do ódio à arte da Antiguidade aos nossos dias ainda está por ser escrita.

O conservadorismo de Platão afirma o domínio absoluto da maioria pela minoria, valorizando a arte e desprezando o criador, o que não nos parece ter sido o projeto do romantismo dos séculos XVIII e XIX, mesmo o alemão, sendo pois

---

47 *Points de repères*, p. 182.
48 *Dérive à partir de Marx et Freud*, p. 61 (grifo nosso).

totalmente injustificada a tentativa de se estabelecer uma relação entre o romantismo alemão e o nazismo. A apropriação nazista do romantismo alemão por parte de Heidegger e outros "pensadores" nazistas não incrimina os poetas e escritores, mas sim os próprios nazistas. Mesmo Hölderlin foi instrumentalizado por Heidegger. Platão rejeita a arte como fabricante de ilusões, dependente de atividades imitativas. No *Sofista,* ao discursar sobre o *jogo* sofista de uma arte de imitar, o filósofo a relaciona com a arte da *simulação* e da *aparência ilusória;* segundo ele, os artistas expulsam a verdade, optando pelos simulacros[49]. Hauser não faz a distinção existente entre o idealismo de Platão e o idealismo alemão, como se fossem rigorosamente idênticos, o que já atesta uma impropriedade histórica. Para ele, o conservadorismo platônico originário da teoria das Ideias é o padrão do posterior idealismo reacionário, hostil à realidade. Ora, o realismo socialista ama a realidade, e enquanto materialismo foi o mais reacionário da história da arte, só encontrando paralelo no realismo nazista ou socialista nacional. Na verdade, esses dois exemplos de realismos totalitários amam a realidade, a ideologia e a mentira do Estado.

E isso se não for preciso discutir o que seria essa negação da realidade em Platão, altamente questionável se levarmos em conta que ele a ama profundamente. Os artistas é que são os idealistas, no sentido de lutarem pelo ideal da arte, ao recusarem o papel de servos das *Leis* da *República.* A busca da verdade favorece a criação de um dispositivo de repressão ao imaginário. O desvio pictórico-poético é visto como imoral. A invenção é capturada por meio da perseguição aos desvios da verdade tornada oficial. A virtude moral é a virtude da repressão. O interesse da virtude é a virtude do interesse do Estado. Contra o prazer e o sofrimento desinteressados. Na defesa do *statu quo*, tudo se justifica e se pretende legitimar. A *República* paradoxalmente institui o vale-tudo. Nada vale o preço da estabilidade do Estado.

Dentro desse quadro, tudo se reduz ao jogo de verdades e de mentiras. E aí podemos entender a educação dos Guardiães do Estado. Eles primariamente devem ser educados por meio das formas diversas da cultura, entre elas as composições

49 Op. cit., 235d-e; 236a-b-c.

ESTÉTICA DA CONTRADIÇÃO

literárias. Mas, dessas, somente as verdadeiras são moralmente aceitáveis, não os contos mentirosos, fantasiosos ou irreais. Visando a vida adulta, a educação não pode permitir que coisas diferentes daquelas a serem cumpridas, pontos de vistas opostos aos das leis republicanas, sejam moeda corrente na infância, corrompendo-a e indispondo-a na aceitação das normas futuras. Um controle absoluto, utilizando os mecanismos policiais existentes ou a serem criados, deverá ser acionado sobre os contistas, cujas narrativas mentirosas em boa parte têm em Homero e Hesíodo seus exemplos maiores. Estes contrariam as reais imagens dos Deuses e dos Heróis. É preciso persegui-los. Os Deuses são intocáveis e de suas autoridades emanam os indispensáveis poderes da prescrição estética. A realidade divina não deve estar sujeita a interpretações outras que não as oficiais, longe do capricho dos artistas e da irreverência contrária à norma divina. Não bastassem essas limitações, outras regras devem ser observadas, formando um todo coerente do ponto de vista da repressão estético-política. Milton, em *The Poetical Works* (Obras Poéticas), advertira os arautos da verdade artística em seu poema "De Idea Platonica quemadmodum Aristoteles intellexit", ao dizer em versos:

> *At tu, perenne ruris Academi decus,*
> *(Haec monstra si tu primus induxti scholis)*
> *Jam jam poetas, urbis exules tuae,*
> *Revocabis, ipse fabulator maximus;*
> *Aut institutor ipse migrabis foras.*

Platão, revoltado contra Homero[50], decide impedir o acesso de suas histórias na Cidade:

nem que um sentido simbólico sustente a invenção, nem se esta invenção estiver desprovida de qualquer significação simbólica: a juventude é incapaz de discernir o que é símbolo e o que não é. Entretanto, as opiniões que em tão tenra idade recebemos tendem a se tornarem indeléveis e firmes. É com respeito a estas considerações, portanto, que sem dúvida é preciso empregar todos os esforços para que os primeiros contos ouvidos pela juventude sejam aqueles cujas ficções, no interesse da virtude, mereçam mais que se escute.[51]

---

50 Idem, 377-378.
51 Idem, 378d-e.

Esta visão de que *tudo depende da educação* orientará toda a *República*, no interesse da virtude, procurando evitar a todo custo as transformações, inevitáveis nas artes e mesmo na ginástica. É preciso que a organização do Estado e sua estabilidade sejam garantidas contra a ação maléfica do novo, as transgressões e violações da ordem por meio da arte. Não é possível formar bons Guardiães quando se tem uma arte – música, poesia, pintura, arquitetura – que muda, busca o desconhecido, procura o novo, pois aos Guardiães foram consignadas regras imutáveis do jogo social das quais devem ser fiéis defensores. Tanto a arte quanto a sociedade serão regidas pela ideologia egípcia da imutabilidade da ordem social, e política e, mais radicalmente, da ordem artística. Não se devem permitir novos cantos, novas danças e novas poesias: "Introduzir uma nova forma de música é uma mudança da qual é preciso se proteger como um perigo global: é que em lugar algum se mexe nos modos da música sem tocar nas leis mais importantes da Cidade"[52].

Segundo suas próprias palavras, é na cultura que se dá mais facilmente o prenúncio da desobediência civil, em que mais facilmente poderá se instalar o "espírito revolucionário". Virtude significa docilidade no cumprimento das regras, em sua aceitação acrítica e sem contestação. A música deve paradoxalmente estimular a bravura e cultivar a doçura. Toda essa visão é de um autoritarismo indisfarçável, ou mesmo um totalitarismo explícito. A inquietação criativa é perigosa, visto despertar sentimentos estranhos ao bom andamento da sociedade, isto é, à imutabilidade da sociedade. A docilidade, a servidão e a presteza não podem tomar contato com a insubordinação da arte livre, correndo risco de se contaminarem definitivamente. O artista não detém o saber, logo, não poderá deter o poder. A liberdade intelectual foi finalmente expulsa da Cidade, e com ela a também possibilidade de existência e subjetividade individuais. A moderação sexual imposta pelo governo é parte do conjunto repressivo que nega o princípio do prazer em função do princípio da realidade. Nas *Leis*, somos comparados a uma marionete fabricada pelos Deuses, destituídos de ação independente, enquanto alguns poucos se farão os verdadeiros mensageiros eleitos que controlarão a

52 Idem, 424c.

52 ESTÉTICA DA CONTRADIÇÃO

maioria desprestigiada. A esta ficam destinadas as respostas e não as perguntas e seu direito ao questionamento crítico, que é puro movimento, conforme Maurice Blanchot. O banimento da pergunta na *República*, ou da pergunta não autorizada, é coerente com o projeto político platônico de eliminação da vontade e do desejo. E isso será confirmado por Blanchot, ao dizer que "a questão é o desejo do pensamento"[53].

Platão, ao se referir aos "perigos da diversidade de gostos em matéria de arte: o cânone egípcio", incluído nas *Leis*[54], fornece-nos a dimensão exata de seus modelos artísticos e de sua política cultural. Com efeito, Atenas favorecera o aparecimento do individualismo artístico-poético, a noção de individualidade criativa, coisa inteiramente desconhecida no Egito. Neste não há o "acaso da fantasia", conforme a reclamação de Platão. Winckelmann denuncia o desprestígio dos artistas no Egito, de onde não precisaram exilar-se, pois nunca chegaram a conhecer a liberdade. A revelação de Winckelmann de que a música possivelmente era proibida em território egípcio atesta uma das fontes platônicas – segundo elas, mesmo a poesia era proibida[55]. Se na Grécia tornara-se impossível reverter tão radicalmente o quadro estético-cultural, uma verdadeira aberração seria a aniquilação pura e simples de toda poesia e de toda música: a solução dar-se-ia em um rígido controle policial dos conteúdos. Interditando as mudanças e as novidades artísticas, pensava ele manifestar o respeito à tradição, de todo modo irrevogável e, simultaneamente, impedir a afirmação da individualidade criadora. Se há uma tradição tida previamente como definitiva, que assim o seja. Contudo, nada mais. Ao chamar o Egito de "amargo Egito", estaria Homero criticando o exílio da arte nas margens do Nilo? Segundo Winckelmann, isso levou o país a procurar "excitar sua imaginação e alegrar seu espírito com o uso de meios violentos". Onde falta a fineza da cultura sobra a grossura da violência.

Se no entender de Winckelmann a decadência da arte grega se aproxima do estilo egípcio, em razão de seu reducionismo e de sua negação da exuberância do período clássico, por sua

---

53 *L'Entretien infini*, p. 14.
54 Op. cit., 655b-c.
55 *Historia del Arte en la Antiguedad*, p. 42.

A ESTÉTICA DE PLATÃO E A MODERNIDADE ESTÉTICA   53

vez, e concordando com Heródoto, foi graças à liberdade que Atenas pudera chegar ao mais alto ponto da cultura e da civilização. Afirma terem os gregos praticado o pensamento desde a mais tenra idade, dominados pelos pensamentos mais nobres, ao contrário de épocas mais recentes. Contrastando com isso, o artista é reduzido a operário e mão de obra farta no Egito. O desenvolvimento da arquitetura, nascida nesse país, é indissociável de seu regime sociopolítico. Auguste Choisy esclarece:

> Quanto aos operários, eles formavam corporações cujo princípio é o mesmo em todas as regiões do Oriente: todas as monarquias orientais arregimentaram as forças operárias; elas só concebiam o monopólio, o trabalho organizado e gratuito.
>
> [...] O rastro do trabalho organizado está visível no aspecto geral das obras de construção: a irresponsabilidade do operário parece escrita nestas contínuas imperfeições do aparelho que não teriam sido de forma alguma toleradas da parte dos empreendedores responsáveis. A "estatal" era senão o único modo, pelo menos o modo habitual de execução para as obras que exigiam uma preparação profissional, e para todas as manobras de força bruta conhecemos a riqueza que os reis do Egito sabiam encontrar nos cativos, refugiados ou escravos. Daí este desprezo pelos obstáculos materiais, este luxo surpreendente da mão de obra; descobrir-se-ia a partir somente da arquitetura do Egito todo seu regime social: sua organização autoritária se trai nos métodos, como a onipotência de sua teocracia na grandeza e mistério de seus templos.[56]

A Platão seduzia a aparente imobilidade da arte egípcia, uma estabilidade repressiva, sua constância através de milênios, com sua base artística mantida a custo da melancolia da população criativa e da população espectadora. Era preciso exilar a novidade da arte e com ela os artistas. Banindo a pesquisa – a busca do novo –, tenta assegurar o espaço definitivo das representações tradicionais. O problema é menos de respeito à tradição, condição indispensável à cultura, e mais de cimentá-la. O papel da tradição é também de oxigenar a criação do novo, que está dialeticamente unido à tradição. Dessa contradição saem as obras de grande valor. Este não é o caso, entretanto, pois estão previamente definidos os conceitos de belo canto, de bela dança, servindo à boa legislação.

56 *Histoire de l'architecture*, p. 83.

Para Platão, o poeta na verdade é um operário da poesia, não um artista. Enquanto tal, ele não dispõe de autonomia intelectual que lhe permita expressar a individualidade criadora. Essa ideologia egípcia fará com que o legislador imponha, dentro da perspectiva da lei, os limites poéticos que o operário deverá respeitar. Primeiro pela persuasão delicada, diplomática; caso não consiga resultados, recorrendo à violência. Toda a produção poética deve ser regulamentada obedecendo a critérios previamente determinados em lei, e sob sua orientação exclusiva. As inovações devem ser evitadas a todo custo, e somente aceitas quando de pura iniciativa governamental, institucional. Cabe à lei determinar o que muda, o motivo e em que condições. A música sob orientação de prazeres desregrados é das que mais se transformam sem autorização legal, logo deveria se tornar uma das mais vigiadas[57].

Os princípios morais norteiam a produção artística, dificultando a vida das contradições no seio da sociedade. As contradições são inimigas. Eliminar as contradições pressupõe na mesma lógica eliminar pessoas. Na defesa da harmonia artificial dos homens, da harmonia administrada pelo Estado, deverão ser criadas regras e leis que impossibilitem e impeçam a manifestação das tensões e contradições, em vez de entendê-las como parte do processo existencial humano. O custo dessa harmonia de gabinete é a perda da liberdade dos indivíduos, privados de seus direitos à angústia, ao conflito pessoal e social. Cabe ao legislador outorgar o direito do poeta fazer o que lhe é determinado por lei. Se todo ser humano tem direito ao conflito interior, quanto mais não seja o poeta, por excelência mergulhado no conflito e nas contradições humanas mais fundamentais.

Uma das grandes contradições em Platão, como vimos, está contida na reverência aos valores poéticos, ainda que desprezando-os quando o contrariam, na ambiguidade com que trata o lugar da arte – nisto o *Hípias Maior* foi abandonado –, entregando-a ao útil. A ousadia do *Hípias Maior* cede ao reacionarismo totalitário gradativamente até a sistematização global nas *Leis*. Do ponto de vista da simulação, as artes devem obedecer ao seguinte programa:

---

57 Platão, op. cit., 659e; 660a-b-c.

A ESTÉTICA DE PLATÃO E A MODERNIDADE ESTÉTICA 55

Sobre isso, não concluiríamos que, com relação a qualquer imagem imitativa, tanto em pintura quanto na música e em qualquer arte que seja, alguém que quiser ser capaz de julgar sobre essas matérias com inteligência deve reunir as três seguintes condições: primeiramente, conhecer o que é a realidade imitada; em seguida, conhecer de que maneira essa imitação é correta e, enfim, como terceira condição, conhecer o que lhe parece de ser boa e útil? E isto qualquer que fosse a imagem produzida pela imitação, mesmo por palavras, árias musicais e ritmos?[58]

O julgamento deveria proceder segundo os critérios do útil e do bem; a realidade do útil sobrepõe-se à realidade ficcional. Se a arte imita a aparência, não pode ser amiga da verdade, distante do real imitado e sem o saber concernente. A imitação se limita a reproduzir o real, não estabelece qualquer relação criadora com o saber que imita, ao contrário do julgamento que, segundo ele, deveria conhecer a "coisa imitada". O pintor nada mais faz que vítimas da ilusão, do simulacro. Ao deixar de imitar o real, isto é, a verdade, torna-se incapaz de operar a discriminação entre saber, não saber e imitação[59]. O controle deverá ser suficientemente amplo a ponto de abranger todos os profissionais norteados pela virtude, educados na imagem moral do bom, da beleza moral e na elegância da forma[60]. Os poetas não merecem as próprias Musas[61].

Em seu entender, conforme vimos examinando, foi pela música que a indisciplina revolucionária começou a desorganizar a sociedade, devido ao fato de terem os músicos abusado da liberdade de composição, não respeitando as divisões que haviam sido estabelecidas por lei. As formas e as espécies musicais – os chamados gêneros – foram misturados uns com os outros, gerando consequentemente o espírito indisciplinado, revolucionário, desencadeador de futuras e variadas insatisfações culturais ou políticas. Além disso, praticado por aqueles que não dispõem de autoridade legal ou legitimidade comprovada.

O direito soberano em conhecer essas questões e em julgar com conhecimento de causa, assim como, por outro lado, em punir os revolucionários, este direito não pertence aos apitos nem tampouco aos

---

58 Idem, 669a-b.
59 Idem, 598c-d.
60 Idem, 401a-b.
61 Idem, 669c.

gritos selvagens da multidão, não eram também seus aplausos que conferiam um elogio; mas foi decidido que os homens versados nesta espécie de cultura escutariam do começo ao fim em silêncio e que, com uma vara na mão, estabeleceriam a ordem, e advertiriam às crianças e a seus instrutores. Eis, portanto, segundo qual prescrição a massa dos cidadãos então aceitava ser governada nessas matérias, sem ter a audácia de recorrer à bagunça para dar seus juízos.[62]

Na sequência desse segmento, contudo, Platão vai mais longe. Com o desenvolvimento histórico, houve ganhos de liberdade dos artistas, contrariamente às pretensões egípcias de Platão (ver, a propósito, artigo de Luc Brisson, "L'Egypte de Platon"[63]). Segundo ele, os poetas tinham inquestionável talento literário, somente foram longe demais ao não reconhecer os limites do delírio, transgredindo as leis com um excesso de transporte, levados pela paixão do prazer e possuídos mais do que deviam. E nisso desconsideraram a Musa por pura ignorância, ao desconhecerem aquilo que ela tem de autorizado e legitimado, isto é, um delírio bem comportado, comedido, a ponto de não subverter a disciplina das artes. A arte deve manter-se na divisão dos gêneros, à imagem da sociedade, também dividida em classes. Alterar ou misturar os gêneros é atacar diretamente a sociedade em sua organização política e social, favorecer questionamentos de classe.

A desrazão dos poetas e artistas não lhes pertence, é uma gentileza divina; logo, aproveitar-se dela para fins revolucionários seria inadmissível. Seria beneficiar-se de uma delicadeza divina para subvertê-la. Sendo de caráter involuntário, a desrazão, enquanto qualidade humana de natureza divina, não é atributo da qualidade humana por si mesma dos artistas, mas um acaso, uma coincidência e uma gentileza divina, um dom superior. Ao evocarem a não pertinência da retidão moral em questões musicais, os artistas somente tentavam ser artistas. Tentavam convencer Platão a *fazer música, como o sonho o aconselhava*, a entendê-la de dentro, não heteronomicamente, segundo critérios externos à obra e estranhos à sua concepção interna. Quando os artistas contestavam a competência dos

---

62 Idem, 700c-d.
63 *Les Études philosophiques*, p. 153.

A ESTÉTICA DE PLATÃO E A MODERNIDADE ESTÉTICA   57

legisladores em decidir os assuntos culturais e artísticos, eles demonstravam fina qualidade de espírito, contrastando com uma certa rudeza já anteriormente mencionada, já que quanto a isso Platão mostrava-se inflexível, quando não irredutível. O favor divino de delegar aos artistas o direito à loucura e ao delírio na terra sob a égide de Orfeu, facilitando-os no exercício de sua arte, não deve ser traído por aqueles que não conhecem o sentido do limite e a insignificância de suas vidas quando comparadas com as dos Deuses e, por que não, com a dos políticos e filósofos. Uma arte indisciplinada semeia hábitos indisciplinados na multidão. Uma arte dirigida segundo princípios autônomos propicia o nascimento, o desenvolvimento e o hábito das transgressões às leis. Platão usurpa qualquer direito dos artistas ao julgamento de fatura estética de suas obras. Essa pretensão nada mais é do que uma *audácia* dos artistas a ser legitimamente punida:

> Entretanto, na sequência do tempo que passava, apareceram poetas que foram os iniciadores das infrações às leis da música: sem dúvida, homens com dom natural para a poesia, mas ignorantes no que diz respeito ao que a Musa comporta de legítimo e de credenciado, possuídos mais que o necessário em seus transportes pela paixão do prazer, e que misturaram *threnus* aos "hinos", *paean* aos "ditirambos"; imitando sobre a cítara o acompanhamento do canto pela flauta; levando tudo a se confundir com tudo; mentirosamente pretendendo, em sua involuntária desrazão, que em música não há lugar para uma retidão qualquer, e que fora o prazer daquele que aí encontra seu jogo, não existe meio mais correto de decidir, independentemente do valor daquele que decide, seja melhor ou pior! Compondo, portanto, dentro desse espírito suas músicas, pondo nelas as letras cujo espírito é o mesmo, eles inculcaram na multidão o hábito de transgredir as leis e a audácia de se pensar capaz de decidir.[64]

Nesse sentido, as leis da música devem ser respeitadas também como representação metafórica das leis da República. Elas foram criadas pelos legisladores independentemente de sua legitimidade estética. Visto serem levados em conta somente os critérios morais e políticos, é absolutamente secundária e dispensável a crítica dos artistas segundo a qual é necessária uma

---

64 Platão, op. cit., 700d-e.

abordagem puramente artística de suas obras. As leis da música e da poesia foram criadas por aqueles a quem foi dado o poder de legislar sobre tudo, não podendo ser excluídas as artes, pois isso significaria abrir um gravíssimo precedente, um privilégio irresponsável.

A cidadania deverá ser exercida em sua plenitude, porém sob a supervisão do todo social e político. O cidadão não é a finalidade em si da obra natural, do natural filosófico (alma, cultura), mas peça utilitária abstraída e diluída na noção de Estado. O cidadão atende pelo nome de Estado. Esse supracidadão autonomiza-se em função própria, autorreferenciado, muito embora Platão tenha se referido ao Estado como representação una do plural, o um pelo múltiplo e em benefício deste último. Tentando considerá-lo como o cidadão em sua forma coletivista, o Estado na verdade adquire um estatuto que lhe permite isolar-se da maioria, ganhando força e foro de autoridade independente. Sua unidade passa a valer em si e para si, formando um valor extrínseco à cidadania que pretende defender. A unidade implica na derrota da individualidade e na vitória do individualismo de Estado. Ousaríamos falar em "egoísmo de Estado". Este se torna um "eu" independente. A derrota da individualidade implica na correlata vitória do coletivismo. O gozo de natureza pessoal é ilegal, e a música que age com autonomia estética deve fazê-lo contra os princípios constitucionais da Cidade.

Segundo Platão, essa confusão gerada pela indisciplina dos artistas propiciou algo mais grave também. O público começou a se manifestar, a dar opiniões, quando outrora jamais ousara emitir julgamentos. Foi o que chamou de "teatrocracia". Tal depravação dos costumes, democratizando os juízos sobre o teatro e suas obras, foi por ele entendida como uma perda de poder por parte dos juízes oficiais. O poder popular deveria ser aquele formado por homens de cultura liberal que responderiam pelos outros despreparados. O "espírito de revolução" tomara conta do público, que se via encorajado a exercer suas opiniões e juízos. "Nenhum temor, com efeito, os retinha, pois eles se acreditavam sábios, e esta ausência de medo gerou o descaramento: é uma audácia não temer a opinião de quem vale mais que nós, este sim é um desaforo detestável, aquele que é o efeito mesmo de uma liberdade cujas audácias levaram ao excesso!"[65]

Essa seria a forma inicial da série de desdobramentos políticos instaurados pelo espírito revolucionário, semelhante aos desregramentos percebidos nos contos infantis. Tanto o divertimento quanto o juízo estético devem ser controlados de forma a obedecerem a um estrito regulamento de ação. A intenção de se criarem homens dóceis à regra e à lei, virtuosos, pois, segundo Platão, poderia ser contrariada pela violência dos indisciplinados. Sub-repticiamente, os novos hábitos revolucionários passariam a ser incorporados nas mentalidades, posteriormente codificados nas convenções, organizando-se em leis e, finalmente, institucionalizados no Estado por meio de uma constituinte[66].

Por outro lado, Platão reconhece que o artista trabalha com as contradições e a diversidade; nas *Leis*, ao comparar o poeta com o legislador, estabelece as fronteiras e as características essenciais de um e de outro. O poeta continua associado às Musas, delas dependendo para atingir a profundidade poética. Quando a ela se une ou por ela é possuído, assemelha-se a uma fonte da qual toda a água jorra conforme o ímpeto. Então,

como sua arte é de imitar, ele é forçado, quando compõe, a representar os homens em disposições mutuamente opostas, de se colocar em oposição a ele mesmo naquilo que ele faz dizer; mas em tudo que é assim dito, ele não sabe se é isto que é a verdade ou se é o contrário. O legislador, por seu turno, não tem na lei esta possibilidade de sustentar sobre um único e mesmo objeto duas linguagens diferentes; mas lhe é preciso sempre produzir um único e mesmo discurso sobre um único e mesmo objeto[67].

Platão reconhece a especificidade do discurso estético, diferenciando-o do discurso jurídico. A contradição observada por ele refere-se àquela sentida pelo artista ao se deparar com a diversidade do humano, da qual ele não tece preceitos morais ou políticos, mas sim criações estéticas autônomas. Reconhecimento um tanto tardio de Platão, que finalmente estabelece

---

65 Idem, 701a-b.
66 Idem, 424d-e.
67 Idem, 719c-d.

o lugar das contradições na arte. A ambiguidade natural e estrutural da arte é reconhecida como inerente à sua essência. Umberto Eco referir-se-á mais tarde, em *A Estrutura Ausente* e *Obra Aberta*, como também Gillo Dorfles, em *O Devir das Artes*, ao destino ambíguo da obra de arte, à ambiguidade como força motora da criação artística. Platão, é claro, não poderia ter chegado a tanto. Entende a inconsciência dos artistas em relação à obra como sendo fruto da ignorância congênita deles, que não sabem o que fazem, e não dispõem do saber fundamental daquilo que tratam, incapazes de discernir o saber da imitação. Aconselha os poetas a saberem mais sobre aquilo que escrevem ou pintam, como a condição necessária de se tornarem bons poetas.

O real identifica-se com a verdade. A arte deve ser a busca do idêntico fora do Mesmo, tornando-se outra coisa que a realidade, sem perder de vista a verdade do real. Deve ser o Mesmo sendo Outro, o outro e o um, fora do Mesmo e dentro do idêntico, portanto. As disposições humanas, as tendências várias, influem na obra, e delas o poeta não pode prescindir, abrindo suas diferenças em relação ao político e ao jurídico. Homero é reduzido a um operário de simulacro, um mero imitador, alguém que não possui conhecimento prático sobre aquilo que escreve, não podendo, logo, opinar. O mundo das coisas é formado por três espécies de arte:

1. a arte que se servirá da coisa;
2. a arte que a fabricará; e
3. a arte que a imitará.

Esta última é a menos digna, a mais pretensiosa, a que mais deverá ser controlada pelo Estado. A arte na verdade não pode ser levada a sério, já que é mais um jogo feito por bruxos, indignos da atenção daqueles que tratam a vida com seriedade e retidão, seres morais e virtuosos[68].

Platão recusa dignidade à arte na *República* também pelo fato de não serem os artistas capazes de autocontrole emocional, cedendo às pressões da angústia, da melancolia, fracos de espírito que se deixam levar pelos sentimentos. Essas características os levam a se distanciar da razão e da lei, vítimas do

---

68   Idem, 597-603.

"estado singular" que os afeta. Deixando-se dominar pela singularidade do sentimento, acredita Platão estar o artista demonstrando incompetência pessoal em exercer o controle e autodomínio necessários à dignidade da pessoa humana. Manter a calma, nesses momentos, é obedecer à lei, afastar a irritação da alma. Os seres capazes de autocontrole fazem-se quase que inacessíveis à imitação artística, pois que, segundo ele, os artistas preferem aqueles que se seduzem pela tragicidade da vida. Uns fracos.

Logo, o poeta imitativo não tem manifestamente inclinação natural para uma tal maneira de ser da alma, seu talento não procurou em fixar seu gosto, por pouco que queira se fazer um grande nome na opinião das massas. Ao contrário, é no sentido do temperamento irritado, no sentido do temperamento confuso, que ele se sentirá levado, porque esse se presta à imitação. [...] E assim, já haveria justiça de nossa parte em não lhe permitir entrar em um Estado que deve ser regido por boas leis; pois ele desperta e alimenta este elemento capaz de raciocinar; parecido com quem entrega o Estado a pessoas ruins dando-lhes o poder, enquanto faz perecer pessoas de bem; da mesma forma, diremos nós, o poeta imitativo instala uma má constituição na alma de cada um de nós por sua indulgência para com o que esta tem de insensato, e para com quem não sabe reconhecer nem o que é maior nem o que é menor, mas toma as mesmas coisas tanto como grandes quanto como pequenas: fazendo simulacros com simulacros, e longe do verdadeiro a uma distância enorme![69]

Assim sendo, os elementos heterogêneos, variados, nuançados, dos que se deixam levar pelos sentimentos contraditórios, são vistos na *República* como indesejáveis, contrários ao Estado instituído pelo signo da razão. O poeta imitativo não tem a alma una, unida com si mesma e com o Estado, logo, não poderá servi-lo. A alma contraditória deve ser evitada, na medida do possível nem mesmo entrar no Estado regido pelas boas leis, isto é, as leis da unidade, da totalidade, aquelas que impossibilitam as almas de se inquietarem com sentimentos irracionais. Esses, entre eles o de tristeza ou melancolia, por exemplo, formam a base do elemento inferior da alma. Aceitá-los e conviver sob suas ordens é ceder à pressão daquilo que

69   Idem, 605a-b-c.

de mais inferior tem o homem. Isso porque, segundo Platão, o irracionalismo toma conta da alma impedindo-a de exercer a razão em sua plenitude. A contaminação da alma pelos baixos sentimentos, o descompromisso com a verdade e com o real são incompatíveis com o Estado ideal, com o Estado virtuoso. Sua fé na razão neste momento distorce o lugar da intuição, taxando-a de irracionalismo puro, obstáculo ao saber. Ora, a intuição só é obstáculo à razão quando querem fazer dela outra coisa que não ela mesma.

Cabe figurar a razão e a intuição ou desrazão da arte em suas respectivas dimensões, nas quais qualquer tentativa de tomar de assalto fará com que não se compreenda o verdadeiro sentido de cada uma, o verdadeiro destino de cada qual. A desrazão estética só pode ser entendida em seu próprio âmbito, em caráter específico. A intuição não é misossófica. Simplesmente a intuição não é razão.

A indistinção ou indiferenciação só serve aos totalitarismos. O perigo que Platão aponta, de que mesmo os sábios poderiam ser contaminados pelos espíritos heteróclitos, nada mais é do que misofobia totalitária. A histeria de construir a unidade humana na negação daquilo que de mais humano o homem possui é uma política suicida. Em suma, a forma mais segura de derrotá-lo ainda mais. Na verdade, um grande mecanismo de defesa, uma enorme defesa, confundida com a *defesa do Estado*.

Popper, ao criticar Platão e esboçar as causas de seu radicalismo, foi vítima do tiro pela culatra ao relacionar estetismo, perfeccionismo e totalitarismo. Segundo ele, o esteticismo de Platão orientou a intransigência política do filósofo. A procura da beleza absoluta, realizada na criação do Estado absoluto, teria levado a estetizar a vida de modo a não abrir concessões. Assim, diz ele:

> A ideia de que a sociedade deve ser bela como uma obra de arte nada mais faz que facilmente levar à violência. De qualquer modo, é uma ideia contra a qual eu me sublevo. Considero que um tal sonho deve se desfazer diante da necessidade de lutar contra o sofrimento e a injustiça, diante do direito de cada homem em modelar sua vida como bem entender, à medida que não incomode os outros. Aos artistas, de encontrar outros meios de se exprimirem.[70]

---

70 Op. cit., p. 134.

Se nos foi possível fazer uma leitura correta de Popper, este, ao que parece, também expulsa os artistas de sua "sociedade aberta". A sociedade é aberta, mas fechada aos artistas, tanto quanto seu adversário grego preconizava para a república grega. O que não chega a ser surpreendente, pois seu livro sobre Platão condena as teorias políticas, mas em momento algum critica a teoria do exílio dos artistas e da repressão cultural. No que diz respeito à arte, Popper faz uso da violência que diz condenar. Ordenar aos artistas que procurassem outros meios de se expressar, como se fossem responsáveis pela miséria humana, equivale a expulsá-los da *República*, isto é, fazê-los procurar outra sociedade aberta, mas suficientemente aberta a ponto de abrigá-los.

Platão, entretanto, volta a debater nas *Leis* a questão dos jogos infantis e sua importância social, quando interpreta a realidade dos jogos como manifestação política. Segundo ele, as relações entre jogos e política são muito mais profundas que o senso comum costuma estabelecer. Os jogos:

1. existem baseados em regras definitivas, à imagem das leis sociais;
2. estabelecem, assim, a continuidade das regras sociais pacificadas;
3. são divertimentos que a todos comprometem;
4. permanecendo imutáveis, são a garantia do respeito às leis e à tradição;
5. são indissociáveis da vida da juventude, logo, da vida e da segurança do Estado; e
6. devem resistir às inovações, a exemplo da sociedade e suas leis.

Assim, pois, o controle rígido preconizado em relação às artes inclui toda a organização lúdica da sociedade, evitando qualquer mudança, qualquer inovação. O efeito de mudanças nos jogos seria a população estabelecer uma cultura lúdica e procurar jogar com as Leis da República.

No entender de Platão as inovações representam necessariamente um desgaste e uma desmoralização da tradição. Ora, esta é a base de sustentação do Estado. Para que as leis permaneçam, é preciso o respeito a elas, respeito esse fundado na violência do Estado para com aqueles inadaptáveis. O respeito à tradição deveria assegurar a sobrevivência das instituições. Tradição das instituições e vida cultural não devem ser alteradas. Menos ainda a primeira. Sob seu ponto de vista, a transformação pode ser considerada sinônimo de destruição radical da organização política, e a própria ideia de transformação deve ser banida.

Seu ódio ao novo é derivado da possível perda de respeito pelas instituições, pela tradição cultural, da perda do medo pelas punições legais, do entusiasmo que poderá causar na juventude já plena e seguramente dominada e controlada. O misoneísmo de Platão é de origem político-ideológica. A arbitrariedade dos jogos infantis torna-se de fatura apodítica, o valor arbitrário transmuta-se em valor originário. As mudanças indicam risco profundo de desestabilização política. Ele acredita que a vida espiritual, intelectual, o curso da alma, à semelhança do corpo, necessita de continuidade perene, egipciamente mantida para evitar reviravoltas desagradáveis. As mudanças que acarretem uma transformação moral ou a sua simples possibilidade são as que mais devem ser evitadas e punidas. Segundo ele, as inovações certamente fariam a juventude que as criou diferentes da juventude de outras épocas, o que consequentemente implicaria uma mudança de vida, uma alteração das normas morais vigentes. Nesse sentido, as práticas sendo outras, a moral sendo outra, a sociedade será bem diferente e a estabilidade do Estado será comprometida, seguramente subvertida. A via moral é a mais perigosa, aquela na qual mais se deva prestar atenção e mais se mobilizar a repressão. As infrações de natureza moral e cultural deverão sofrer processos jurídicos instaurados pelos Guardiães-das-Leis, e os infratores, devidamente castigados. Tomando como base o desconforto do corpo quando submetido a alterações climáticas, mudanças no metabolismo, fazendo da estética (cultura) uma parte da medicina, a metabologia, dirá ele:

> É justamente o que se deve admitir que se passe também nos pensamentos dos homens e, ao mesmo tempo, na natureza de suas almas: quando, com efeito, as leis nas quais eles foram educados tiveram providencialmente a boa sorte de permanecerem sem mudança durante um número considerável de longos períodos de tempo, a ponto de que

ninguém tenha lembrança, tampouco tenha ouvido falar de uma época em que as coisas teriam sido de outro modo que o atual, então toda a alma experimenta um profundo respeito com relação à maneira como outrora elas foram estabelecidas, ao qual se soma nela o temor de aí nada mudar. O legislador deverá refletir, pois, sobre o meio que empregará, procurando-o de um lado e de outro para obter este resultado na Cidade.[71]

No mesmo contexto, Platão condena a erudição, a leitura ou o conhecimento excessivo dos textos poéticos na infância. Desse modo, evitar-se-ia o contato, a contaminação dos jovens pelos textos dos poetas que não valem a pena serem lidos, muito menos pelas crianças. Segundo ele, o perigo da "abundante erudição" literária durante a infância poderia engendrar a diversidade de textos (uns "bons", outros "maus"), uma corrupção moral irreversível. A orientação a ser seguida deve ser aquela dos diálogos travados nas *Leis*, ou na mesma linha moral e política.

Em relação ao ensino musical, Platão não foi menos radical. Em sua tentativa de impedir a qualquer preço as contradições de se fazerem presentes na vida das pessoas, seja por meio das manifestações culturais, seja por meio das manifestações políticas (ainda que a *cultura* platônica só possa ser entendida enquanto política), defende ele uma formação estabelecida em três anos, proibindo que as sonoridades se misturem e que assim impeçam a unidade dos sons da voz com os dos instrumentos. Isso, ele crê, perturbaria o espírito do jovem, colocando-o diante de contradições estéticas entre os "elementos associados". Essas contradições estéticas seriam fator de desarmonia, de conflitos originados nas tensões sonoras. As contradições estéticas contrariam a política nacional de Educação, que tem como objetivo precípuo criar tantos obstáculos quantos forem necessários, a fim de dificultar o acesso e a instalação do espírito "revolucionário". Resumindo, qualquer mudança é revolucionária, ou mais ainda, qualquer inovação é revolucionária. Diz ele:

Assim, portanto, eis dentro de quais intenções, em razão da nitidez do som que dão suas cordas, devem recorrer à lira para acompanhar o canto tanto o mestre de cítara quanto seu discípulo, fazendo de modo a

---

71 Platão, op. cit., 798a-b-c.

66 ESTÉTICA DA CONTRADIÇÃO

que os sons da voz estejam em harmonia com os do instrumento. Ora, a lira destrói essa harmonia nela introduzindo uma variedade de sua própria invenção, a ária tocada sobre suas cordas estando em um tom, e a melodia composta pelo poeta em um outro tom. Enfim, obviamente, o instrumentista, ao fazer combinar e corresponder o que é retraído e o que se espaça, aquilo cujo movimento é rápido e o que é lento, as sonoridades agudas e as palavras que são graves, ele emprega igualmente os tons da lira em ajustar sobre o ritmo do poema variações diversas: em suma, todas as belas invenções deste gênero não têm utilidade em aplicá-las com relação àqueles que, nos três anos dedicados ao estudo da lira, devem rapidamente colher o benefício da educação musical. A contradição entre os elementos associados perturba o espírito do aluno, faz com que tenha dificuldade em aprender, ao passo que a juventude deve encontrar a maior facilidade possível para aprender.[72]

No *Banquete*, o amor é o antídoto da contradição. É por meio do amor que as contradições, sonoras ou outras, conciliar-se-iam em busca da consonância. A crítica que faz de Heráclito, quando este afirma que "a unidade se compõe ao se opor ela a ela mesma, tanto como o acorde do arco ou o da lira", condenando-o por acreditar que o acorde é uma oposição, revela muito do ódio à contradição acumulado em toda a sua obra. Platão não poderia aceitar que as contradições pudessem permanecer vivas. Desta feita, é absolutamente coerente que no *Banquete* entenda as oposições como rigorosamente resolvidas e conciliadas na obra de arte. O amor costura tal conciliação, evita o distanciamento absoluto dos opostos. Sua presença garante a união. A arte, sendo uma das formas com que a desrazão se apresenta (a desrazão não é unívoca, mas diferenciada[73]), é antes de tudo enigma. O poeta fala por enigmas: "Com efeito, vem a ser um caráter natural para toda a poesia como um todo ser enigmática; e não será qualquer um a apreender o que ela quer dizer!"[74] O *quidam* platônico é o beócio adorniano, ambos incapazes de atingir a profundidade poético-artística. No entanto, contrariamente a Platão, Adorno vê no enigma a imagem da inexauribilidade da obra de arte, ainda que submetida a sucessivas interpretações. Assim, na *Teoria Estética*, dirá ele:

72 Idem, 812d-e.
73 Idem, 139, 140, 141.
74 Idem, 147b.

A ESTÉTICA DE PLATÃO E A MODERNIDADE ESTÉTICA 67

O conteúdo de verdade é a resolução objetiva do enigma de toda obra particular. Ao exigir a solução, o enigma remete ao conteúdo de verdade. Esse só pode ser obtido pela reflexão filosófica. Este último ponto, e nenhum outro, justifica a estética. Enquanto nenhuma obra se reduz nem a determinações racionalistas, nem àquilo que por ela é julgado, todas se dirigem à razão interpretativa, em virtude da indigência do caráter enigmático.[75]

Ao analisar *O Banquete*, Kierkegaard afirma que "a contradição tem sempre por consequência a solidão", entretanto, sem adotarmos a contradição absoluta ou a conciliação artificial, talvez fosse o momento de adoção do paradoxo, de vivermos com Adorno a negatividade da arte enquanto participação nas "trevas", no mundo da "catástrofe" permanente. Qualquer solução autêntica surge de dentro do realismo da catástrofe, e não da fuga catastrófica das contradições e conflitos.

Há muito mais que isso. Basta, agora, não sem alguma ousadia, fazermos uma digressão de natureza histórica – o *efeito Platão* – e alinharmos certas teorias da razão do delírio em Platão com certos futuros desenvolvimentos ao longo da história da estética com Schopenhauer, certas posições de Popper e dos surrealistas, por exemplo. Um apêndice digressivo, no entanto, acreditamos ser útil para uma compreensão um tanto mais global, sem pretender de forma alguma ser exaustiva e conclusiva. O subcapítulo continua e desdobra algumas problemáticas embutidas na parte anterior. Estamos penetrando cada vez mais nas questões concernentes às contradições de natureza estética.

2.2 A FILOSOFIA DA ARTE DE PLATÃO E A ESTÉTICA DA MODERNIDADE

Schopenhauer, em sua obra *O Mundo como Vontade e como Representação*, afirma que "há qualquer coisa de feminino na natureza da razão – ela só dá quando recebe". Esse caráter feminino da razão transcende sua localização na geopolítica do texto, em sua costura interna. Ele vem associado à sua teoria do conhecimento, à teoria da ciência e da arte e ao conjunto

75 *Théorie esthétique*, p. 173.

da obra. Porém, esse lado feminino da razão, mais do que as aparências deixam perceber, tem uma relação sutil com sua obra *Metafísica do Amor*, como filosofia da natureza humana. O receber da razão enquanto feminilidade se refere ao conceito de galanteio como de essência masculina por excelência. Com efeito, galanteia-se a razão para que ela dê algo. Conceitos, por exemplo. No mesmo sentido, Kierkegaard tem razão ao considerar que "o privilégio que os homens concedem às mulheres é a galantaria. Convém ao homem dar provas de galantaria para com a mulher, e essa arte consiste muito simplesmente em enquadrar nas categorias da imaginação a pessoa em relação à qual se formulam os galanteios". É necessário cortejar a razão, o que fica por conta da intuição transformada em representações conceituais. Galanteia-se a razão com as representações intuitivas, já que "ela mesma só contém as formas vazias de sua atividade"[76].

Exceção feita à lógica enquanto ciência *a priori*, ciência da razão pura, as ciências *a posteriori* buscam sua vida e a ela responder no galanteio da intuição e suas representações. O princípio da razão, intrínseco às ciências *a posteriori* e dispensável na criação artística, opera com conceitos que por sua vez são gerados por uma fonte empírica, o conhecimento intuitivo. O saber científico é o conhecimento abstrato, de origem intuitiva, no qual "saber é conhecer abstratamente, portanto, é ter fixado em conceitos racionais as noções que, de modo geral, adquirimos por outra via".[77] Galanteada pelas *noções intuitivas* que se convertem em conceitos, a razão pode ser exercida e ser vida. Assim, a razão só dá quando recebe conceitos. A arte, de maneira diversa e mesmo oposta, dá quando também não recebe, pois não precisa que as representações intuitivas convertam-se em conceitos, indo buscar na intuição de si mesma aquilo que ela pode dar sem necessariamente receber.

A arte e a filosofia da arte dão também quando não recebem. Daí a razão, em parte, estar subsumida na intuição artística, que, contudo, não é pura intuição, não se resume ao conhecimento dos indivíduos ou à sua organização banalizada. A arte não conhece, ela faz conhecer. Ela possibilita

---

76   S. Kierkegaard, *O Banquete*, p. 105.
77   A. Schopenhauer, *Le Monde comme volonté et comme représentation*, p. 84.

conhecimento, seus indivíduos são autônomos, eles são dados àqueles que se dão, caso contrário eles fecham-se, incomunicáveis. Na verdade, eles já são incomunicáveis por si mesmos e, como queria Adorno, formam um enigma, indivíduos estranhos que se apresentam parcialmente comunicáveis. Indivíduo é aqui entendido como um todo reconhecível, e consistindo em um real dado, seja pela experiência externa, seja pela experiência interna, na orientação de Wolff e, até mesmo, no sentido de sujeito lógico, que demanda predicados, como em Leibniz.

Essa subsunção da razão à contemplação do domínio das ideias platônicas como conhecimento intuitivo na criação artística nos leva ao paradoxo de a arte possuir um momento racional, e prescindir, todavia, desse momento como absoluto em sua forma particular de conhecimento. Aqui nos afastamos mais uma vez do realismo socialista. Contrariamente a esse, a intuição opõe-se à arte de mensagem, do domínio do racional, objetivo, útil, prático, leal à sociedade e à sua construção política. A busca das Ideias pode ser libertadora se vista como recurso da imaginação e não como *telos* político-social; caso contrário, ela desce às sutilezas artísticas daquilo que nos países totalitários de esquerda, adeptos da arte como produção ideológica absoluta, chamou-se de "romance de empresa" – épica dos heróis da indústria e da cimentação do imaginário. A imposição oficial do Estado no realismo socialista faz da arte um conhecimento que só é conhecimento do que a ideologia e o partido permitem. A obrigação de uma arte estatal foi a destruição do enigma. A sociedade comunista, envenenada pelo Estado criminoso, exige uma arte clara e distinta (cartesianismo estético), produtiva, burocrática, administrada e consciente: um *kitsch* ideológico.

A arte está para o realismo socialista assim como a poesia erótica está para a pornográfica. Em seus célebres estudos sobre o *kitsch*, Hermann Broch diferencia as duas formas de poesia, dizendo ser a pornográfica intencional, de extensão finita, ao passo que a arte erótica tende ao infinito, à criação que não se mostra em suas intenções, mesmo porque não as têm. Assim, a arte estaria próxima da ideia de finalidade sem fim kantiana, e o *kitsch* realista-socialista iria no sentido contrário, visto que a autofinalidade (autotelismo) é proibida pelo Estado, leia-se, pelos órgãos de repressão. Censura, tortura e assassinato formam a trindade maligna dos totalitarismos.

A arte é do domínio do inconsciente, do desconhecido, compreendida como processo conflituoso e buscando o bom trabalho, e não o agradável, o consciente e o efeito pelo efeito. A arte estatal é o *kitsch* no poder, seja nos regimes nazifascistas, seja nas repúblicas obreiras. A distinção de Baudelaire, antecipando-se a Broch, entre a sensibilidade de coração e a sensibilidade da imaginação, foi um passo decisivo. Para ele, o chamado gosto nasce da sensibilidade da imaginação e não naquela de coração. É da sensibilidade da imaginação e de seu poder que extraímos a força criativa para evitar o *mal* estético, o mesmo *mal* brochiano identificado como *kitsch*; e daí perseguimos o *bem* estético, o anti-*kitsch*, ou, como quer José Guilherme Merquior, mais radicalmente, a vanguarda. A sensibilidade de coração duramente criticada por Baudelaire nada mais é do que o romantismo criticado por Broch; sendo que este último, equivocadamente, associa qualquer romantismo à ideia de *kitsch*, ou melhor, responsabiliza os romantismos novecentistas pelo romantismo piegas do *kitsch*. A pieguice é uma diluição do romantismo. A ideia da imaginação como "rainha da verdade" foi entendida por Walter Benjamin como "conteúdo de verdade". O próprio Baudelaire havia se referido à criação da imaginação como agindo e sendo "o infinito no finito", o "gosto do infinito" como o particular do espírito criador. Ainda aqui a estética brochiana, principalmente a da crítica ao *kitsch*, inspira-se em Baudelaire. Aos verdadeiros artistas é aberto o caminho do *avant-goût de l'infini*.

O momento racional em Baudelaire e Schopenhauer não está muito distante. Entretanto, não entraremos em detalhes agora, deixando esse estudo para outro momento. O que tampouco impede que mencionemos as relações entre teoria e prática em Baudelaire. Ao comentar *Richard Wagner et Tannhäuser à Paris*, ainda que sem formação técnica em música, Baudelaire entra na discussão a respeito dos artistas que teorizam e criticam. Baudelaire acusa de inveja a todos quantos, como em relação a Wagner, suspeitam do artista que se atreve a escrever. Assim, ele que emocionou Wagner no passado, iria influenciar Pierre Boulez hoje. O senso comum da época, ainda em voga no mundo contemporâneo, afirmava: "Um homem que reflete tanto sobre sua arte não pode produzir naturalmente belas obras". Segundo ele, esse tipo de comentário parte daqueles que usurpam o direito do artista à racionalidade. E ninguém ousaria acusar Baudelaire de ser um frio racionalista em poesia. Ao pretenderem conceder ao artista somente o direito à intuição, ou antes, ao instinto como força única, demonstram não só o lado cômico de seu filistinismo, mas também o lado impotente de sua inteligência, como bem assinalou Boulez:

> Quer-se frequentemente estabelecer uma parede impermeável entre teoria e prática de uma arte. Velhas separações de fundo e de forma, de ensaios e de obras, que uma tradição acadêmica quer invejosamente conservar. É evidente, contudo, que a situação de um criador é muito mais complexa do que esta distinção acadêmica poderia supor. Uma tal segregação de suas diversas atividades não parece honesta, se pensarmos em todas as interferências que tendem a se manifestar sob o simples signo da imaginação [...] Daí, pode-se perceber que a atividade crítica de um criador – que ele a formule ou somente a pense – é indispensável à sua própria criação. Em suma, ela é um "jornal de bordo", escrito ou não: o fato de escrever este jornal nada mais é que uma atividade expressa, e não realmente a outra vertente de uma atividade dupla. Assim, o ponto de vista que se esforçam em impor e em manter a propósito dos artistas-artistas e dos artistas-teóricos nada mais é que uma hipócrita burrice inventada por impotentes para proteger incapazes.[78]

Baudelaire, reescrito vigorosamente por Boulez, criticava aqueles que insinuavam ter Wagner composto *a posteriori* para comprovar a exatidão de suas teorias. Contestando-os, ele lembra ter Wagner começado bem jovem a escrever ensaios musicais e poéticos, tendo se firmado na prática, e só posterior e paulatinamente ter alcançado algum ideal do drama lírico. Mais ainda, é para ele impossível que tivesse sido no sentido inverso: um crítico fazendo-se poeta por conta da teoria. Na verdade, Baudelaire insiste que "ao contrário, todos os grandes poetas tornam-se natural e fatalmente críticos. Lastimo os poetas guiados somente pelo instinto, e os considero incompletos [...]. Seria prodigioso que um crítico se tornasse poeta, mas é *impossível* que um poeta não seja um crítico"[79]. Vários

---

78 Op. cit, p. 104-108.
79 *Oeuvres complètes*, p. 517 (grifo nosso).

72   ESTÉTICA DA CONTRADIÇÃO

foram aqueles que pensaram como ele, citaria Vinci, Reynolds, Hogarth, Delacroix, Diderot, Goethe, Shakespeare, ou, mais recentemente, Paul Valéry, Eisenstein, Schönberg, James Joyce, André Breton, Albert Camus, Jean-Paul Sartre, Carlos Nejar, Gilberto Mendonça Teles, Ivan Junqueira, entre outros. Com efeito, segundo ele, o poeta é o melhor de todos os críticos. Eisenstein considerava a teoria estética como interior a qualquer prática artística. Por sua vez, Boulez defende as obras de reflexão, mais "caóticas" e de apresentação fragmentária como profundamente necessárias como períodos de "conquista, de descoberta".

Nisso Eisenstein tem seus "camaradas" históricos na arte que com ele dividem as mesmas convicções, como o pintor Eugène Delacroix, a quem cita em epígrafe a seu livro de 1942, em língua inglesa. Sua estética influenciará decisivamente Theodor W. Adorno e Hanns Eisler, que, em Música de Cinema, de 1944, elaboraram a teoria da música de cinema enquanto realização do caráter antitético da relação som-imagem, assumindo as contradições e a dialética da relação mesma como a unidade negativa na obra de arte fílmica. Tal como a teoria eisensteiniana da montagem enquanto *conflito*, ou a teoria do *contraponto orquestral* – polifonia cinemática –, e em relação ao som – princípio da não coincidência som-imagem –, a unidade estética adorniana é fundada na síntese dos fragmentos.

As bases da estética da contradição fílmica foram lançadas em outubro de 1928, quando do "Manifesto do Contraponto Orquestral (O Futuro do Filme Sonoro)", escrito por Eisenstein, V. Pudovkin e G. Alexandroff. Lê-se, então:

> O som tratado enquanto elemento da montagem (e como elemento independente da imagem visual) inevitavelmente introduzirá um novo meio, extremamente eficaz para exprimir e resolver problemas aos quais nos debatemos até o momento, e que não havíamos podido resolver em função da impossibilidade, no ponto em que nos encontrávamos, de encontrar-lhes uma solução apoiada nos métodos incompletos do cinema que utiliza tão somente elementos visuais.[80]

A compreensão do conflito como elemento *real* na criação da obra, como fator intrínseco à imaginação criadora e sua

---

80   Em S. Eisenstein, *Le Film: Sa forme, son sens*, p. 20.

A ESTÉTICA DE PLATÃO E A MODERNIDADE ESTÉTICA   73

efetiva atualização ou realização, aquilo que teoricamente se achava mais em Schelling ou em Hegel que em Marx, mais no romantismo alemão de Novalis, Jean Paul, os irmãos Schlegel, Goethe, Schiller, Hölderlin e Tieck que em Lênin ou Stálin, apesar do compromisso de Eisenstein e o *engajamento* de sua obra, vem eclodir com seu cinema e com sua estética. A teoria eisensteiniana contribuirá decisivamente para a grande transformação conceitual interior à história da filosofia da arte, que levará séculos para integrar as contradições, os conflitos e as diferenças ou distinções como puras manifestações, legítimas em sua essência e altamente produtivas como princípio negativo da criação. A teoria de Eisenstein ultrapassa em muito todos os compromissos políticos por ele firmados com a Revolução Russa. Lembremo-nos das dificuldades de Platão em aceitá-las, pois as contradições eram socialmente improdutivas para o Estado.

Entretanto, quando do texto de 1929, "O Princípio do Cinema e a Cultura Japonesa", no qual constrói analogias entre os *hai-kai*, a escrita ideogramática e a ideia cinematográfica de montagem e plano – em que demonstra o caráter "cinematográfico" dos *hai-kai*, ou do hieróglifo chinês e, segundo ele, surpreendentemente ausentes do cinema japonês que ignorava a montagem –, Eisenstein ainda se via preso às metáforas de natureza mecanicista, tão caras ao pensamento pretensamente dialético-materialista, e tão puerilmente presas à política econômica, social e militar – que na China de Mao Tsé-Tung serão exaustivamente utilizadas. Diz ele que "os planos deveriam ser comparados às séries de explosões de um motor de combustão interna, multiplicando-se nas dinâmicas da montagem, e servindo-se assim de 'impulsões' para ligar um carro ou um trator rápido"[81].

O conceito de montagem-choque ou teoria dos conflitos – conflito gráfico (linhas), conflitos dos planos entre si, conflitos de superfícies, conflitos de massas (superfícies-luzes) e conflitos de profundidades – explicita que eles são internos à imagem, como mais tarde elaborariam Adorno e Eisler, não sem uma primeira indicação do próprio Eisenstein:

Se o conceito de montagem exaltado com ênfase por Eisenstein tem sua razão de ser, o é no plano da realidade entre a imagem e a

81   Idem, p. 41.

música. Do ponto de vista estético, sua unidade não é, ou só é ocasionalmente, uma unidade fundada na similitude; ela é muito mais, regra geral, a unidade da pergunta e da resposta, da afirmação e da negação, da aparência e da essência. As contradições entre esses meios de expressão, do mesmo modo que suas propriedades concretas, implicam esse caráter de montagem. A música, por mais bem definida que seja em sua forma de composição particular, não o é, entretanto, jamais em função de um objeto exterior a ela mesma, que ela procuraria em vão imitar ou exprimir. Inversamente, não há pintura, mesmo a abstrata, que seja completamente emancipada do mundo dos objetos.[82]

Do ponto de vista prático, ainda restaria citar o que ele chama de conflito entre os limites do quadro e o objeto filmado. Enquadrar pressupõe uma seleção, uma opção visual, isto é, busca-se no real – aqui entendido como tudo aquilo que se encontra diante da lente – o que nós julgamos particularmente expressivo, em uma relação de conflito e contradição entre o que resta e o que sobra, o que entra e o que sai. O que fica significa na parte mais do que o todo. Nas palavras do cineasta russo, a dialética em cinema dar-se-ia no "ângulo da tomada, enquanto materialização do conflito entre a lógica ordenadora do diretor e a lógica inerte do objeto e seu choque". É aí nessa conflituosa síntese das lógicas que a resposta se daria em uma solução de repouso, como queria Hegel, já que os conflitos de natureza estética são resolvidos enquanto obra, em uma conciliação dinâmica em benefício da obra.

Desta feita, a obra de arte é vista não na negação do conflito – vide as estéticas acadêmicas nazista, fascista, comunista e outras *kitschizantes* –, não em disfarce concreto das divisões internas à criação, um mascarar que tanto prazer e glória pensavam trazer os acadêmicos de todos os matizes nessa prática, mas antes uma profunda compreensão crítico-criativa das contradições e conflitos. Historicamente, porém, a própria arte soviética oficial, ao erigir a contradição como conceito estatal normativo e até mesmo constitucional, acabou por exterminá-la por completo, já que a contradição, pelo menos em arte, vive de suas contradições e conflitos. A contradição não pode eliminar por decreto suas próprias contradições endógenas e

82 T.W. Adorno; H. Eisler, *Musique de cinéma*, p. 79.

exógenas. A dialética positiva é o fim da dialética. Razão em arte é conflito, contradição e seu contrário.

Schopenhauer apontou o lugar do princípio da razão na experiência e na ciência enquanto conhecimento racional; a arte só eventualmente cortaria a horizontalidade da razão na criação da obra de arte. Em sua concepção da arte, ele resgata de Platão a Ideia, que nele ganha consistência e desenvolvimento, embora procure não se referir à repressão platônica. Prefere positivamente dizer que contradiz, respeitando seu estilo.

Schopenhauer traça definitivamente as fronteiras e os limites do conhecimento racional, (domínio do conceito) com o conhecimento intuitivo (domínio da Ideia), considerando o conceito como estéril na criação artística. Isso não significa uma alienação, incompatibilidade ou estranhamento do artista quanto aos usos da razão, visto haver um caráter intelectivo na intuição impedindo que sejamos, conforme suas palavras, "um *Anencephalus*, uma cabeça de sapo, um ser dotado unicamente de aparelhos sensitivos, mas sem cérebro". Mas a Ideia é verdadeiramente a fonte primordial e, de forma radical, a única de toda e qualquer obra de arte. A Ideia só é acessível ao gênio, ou àquele que a ela tem acesso, ainda que episodicamente, mantendo-se ela desde sempre na intuição e enquanto tal. E isso é decisivo, conquanto o artista não aja conscientemente como na ciência, isto é, com a "consciência *in abstracto* da intenção, nem do objetivo da obra". Schopenhauer não só amplia o conceito de Ideia como desenvolve o de finalidade sem fim, de tonalidade kantiana, afirmando ser a consciência criadora do artista uma consciência própria e independente do caráter abstrato do conceito, de natureza intencional e objetiva. Ao artista não deve interessar o objetivo da obra, até por ela não ter objetivo algum, a menos que traia sua condição de obra de arte. Seu objetivo é o desinteresse pelos objetivos. Há um afastamento dos interesses objetivos. O artista é de imediato tomado pela Ideia, e não pelo conceito.

É tanto mais artista quanto menos se der conta do que faz. Liberado das pressões dos objetivos definidos, das intenções declaradas, faz-se o arauto da verdadeira arte, aquela que diferentemente do *kitsch*, *dos totalitarismos* e do ranço *acadêmico* age inconscientemente, como que por instinto. E isso em nada difere das observações de Baudelaire, pois ele criticava os que usurpavam o direito dos artistas à racionalidade, mas *fora* da obra propriamente dita. A função da razão na arte é subsidiária. A razão se adapta aos desígnios da imaginação criadora. Schopenhauer e Baudelaire criticam aqueles que se servem do conceito para chegar à obra, e não o inverso.

A crítica de Schopenhauer ao *efeitismo* dos acadêmicos deverá tornar-se a pedra de toque na análise do fenômeno do *kitsch*, alto ou baixo, *mid-cult* ou *mass-cult*. A busca do efeito enquanto motivo racional de obtenção do sucesso na cópia dos grandes artistas é a busca do conceito, a redução dos resultados dos mestres a um modelo conceitual efeitista a ser atingido pela ação dos reducionismos da abstração. Imitam o efeito, e com isso o destroem.

Em Schopenhauer, a condição de artista implica a distância do princípio da razão, que em Adorno tornar-se-ia a distância do princípio da realidade. Na *Teoria Estética*, Adorno fulmina: "É impossível explicar a beócios o que é arte, eles não poderiam em sua experiência viva fazer intervir a compreensão intelectual. O princípio da realidade neles é tão valorizado que simplesmente impede a atitude estética [...], e o beocismo frequentemente transforma-se em agressão". A distância do princípio da realidade implica a crítica dialética da razão, e a distância do princípio da razão implica a crítica dialética da realidade. Razão e realidade formariam as duas faces da mesma moeda enquanto valor de *troca* para o artista, e não valor de *uso*.

O gênio schopenhaueriano é o ser capaz de livrar-se do princípio da razão, embora não o desconhecendo, mergulhando no delírio da criação e na loucura da poesia, como no *Fedro*, de Platão, nos *Problemas,* de Aristóteles, na *Da Tranquilidade da Alma,* de Sêneca e, mais recentemente, nos românticos alemães e Baudelaire até Adorno, os surrealistas, Freud, dadá e as mais recentes vanguardas.

Também observa Foucault, na *História da Loucura na Idade Clássica*, quando fala da linguagem da loucura diferentemente abordada pela reflexão e pela experiência lírica, "a possibilidade de um lirismo do desejo e a possibilidade de uma poesia do mundo", encontrados nos sonhos e nos delírios enquanto denominador comum. Roland Barthes, em *Crítica e Verdade,* também à sua maneira defende o delírio: "porque o direito a 'delirar' foi conquistado pela literatura desde pelo menos Lautréamont e que a crítica poderia muito bem entrar em delírio segundo motivos poéticos [...]; enfim, porque os delírios de hoje são às vezes as verdades de amanhã"[83].

Cícero afirmava quanto aos sonhos, à loucura e à bebedeira que "não há qualquer diferença entre as representações verdadeiras ou falsas quanto à adesão da alma". Freud se deu conta dessa sutileza de Cícero em sua obra *A Interpretação dos Sonhos* e, mais tarde, em *O Chiste e sua Relação com o Inconsciente, O Delírio e os Sonhos na Gradiva de W. Jensen, O Poeta e os Sonhos Diurnos* e *Uma Recordação Infantil de Leonardo da Vinci*, entre outros, e sob diferentes maneiras. Erasmo, no *Elogio da Loucura*, fala da "doce ilusão", ou Horácio, para quem o "entusiasmo" poético é uma *amabilis insania* (terno delírio). Goethe, no *Torquato Tasso*, também dele se ocupa pela voz da Princesa: "acho que deveríamos procurar o poeta. Ele nos evita, diria, foge de nós, parece procurar qualquer desconhecido, do qual ele próprio talvez ignore o nome!" Loucura e solidão poética caminham juntas, e Leonora acrescenta: "é a solidão que forma o talento". Wagner diria que desde sempre aquele que não tiver poderes mágicos de descontentamento do que existe permanecerá na esfera do conhecido e não chegará, portanto, ao novo e ao desconhecido. Em Baudelaire, o homem comum tem dificuldade em conviver com os conflitos, em resistir à dor, ao passo que o artista "tem facilidade em sofrer", e "tanto mais quanto seu instinto do justo e do belo for acentuado".

Em Baudelaire, o caráter delirante do artista não deve ser confundido primariamente com as excentricidades comportamentais, com a má conduta, a desordem clássica ou os hábitos violentos, conforme lemos no *Salão de 1859*. O que não impede o vinho na mesa, já que os que não bebem nunca um pouco de vinho "são imbecis ou hipócritas" ou, ainda, "um homem que só bebe água esconde um segredo a seus semelhantes", conforme *Du Vin et du hachish* (Do Vinho e do Haxixe), no qual, talvez se referindo a Meissonier, diz que ele soube "que o monstro acordava regularmente antes do dia raiar, arruinara sua faxineira e só

---

83 *Critique et verité*, p. 65.

bebia leite!" Segundo suas observações contrárias ao primarismo da charlatanice comportamental,

os artistas mais inventivos, os mais surpreendentes, os mais excêntricos em suas *concepções* são frequentemente pessoas cuja vida é calma e minuciosamente ordenada [...] Vocês não observaram em geral que ninguém se parece mais com o perfeito burguês que o artista concentrado?[84]

Baudelaire, ao comentar a obra de Brueghel, O Alegre, também conhecido por Brueghel, O Velho, faz questão de diferenciar este último de seus dois filhos (Brueghel, O Jovem ou O Infernal e Brueghel, Dissimulado, ambos os pintores de talento excepcional), ao discorrer sobre a alucinação e sua relação com a arte, defendendo o primeiro.

De início, Baudelaire exalta o caráter altamente paradoxal (segundo ele, "monstruosamente paradoxal") das pinturas de Brueghel como fator decisivo, tendo origem na potência da alucinação. Essa força da loucura é na verdade algo de desconhecido, uma força desconhecida e estranha que move o artista na aventura da obra. Como dirá Michel Foucault, "só na noite da loucura que a luz é possível, [...] o homem de nossos dias só é verdade no enigma do louco que ele é e não é"[85]. Mesmo que Baudelaire aponte para o lado intencional e de opção pela metodologia do bizarro, ele cede diante das evidências da vastidão do mistério em Brueghel, da espécie *de grâce spéciale et satanique* (graça especial e satânica) de suas pinturas. A associação entre a loucura da criação artística e os poderes satânicos é uma constante na história da cultura, tanto naqueles amigos da arte quanto nos inimigos. A obra literária de Carlos Nejar prova definitivamente a santidade da loucura criadora, sepultando as tendências satânicas da arte, ingênua e inadvertidamente adotadas muitas vezes pelos artistas.

Foucault busca no *O Sobrinho de Rameau*, de Diderot, a origem da loucura na linguagem que falava na primeira pessoa e usando na "gramática insana de seus paradoxos qualquer coisa que tinha uma relação essencial com a verdade"[86]. Van

---

84 C. Baudelaire, op. cit., p. 390 (grifo nosso).
85 *Histoire de la folie à l'âge classique*, p. 548.
86 Idem, p. 535.

Gogh, Artaud, Nietzsche, Nerval e Hörderlin formam para ele a base do que chama da loucura da criação artística no mundo moderno. Com efeito, Foucault admite que a loucura da obra no mundo clássico difere daquela dos modernos na questão da verdade da obra. Disse ele que

> desde Hörderlin e Nerval, o número de escritores, pintores e músicos que "afundaram" na loucura multiplicou-se. Mas não nos enganemos, entre a loucura e a obra não houve acomodação, troca mais constante, nem comunicação das linguagens. Seu confronto é bem mais perigoso que outrora, e sua contestação agora não perdoa. Seu jogo é de vida e de morte[87].

Contudo, vale ressaltar que a loucura patológica não oferece qualquer privilégio à criação, conforme vimos em Platão. A loucura artística pode vir ou não acompanhada da patológica, mas de modo algum esta é condição daquela.

Observará Schopenhauer que, sem dúvida, existe um lado tangencial entre o gênio e a loucura, um momento espaço-temporal de atrito e toque ou interpenetração, recorrendo a Platão e Aristóteles para a "dose" de loucura indispensável ao artista genial. Esse sendo regido pelo princípio da intuição não deve orientar-se na prudência enquanto valor da imaginação. Prudência e imaginação criadora são incompatíveis. A prudência é regida pelas relações orientadas pela lei da causalidade, estranha ao princípio da intuição e da imaginação. A imprudência do gênio criador deve dar as costas ao conhecimento discursivo ou abstrato, na obra de arte autêntica. Para Schopenhauer, os matemáticos são particularmente incompetentes na observação desses fenômenos, lembrando um matemático francês famoso que, após a leitura da *Iphigénie* de Racine, dando de ombros, comete a seguinte pérola: "Qu'est-ce que cela prouve?" A obra não prova nada a ninguém, só a si mesma.

Foucault vai ver em Nietzsche a origem da loucura trágica, o fundamento do delírio contemporâneo. Como pertinentemente assinalou Foucault, o culpado agora é o mundo, "pela primeira vez no mundo ocidental", onde o paradoxo se fixa na obra que não é loucura, mas esta é presente, sua contemporânea, pois "ela inaugura o tempo de sua verdade". Agora é o

---

87 Idem, p. 555.

80 ESTÉTICA DA CONTRADIÇÃO

mundo que deve justificar-se diante dela[88]. Em outra obra sua, *Doença Mental e Psicologia*, ele procura referir-se principalmente aos conflitos, tensões e contradições dos mecanismos patológicos, tal como na *História da Loucura na Idade Clássica*, sem descer fundo nas questões de cultura ou de arte propriamente dita. Se na patologia a origem é a defesa da contradição e do conflito, na arte o mal do *kitsch* é a negação da realidade das contradições e conflitos da imaginação criadora.

Em uma digressão ao *Hípias Maior*, constatamos que Platão em nenhum momento refere-se à loucura da criação, porém no *Ião* começa a abordá-la, ao mencionar em certo momento as palavras "inspiração", "entusiasmo", vistas na verdade como um Deus que "possui" um homem por meio de um processo de substituição de personalidades. Sócrates afirma ser o talento de *Ião*, enquanto comentador de Homero, de origem divina e não uma arte, uma força divina que o sacode e movimenta. Assim, ele estabelece uma comparação entre a citada possessão e aquela da Musa que invade os poetas épicos, sendo elas de natureza próxima. Desse modo, a qualidade da criação tanto quanto a qualidade retórica do comentário são de natureza exógena, escondem-se na Musa. Qualidade artística e qualidade crítica são divinas e possuíam os autores, sem que estes pudessem exercer qualquer controle. Os processos fisiológicos oriundos da possessão mencionada, como a psiquiatria contemporânea demonstrará, seriam os mesmos naquelas possessões por deuses ou demônios, dom da "língua" e experiência religiosa "entusiasta", revelações por oráculos e médiuns, cura pela fé etc.

Para que os cantores líricos possam "dar tudo de si", é preciso que estejam "fora de si" dominados pelo transporte báquico e possuídos pelas Bacantes, atingindo desta feita o delírio extático. Assim, faz-se necessário não possuírem seus próprios espíritos, e sim estarem em possessão. Deuses devem habitá-los para que se façam por completo como criadores, artistas ou poetas. As Bacantes eram as mulheres do cortejo de Baco, a quem Platão compara os poetas e cantores líricos possuídos pelos Deuses, quando então estariam em condições de criar ou de vaticinar. O delírio profético e o delírio artístico passam

88 Idem, p. 557.

A ESTÉTICA DE PLATÃO E A MODERNIDADE ESTÉTICA   81

pela possessão da mente, pela perda do controle de si e pela perda da cabeça.

Platão tenta descobrir as razões pelas quais os poetas conseguem atingir tal qualidade. Em *Apologia de Sócrates*, ele crê na incompetência dos poetas em agirem por si mesmos, uma vez que, ao interrogá-los, eles não demonstraram consciência do que faziam, comparando-se àqueles que na plateia discutiam as criações. O poeta é somente mensageiro físico das mensagens divinas, desconhecendo racionalmente o fundamento da criação. Não é o saber que os caracteriza enquanto poetas, ao contrário, é a alienação, decepcionando Sócrates. A certeza de não serem tão importantes quanto imaginavam deve-se ao fato de eles na verdade não serem os autores daquilo que dizem ser, o que tornaria os filósofos hierarquicamente superiores aos poetas. Há o reconhecimento do instinto, mas de forma pejorativa. O instinto os dirige enquanto furta a consciência. Schopenhauer verá na direção do instinto, igualmente como Freud, a marca do princípio da intuição orientadora da ciência, só que nessa a intuição buscará representações específicas, na filosofia buscará conceitos e na arte buscará a si mesma.

Do *Ião* ao *Timeu*, passando pela *Apologia de Sócrates*, *Menão*, *O Banquete*, *Fédon*, *República* e *Fedro*, principalmente, chegamos às relações entre o fígado e a imaginação no *Timeu*, ao partirmos da inspiração e do entusiasmo liderados pela Musa no *Ião*. O artista demiurgo do *Timeu* já se encontra no *Ião*. O "achado das Musas"[89] a elas pertence, e não a ele enquanto poeta, como confessa Tinicos de Calcis. O órgão da profecia ou da vaticinação, para Platão, associado à ideia de verdade que a viabiliza, foi criado pelos deuses (ou Deus) para equilibrar as deficiências da razão humana. Durante o sono aquele órgão funciona como um dom rompendo a prudência, as atividades judicativas, e proporcionando as condições necessárias para que o entusiasmo dela tome conta e a possua.

A perda da consciência judicante tanto pode ser patológica quanto natural. A origem do fígado deve ser buscada pela tendência ao fascínio por imagens contrárias à razão ou a ela relacionadas, isto é, as fantasias diurnas e noturnas. O fígado

---

89   Platão, op. cit., 534e.

considerado como sede da vida ou também sede das paixões antecede o nascimento de Platão, como em Sófocles (*Antígona, Ajax*), Ésquilo (*Agamenão, As Eumênidas*), Eurípedes (*Resos*) ou em Teócrito[90]. Eurípedes, amigo de Sócrates, havia escrito as *Bacantes* em torno de 405, um ano antes de sua morte e quase seguramente seu último escrito, o que nos levaria a crer em uma relação possível com o mito de *Promêtheus* (ainda Ésquilo, com *Prometeu Acorrentado*, após 467 a.C.). Se nos lembrarmos que esse herói, muito popular na Ática, morre pelo fígado, em uma região onde se acreditava ter ele ensinado aos homens o conjunto do saber fundador da civilização, entre os quais o de vaticinar, as coisas tornam-se ainda mais coerentes enquanto metáfora mítica. A águia rouba o fígado que renasce continuamente. Ora, em Platão o fígado tem função associada à imaginação, que certamente também é inesgotável e infinita como o fígado de Prometeu, exercendo uma função de desrazão, fantasia. Com efeito, em Platão a influência dos pensamentos vem por meio da inteligência refletindo-se no fígado, que tanto terrifica a alma quanto a conforta, pondo fim à amargura. Complementarmente, no *Fedro*, o delírio proveniente das Musas tem função pedagógica, educando as novas gerações e narrando as glórias passadas com a beleza inspirada pela *mania*, há muito apreciada pelos antigos.

Para Sócrates, os conhecimentos técnicos da poesia não são suficientes, pois não são capazes de bater às portas da Poesia. Isso representa um fato importante em sua estética. Se não levarmos em conta o fato da dependência divina, diríamos que esteticamente sua filosofia é correta. Não há criação só por meio do domínio técnico, mas os poetas tampouco são verdadeiramente os "criadores", sendo considerados simplesmente "intérpretes" dos deuses, nada restando de propriamente humano[91]. Disto decorre sua surpresa na *Apologia de Sócrates*, ao constatar a ignorância dos poetas em discorrer sobre suas obras; porém, não vemos nisto uma decorrência de algum princípio outro que não o racional, mas sim enquanto porta-vozes de um Deus. Melhor dizendo, Platão reconhece o instinto criador, porém o deprecia[92].

---

90 495-405; 525-456; 480-406; século iii a.C., respectivamente.
91 Platão, op. cit., 534e.
92 Idem, 22c.

A ESTÉTICA DE PLATÃO E A MODERNIDADE ESTÉTICA   83

A sabedoria não é inerente à função de poeta. Esta exige o instinto e o estado de possessão por um Deus, aproximando-os dos profetas e adivinhos. Mesmo os homens políticos em seus discursos eloquentes, ainda que não dispondo do saber pertinente, são capazes de atingir níveis profundos no uso da palavra pelo fato de estarem fora de si e possuídos pelo Divino e seu sopro. A palavra e sua qualidade derivam da "posse" divina e não da humana disposição (*Menão*, 99d). No *Fédon*, Sócrates revela um sonho que o perseguia há muitos anos: "Sócrates, me dizia ele, faça música! Produza!"[93] Sua interpretação do sonho é insuficiente. Diferentemente de entender a música como a mais alta filosofia – sua atividade –, é bem provável que o sonho estivesse indicando a perseguição da liberdade, da beleza libertadora, e não de seu oposto.

Alguém como Lacan viria a designar, em seu curto texto "Le Problème du style" (1933), os modos de expressão simbólicos na desrazão como constantes nas psicoses e igualmente identificáveis na prática artística. O estilo, segundo ele, ao afirmar-se enquanto redundância, assemelha-se, no que diz respeito aos fantasmas de repetição cíclica, ao delírio psicótico. Este, por sua vez, seria parente dos processos bem constantes da criação poético-artística e sua tipificação. As intuições de um e de outro caminham paralelas. A posição de Lacan indica uma "sintaxe original", oriunda da fusão paranoica da experiência vivida e da concepção do mundo por ela engendrada, que, por seu turno, estaria ou na base formadora do conhecimento e na compreensão dos valores simbólicos da arte, e principalmente do estilo, ou nos "paradoxos de sua gênese". Assim, o estilo não seria nada parecido com uma deliberação racional, volitiva, de uma "ciência" estilística. O estilo antes pode ser, em razão de seus paradoxos originais, uma repetição simbólica paradoxalmente calcada na diferença, repetição de estruturas simbólicas, arquetípicas, em nada limitantes ao criar o poético fundado nas possibilidades diferenciais por excelência. Gilles Deleuze observa que "a diferença permanece subordinada à identidade, reduzida ao negativo, encarcerada na similitude e na analogia. Esta é a razão pela qual na representação infinita o

---

93   Idem, 6oe.

84 ESTÉTICA DA CONTRADIÇÃO

delírio nada mais é que um falso delírio pré-formado, que não incomoda em nada o repouso ou a serenidade do idêntico"[94].

Concorda ele com Lacan, para quem o estilo é a repetição do simbólico fundada nos paradoxos de origem da diferença. Tal como no delírio, a diferença subordinada ao idêntico nada mais é do que o estilo. O pré-formado deleuziano é a sintaxe original em Lacan. O estilo forma-se na representação das contradições e paradoxos de sua gênese. As diferenças subordinadas ao idêntico contidas no prefixo *re*, conforme orienta Deleuze, compõem o universo contraditório. Uma *praesens* repetida, mas diferente.

Se Baudelaire considerava a imaginação "a rainha das faculdades", Schopenhauer elegerá a intuição de fundamento imaginativo para um reinado não muito distante, chegando a dizer que "as cabeças sem imaginação não fazem nunca nada de grande, a não ser em matemática". A criação artística é do domínio do desconhecido por excelência, pois a sistematização conceitual da ciência parte do conhecido para chegar ao desconhecido. Esta sutil passagem é operada pela *faculdade de julgar*, que, por sua vez, manifesta-se originalmente "quando as coisas conhecidas intuitivamente, isto é, o real e a experiência, foram transpostos para o domínio do conhecimento preciso e abstrato, subsumidos sob conceitos que lhes correspondem exatamente e, neste sentido, transformadas em saber refletido"[95]. Entretanto, continua ele,

na maior parte dos casos, a dificuldade de produzir um julgamento atem-se à circunstância que devemos *ir da consequência ao princípio*; ora, esta é uma via sempre incerta. A certeza perfeita das ciências *a priori* – lógica matemática – repousa principalmente no fato de que seu método nos permite *ir do princípio à consequência*; ora, esta é uma via sempre segura[96].

Em seu entender, o próprio da filosofia é o desconhecido, em que "tudo lhe é igualmente estranho, desconhecido e problemático". Daí, ela se distanciaria das ciências em geral e, *a priori*, das ciências em particular. As ciências humanas incluir-se-iam no rol das ciências *a posteriori*. O próprio da filosofia começa

94 *Différence et répetition*, p. 71.
95 A. Schopenhauer, op. cit., p. 769.
96 Idem, ibidem (grifo nosso).

onde acabam as ciências em geral. Para Schopenhauer, a filosofia não pode, tal como as ciências *a priori*, buscar nas provas o seu apoio, visto que as ciências *a priori* obrigatoriamente deduzem o desconhecido a partir de princípios conhecidos, contrariamente à filosofia, que tudo vê como desconhecido e estranho. A filosofia da arte seria a ciência por excelência do desconhecido, quando consideramos o fato de seu objeto de estudo ser do domínio do princípio da intuição, do começo ao fim isento de determinações conceituais e de abstrações racionais. A filosofia da arte é conduzida como objeto de criação filosófica, orientando-se pela intuição, visando à abstração, porém condicionada pelo objeto e guiada pela atualização da intuição como obra de arte realizada.

Assim, a arte e a filosofia da arte encontrar-se-iam diante da mesma crítica ao misoneísmo, conquanto formalizam-se no conhecido e seus desdobramentos: o *kitsch*, o academismo, o realismo socialista, o realismo nazista etc. Em Schopenhauer,

a perfeição de uma ciência como tal, isto é, quanto à sua forma, consiste em que os princípios sejam tão subordinados e tão pouco coordenados quanto possível. Consequentemente, o talento científico em geral é a faculdade de subordinar as esferas de conceitos, seguindo a ordem de suas diferentes determinações[97].

O problema da certeza e sua captura evolutiva ou progressiva não é o objetivo da ciência, já que qualquer conhecimento particular também é certo, ainda que reduzido. O acúmulo dos pequenos acertos não é a condição mínima da ciência. Portanto, a busca de uma maior certeza associada à própria ideia de caráter científico é uma balela do senso comum e, por extensão, dos positivismos.

Igualmente falsa seria aquela outra que associa e defende a prioridade enquanto conceito mesmo de ciência, ou seu modelo absoluto de cientificidade a que todas as ciências *a posteriori* curvar-se-iam servilmente, pois são as *a priori* que certamente dão maior solidez aos resultados, mais firmes em suas determinações, logo, *mais certas* sempre, o que é ledo engano, dado que o científico não forma identidade com a certeza, mas antes,

---

97 Idem, p. 99.

uma forma sistemática do conhecimento, que é uma marcha gradual do geral ao particular. Essa marcha do conhecimento própria das ciências, e que vai do geral ao particular, acarreta a consequência que a maior parte de suas proposições são derivadas de princípios anteriormente admitidos, isto é, são fundadas sobre provas. Foi daí que saiu esse velho erro que toda verdade repousa sobre uma prova quando, ao contrário, toda prova apoia-se sobre uma verdade indemonstrada que é o fundamento mesmo da prova, ou das provas da prova. Consequentemente, há a mesma relação entre uma verdade indemonstrada e uma outra que se apoia sobre uma prova, que entre a água da fonte e a água conduzida por um aqueduto. A intuição – seja pura e *a priori*, como em matemática, seja *a posteriori*, como nas outras ciências – é a fonte de toda verdade e o fundamento de toda ciência[98].

O positivismo contribui igualmente para todas as distorções inerentes a esse discurso totalitário de ciência, conforme sublinha Theodor W. Adorno. Este, na introdução à *Dialética e Positivismo*, vê no encontro do modelo popular de ciência com o positivismo o alvo da crítica na filosofia dialética, quando banem o especulativo entendido como desordem e o não positivista como desprovido de rigor. O positivismo estabeleceria autoritariamente os critérios de observação do rigor, da validez e da legitimidade científicas. Nele, as contradições e os conflitos representam falta de rigor e blasfêmia científica, ainda que ele próprio seja "prisioneiro da particularidade de uma razão meramente subjetiva", instrumental. A dialética não desmembra sujeito-objeto como faz o sistema dedutivo, ou *a priori*, no sentido de método independente do objeto, um por si aplicável indistintamente.

A ciência em Schopenhauer ou a crítica em Adorno distanciam-se das provas e das certezas tanto quanto das hipóteses exatas ou falsas, ou melhor, além da demonstração de hipóteses: "a crítica penetra até no objeto", dirá Adorno. Tanto em um quanto em outro, nem arte, nem ciência, nem tampouco sociedade são obviedades e evidências, ou dadas *a priori*. Todas são simultaneamente obscuras e visíveis, compreensíveis e incompreensíveis. Segundo Adorno, essas características são a própria força motora da crítica racional à sociedade, engendrando a racionalidade particular. Mas, por sua vez, há uma

98   Idem, p. 100.

A ESTÉTICA DE PLATÃO E A MODERNIDADE ESTÉTICA

contradição entre o espírito e a ciência subsumida na da sociedade com a ciência: esta reclama uma coerência imanente, ao passo que a própria sociedade em parte recusa-se a essa coerência. Só a crítica dialética conseguiria dar conta de antagonismos, contradições, conflitos, diferenças e problemáticas reais "que no interior do sistema lógico-científico não se tornaram visíveis", conforme ressalta Adorno. Em sua compreensão, o fato de a sociedade ser concomitantemente objetiva e subjetiva devido a esse duplo ser social implicaria uma alteração da relação do conhecimento com o objeto, impregnando-o de ambiguidade. A sociedade não é a evidência aparente segundo a tridimensionalidade de seus objetos concretos, mas tudo aquilo que se dissimula na teatralidade do jogo contemporâneo e em suas consequências formadoras.

Para André Breton, nos Manifestos do Surrealismo a "imaginação é também aquilo que é, mas desconhecido". Nessa fórmula paradoxal encontrar-se-á um elo com Schopenhauer e sua teoria do desconhecido. A fobia ao novo, ao desconhecido – misoneísmo estético, no caso –, tem dificuldade em conviver com a realidade da imaginação porque ela é aquilo que é sem ter chegado ainda a ser, e isso é vertiginoso. A adesão irrestrita ao conceito é responsável pela inobservância do fato de que "enriquecer o conceito pela intuição é o objetivo constante da filosofia e da poesia", lembra Schopenhauer. Tornar o desconhecido real, eis o fim da arte na concepção bretoniana e o da filosofia em Schopenhauer: a filosofia da arte, desse modo, terá bons motivos para reivindicar sua dupla missão. A realização visível do invisível em Platão encontra-se atualizada em ambos.

A intuição seria o ponto de convergência da filosofia com a ciência, do conhecimento em geral com a arte, formando duas das maiores divisões do conhecimento humano – a sabedoria e o gênio, sendo que este "não tem suas raízes na faculdade de abstração, a faculdade discursiva, mas na de intuição", explica a teoria schopenhaueriana do gênio. Essa mesma intuição é alimentada pelas abstrações e pelos conceitos que, por sua vez, devem livrar-se desses conteúdos ao visarem novas intuições, caso contrário "parecem com os caminhos que se perdem nas florestas sem levar a lugar algum", afirma Schopenhauer. Para que o desconhecido aconteça – o acontecer do desconhecido é

88 ESTÉTICA DA CONTRADIÇÃO

a sua dissolução mesma –, não bastam as diretrizes dos conceitos, mas somam-se à faculdade intuitiva tanto na arte quanto na filosofia. O desconhecido torna-se imaginação realizada, ou, como queria também Breton, "o imaginário é o que tende a tornar-se real". Baudelaire entendeu a imaginação como "uma explosão nas trevas", ou como em *Novas Notas sobre Edgar Poe*, "uma faculdade quase divina que percebe de pronto [...] as relações íntimas e secretas das coisas". Houve uma coincidência nas críticas de Baudelaire à erudição com as de Schopenhauer. O primeiro afirmara condenar certa tendência erudita de se esconder nos livros para dissimular a falta de imaginação. O segundo dissera que "o erudito comum só sabe falar daquilo que leu, e o pensador unicamente daquilo que pensa"[99]; nesse sentido, o homem de gênio ganha do erudito, visto este não poder substituir aquele, pois "o conhecimento genial consiste em captar as *Ideias das coisas* (no sentido platônico), logo, ela é essencialmente intuitiva"[100]. Se a razão é algo feminina só dando quando recebe, na genial acepção de Schopenhauer, embora ele próprio reconheça a intuição como dominante na mulher, a imaginação seria um tanto masculina, dando sem ser solicitada? Dando para depois receber? Dar no vazio, no desconhecido? A imaginação é indissociavelmente dependente do desconhecido, ela é o desconhecido que se faz conhecer e tudo aquilo que ainda se esconde, autoanulando-se, foge de nós. Dá-se inteiramente no novo, na diferença. Deleuze discerne o novo das forças de recognição, do re-conhecido, indo o pensamento buscar do espaço recognitivo a fundação do novo, "potências de um modelo totalmente outro, em uma *terra incognita* nunca conhecida"[101]. E. Husserl, nas *Ideias Diretoras para uma Fenomenologia*, vai mais longe ao identificar a imaginação ficcional ou ficção artística propriamente dita como a revelação mesma da essência:

A potência sugestiva dos meios de representação que dispõe o artista lhe permite se transpor com particular facilidade em viagens perfeitamente claras desde que as captemos e as compreendamos. Assim,

99 Idem, p. 757.
100 Idem, p. 751 (grifo nosso).
101 Op. cit., p. 177.

A ESTÉTICA DE PLATÃO E A MODERNIDADE ESTÉTICA 89

pode-se compreender verdadeiramente, se amamos os paradoxos e com a condição de bem entender o sentido ambíguo, respeitando a verdade: a "ficção" constitui o elemento vital da fenomenologia como de todas as ciências eidéticas; a ficção é a fonte onde se alimenta o conhecimento das "verdades eternas".[102]

A clareza do elemento vital em Husserl coincide com a clareza das intuições em Schopenhauer, ao contrário dos conceitos que, segundo ele, não são claros, mas no máximo inteligíveis[103]. Paul Éluard também a concebia indissociável do desconhecido ao afirmar que "não há qualquer modelo para quem procura aquilo que nunca viu": a imaginação como *terra incógnita* no sentido deleuziano, sem modelo e sem imagem preconcebida. A filosofia como ciência do desconhecido ou como antimisoneísmo é tão paradoxal e verdadeira quanto a arte como imaginação do desconhecido. Em Husserl, o caráter de presentação da imaginação livre a torna inclinada à clareza necessária na apreensão e compreensão das essências em sua perfeição. O caráter vital da ficção, enquanto produto da intuição imaginativa livre, a fonte do conhecimento das "verdades eternas" na concepção husserliana ou as "Ideias" na schopenhaueriana-platônica é dita por Schopenhauer no mesmo tom, com as mesmas palavras que mais tarde dirá Husserl:

a intuição não é somente a fonte de todo conhecimento, ela é o conhecimento mesmo "por excelência"; é a única incondicionalmente verdadeira, a única que merece verdadeiramente o nome de conhecimento, porque é a única que o homem assimila realmente, que o penetra por inteiro e que ele pode chamar de verdadeiramente sua[104].

A dificuldade do positivismo consiste em aceitar a intuição como fonte do desconhecido, e essa dificuldade, como disse Adorno, reside no fato de que sua fé no que existe o obriga a aceitar a arte, já que ela existe, mesmo que não a seu gosto e vontade.

Desde Platão que a arte é a tentativa do fazer o inexistente, isto é, fazer o desconhecido tornar-se conhecido, e visível… Portanto, a arte não se resume na reprodução ou representação

---

102 *Idées directrices pour une phénoménologie*, p. 227.
103 Cf. A. Schopenhauer, op. cit., p. 741.
104 Idem, p. 754.

90 ESTÉTICA DA CONTRADIÇÃO

do conhecido enquanto recognição, contrariando os realismos estéticos de natureza dogmática. Adorno considerava Beckett mais realista que a falsidade do realismo stalinista, por exemplo. Relata que Lukács só se dera conta do realismo de Kafka quando se viu preso na Romênia. É falso também o naturalismo idealista da arte nazista.

A arte e a filosofia da arte invocam-se mutuamente, conforme a definição adorniana, de modo que "o conteúdo de verdade de uma obra precisa da filosofia" apela para ambas. A dialética da intuição – experiência não conceitual – e dos conceitos ou razão, isto é, a salvação provisória da estética nessa situação antagônica, seria a negação da intuição em uma mediação recíproca por meio de passagens constantes e críticas. Mantida a intuição, é-se fiel ao desconhecido e à *indemonstrabilidade* como essência do científico, seu substrato. Mantida a representação conceitual, que já não é o abstrato oco, mas cortado de ponta a ponta pela intuição mediadora, não se corre o risco de cair em uma estética ingênua que pretende mimetizar-se na obra, mas sim contra esta, na verdade. Com Schopenhauer, os conceitos procuram sua confirmação na intuição e não o inverso, e ela é permanentemente fonte enriquecedora do conhecimento abstrato. E mais, é para ele o objetivo precípuo da filosofia e da arte. Schopenhauer e Adorno consideram a criação intuitiva como manifestação da recusa à comunicação enquanto força do prosaísmo, da banalidade realista; a comunicação fácil é operada pelo conhecimento bastardo – o conceitual –, ou por sua derrota e impossibilidade concretas. Filosofar tanto em um quanto em outro não significa a aplicação situada de conceitos abstratos, "como se tratassem de equações algébricas, na esperança que daí sairá alguma coisa", ironizará Schopenhauer.

Alexis Philonenko chama a atenção para a particularidade do processo do filósofo: "para Schopenhauer, o 'dizer' sempre prevaleceu sobre o 'contradizer'! Daí resulta seu método filosófico: tentar uma decifração compreensível do mundo, como se tratasse de uma língua desconhecida, de hieróglifos"[105]. Certamente, mesmo essa aparente obviedade que é o mundo era

---

105 *Histoire de la philosophie*, p. 63.

também o desconhecido que tanto perseguiu, tudo lhe era realmente estranho e desconhecido e, com mais forte razão, sua filosofia. Schopenhauer viu a filosofia da arte enquanto ciência do desconhecido, ainda que não tenha percebido nem se expressado dessa forma. Próxima estaria a estética dialética e negativa de Adorno, mas livre do platonismo de Schopenhauer. O conceito alimentado pela intuição deste pode ser associado ao pensamento paratático naquele; o desconhecido em Schopenhauer transformou-se na parataxe, na metáfora conceitual e na elipse em Adorno. Walter Benjamin não está de todo excluído da responsabilidade dessa passagem. Aos que poderiam vir a dizer ou acusar Schopenhauer de alimentar contradições e conflitos – Nietzsche o reivindicava como seu mestre –, ou aos professores de filosofia à espreita das contradições, ele afirma tê-las incorporado à sua filosofia: "Como tais cabeças vazias podem imaginar que espíritos da minha qualidade não notariam a mais simples das leis da lógica, o princípio da contradição?"

3. As Contradições Estéticas Fundamentais do Século XVIII

Croce considerava a teoria do gosto como a grande indagação dominante do século XVIII pelos estetas ou por aqueles que, somando a filosofia especulativa à crítica estética e literária, estariam fundando o que Cassirer prefere chamar de "século da crítica". Não só Croce elegera a teoria do gosto como a única relevante, estando ele possuído por um nacionalismo do espírito da época na Itália, mas entende ser o século absolutamente devedor de Vico, proposto como o descobridor da ciência estética. Todos os outros grandes espíritos, fora o autor de *Ragione poetica*, Gravina, são considerados menores[1].

Concordamos com Croce – ainda que não da mesma maneira – sobre o fato de que a ideia da autonomia do mundo estético deve-se a Vico (1668-1744). A autonomia do estético deve-se *em parte* a Vico. São dele as palavras reveladoras na *Scienza nuova* de que a imaginação é tanto mais forte quanto mais fraco for o uso da razão, visto que a arte poética trabalha com sentimentos e paixões, distante das reflexões, raciocínios e pensamentos construídos logicamente. O tipo de reflexão específica da criação poética deriva de uma inteligência que

---

1   Cf. B. Croce, *Estetica come scienza dell'espressione e linguistica generale*, p. 242.

compreende os sentimentos de forma autônoma, característica ou peculiar à formação poética. Para ele, esse sentir difuso ou confuso (a *cognitio confusa versus* a *cognitio distincta*, em Baumgarten, na linha traçada por Descartes e Leibniz – *perceptio confusa*) é percebido ou observado por uma alma agitada e apaixonada (estado condenado por Descartes), que, a seguir, passa a formar os *pensamentos poéticos*.

Raymond Bayer assinala que a Itália foi a pátria da doutrina clássica do século XVII, antecipada por Marco Gerolamo Vida e sua *Arte Poética* (1527), seguidos por Trissino, Minturno, Scaliger, por um lado (regras do classicismo e da epopeia), e Boiardo e Ariosto, por outro. Torquato Tasso (1544-1595) tornar-se-á a grande figura poética italiana, de uma reputação extraordinária, mesmo tempos depois, visto o valor simbólico a ele conferido pelo romantismo novecentista. Mas, no século XVIII, a tradição clássica foi sustentada por Alfieri (1749-1803), que apoiara inicialmente a Revolução Francesa, vindo a atacá-la posteriormente em seu livro *Il misogallo* (O Ódio Gaulês). Fora esses poetas, o pensamento teórico italiano ficara dividido entre Gravina (1664-1718), Muratori (1672-1750) e Vico (1668-1744). Gravina escreveu *Della ragione poetica* (Da Razão Poética) e *Della tragedia* (Da Tragédia), entre outros textos consagrados à teoria literária, e é admirado por Abbé Dubos (do famoso livro *Reflexões Críticas sobre a Poesia, a Pintura e a Música*, editado em 1770), Winckelmann (que preferia *Della ragione poética*), Von Stein e Emil Reich (este, autor de *Gian Vicenzo Gravina als Aesthetiker* [Gian Vicenzo Gravina como Esteta]). Muratori escreveu *Perfetta poesia* (Poesia Perfeita, 1760) e *Reflessioni sopra il buon gusto nelle scienzi e nelle arti* (Reflexões sobre o Bom Gosto na Ciência e na Arte, 1708).

Mesmo com todas as deficiências de quem abre novos caminhos, Vico percebe aquela que seria uma das principais e, posteriormente, talvez a grande questão, fonte de conflitos: a antinomia dos poderes da imaginação e as limitações impostas pela razão. Esse conflito é a pedra de toque da confluência dos vários sentimentos estéticos em jogo no século XVII. Epistemologicamente, inicia-se a distinção do lugar do racional na criação artística e a separação conceitual das atividades poéticas daquelas de natureza racional.

Antes, porém, de começarmos a discutir a contradição entre a razão e a imaginação no século XVIII, cabe justificarmos o traçado histórico que elegemos como nosso.

A história da estética ocidental da Antiguidade à Idade Média passou por Aristóteles, os epicuristas, os estoicos, Cícero e os ecléticos e, finalmente, Plotino. Mais tarde, Santo Agostinho, São Tomás de Aquino, Albert le Grand, Hugues de Saint-Victor, Giotto e Dante, na Idade Média, foram os grandes nomes a ela vinculados. Do *Quattrocento* renascentista à mística espanhola de Santa Tereza d'Ávila e São João da Cruz, passando por Alberti e Leonardo da Vinci até o classicismo francês, por mais importantes que sejam na história da estética, seremos forçados a não incluí-los de forma sistemática, por não terem demonstrado pertinência suficiente em relação a nosso objeto de estudo. É a partir do século XVII francês e inglês fundamentalmente que nossas atenções voltam a recair, não tanto em suas estéticas propriamente ditas (não é esse nosso propósito), mas em suas grandes questões e influências nas estéticas posteriores, herdeiras rebeldes e inovadoras. Examinaremos principalmente problemáticas e antinomias históricas internas dentre aquelas que mais objetivamente servirão a fundar uma introdução à história da contradição estética na filosofia da arte.

A nossa *Estética da Contradição* permanece com intenções históricas e críticas. Tal opção não tem quaisquer compromissos doutrinários, opções de escolas ou tendências afirmadas, muito menos ideológicas. Ao contrário, cria sua própria natureza historiográfica ao eleger a descontinuidade histórica da contradição em si, em bases autônomas, procurando estabelecer critérios próprios de avaliação do material histórico segundo suas intenções e promessas.

3.1. OS CONFLITOS ENTRE O ENTENDIMENTO E A IMAGINAÇÃO

Cassirer, em *Die Philosophie der Aufklärung* (A Filosofia do Esclarecimento), ao mostrar as relações da filosofia com a arte no século XVIII, afirma ter sido uma constante a procura de uma correspondência entre o conteúdo da arte e o da filosofia, parentesco esse que era percebido da mesma forma que seu objeto: obscuramente. A dificuldade que se impunha era poder traduzir a arte em conceitos, algo que não se conseguia ver com clareza. É neste ponto que a crítica vai se deter, enquanto desafio de superar esses limites impostos pelas contradições entre a sensação, o gosto e a razão esclarecedora. O fato de reconhecerem a existência de algo "irracional", que foge ao controle da razão, na verdade não chega a se tornar uma impossibilidade para a razão, que experimenta lançar-se no conhecimento racional que não se reduz ao conceito. Procura-se, então, o conhecimento desse limite e suas implicações filosóficas, científicas e estéticas. Se o "irracional" não é dado *a priori*, cumpre descobrir as leis que o regem, em função da experiência que dele se tem.

Sabe-se que Kant dera mais atenção à contemplação estética e seu juízo que à criação propriamente dita. Os conflitos entre o entendimento e a razão, por um lado, e a imaginação, por outro, foram muito mais estudados do ponto de vista do receptor. Contudo, conforme Victor Basch na monumental obra *Ensaio Crítico sobre a Estética de Kant*, a fonte da harmonia das faculdades de entendimento e imaginação na contemplação estética reside na analogia criada pela harmonia especial das mesmas faculdades na mente genial. A teoria do gênio explora exatamente essa relação contraditória, típica do século. Esses conflitos foram permanentes, estourando no romantismo, sobretudo no alemão, somando-se aos conflitos entre a razão e o sentimento, na teoria e na prática artísticas. Esse *analogon* com a harmonia, na verdade solução conciliadora dos irredutíveis conflitos e contradições entre as faculdades, anterior ao "momento formal" adorniano – ainda que permaneça no processo de busca da "perfeição formal" –, dizíamos, na criação artística não foi devidamente estudado em todas as suas possibilidades. Do nosso ponto de vista, contrariamente ao percurso de Kant, interessa-nos mais a problemática no interior da criação do que no da contemplação, menos a harmonia que os conflitos e as contradições estéticas.

Para Cassirer, coube a Kant operar a grande síntese na fundação da estética teórica, esparsa no tempo e unificada – como as nações –, no século XVIII. Segundo ele, os conflitos fundamentais que o século tentará resolver, suas grandes antíteses – razão

AS CONTRADIÇÕES ESTÉTICAS FUNDAMENTAIS DO SÉCULO XVIII

e imaginação; gênio e regras; o belo como sentimento e o belo como conhecimento –, são de fato exteriorizações de uma não menos importante luta travada pelo pensamento: a da lógica contra a estética, ou melhor, da estética contra a lógica. Nesse reconhecimento mútuo verificar-se-á o conhecimento dos limites, das margens epistemológicas, dos objetos diferenciados, dos métodos singulares, das finalidades específicas, dos domínios legisladores e de seus lugares respectivos na ordem filosófica que se inaugura. A filosofia estética nascerá, portanto, da abertura das distâncias que estabelecera com a lógica, por um lado, e com a filosofia moral, a psicologia e a física, por outro.

Cassirer, contudo, afirma que o Século das Luzes fez muito mais que isso: viu a obra de Goethe eclodir em paralelo com a revolução kantiana, forças que fundariam a glória máxima da civilização setecentista. Portanto, a obra criadora e a obra crítica formariam a inigualável fusão histórica, a síntese profunda da qual somos hoje legítimos herdeiros, ainda que não mais totalmente continuadores.

A estética no século XVIII encontrava-se em uma verdadeira encruzilhada de tendências variadas. A corrente intelectualista de Leibniz e Baumgarten, de inspiração cartesiana (Descartes antecipara-se a Kant nas questões que concerniam à imaginação e ao entendimento), opunha-se ao sensualismo inglês de um Edmund Burke, por exemplo (ele também um dos tantos precursores de Kant), que tenta um conciliação harmoniosa (mais tarde revisada e criticada por Schiller, Schelling e Hegel) com o idealismo, com Johann F. Herbart e Johann G.R. Zimmermann, com o realismo formalista e até com o sensualismo posterior de Gustav T. Fechner.

Os estetas são unânimes em considerar que a estética alemã representou uma síntese profunda do sensualismo inglês e do racionalismo francês, e que, do ponto de vista temático, a Alemanha nada mais fizera do que seguir as tendências observadas fora de suas fronteiras. Mas eles são igualmente unânimes ao lembrarem que a poderosa síntese coube à estética alemã, e principalmente a Kant. Engajados nos estudos relativos à arte em suas relações com os outros domínios da vida espiritual, nas pesquisas referentes às relações entre as diversas faculdades humanas, souberam fundar as bases e os limites da ciência da arte,

98   ESTÉTICA DA CONTRADIÇÃO

passando pela compreensão das sutilezas do entendimento, da vontade e da razão em relação à obra da imaginação criadora, que começa sua verdadeira história autonômica. Desse modo, a filosofia dita sistemática foi um fenômeno alemão inaugurado por Leibniz e seguido po Christian von Wolff.

Tanto quanto as ideias podem ser divididas em claras e obscuras, definidas por Leibniz nos *Novos Ensaios sobre o Entendimento Humano* (primeira redação de 1703 e primeira edição de 1765), a percepção estética, e com ela a estética setecentista, calcam-se na percepção confusa. A filosofia sistemática encontrará resistências na Inglaterra com Shaftesbury – para quem trabalhar com sistema seria o caminho mais sensato para se ficar louco – e, na França pós-Crousaz, principalmente com Père Bouhours e Abbé Dubos, opondo-se ao racionalismo estético de Jean-Pierre Crousaz (autor do famoso *Tratado do Belo*, de 1715, de fundamentação francamente cartesiana e com toda a desconfiança relativa à imaginação criadora).

As diferenças entre a imaginação e a razão travadas no plano científico entre a estética e a lógica são entendidas por Cassirer não como uma luta, mas como uma busca de acomodação, no interior da lógica – a lógica da imaginação. Para Victor Basch, a importância da metafísica de Leibniz – e com ela suas ideias sobre o belo, mas não principalmente – verifica-se, por exemplo, na ideia de que a natureza nos faz e nós a fazemos, e das leis disso decorrentes. Nem Kant conseguirá, tampouco muitos outros no século XIX, desvencilhar-se das concepções de Leibniz, ainda que o rejeite por diversas vezes. Contudo, para Basch, assim como para Bayer e vários outros, a inspiração de todos foi buscada em Shaftesbury e suas preocupações referentes ao gosto, ao bom gosto e às suas relações com o belo. A partir de 1711, esse discípulo de Locke começará a influenciar a plêiade de grandes espíritos do século, como Leibniz, Lessing, Herder, Schiller, Voltaire e Diderot – que irá, em 1745, dedicar-se à tradução do *Ensaio sobre a Virtude e o Mérito*. No verbete "Gênio" da *Enciclopédia*, de novembro de 1757, Diderot refere-se assim ao inglês que tanto o influenciou:

> Há bem poucos erros em Locke e muito pouco de verdades em Mylord Shaftesbury: o primeiro, entretanto, é somente um espírito

AS CONTRADIÇÕES ESTÉTICAS FUNDAMENTAIS DO SÉCULO XVIII   99

extenso, penetrante e justo, e o segundo é um gênio de primeira grandeza. Locke viu; Shaftesbury criou, construiu, edificou: nós devemos a Locke grandes verdades friamente percebidas, metodicamente seguidas, secamente anunciadas, e a Shaftesbury sistemas brilhantes frequentemente pouco fundados, entretanto cheios de verdades sublimes; e nesses momentos de erro ele agrada e persuade ainda que pelos charmes de sua eloquência.[2]

Para Cassirer, a polarização entre a imaginação e a razão dar-se-á com os suíços em oposição a Johann Christoff Gottsched (1700-1766). Os suíços são Johann Jacob Breitinger (1701-1776) e Johann Jacob Bodmer (1698-1783). Ambos tentarão afirmar, ainda que dentro dos limites da filosofia de Wolff (leia-se Leibniz e o pensamento lógico), os fundamentos da imaginação, em conflito com a razão, defendida por Gottsched em seu *Ensaio de uma Poética Crítica* (1730). Cassirer prefere situar os suíços em uma posição intermediária na questão da ligação entre, por um lado, a lógica e a estética, e por outro, a imaginação e a razão. Segundo ele, caberá a Kant, na *Crítica do Juízo*, a síntese final e conclusiva desse desenvolvimento do pensamento alemão e europeu. Mas Basch vai visualizar em Dubos uma das mais profundas origens da discussão sobre o gosto em sua conflituosa relação com a razão, propondo, no juízo estético, o predomínio do gosto sobre a razão. Em sua obra fundamental, *Reflexões Críticas sobre a Poesia, a Pintura e a Música*, de 1719, encontra-se a bela defesa das emoções:

a alma tem suas necessidades como o corpo e uma das grandes necessidades é aquela de ter o espírito ocupado. [...] É esta necessidade de ocupação que faz compreender por que os homens tenham prazer com as paixões, e que eles sofram ainda mais em viver sem paixões do que as paixões os fazem sofrer[3].

Para Dubos, o exercício da razão nas questões de natureza estética deve limitar-se a referendar as decisões do sentimento, soberano legislador. O sexto sentido a que se refere Dubos em suas *Reflexões* é aquele nascido do coração, orientado pelas emoções, que se tornariam emoções estéticas, base dos juízos estéticos. Basch afirma ter sido Dubos inspirador ou

2   *Oeuvres*, p. 139.
3   A. Dubos, p. 9.

antecipador das teorias de Hutcheson, autor de *An Inquiry into the Original of our Ideas of Beauty and Virtue* (Uma Investigação sobre a Origem de Nossas Ideias de Beleza e Virtude), que recebe a herança de Shaftesbury e, ao mesmo tempo, prepara o psicologismo da escola escocesa e o criticismo de Kant.

O livro do suíço Bodmer, *Da Influência e do Uso da Imaginação no Aperfeiçoamento do Gosto*, é de 1727, mas antes dessa publicação tivéramos, em 1712, editados no *Spectator*, os textos do inglês Joseph Addison, que inaugurará a estética descritiva que tão firmemente marcará a especulação estética inglesa no século XVIII. Basch verá em Addison o precursor da estética inglesa e de sua dominância descritiva, empírica ou psicológica, enaltecendo o fato de ter Addison reduzido o prazer estético aos prazeres da imaginação. Entretanto, Addison, para quem tais prazeres originam-se da visão, mantivera-se em uma relação indefinida e mesmo paradoxal com suas ideias referentes aos conflitos entre o entendimento e a imaginação.

Segundo Addison, em *Os Prazeres da Imaginação*, se por um lado esses são mais finos que os do tato, por outro são menos refinados que os do entendimento, e estes são mesmo preferíveis. Justifica a opção pelos prazeres do entendimento ao julgá-los superiores, por implicar um conhecimento ou um achado da razão humana. Vemos aqui a hierarquia de Addison que tão profundamente criará raízes no pensamento estético setecentista. Addison nada mais faz, contudo, neste ponto de vista, que se alinhar com a tradição racionalista e clássica. Ao passo que, ao sugerir, mediatizando sua afirmativa, que os prazeres da imaginação podem alcançar em intensidade os obtidos por meio da ação do entendimento, e também mais ao alcance do homem – uma vantagem e uma facilidade, simultaneamente –, mostra-se como um antecipador das futuras conquistas da imaginação criadora, que se autonomizará gradativamente no século XVIII até se afirmar nos séculos XIX e XX. Esse processo emancipatório da imaginação se combinará por dependência ou fusão sem coincidência com a explosão das contradições e conflitos acumulados pela arte e pela produção teórica de estetas e artistas. Essa compreensão clara de que a arte é contradição objetivada, transformada pelo momento formal em obra, sintomaticamente revela a profunda compreensão das particularidades da imaginação criadora, do conhecimento acumulado historicamente, de suas peculiaridades e particularidades.

Todos os preconceitos contra a imaginação se fazem sentir em Addison, a despeito de ele procurar defender os prazeres da imaginação. Para ele, a atividade imaginária não sofre tensões intelectuais, sendo assim menos exigente que as atividades do entendimento e da razão, mais sérias por natureza. A seriedade da razão se deve, então, às tensões que se formam no exercício intelectual, tensões essas que exigem um esforço mental maior do que o da imaginação. O que Addison não chegou a perceber foi a diferença qualitativa entre as tensões verificadas na imaginação e aquelas observadas no entendimento. Não é que a imaginação seja destituída de tensões, mas essas tensões e conflitos são radicalmente diversos dos da razão e seus achados no processo do conhecimento. A extravagância de Addison chega a ponto de sugerir e aconselhar todos os prazeres da imaginação, somente para evitar problemas de saúde na população que se dedica a exercícios intelectuais que poderão ser lesivos ao cérebro, devido ao esforço e ao trabalho violento da mente. Elogio como esse à imaginação não faria falta à história das artes.

A ideia de associar a simetria e a proporção com a própria noção de beleza, ainda vinculada ao racionalismo cartesiano e ao classicismo, levou-o a afirmar a superioridade da natureza sobre as obras de arte. As obras da natureza produzem maior efeito de agradabilidade sobre a imaginação humana. No entender de Addison, o caráter *augusto* (e *magnífico*) da natureza está ausente da cultura, que não consegue atingir a exuberância, ou, como ele próprio descreve, não atinge a *arrogância* da natureza, fruto do seu poder sobre o homem. E já que a arte é regida por normas e regras, por modelos de construção a serem cumpridos, a natureza por sua vez é livre para se conduzir pelas mais variadas direções, em autogestão absoluta. A imaginação humana ultrapassa imediatamente os limites da obra de arte, exigindo mais para sentir-se finalmente satisfeita. A natureza é infinita em suas formas, ao passo que a arte, por ser regida por modelos, não tende ao infinito, frustrando a imaginação do espectador. Em momento algum Addison se revolta contra as regras e modelos de criação, preferindo aceitar, como lei imutável, a legislação da criação artística. Sem procurar estabelecer critérios diferentes de avaliação dos fenômenos naturais em oposição aos culturais, Addison busca na arte aquilo que obviamente só encontrará na natureza. A infinitude encontrada na natureza não é da mesma qualidade da observada na cultura, especialmente na da arte, muito embora a própria natureza só produza segundo modelos previamente estabelecidos – em condições climáticas semelhantes, uma mangueira não foge à regra de sua semente, sendo uma mangueira igual às outras, ainda que não tenha a mesma *forma* das outras mangueiras. Portanto, confundir qualidades não é o melhor caminho para a mútua compreensão. O tratamento das sementes das mangueiras garante um melhor aproveitamento das mesmas, contudo, estas permanecerão mangueiras independentemente de quaisquer melhorias possíveis das sementes, em uma *mathesis universalis* da qualidade fenomenal. Essa fora a exigência de Gottsched, discípulo de Descartes e Wolff, que pretendera, sob a égide da razão, estabelecer uma poética segundo regras universais de criação. Cassirer vê a submissão à razão, devedora das leis naturais de inspiração matemática, como uma precedência do juízo sobre o evento da imaginação. As leis inelutáveis buscadas na arte são um *analogon* da natureza.

Em Addison, os prazeres da imaginação não se limitam a autores artísticos, os dos "objetos materiais", estendendo-se também esses prazeres àqueles que trabalham com "especulações abstraídas da matéria": os mestres da moral e da crítica. Segundo o autor, um conceito é capaz de despertar um interesse tal e de acarretar tal satisfação que traz prazeres de ordem superior ao satisfazer simultaneamente a fantasia ou imaginação e o entendimento, adaptados um ao outro. Ele admite, entretanto, ser a arte capaz de mostrar coisas que não encontramos na natureza, só que a interpreta como ação complementar e não como ação fundadora em si mesma. As obras morais e críticas (científicas) realizariam o reflexo da imaginação em uma verdade intelectual e o reflexo da verdade intelectual na imaginação. O acordo das duas faculdades fundamentais – entendimento e imaginação – dar-se-ia de maneira ideal na dialética mundo material/mundo intelectual. A beleza do conceito moral e/ou crítico é de natureza superior, em função de

AS CONTRADIÇÕES ESTÉTICAS FUNDAMENTAIS DO SÉCULO XVIII 103

proporcionar prazeres e satisfações mais elevadas. A influência de Addison sobre Gottsched é nítida, como, aliás, de outros ingleses, entre eles Shaftesbury. Segundo Cassirer, "a verdadeira diferença entre Gottsched e os suíços não poderia ser caracterizada de fora, mas somente de dentro, não pelo tipo de *influências* às quais se submeteram, mas pela maneira diversa pela qual eles elaboraram sua problemática"[4].

Se em Gottsched a imaginação se reduz à mera ilustração do juízo, da verdade teórica ou moral, como assinala Cassirer, nos suíços Breitinger (*Tratado Crítico da Natureza, das Intenções e do Uso das Imagens* e *Arte Poética Crítica*) e Bodmer podemos verificar o inverso, mas sem adquirir uma verdadeira autonomia. De inspiração addisoniana, o livro dos suíços publicado em 1727, *Da Influência e do Uso da Imaginação*, procura resolver a questão do gosto na capacidade de penetração do entendimento. O poder legislativo da razão se converte no poder judicativo do gosto. Bodmer, em 1728-1729, considerava as regras poéticas absolutamente fundadas em princípios essenciais, inspiradas nos homens, logo, incontestavelmente ganhadoras de valor de universais. Basch criticará Bodmer exemplarmente na seguinte frase: "Portanto, o gosto é assunto do entendimento, e como o entendimento é essencialmente um, só há um bom gosto, do qual toda derrogação constitui o mau gosto"[5].

Para Basch, os suíços permanecem na teoria de que o juízo estético é uma função do entendimento, distante das energias afetivas, da sensibilidade e do prazer estético, por conseguinte, no mesmo sentido da *Arte Poética Crítica* de Gottsched, de 1730, e principal antagonista dos suíços. Basch dirá, referindo-se a Gottsched – mas a observação é válida, claro, igualmente para os suíços –, que "o gosto é bom quando ele coincide com as regras determinadas pela razão".

Convém lembrar que antes da publicação das cartas de Addison, em 1712, Berkeley houvera publicado, em 1710, o *Tratado sobre os Princípios do Conhecimento Humano*, no qual, de forma límpida, define o espírito como "ser simples, indiviso e ativo". Assim, segundo o autor, o espírito pode ser entendido de duas diferentes maneiras: enquanto percepção de ideias é

4 *La Philosophie des lumières*, p. 324.
5 *Essai critique sur l'esthétique de Kant*, p. XVI.

entendimento; enquanto produção ou operação diversa sobre as ideias é *vontade*. A imaginação é evidentemente tributária da vontade, e inferior não só ao entendimento como ao autor da natureza: Deus. As ideias dos sentidos também são superiores às da vontade ou imaginação, por demonstrarem "uma firmeza, ordem e coerência", além de não se produzirem ao acaso. Berkeley condena a imaginação por não possuir a regularidade e a coerência necessárias à seriedade da existência. Os atos humanos dependentes da vontade não possuem as mesmas qualidades das ideias dos sentidos, não exigindo regras fixas e métodos estabelecidos, logo, não podem aspirar a uma maior dignidade. Por não cumprirem as leis da natureza, os atos da vontade, incoerentes, desregrados, estão condenados à inferioridade no processo do conhecimento humano. No entanto, fazendo-se justiça a Addison, concordamos com Bayer, quando diz que suas ideias estão na origem dos grandes temas do século e dos grandes espíritos. Sua teoria da imaginação de natureza puramente estética fará época e marcará a teoria do gosto, do sublime e das distinções entre as obras da natureza e as obras de arte. David Hume e Burke ficariam atentos à teoria dos prazeres da imaginação de Addison, que abriria as portas para Kant.

Kant procurará resolver uma das mais profundas antinomias do século XVIII: a do gosto como função do entendimento, em oposição ao gosto como função do sentimento. Gottsched defendera o gosto como função do entendimento, indissociável do conhecimento lógico e suas implicações universais e necessárias. Cassirer vai mais longe na análise crítica das origens do pensamento de Gottsched, indo buscar a fonte *lógica* do autor na nova forma de lógica determinada pela física que começava a se desenvolver no século XVIII. A nova lógica da física, deixando de lado o método dedutivo – do geral ao particular –, inverte o quadro teórico, procurando tirar os princípios dos fenômenos, e não o contrário, baseando-se agora no ideal de análise empírica. Os princípios não mais serão dados *a priori* e de uma vez por todas, mas serão deduzidos dos fenômenos. Em estética, Gottsched representaria a visão da física anterior – o juízo precede o fenômeno estético ou as obras de arte. Descartes, no *Tratado do Mundo*, dirá: "dê-me a matéria e eu vos construirei um mundo", e Gottsched adaptará esta máxima à

AS CONTRADIÇÕES ESTÉTICAS FUNDAMENTAIS DO SÉCULO XVIII

estética: "Dê-me uma matéria qualquer, um determinado tema, e eu vos mostrarei como se forma a partir daí uma poesia perfeita segundo as regras universais da poética"[6]. Até hoje se espera pela poesia perfeita de Gottsched, que ele não escreveu. Por sua vez, os suíços representariam o novo ideal oriundo da física setecentista, na passagem de Descartes (Gottsched) à física de Newton (suíços). Porém, a estética ainda se mantém presa ao conhecimento racional e lógico, aguardando sua autonomia, que não tardará.

Portanto, por outro lado teríamos a teoria do gosto como função do sentimento, inspirada em Dubos e nos ingleses, como um juízo do sentimento, mas igualmente reclamando universalidade e necessidade, como a estética intelectualista. Assim, Kant procura resolver a antinomia tentando conciliar as duas tendências, mantendo as contradições estéticas e explorando-as.

Na análise crítica de Basch, três raízes da estética de Kant foram identificadas, a saber:

> O reconhecimento da sensibilidade como essencialmente diferente enquanto fonte do conhecer, do entendimento, e independente enquanto fonte das emoções, dos domínios do conhecimento e da ação; o reconhecimento, no sentir, de uma esfera inteligível e apriorística e o primado da razão prática; a concepção da finalidade como Ideia reguladora e heurística, e do organismo, como explicável somente pela relação de tudo aquilo que aí está contido como fim e meio recíprocos, eis aí, portanto, as três raízes da estética de Kant.[7]

Sem seguir Kant, Adorno dirá que a arte, segundo sua constituição (não genética), é o mais violento argumento "contra a separação que opera a teoria do conhecimento entre a sensibilidade e o entendimento" (*Teoria Estética*). Adorno acredita na capacidade imaginativa da reflexão, necessária às obras, ainda que para situá-las. Adorno condena a "reflexão que as governa do exterior", e a imaginação "repulsa antes o que as obras de arte absorvem do existente nas constelações pelas quais elas se tornam o *outro* da existência, mesmo se somente por sua

6 Apud E. Cassirer, op. cit., p. 325.
7 Op. cit., p. XVII.

negação determinada"[8]. Vemos, então, que para Adorno a antinomia imaginação/entendimento irá encontrar uma nova solução, disciplinando os lugares respectivos e suas verdadeiras soluções.

Todos os estetas são unânimes em considerar Descartes e os desdobramentos de sua filosofia como fontes da estética clássica, oriunda do ideal de ciência preconizado pelo racionalismo. A razão tornar-se-á o modo privilegiado de observação do mundo, e por extensão, de criação artística. Basta recordarmos os versos de Boileau, na *Arte Poética*, e o elogio da verdade nas *Épitres*. Lukács, no livro *Contribuição à História da Estética*, ao analisar o papel de Schiller e de sua estética, tem razão ao afirmar que "a estética de Kant, *Crítica do Juízo*, no âmbito do sistema kantiano, tem a função de estabelecer uma relação metodológica entre razão e sensibilidade, entre mundo fenomênico e mundo noumênico, entre a empiria e a ideia"[9], ainda que formule juízos sobre Schiller bastante questionáveis. Cassirer acredita que o dispositivo estético dos séculos XVII e XVIII, por estar indissociável do compromisso que a ciência firmara com a natureza, por demais dependente da ciência e da razão, fará com que a arte, enquanto imitação da natureza, veja-se condicionada às mesmas leis que regem a natureza, isto é, ao entendimento setecentista de natureza. Kant tornar-se-á o Newton da arte. Portanto, o paralelismo das ciências e das artes, herança que Kant tentará discernir dando fundamentação epistemológica ao estatuto da arte e de seu juízo (principalmente), tenderá a uma nova forma de lógica estética, sob inspiração da razão. Le Bossu é quem melhor sintetiza o pensamento da época com relação às artes: "As artes tem isto em comum com as ciências, que elas são como estas fundadas sobre a razão, e que devemos aí nos deixar conduzir pelas luzes que a natureza nos deu"[10].

Descartes, na regra II de sua obra *Regulae ad directionem ingenii – Règles pour la direction de l'esprit* (Regras para a Direção do Espírito, texto somente publicado em 1701, cinquenta anos após sua morte), sintetizará da seguinte forma a questão

---

8   *Théorie esthétique*, p. 231.
9   *Contributi alla storia dell'estetica*, p. 43.
10   *Traité du poème épique*, p. 6.

AS CONTRADIÇÕES ESTÉTICAS FUNDAMENTAIS DO SÉCULO XVIII   107

do conhecimento: "Só devemos nos ocupar de objetos que nosso espírito pareça capaz de adquirir um conhecimento certo e indubitável". Essa parece ter sido, na verdade, uma regra para muitos no século XVIII. Nada mais distante da estética que o ideal cartesiano de conhecimento. O conceito de intuição que Descartes definirá na regra III é bem claro, para que não fiquem dúvidas a respeito. A concepção do espírito "puro e atento" pressupõe o uso adequado da razão que ilumina a intuição, inteiramente destituída da influência da imaginação ou dos sentidos, imperfeitos para avaliar objetos do conhecimento. A intuição, tal como a dedução, é puro ato do entendimento. Se a imaginação participa do primeiro entendimento, logo a seguir deverá ser destituída de suas funções. Cassirer lembra que tomar a imaginação como fim, como *telos*, é uma heresia que não poderiam permitir-se os arautos da razão. O conhecimento, assim, para fundar-se, implicaria na destruição da imaginação. Maior absurdo seria negá-la na criação artística; as tentativas não puderam levar a efeito conclusivamente essa tese por sua evidente extravagância. A suspeita lançada sobre a contradição permanece durante toda a obra de Descartes, sob o signo da suspeição da imaginação, como dirá no *Discurso do Método*, "estejamos acordados ou adormecidos, devemos somente nos deixar persuadir pela evidência de nossa razão. E observe-se que eu digo de nossa razão, e de forma alguma de nossa imaginação ou de nossos sentidos"[11].

Mas a regra XII, das *Regras para a Direção do Espírito* (1628), estabelecerá a hierarquia do funcionamento conjunto das faculdades, dividido por Descartes em entendimento, imaginação, sentidos e memória. Nesta conjugação das faculdades em busca da verdade no ato do conhecimento, o entendimento é a faculdade mais apta a descobrir a verdade. Todas as outras servirão como linhas auxiliares ao entendimento. Só ele tem acesso à verdade no conhecimento dos objetos que propomos estudar. O objeto que é conhecido em sua verdade desnuda-se em sua essência fundamentalmente pelo entendimento. Essa hierarquia revela o descaso pela imaginação, que só será reavaliada e redimensionada a partir de Vico. O destino do

11   *Oeuvres et lettres*, p. 152. (Trad. bras., *Obras Escolhidas*, p. 92.)

entendimento é a verdade, mas "ajudado" pela imaginação, pelos sentidos e pela memória. Descartes confessa tê-las incluído enquanto forças auxiliares, simplesmente "a fim de que não deixemos de lado nenhuma de nossas faculdades"[12].

Cassirer, ao criticar a estética clássica, principalmente a *Arte Poética*, de Boileau, segundo ele inspirada em Horácio ("a razão, eis aí o princípio e a fonte da arte de escrever"), fará uma distinção fundamental para a compreensão do lugar da imaginação e da razão na estética clássica. Segundo ele, Boileau, ao afirmar que o poeta deve nascer poeta, não dirá, contudo, que a poesia nasce por si mesma, ou naturalmente, do poeta. Distinguirá o *impulso* da criação, o início do processo criador, e a obra que, regida por leis próprias, descarta-se da subjetividade que a engendrou:

> É então possível e necessário cortar todos os pontos que a reconduziria ao mundo onde se forjam as ficções, pois a lei que governa a obra de arte como tal não é um produto da imaginação, é uma lei efetiva que o artista não tem de inventar, mas descobrir, e que ele deve tomar da natureza das coisas. O total dessas leis efetivas não é outro, segundo Boileau, senão a razão: é nesse sentido que ele ordena ao poeta amar a razão.[13]

A ideia de criação artística fica reduzida à questão da descoberta, importada das ciências naturais. Ao agir segundo leis, o artista que não as cria em função da imaginação criadora, mas é por elas regido do exterior, só poderá "criar" a partir da razão. As regras existem para serem cumpridas. As regras não só regem o espírito como também a produção artística dele. Não é gratuita a afirmação de Descartes segundo a qual o *desconhecido*, aceito como inevitável e desejável, não é tão desconhecido assim, já que procura determinar as condições de existência dele e tem de ser preciso nas opções de procurar-se algo em função de não procurar outra coisa. Ora, a estética clássica procurará estabelecer as regras da criação ou produção das obras de arte, empenhando-se em criar as condições para minimizar as possibilidades de erro.

---

12   Idem, p. 75. (Idem, p. 443.)
13   E. Cassirer, op. cit., p. 283.

No *Discurso do Método*, Descartes declara ser a produção poética derivada dos estudos, visando o agradável, independente da arte poética. Assim, Descartes nega a validez de uma arte poética que possa basear-se pura e exclusivamente em questões de natureza artística. A arte poética é secundária, ou antes, dispensável. Ou, ainda, escrever uma arte poética que não venha a criar condições de autorizar a autonomia do ato criador em si. Lembramo-nos de Gottsched, que viria a desacreditar-se das funções do imaginário, cedendo à razão pelas regras que acreditava serem mais eficazes. Ou mesmo a *Arte Poética*, de Horácio, que propunha a aproximação da ficção com a verdade, ou sua pura identificação. O espírito clássico viveu o paralelismo entre a estética e o desenvolvimento da lógica e das matemáticas nos séculos XVII e XVIII. Para Cassirer, a estética imita o ideal da "unidade na multiplicidade" das matemáticas, fazendo-se teoria clássica – tal como a *Arte Poética* de Boileau bem sintetiza, essa procuraria "uma teoria geral dos gêneros poéticos, assim como o geômetra uma teoria geral das curvas". Os gêneros, sendo estabelecidos *d'avance*, existiam para justificar a presença da artisticidade da obra, sendo suas regras as verdadeiras formas de avaliação ou juízo estético-crítico. De inspiração fortemente matemática, da qual Crousaz fez questão de ser fiel seguidor (os caracteres reais e naturais do belo são a variedade, a unidade, a ordem e a proporção), a poética de Boileau fundamentou-se no dado, na condição necessária dos gêneros e formas, na petrificação definitiva e incontestável de suas formulações. A imutabilidade do gênero desautoriza o artista a procurar criar além das circunstâncias que já estão de antemão determinadas. Não há o que mudar. Basta aos artistas seguirem as fórmulas.

Dessa feita, fica claro o papel de legislador do esteta, prescrevendo órbitas e traçando direções. A natureza é guia, tanto na produção artística quanto na científica. Mas uma guia autoritária, legisladora e heteronômica. Cassirer não os considera legisladores, acreditando serem antes defensores *daquilo que é*. Ora, ao estabelecerem os critérios do juízo estético e os domínios da criação artística, a defesa daquilo que é só pode ser defesa daquilo que acreditam que seja por si mesmo considerado. Legislar e estabelecer aquilo que é são a mesma e única coisa, já que se legislou sobre a realidade do que é. A designação do que é implica intrinsecamente na legislação do ente. Só é aquilo que quero que seja. A insuficiência da realidade não estava sob suspeita, mas sim a negação da realidade objetiva. Não será isso legislar?

Para Kant, o juízo situar-se-ia no meio-termo entre a faculdade chamada entendimento e a faculdade chamada razão. O juízo estético do objeto é subjetivo, e só assim poderia entender-se, com tal universalidade, a satisfação (prazer) do belo objeto como valor subjetivo universal. Essa universal comunicabilidade intersubjetiva é possível sem o *a priori* de um conceito determinado, fundado no livre jogo da imaginação e do entendimento. Contudo, o que caracteriza o juízo de gosto é a sua base nas relações entre o prazer e a pena, sem as quais o juízo de gosto tornar-se-ia um conceito; o tipo de conhecimento advindo da união do entendimento e do imaginário no conhecimento do objeto seria intelectual. Seria ao mesmo tempo descartar a sensação como a alma da comunicabilidade universal. É a sensação que orienta, dessa forma, as faculdades da imaginação e do entendimento a um tipo de atividade especial, de natureza diversa da intelectual, não determinada. O acordo das faculdades basear-se-ia em um tipo novo de relação. Em Kant, o entendimento é ao mesmo tempo uma faculdade de conhecer em geral (dividida em entendimento, juízo e razão) e uma forma da faculdade de conhecer em geral (formadora de conceitos). Segundo Basch, essa confusão gera outra:

> O *Urtheilskraft* (o juízo), ele também, desempenha em Kant dois papéis diferentes. Por um lado, ele é a faculdade de julgar em geral, a faculdade de reconduzir nossas representações à unidade, substituindo uma representação imediata por uma representação mais elevada, que compreenda a primeira com muitas outras, que sirva ao conhecimento do objeto e reúna muitos conhecimentos possíveis sob um só [...]; por outro lado, enquanto forma particular do entendimento, sua função consiste, a partir de Kant, em subsumir sob regras, ao passo que o entendimento em geral é a faculdade das regras.[14]

Como não é nossa intenção entrar em detalhes da filosofia crítica de Kant, mas somente tecer alguns pontos que

14 Op. cit., p. 109.

considéramos pertinentes à compreensão das relações de contradição encontradas na estética setecentista, justifica-se, desse modo, a não inclusão de certas problemáticas fundamentais que fugiriam por completo às intenções de nosso ponto de partida.

A faculdade de julgar calcada na *Crítica da Razão Pura* é aquela que pensa o particular compreendido sob o universal. Este sendo dado, enquanto regra, princípio ou lei, subsume o particular; logo, torna-o *determinante*. O universal determina o particular, tornando-se, então, *juízo determinante*. Caso contrário, sendo o particular dado, a faculdade de julgar procura o universal correspondente, fazendo-se então *reflexa* (*réfléchissante*). Basch por inúmeras vezes criticara o caráter simétrico do sistema kantiano que operaria por postulados, ideias preconcebidas, decretando teorias que pudessem ser coerentes com o sistema. A ideia de sistema formaria geometricamente os lugares previamente destinados a encaixar toda e qualquer nova ideia que viesse a surgir, qualquer descoberta ainda por vir. O inverso deveria ser evitado a todo custo, isto é, uma ação da descoberta sobre o sistema. Kant, segundo Basch, governaria por decretos.

Desse modo, o juízo pressupõe sempre uma ação conjunta do entendimento e da imaginação (do ponto de vista objetivo visaria o conhecimento = esquematismo transcendental), subjetiva nesse caso, levando-se em conta o efeito sobre o estado da alma. O juízo estético como fruto da relação subjetiva do entendimento com a imaginação e sua necessária "sensibilização" afirmar-se-ia então como juízo sensível.

Contudo, o juízo estético, de difícil apreensão, divide-se em juízo estético dos sentidos e juízo estético reflexo. Mas, antes de tudo, o juízo estético define-se por meio de uma predição que exclui o puro conhecimento, isto é, o conceito do objeto. A intuição empírica de um objeto, no sentido cartesiano, produz um sentimento imediato, motivando o que Kant chama de juízo estético dos sentidos. Nossa ação no mundo se dá, em muitas instâncias, por meio da imediatidade concreta computada pelos sentidos. Essas percepções ou ações das coisas do mundo sobre nós causam-nos respostas imediatas puramente reacionais e despretensiosas. Sem gerar conhecimento

112 ESTÉTICA DA CONTRADIÇÃO

conceitual, limitam-se à sua imediatidade simples, ao passo que o juízo estético reflexo origina-se do sentimento especial ou particular produzido pela harmonia das faculdades do entendimento e da imaginação – duas das faculdades de conhecer do juízo. Dessa relação harmoniosa surge um sentimento que se torna o motivo de um juízo estético e não mais somente dos sentidos, mas mediatizado profundamente, de finalidade puramente subjetiva, sem fim ou sem conceito, indissociavelmente ligado ao sentimento de prazer. Tal relação entre entendimento e imaginação é descrita por Kant como harmoniosa, e ainda que a vendo como uma antinomia, ele não parece disposto a encará-la como uma contradição ou um conflito.

A obra de Kant, do nosso ponto de vista, é especial. Nessa singularidade reside sua dificuldade maior, tanto mais acentuada quanto mais tentamos nos manter fiéis ao ponto de partida de nossa pesquisa: estabelecer um percurso histórico-crítico da contradição na teoria da arte, tal como ela se apresenta na filosofia. Mas, em uma filosofia também especial: a da arte. A filosofia da arte ou estética realiza conceitualmente a síntese do entendimento com a imaginação. A tarefa epistemológica primeira detém nesta ofegante procura de separações, distinções e definições relativas simplesmente ao objeto de estudo. Em outras palavras, poder-se-ia dizer que a procura da pertinência, sua obstinação teórica, desenvolve-se no escuro trajeto da percepção da presença das contradições *estéticas*. Basch tem toda razão ao discorrer sobre a reflexão estética dos homens:

os maiores pensadores que se atrelaram à metafísica da arte chegaram mais ou menos em acordo sobre isso: é que a essência do belo da natureza e do belo artístico é de ser uma harmonia, uma reconciliação de todos os antagonismos por meio dos quais se debate o espírito humano desde que ele se debruça sobre si próprio. Reconciliação entre o Cosmo e o eu, entre o objeto e o sujeito, e nesse sujeito, entre a sensibilidade e o entendimento, o sentimento e a vontade, o particular e o geral, o meio e o fim, a obediência das leis e o élan da liberdade[15].

Contudo, a transição kantiana, no rastro de Baumgarten e superando-o, pouco se ateve a questões da natureza *artística* da estética. Outrossim, algumas indicações foram de extrema

15 Idem, *Essais d'esthétique, de philosophie et de littérature*, p. 32.

AS CONTRADIÇÕES ESTÉTICAS FUNDAMENTAIS DO SÉCULO XVIII

importância, como comprovam as sequências históricas, entre elas as de Schiller, de maneira positiva, e Schopenhauer, de maneira negativa, mesmo que Adorno tenha dito que Kant e Hegel foram os últimos a poderem escrever grandes estéticas sem entenderem muito de arte (bem mais verdadeiro no caso de Kant, que teve contatos bastante medíocres com a arte, e com artistas de pouca importância). Não obstante, é a Kant que cabe a responsabilidade epistemológica da especificidade da estética como ciência particular, apesar de Baumgarten ter criado e estruturado a disciplina científico-filosófica. Kant herdou todo o terreno preparado por Baumgarten. A própria semente epistemológica foi colhida por Kant já como fruto. E isso apesar da recusa de Kant do termo *estética*.

Confessamos que, da teoria kantiana, pragmaticamente só nos retiveram alguns dos grandes conceitos por ele estabelecidos, como o das relações entre entendimento e imaginação, finalidade sem fim, prazer desinteressado, gênio, gosto, originalidade, contraste estético, acordo razão-imaginação, entre outros de menor importância. E isso por várias razões.

A primeira delas é que são esses conceitos os que de mais perto interessam na teorização das contradições estético-artísticas. Outra razão é que são os que mais dizem respeito à questão da arte, uma vez que em Kant ela ou não teve muito lugar ou o teve de modo somente acessório. Ou ainda o fato de serem opções de caráter metodológico, visto que se alguma metodologia é possível, cria na verdade sua própria possibilidade por meio dos destaques conceituais.

Schopenhauer chamara a atenção para o fato de Kant ter permanecido distante das autênticas obras de arte por toda a sua vida, e ter podido assim mesmo (possivelmente sem ter conhecido Goethe) construir uma estética que tanto influenciará a filosofia da arte. Kant, então, desempenha o papel de conciliador da discussão sobre o belo, que se arrastara, por um lado, no intelectualismo de Leibniz e Baumgarten, no sensualismo de Hume e Burke, desembocando no idealismo de Schiller, Schelling e Hegel, e, por outro, no realismo formalista de Herbart e Zimmermann (mais preocupados com relações matemáticas e formais das coisas). Paralelamente, por meio da influência do sensualismo de Burke (sem esquecermos a influência de Shaftesbury sobre Kant), incluiríamos o sensualismo de Fechner, com sua *Propedêutica da Estética* (estética experimental, de inspiração nas leis da física, 1871-1876), até as experiências psicofísicas com o belo visto do ponto de vista subjetivo (psicológico), como matéria sutil e delicada da sensação.

Victor Basch é internacionalmente reconhecido como um dos mais eminentes intérpretes do pensamento de Kant, mas Olivier Chédin, autor de *Sur l'Esthétique de Kant* (Sobre a Estética de Kant) resolveu ignorá-lo por completo, sem fazer uma única sequer menção ao autor do *Essai critique sur l'esthétique de Kant* (*Ensaio Crítico sobre a Estética de Kant*). Chédin, ao escrever sobre a estética de Kant de modo conceitualista, torna a leitura e a compreensão de Kant e dele próprio um tanto angustiante (uma amargura teórica e um penar desnecessário). A estética de Kant torna-se a ocasião e o pretexto para um exercício intelectualístico, em detrimento de uma teorização a respeito da criação estética, muito embora essa tenha sido a proposta inicial, ao dizer que "a investigação que iremos conduzir na Terceira Crítica deveria ao menos descobrir que o pensamento kantiano não ignora 'o ponto de vista do criador' e que ela instala na aparência […] a sede primordial da experiência estética"[16]. E curiosamente, ao final do livro ele afirma que "o ensaio que apresentamos não interessa à história da filosofia nem à estética propriamente dita". Afinal, a quem interessa?

Ao menos em um ponto poderiam ambos concordar, ao admitirem que Kant tenha privilegiado a beleza natural à beleza artística, e só nisso, já que Chédin culpa a arte por não estar à altura das teorias kantistas[17]. Basch atribui isso ao fato de Kant tender ao lado natural pela via moral, visto que o interesse estético em geral será entendido por Kant como estreitamente ligado ao interesse moral. Isso bastaria para confirmar a opção de Kant pelo belo da natureza, superior ao belo artístico[18]. Basta lembrar que os filósofos posteriores a Kant, como os idealistas Schelling e Hegel, inverterão essa tendência fazendo da arte o centro de suas proposições estéticas, no que seriam seguidos pela história da modernidade.

16 O. Chédin, *Sur l'esthétique de Kant*, p. 25.
17 Idem, p. 286.
18 *Essai critique sur l'esthétique de Kant*, p. 402.

Injustamente, a seguirmos a visão de Chédin, Basch poderia ser incluído entre aqueles que ele considera como "detratores da Terceira Crítica", divulgadores de "preconceitos" ("os mais correntes são tão grosseiros que eles impedem de conceber o simples interesse de um pensamento frequentemente relegado ao porão da filosofia da arte"), aqueles que tentam interpretá-la como uma teoria do conhecimento e uma teoria moralizante.

Chédin considera Nietzsche o mais brilhante "detrator" (em *Genealogia da Moral*) de Kant, o que, de seu próprio ponto de vista, aliás, não é verdade, posto que as críticas de Basch são muito consistentes e profundas. A título de exemplo, basta lembrarmos a observação de Basch que, ao discutir sobre as posições de Kant a respeito da imaginação e seu papel nas questões estéticas, afirma que poderiam ser corretas caso ele não tivesse sempre em vista sua teoria da universalidade e da necessidade. Pois para preservá-las ou salvaguardá-las terminou por intelectualizar e moralizar sua estética. E isso significou a renúncia do método psicológico que tinha sido seu ponto de partida, abandonando o empirismo do método psicológico. O grande defeito ou erro de Kant teria sido o de desprezar a psicologia empírica.

A crítica de Basch, longe de ser leviana, aponta para um dado fundamental, em que o ponto de vista lógico sobrepõe-se ao psicológico (isto é, ao estético), mais identificado com o empírico, unindo-se à crítica anterior segundo a qual o intelectualismo de sua estética não podia dar conta da dimensão profunda do universo imaginário.

O erro básico de Chédin foi o de proteger a estética kantiana em seus menos defensáveis pontos de vista, dando prosseguimento à frieza da lógica para solucionar problemáticas de natureza estética. Na verdade, a interpretação de Chédin em grande parte demonstra mais a habilidade do pleno domínio do universo conceitual de Kant e seu consequente exaustivo exercício lógico, do que uma real penetração na dimensão sensível do fato estético. E isso apesar de sua tentativa de aproximar as teorias kantistas de uma possível interpretação da arte moderna (ou ao inverso), àquilo que chamou de "ensaios de *aplicação* da estética crítica" (grifo nosso). Tentativas ou "aplicações" a nosso ver frustradas (até mesmo *a priori*), pelo

116 ESTÉTICA DA CONTRADIÇÃO

simples fato de buscar ilustrações para justificar o acerto ou justeza das teorias kantistas. Giacometti foi a vítima. Ou cobaia das "aplicações" da estética crítica.

E não só Giacometti como também o surrealismo, que, segundo Chédin, "seria bem mais apreciável se seu projeto fosse mais discreto [...] Lamenta-se que Kant não tenha podido conhecer tais criações, pois ele teria aí seguramente encontrado uma caricatura de exemplo para sua teoria da reflexão"[19]. O mais lamentável é que Chédin acusa o surrealismo de *naïf*. Ora, a acusação contra o surrealismo ainda peca por considerá-lo projeto global, confundindo Miró e Dali, Max Ernst e Chagall, entre outros. E o mais "surrealista", apelando para o "pai" na proteção contra a "indiscrição" artística do surrealismo, confessando usar a teoria kantiana como uma espécie de patrulha da imaginação criadora. Por outro lado, do ponto de vista histórico, Chédin não pode falar por Kant, e justamente a propósito de uma arte posterior de mais de um século.

Igualmente, Chédin procura entender o surrealismo sob o crivo de conceitos lógicos tomados ao pé da letra quando, ao relacionar a Terceira Crítica com a *antropologia pragmática*, de Kant, acusa os surrealistas de praticarem a *contradição* lógica – "que consiste na ligação de conceitos antagonistas" – contra aquilo que considera como o ideal criativo, o *contraste estético* – "que justapõe sob um mesmo conceito representações sensíveis que se contrariam". Então, insiste ele, "não se poderiam reprender certos surrealistas de pintar... *contradições* sob a espécie do *contraste*?"[20] Equívoco total. Em primeiro lugar, não se pode em hipótese alguma erigir um conceito, sobretudo lógico, como ideal "artístico". Segundo, os artistas não pintam ou escrevem "conceitos", sejam eles de natureza contraditória ou contratual, para respeitarmos sua teoria duvidosa. Terceiro, seria uma medida totalitária decidirmos pelos artistas e impormos o que devem criar; muito mais ainda dizermos a que conceito lógico eles deverão obedecer para satisfazerem o teórico. Teria sido por demais totalitário esperar que os surrealistas passassem a criar em função da coerência com o sistema de Kant, ou para agradar nosso teórico. Mesmo Magritte não pode ser reduzido a um

19 Op. cit., p. 102.
20 Idem, ibidem.

mero pintor de justaposições de "conceitos antagonistas" destituídos de quaisquer valores simbólicos, sem qualquer *pathos*.

Kant por diversas vezes afirmara ser o julgamento de gosto um juízo estético afastado das determinações objetivas, apoiado em princípios subjetivos, logo, igualmente desvinculado da determinação de um conceito, tampouco reduzido a conceito para um fim determinado. O entendimento, ao associar-se à imaginação no juízo estético, assume um papel diverso daquele que teria se tivesse sido solicitado para agir enquanto faculdade de conhecimento de um objeto. O entendimento continua sendo a faculdade dos conceitos por excelência, mas ao associar-se ao juízo estético torna-se a faculdade de *determinação* do objeto e de sua *representação* sem conceito, conforme ele prefere sublinhar. Kant não contraria a ideia da existência de *conceitos confusos*, como o do belo, e *conceitos distintos,* como o do bom, acreditando ser possível ao entendimento ocupar-se de ambos. O que mudaria, adequando-se às situações, seria o "comportamento" do entendimento em função do apelo, da solicitação. O estético caracteriza o fundamento do juízo, qual seja, o de basear-se no sentimento e não no conceito. O acordo no jogo das faculdades é *sentido* e não *entendido* por meio de conceitos. Mas para qualquer atividade do conhecimento é necessário o acordo do entendimento e da imaginação. Basch diz que Kant vê a imaginação produtora como entendimento inconsciente, a imaginação como somente um primeiro passo rumo ao entendimento, ao formarmos a intuição de um objeto, e terminando por chegar ao conceito do objeto, fornecido pelo entendimento. Basch, ao tentar um resumo da teoria da imaginação e do entendimento, diz o seguinte:

> Portanto, um belo objeto será aquele no qual, de uma parte, o conteúdo intelectual se revela com toda plenitude, com todo o relevo sensível que se possa imaginar, de tal forma que o elemento intelectual não usurpa de modo algum o elemento sensível; e no qual, de outra parte, a riqueza e a plenitude da encarnação sensível não entravam em nada a tomada de consciência da natureza intelectual e conceitual do objeto, de forma que o elemento sensível não avança de modo algum sob o elemento intelectual, e que as duas grandes funções de nossa faculdade de conhecer possam aí abrir-se harmoniosamente em toda a sua extensão com a maior facilidade e com toda a liberdade.[21]

21 *Essai critique sur l'esthétique de Kant*, p. 172.

A finalidade formal é aquela designada por Kant para atender à finalidade sem fim, o que significa a finalidade de certos objetos para a harmonia da imaginação e do entendimento. E é essa harmonia a condição universal de todo e qualquer juízo que Basch chama de "condição subjetiva". Conforme ele mesmo afirma, o juízo estético é ao mesmo tempo juízo e estético. Mas critica Kant por intelectualizar a sensibilidade – erro que mesmo Kant apontara em Leibniz e Baumgarten –, ao situar a finalidade inicialmente no pensamento antes de passar pelo sentimento. E isso encarnaria uma profunda contradição, pois o juízo estético, sendo ao mesmo tempo sensível e intelectual, pressupõe uma harmonia fundada no conflito. Kant, todavia, dirá que aí o entendimento está a serviço da imaginação, e não a imaginação a serviço do entendimento[22]. Kant verá a poesia como "visões propriamente imaginárias", como uma bela coisa, e não belas "aparências" das coisas que o gosto detém como menos interessantes. A poesia é bela, pois é atividade do espírito, que Hegel referendou mais tarde. E também uma resposta a Platão, à dúvida levantada no *Hípias Maior* entre o problema da beleza em si e da beleza aparente, ou da identificação das meras aparências da beleza com o conceito universal de beleza, independente das manifestações contingentes. O juízo estético é considerado como inteiramente novo em relação à filosofia de Kant, totalmente distinto do juízo em geral. Se, por um lado, Kant houvera reconhecido o sentimento como princípio da cadeia que origina o acordo do entendimento com a imaginação, por outro, ele próprio mais tarde jogou o sentimento para o ponto final da cadeia da harmonia. A finalidade formal e subjetiva é que deveria ser mantida como causa primeira.

Sobre a questão da regularidade ou simetria, Kant procurou situá-la na órbita das regras do entendimento, prejudicial à imaginação e contrária ao bom gosto. Kant decidiu afastá-las das condições necessárias à arte, à imaginação, mas indispensável nas questões de conhecimento. E isso explica o fato de a imaginação não estar a serviço do entendimento, e, no entanto, este deve estar a serviço daquela.

Para Kant, existem duas formas de finalidade: a finalidade objetiva externa e a finalidade objetiva interna. A primeira

---

22   Cf. *Critique de la faculté de juger*, p. 82.

AS CONTRADIÇÕES ESTÉTICAS FUNDAMENTAIS DO SÉCULO XVIII   119

dependente de um fim determinado – a utilidade – e a segunda igualmente dependente de um fim, um conceito – a perfeição. A finalidade formal sem conceito e sem fim não pode, de modo algum, se associar à utilidade, determinada por um conceito, e não sugerindo ao sentimento estético qualquer satisfação ou prazer desinteressado, qualquer espontaneidade e imediatidade nessa satisfação.

Basch procurou mostrar que se há diante de um dado objeto algo mais que sentimento espontâneo e imediato do prazer, não há como não haver a representação de um fim, ficando o belo reduzido a uma representação confusa da perfeição moral ou intelectual (conceitual). Caso contrário, só havendo sentimento espontâneo e imediato, não poderá haver universalidade e necessidade do juízo estético, o que comprometeria o objetivo da Terceira Crítica. O que leva Basch a crer que não exista a finalidade sem fim, mas sim uma finalidade sem fim determinado e preciso[23]. Esta talvez seja a melhor observação crítica sobre a teoria da finalidade sem fim. A natureza dos fins estéticos e de seus juízos é tal que não determina a precisão dos mesmos que, ainda que existindo, não são definidos ou determinados por antecipação, ou por orientação conceitual. Basch acredita ser a finalidade nas obras de arte, de natureza diversa daquela observada no mundo moral e intelectual. Nesse sentido, os dramas de Racine ou Shakespeare, por exemplo, possuem uma representação coerente com o conceito que os artistas quiseram dar às personagens, sem comprometer em momento algum o sentimento estético. Tampouco se tornam dependentes de qualquer orientação lógica ou científica.

Quanto ao processo que leva ao juízo estético, tanto para Basch como para Kant, em alguns momentos (o que levou Basch a voltar-se contra Kant) nossa primeira reação diante do objeto belo é o prazer. Esse primeiro momento seria integralmente dominado pelo sentimento, tocando-nos através da imaginação. E, a seguir, um momento tendente para o juízo de natureza conceitual, necessariamente mediatizado e lógico, no qual e quando passaríamos a tentar compreender o que aquela emoção nos teria trazido à consciência. A ação do sentimento estético – o puro

23   Cf. idem, p. 190.

sentir – não estaria capacitada para motivar essa consciência. Assim, vemo-nos obrigados a fazer apelo à inteligência, enquanto faculdade discursiva do espírito que orienta a direção do juízo estético. Essa é a cronologia do juízo estético, que só faria uso da faculdade discursiva após a emoção causada pelo sentimento. Para ele, nada mais faz do que confirmar ou traduzir em ato, ou em termos lógicos, aquilo que já se encontrava em estado de potência no sentimento. Tornaria manifesta a latência da logicidade inconsciente do sentimento, o que de resto não é verdade. Ou reduzimos o sentimento a uma lógica confusa e capenga, ou optamos por preferir entender a faculdade discursiva ou lógica como um sentimento aperfeiçoado. Ora, o juízo estético, por um lado, desenvolve-se motivado pelo sentimento, mas por outro se desenvolve por iniciativa própria, autonomamente. Como também o próprio sentimento já deve estar profundamente mediatizado por influência sedimentada psíquica e intelectualmente no receptor. Basch, por sua vez, levanta a hipótese de Kant ter baseado sua teoria do belo na música, a exemplo de Leibniz e Baumgarten, já que seria a única das artes totalmente isenta de coerções de natureza conceitual ou lógica. "É na música que verdadeiramente não pode haver passagem do conceito ao sentimento", diz ele.

A teoria da harmonia do entendimento e da imaginação é considerada por Basch como a mais importante do sistema kantiano aplicado à estética. A antinomia é uma marca do século (Cassirer) destinada a inquietar todos os filósofos desde Vico. A Terceira Crítica introduzirá uma também terceira alternativa ainda não cogitada em face das atitudes do homem relativas à antinomia. O homem até então encarara apenas duas possibilidades ou estados: o estado do conhecimento e o estado de ação. O estado do conhecimento refere-se às questões de natureza intelectual, e o estado de ação à atitude moral. O que ambos têm em comum é a realização de um fim ou objetivo que perseguem. O estado do conhecimento é regido pela ambição de conhecer o mundo exterior, ao passo que o estado de ação ou moral é regido pela luta para dominar o mundo interior. O estado estético ou contemplativo vem incorporar-se às manifestações da vontade humana, porém de modo particularmente diverso: ao invés de sofrer com os conflitos, estes

AS CONTRADIÇÕES ESTÉTICAS FUNDAMENTAIS DO SÉCULO XVIII   121

seriam harmonizados e pacificados. Ao contemplar, acreditavam os idealistas estarem os homens distantes dos desejos interessados, totalmente entregues ao prazer de desligamento da realidade. Tal desinteresse estaria na origem do estado de jogo, em um estado em que todas as forças conflituosas e antagonistas cederiam à falta de compromisso e à gratuidade, ao jogo em suma.

O mais curioso, para não dizer paradoxal, do juízo de gosto é o fato de ser um juízo subjetivo com pretensões à universalidade, sem, contudo, valer-se do entendimento, pois este é o fundamento do juízo lógico. Diz Kant que "possuindo nada mais que um valor simplesmente subjetivo, ele pretende, entretanto, valer para *todos* os sujeitos, como se isso pudesse se fazer se ele fosse um juízo objetivo que repousa sobre princípios de conhecimento e que pode ser imposto por uma prova"[24]. E Kant procura dar um tiro de misericórdia na teoria do gosto dependente dos outros juízos. Afirma ele a absoluta autonomia do gosto e sua independência em relação aos juízos exógenos, expulsos do campo do gosto.

Essa nova compreensão do gosto tem como premissa a liberdade de gosto. E aí Kant é bastante claro: "não existe nenhuma *razão demonstrativa* empírica para impor o juízo de gosto a alguém". A impossibilidade de provar a qualidade de uma obra de arte ou de sua beleza pela utilização de *razões demonstrativas* assegura a autonomia do juízo estético, pois o caráter desse juízo é centrado no gosto, e não no entendimento ou na razão (enquanto juízos puros). Não só as razões demonstrativas são ineficazes, como também as tentativas de estabelecimento de provas *a priori*, a partir de regras determinadas, são igualmente ineficazes, pelos mesmos motivos anteriores. As regras determinadas não garantem, *a priori*, a realização de obras de arte de qualidade. Aqui Kant parece ter dado uma resposta definitiva aos cartesianos, a Gottsched e a muitos outros estetas racionalistas. Por isso, o juízo de gosto distingue-se do juízo lógico, pois este pode subsumir uma representação sob conceitos do objeto, "ao passo que o primeiro não subsume de forma alguma sob um conceito, pois de outro modo o assentimento

24   Idem, p. 120 (grifo nosso).

122   ESTÉTICA DA CONTRADIÇÃO

universal necessário poderia ser imposto por provas"[25]. Dessa feita, o juízo de gosto fundamentar-se-á no princípio subjetivo da faculdade de julgar em geral. Kant funda a autonomia definitiva do juízo de gosto e a diferenciação da contemplação estética em relação à atitude moral e à atitude intelectual. Essa diferenciação marcou profundamente Schiller, os românticos e Schelling. Na contemplação, a imaginação não exerce qualquer papel subalterno ou utilitário ao entendimento ou à razão, mas é considerada livre. A liberdade da imaginação deve-se, outrossim, ao fato de esquematizar sem conceitos, mantendo sua liberdade e o entendimento como sua legalidade. Dirá ele:

> O gosto enquanto faculdade de julgar subjetiva compreende um princípio da subsunção, não intuições sob *conceitos*, mas da faculdade das intuições ou presentações (isto é, da imaginação) sob a *faculdade* dos conceitos (isto é, o entendimento), contanto que a primeira em sua *liberdade* se acorde com a *segunda* em sua legalidade".[26]

As belas-artes fazem parte do que chama de *arte estética*, na qual o fim da arte (que é sem fim determinado) é o prazer que acompanha as representações, enquanto *modos de conhecimentos*, ao passo que quando o prazer acompanha as representações somente como *sensações*, ele chama de *arte do prazer*. A natureza do prazer nas artes estéticas é radicalmente diversa daquela observada nas artes do prazer em si. Mesmo que sem fim, as belas-artes têm um fim em si mesmas, mas contribuem para a comunicabilidade social por meio da ação cultural das faculdades da alma e da cultura das faculdades da alma, visando à comunicação na sociedade. Não sendo um desempenho do prazer que visa o mero gozo, uma mera satisfação das sensações, um prazer das sensações, mas sim algo que, por meio da comunicabilidade de um certo prazer, fosse um prazer da reflexão.

Segundo a afirmação de Kant, "as belas-artes só são arte na medida em que elas possuem ao mesmo tempo a aparência da natureza". Cria-se por um lado uma autonomia da produção artística em relação à natureza, por outro há uma dependência que é, ao mesmo tempo, negada e afirmada. Kant diz que a

25 Idem, p. 121.
26 Idem, p. 122.

"finalidade" da produção de arte deve ser desinvestida da coerção externa, regida tão somente por regras arbitrárias, como na natureza. Essa contradição da finalidade acentua-se quando Kant procura mostrar que embora a finalidade dos produtos da arte seja intencional, ela não deve parecer intencional, como também, conforme sabemos, não deve ser uma finalidade com fim. Temos, por um lado, uma finalidade que se recusa a cumprir esse papel, existindo, mas se negando, como também uma intenção implícita na finalidade que não deve tampouco se mostrar por inteiro, enquanto intenção. As regras também deverão evitar as evidências na obra concreta, dissimulando-se. Este é na verdade um grande jogo, um jogo de faz de conta em que as coisas são aquilo que não mostram ser. Uma finalidade que *finge* não ter finalidade; uma intenção que *finge* não ter intenção; uma regra que *finge* não reger a obra. Essas são algumas das contradições que Kant opera na compreensão dos fenômenos estéticos – que, a nosso ver, para ficarmos com seu estilo paradoxal, devem ser consideradas corretas, ainda que não o sejam, ou não sejam dessa maneira. A influência da natureza na arte também se transmitirá por meio do *gênio* capaz de elaborar a energia natural como regras para a arte, como disposição inata do indivíduo.

A pretensa harmonia absoluta do entendimento e da imaginação, Basch contestará, em parte, por considerar que ela implica em uma rigidez, em uma estabilidade que a experiência psicológica não justifica. Se a harmonia das faculdades não é unívoca, muito menos as faculdades são invariáveis; ao contrário, variam tanto quanto os indivíduos variam entre si, e o mesmo indivíduo varia em relação a si mesmo conforme épocas e momentos de seu desenvolvimento. A impossibilidade de redução da imaginação à uniformidade calca-se, além de tudo, em sua irredutibilidade a leis e regras, variando também segundo etnia, clima, sexo, meio histórico etc.

A teoria do gênio por ora nos interessa por estar implicada na relação da imaginação com o entendimento. Para Kant, as representações da imaginação são denominadas *ideias*. Estas, apesar de serem consideradas intuições internas, não são compatíveis com conceitos; estes não lhes são adequados. O que não impede de, pelo fato de elas se encontrarem além dos

124 ESTÉTICA DA CONTRADIÇÃO

limites da experiência, poderem se aproximar das ideias da razão, dos conceitos de razão. Há uma luta entre a imaginação e a razão, ou uma contradição, se quiserem, que levaria ao conflito entre a faculdade das ideias estéticas e a faculdade de conhecer. É claro que, para possibilitar a criação artística, a imaginação tenha de prevalecer sobre a razão, mesmo que em um primeiro momento, contraditoriamente, o artista tenha de "ousar dar uma forma sensível às ideias da razão". Assim, a ideia estética vem a ser uma representação da imaginação, "que dá muito a pensar, sem que pensamento algum determinado de *conceito*, possa lhe ser adequado e que, por conseguinte, nenhuma língua pode exprimir-se completamente e tornar-se inteligível"[27].

Com efeito, não busquemos muita coerência em Kant, pois pouco mais adiante ele já afirma ser a ideia estética uma representação da imaginação associada a um conceito dado. O gênio é produto da associação particular das faculdades do entendimento e da imaginação. Todavia, a função da imaginação desempenhada na ação do gênio difere daquela em vista do conhecimento, pois aqui ela sofre limitações e constrangimentos impostos pelo fato de ter de se adequar a qualquer custo com o entendimento. Em suas atribuições estéticas, ela fica totalmente livre dessa prestação de contas ao entendimento. Mas Kant ainda considera que tal ação tem por objetivo fornecer uma matéria rica para o entendimento, mesmo que, conforme suas palavras, ela não queira intencionalmente fazer esse papel. Segundo Basch, a ação do entendimento no final desse processo chama-se *gosto*, ou cultura do gosto, como queria Kant. Nesse processo, o entendimento em um primeiro momento apresentar-se-ia como o *noyau solide de la réalité* (núcleo sólido da realidade [Basch]), que fornece os conceitos a serem recriados pela imaginação (os limites poderão vir a ser fixados).

Basch, entretanto, demonstra que a teoria da imaginação e do entendimento levou também ao formalismo de Herbart e Zimmermann, isto é, prestou-se a essa forma de interpretação. Há uma proposição de Kant diretamente ligada à sua definição do conceito de gênio que diz respeito à subjetividade da finalidade espontânea, sem intenção, no livre acordo da imaginação

27 Idem, p. 144.

AS CONTRADIÇÕES ESTÉTICAS FUNDAMENTAIS DO SÉCULO XVIII 125

com a legalidade do entendimento. Nessa relação, a produção genial saberá proporcionar as partes (harmonizantes ou confli-tantes) e equilibrar as faculdades, sabendo que a imaginação é a faculdade de base, logo, distanciar-se-á daquelas regras funda-mentais que regem a ciência ou a pura imitação mecânica. Essa capacidade é observável no potencial criador do indivíduo bene-ficiado com a generosidade da natureza expressa em seus dons. Tal proposição está contida em sua distinção, a nosso ver funda-dora, entre o *modus* do artista, conforme diz Kant, "de agenciar a exposição de seus pensamentos". São dois: o *modus aestheticus* e o *modus logicus*. Contudo, a teoria dos modos é de Baumgarten, por ele bastante discutida na *Estética*. A rigor, a teoria dos mo-dos surge em sua tese de doutorado *Meditações Filosóficas sobre Alguns Tópicos Referentes à Essência do Poema*, de 1735, na qual a imposição do estético cresce à medida da derrota do lógico. Esses dois *modi* são analogicamente a representação da antinomia do século entre a estética e a lógica. Sendo que, nesse caso, referem--se os *modi* a práticas artísticas divergentes, vistas na imanência do processo criador. Ou talvez a introjeção da antinomia maior passada agora em uma situação determinada e particular, como que simbolizando a outra.

A característica básica do *modus aestheticus* é sua fidelidade ao sentimento (estético, é claro), responsável pela unidade da presentação, mas sem artificialismos de intenções. Essa carac-terística é entendida como *maneira*, de natureza fundadora ou de originalidade exemplar, no uso das atribuições de predomí-nio da faculdade de imaginação. Ora, o *modus logicus* opõe-se ao *modus aestheticus* por transformar a maneira em método. Tornando racional o processo criador, o método elimina a fonte originada no sentimento. Segundo Kant, o *modus logicus* é in-compatível com as belas-artes por reagir a partir de *princípios* direcionados pelo método. O uso do método só se torna pos-sível quando se têm princípios a serem respeitados e seguidos. E é essa prática que chama de *maneirada* (*maniérée*), isto é, o grotesco e a caricatura da *maneira*. Afirma Kant:

> Diz-se que uma obra de arte nada mais é que maneirada unica-mente quando a exposição de sua ideia só visa à singularidade e não é construída de um modo que convém à ideia. O precioso, o enfático e

126 ESTÉTICA DA CONTRADIÇÃO

o afetado que só procuram (sem alma) se distinguir do comum assemelham-se à atitude daquele do qual se diz que ele se escuta falar, ou daquele que para e que anda como se estivesse sobre um palco a fim de ser admirado por bobos, coisa que revela sempre um idiota.[28]

As distorções de uma imaginação totalmente entregue a si mesma eram somente corrigidas por meio do juízo, que a controlaria na ação da legalidade do entendimento. Kant não acreditava na livre determinação da imaginação. Essa liberdade da imaginação poderia significar um desregramento tão nocivo quanto o cumprimento somente das regras. A lei impede a absurdidade de uma imaginação entregue às suas próprias determinações. Faz-se necessário, dessa feita, a faculdade de julgar capacitada a acordá-la com o entendimento.

Essa *maneira* que definirá o *modus aestheticus* existirá enquanto *jogo* com as ideias. Elas são organizadas na mente do artista e desenvolvidas na obra de arte sem prescrições de métodos (*modus logicus*), isto é, métodos lógicos ou racionais, formando-se então na pura ação desinteressada do jogo. As duas faculdades de conhecer harmonizar-se-iam na mútua adaptação, em que cada qual se adaptará à outra a custa de alguma perda recíproca, mesmo que devam parecer nada disso sofrer, nem deixar transparente. Há uma naturalidade no acordo, que não denuncia qualquer coação interna que tiveram de sofrer.

O mais importante, porém, como consequência histórica da afirmação da *maneira* como *jogo* desinteressado de ideias, que Schiller procurará dar um estatuto mais aprofundado nas *Cartas sobre a Educação Estética da Humanidade*, é que isso levaria Kant a afirmar simultaneamente a liberdade e, mais que isso, a liberdade de não depender do penoso e do rebuscado. Mas, perguntará o leitor, quais consequências tão sérias poderiam advir de uma mera desconexão com o penoso? É que Kant, por meio dessa fórmula trivial, chega a uma verdade pré-marxista, ao desvincular o trabalho artístico do *penar* do trabalho assalariado. Mas Schiller não se deteve nessa importante avaliação de Kant das diferenças radicais entre o trabalho de arte e o trabalho mensurável da sociedade capitalista, no qual o tempo é contabilizado como investimento (derrota ou vitória do capital).

28 Idem, p. 148.

AS CONTRADIÇÕES ESTÉTICAS FUNDAMENTAIS DO SÉCULO XVIII   127

Para Kant, a separação do trabalho artístico daquele mensurável do trabalho assalariado denota a especificidade da obra de arte, do *jogo desinteressado* que a caracterizaria. E mais, revela as primeiras contradições entre a arte e o mundo da divisão do trabalho. Lukács, por exemplo, por diversas vezes recorreu, como em seus livros *Goethe e sua Época* ou *Breve História da Literatura Alemã*, a imagens contraditórias que revelam os conflitos das paixões humanas contra a evolução social, das paixões contra a legalidade social (como em Goethe, *Werther*), da personalidade e a ordem social, a pessoa humana e a sociedade burguesa, os ideais humanistas e a realidade da sociedade burguesa, ou aquela que ele considera a do alvo de ultrapassagem em Schiller, a dos ideais estéticos contra a divisão do trabalho (de origem kantiana, conforme pudemos constatar).

Essa contradição apontada por Kant e desenvolvida por Schiller, mas que a literatura de Goethe também revelava, não fora elaborada por Kant. *A Crítica do Juízo* restringe-se a constatar, mas não se dá conta da riqueza de suas observações. Ora, Kant mostra a incompatibilidade radical do *modus aestheticus*, da arte como harmonia da sensibilidade com o entendimento, de seu desinteresse e de sua finalidade sem fim determinado, com o salário, símbolo máximo da sociedade moderna. A atividade artística, para Kant, não pode ser imposta nem retribuída segundo normas de mensurabilidade determinada do exterior. Denotativamente, o idealismo de Kant revela um certo conformismo com o massacre dos trabalhadores pela sociedade capitalista de sua época, aceitando em uns aquilo que considera quase impossível para a maioria: a liberdade, o descompromisso e o jogo.

Se o poeta, na concepção kantiana, parece ter no jogo divertido das ideias a finalidade de atender o desejo do entendimento, é porque pouco promete (ao contrário do *orador*), mas muito faz para o entendimento pela forma com que joga com as ideias, trazendo vida aos conceitos. Aqui continua Kant a encarar a imaginação do *ponto de vista* do entendimento. Ora ele desvincula, ora vincula, tornando a imaginação dependente dos conceitos para exercer sua atividade sem fim, desinteressada e livre.

Neste ponto da *Crítica do Juízo*, podemos nos dar conta de uma contradição percebida por Kant que dominou todo o século xix, percorrendo todo o romantismo alemão e, por extensão, o romantismo europeu de um modo geral até o momento de transição, com o simbolismo de Baudelaire e as vanguardas do século xx. Estava aberto o fosso que separava a arte e a sociedade. A teoria do desinteresse, pois, não era vista por Kant somente como sentimento estético de contemplação. Ela se dava no espaço mesmo das relações entre o artista e a sociedade, desvinculando a arte das obrigações do sistema econômico, autorizando-a a se mover em um espaço próprio, mesmo que não ainda crítica da sociedade de classes. A teoria do gênio poderia, desse modo, até ser vista como uma teoria reacionária, aristocrática, visando somente uma parcela da sociedade, os artistas, a quem eram dados os privilégios de serem contabilizados como força produtiva de reprodução do capital. A eles seriam concedidos os privilégios de transgredirem as leis do capitalismo. Simultaneamente, todavia, demonstram alguma negatividade (em sentido adorniano do termo) da atividade artística vista sintomaticamente por Kant.

A ambiguidade de Kant não nos deixará, mais uma vez, dizer que a imaginação em sua conflituosa relação com o entendimento terá na arte sua solução na autonomia da imaginação, fundadora da autonomia da arte. Para Kant, o gosto, ainda que resultado dos processos estéticos (sentimentais, intelectuais), é como o domínio da faculdade de julgar em geral. Essa condição faz dele a faculdade de disciplinar o gênio, tal como a faculdade de julgar em geral. Em caso de conflito irreversível o entendimento deverá ter a prioridade, isto é, o gosto impor-se-á à imaginação genial:

> Se, pois, em um conflito opondo essas duas qualidades, alguma coisa deve ser sacrificada em uma obra, isto antes deveria concernir o que há de genial; e a faculdade de julgar, que profere sua sentença a partir de seus próprios princípios nas coisas das belas-artes, permitirá, antes, que se prejudique um tanto a liberdade e a riqueza da imaginação que ao entendimento[29].

O sentimento estético em Kant deve ser absolutamente desinteressado, como atesta uma nota da *Crítica do Juízo* em que ele procura mostrar a dignidade da poesia, seu prazer e sua

29 Idem, p. 149.

satisfação em ter a experiência estética da leitura em contraposição à *ars oratoria* – arte do orador –, que, segundo ele, é vista "como arte consistindo em servir-se das fraquezas dos homens para seus próprios fins"[30]. A *ars oratoria* não mereceria o menor respeito desse ponto de vista, ao passo que a poesia é pura expressão da sinceridade e da lealdade. Desvinculada da utilidade em geral, a poesia não dependeria, enquanto sentimento estético, da representação da existência do objeto (a realização concreta), como também da realização de um ato moral, permanecendo jogo divertido com as leis do entendimento: "e ela não exige de forma alguma que o entendimento seja subjugado e enfeitiçado pela presentação sensível"[31].

Basch procurou alinhar-se com teóricos que criticaram a teoria do desinteresse de Kant, menos pela razão de fundo que pelas incoerências e insuficiências demonstradas pela teoria. Entre eles estariam os psicólogos ingleses e os estetas do sentimento – entre os quais Julius von Kirchmann e idealistas como Nicolai Hartmann e Friedrich T. Vischer. Os psicólogos ingleses James Sully, Grant Allen ou Herbert Spencer afirmaram que Kant não traçara uma linha de demarcação nítida entre o conceito de trabalho e o conceito de jogo. O trabalho, conforme Basch exemplifica, é aqui entendido como a atividade que consiste unicamente em conservar nossas funções vitais, em procurar nosso alimento e o do outro, ao passo que o jogo tende a exercitar nossos órgãos sem outro objetivo senão o prazer da atividade mesma. O trabalho seria heterotélico, e o jogo, assim como a arte, autotélico. Contudo, mesmo o jogo tem um fim determinado, enquanto a arte é uma finalidade sem fim determinado. A leitura de Basch, todavia, como a dos ingleses, evita mencionar o mais importante na consideração kantiana do conflito entre o trabalho e o jogo: o fato de não ser um conflito qualquer, como parecem mostrar as interpretações citadas, mas sim um conflito completamente novo, originado na noção de salário, na divisão do trabalho manual e intelectual etc. A teorização desse conflito encontra-se em *O Capital*, de Marx. Com alguma antecedência, Kant, ainda que somente restrito ao campo da arte, mostra a contradição fundamental da nova

30 Idem, p. 155.
31 Idem, ibidem.

130 ESTÉTICA DA CONTRADIÇÃO

sociedade. A teoria do desinteresse, contudo, não é absoluta, e Kant já o admitira, pois atende a algum interesse da natureza humana. Basch, ao criticar a teoria do desinteresse, ou melhor, seu exagero, afirma eloquentemente:

> Um sentimento estético absolutamente desinteressado é inadmissível simplesmente porque todo sentimento, por essência, não é devido senão pelo interesse que nos inspira a sensação, porque o timbre da sensação é precisamente o elemento interessante e, por conseguinte, interessado desta, porque, como nós mostramos, é precisamente pelo interesse que ela excita em nós, pelo sentimento de prazer ou de pena que ela nos evoca, que uma sensação consegue forçar a entrada da consciência, chega a se fazer entender para nós, a se fazer escutar por nós e tornar-se verdadeiramente nossa. A lei de economia que domina todo sistema nervoso do homem, e que consiste em trazer a este um máximo de estímulo com um mínimo de cansaço, aplica-se em estética como em todos os outros domínios da atividade humana. O interesse supremo do ser humano é de gastar mais ampla e prodigamente o que lhe permitem suas energias sem, contudo, submetê-las a uma diminuição excessiva. A atividade estética é de todas as atividades humanas aquela em que esse interesse encontra-se o mais plenamente satisfeito.[32]

Basch não observa o sentido que Kant procura dar ao conflito, ao antagonismo mesmo entre a atividade criadora e a sociedade capitalista, representada na noção de trabalho e salário. No entanto, Basch tem toda razão em criticar a hierarquia estabelecida por Kant entre as faculdades. Não há menor ou maior dignidade entre o elemento sensível, moral intelectual ou formal para que se possa artificialmente determinar uma escala de valor hierarquicamente estabelecida. Basch acredita ser fruto da educação pietista de Kant o seu desprezo pela sensibilidade, observável em toda a sua filosofia. Para Basch, o artista "deve antes de tudo viver pelos sentidos, deve ser mais sensível que o comum dos homens às impressões do exterior, deve poder abandonar-se mais inteiramente que eles ao gozo sensual que provocam as cores e os sons". Assim, ele vai procurar recuperar o valor das emoções, da afetividade, dos sentimentos diversificados do homem, inseparáveis das manifestações intelectuais e morais. Mas esse sentimento estético é nele somente

32 Op. cit., p. 274.

AS CONTRADIÇÕES ESTÉTICAS FUNDAMENTAIS DO SÉCULO XVIII   131

possível devido ao fato de *simpatizarmos* com as coisas ou com as aparências das coisas e dos objetos. A simpatia, enquanto fenômeno essencial da natureza humana, estaria presente em qualquer ato de conhecimento – seja ele sensível ou abstrato –, o que revelaria uma abertura do *eu* para fora e do fora para dentro. Tomando para si a teoria de Siebeck, Basch aceita a presença de elementos intelectuais e sensíveis, mas distancia--se de Siebeck quando este formula a teoria da contiguidade, concordando com Johannes Volkelt, para quem não é possível uma associação tão simplista e que simultaneamente nega a validez ou a presença dos fatores inconscientes.

Uma das mais sérias e fundadas críticas de Basch à filosofia de Kant refere-se às suas criações lógicas quanto ao assentimento universal, sendo que a universalidade estaria compreendida pela *quantidade estética* e pela *quantidade lógica* nela presentes; como, por sua vez, pela universalidade *subjetiva* e pela universalidade *objetiva*. Basch condena essas divisões por considerá-las inven-ções destinadas a justificar as necessidades da "causa estética" que defende. E isso faz parte do "desprezo verdadeiramente trans-cendental pela psicologia empírica. Todas as vezes que ele emite uma hipótese e não encontra na alma humana faculdades que possam explicá-la, ele se contenta em decretar a existência". Scho-penhauer, na *Crítica da Filosofia Kantiana*, afirma algo bem pró-ximo disso ao criticar a simetria buscada por Kant para adaptá-la ao sistema. Hermann Cohen considera os fundamentos lógicos da universalidade estética como insustentáveis. Basch, por seu turno, procurou sistematicamente mostrar que o juízo estético é radicalmente diverso de qualquer outro juízo, por ter sua origem dependente do sentimento de natureza psicológica e não lógica, pois esta é dependente do entendimento e da razão. Mas Basch considera que a "natureza lógica do juízo" é a mesma nos juízos estéticos, morais ou lógicos, pois uma vez as emoções passadas, o sentimento estético já estabelecido, tornar-se-á um juízo puro, com a frieza que lhe é indispensável, tido agora como um *predi-cado lógico*. O destino do sentimento estético é viver enquanto emoção até transformar-se em predicação lógica, o que também não nos parece ser uma destinação totalmente verdadeira, ainda que o "fator capital" do juízo seja o sentimento. Na verdade, as relações entre o entendimento e a imaginação foram marcadas

132 ESTÉTICA DA CONTRADIÇÃO

pelo imperativo moral, tanto quanto o juízo sobre o belo, o que levaria a estética a vir a reboque da ética, e assim não cumprir sua missão de autonomia. Basch, então, não aceita a teoria de Kant do sentimento estético como sentimento formal da harmonia da imaginação e do entendimento, pois se funda no erro de sua pretensão ao assentimento universal e necessário. Só o método psicológico estaria capacitado ao verdadeiro juízo de gosto.

Do ponto de vista da arte, os conflitos entre o entendimento e a imaginação passam pelas divergências entre os que defendem o conteúdo das obras e os que defendem a forma como critério de avaliação e criação artísticas. Os primeiros seriam os finalistas, acreditando na função da obra em definir os fins de quaisquer origens (ideias, sentimentos), e os segundos, os defensores da finalidade sem fim determinado, do jogo, da arte pela arte. Os finalistas não se permitiriam desligar-se da razão e do entendimento, e os antifinalistas ou afinalistas tratam o entendimento e a razão com menos reverência, com menor dependência e respeito.

A crítica de Basch ao assentimento universal e necessário do gosto como ideal na estética kantiana deve-se ao fato de, por um lado, ser impossível – devido às diferenças entre os artistas, os estilos, as épocas e as culturas –, e por outro, ser na verdade indesejável, pois restringiria a diversidade e a riqueza espontânea da imaginação criadora dos artistas. O novo não pode ser obstaculizado pela lógica da universalidade e necessidade do gosto estético:

> O estabelecimento de um ideal universalmente válido seria a morte de toda originalidade, de todo espírito de iniciativa. Nós reclamamos para o espírito humano o direito ao erro, nós reclamamos para ele a liberdade tanto do pecado estético quanto do pecado moral e do pecado intelectual. Não há, e isto é uma felicidade para todos aqueles que amam a arte na diversidade infinita de suas encarnações, uma beleza única e universal: há formas diversas do belo. Não há um gosto único, canônico, que fosse possível de aprender na escola e de transmitir aos alunos como uma teoria matemática [...] O homem, tanto o homem que cria quanto o homem que pensa e que sente, está em um eterno devir. Jamais alguma teoria, algum cânon, alguma lei científica ou estética poderá parar sua marcha.[33]

33   Idem, p. 400.

3.2. OS CONFLITOS ESTÉTICOS NO INTERIOR DA PROBLEMÁTICA DO GOSTO

Conforme apontáramos no início do capítulo, Croce, em *Ultimi saggi* (Últimos Ensaios), em seu texto chamado *Iniziazione all'estetica del settecento* (Princípios da Estética do Setecentos), procura mostrar que a grande questão do século XVIII, da qual todas as outras são derivadas, é a do gosto. Cassirer, por sua vez, continuara traçando paralelos entre as mudanças ocorridas na física e aquelas produzidas na estética. Essas mudanças corresponderiam, *grosso modo*, à passagem de Descartes a Newton na física, nas quais a estética também distanciar-se-ia do princípio da dedução, e somando-se a esta, mas contrariando seu despotismo absoluto, temos ainda a observação direta, o empirismo, os fenômenos, os fatos enquanto tais etc. Enormes mudanças, portanto, aconteceram no século XVIII, mas não nos compete analisá-las aqui. Basta remetermos o leitor às grandes sínteses, como a de Roger Ayrault, por exemplo, com sua extraordinária obra *La Genèse du romantisme allemand* (A Gênese do Romantismo Alemão); ou a não menos importante *L'Allemange romantique* (A Alemanha Romântica), de Marcel Brion. Ou análises profundas como *Le Romantisme allemand* (O Romantismo Alemão), organizado por Albert Béguin, e dele mesmo *L'Âme romantique et le rêve* (A Alma Romântica e o Sonho); ou a famosa obra de Ricarda Huch, *Les Romantiques allemands* (Os Românticos Alemães); ou ainda a de Heinrich Heine, *De l'Allemagne* (Dos Alemães). E isso se quiséssemos nos restringir ao domínio alemão, que é, sem dúvida, motivador de paixões ilimitadas dos estetas, dada sua riqueza e universal importância. E a mudança apontada por Cassirer é decisiva: a prioridade do pensamento passa a ser o fenômeno como fator orientador do princípio, e não o inverso, quando se praticava a ação de deduzir o fenômeno do princípio. A antiga relação de subordinação foi desfeita; os princípios que eram fixados *a priori* e dados como definitivos são questionados e passaram a ser determinados pela experiência e pela observação direta. Isso em parte explicaria o caráter *descritivo* das novas práticas do pensamento, em contraste com as práticas de caráter *dedutivo* anteriormente em voga.

A natureza humana foi redescoberta e isso trouxe profundas transformações culturais, quando o sentimento e a sensibilidade passaram a ser revalorizados. A natureza humana, não podendo ser nem reduzida nem deduzida da lógica e da matemática, abriu as portas do conhecimento para a psicologia e a estética. E, é claro, essa nova consideração trouxe a dignidade da subjetividade humana, indiscutivelmente por influência do empirismo, sobretudo inglês.

Se a problemática do juízo estético implica na do juízo de gosto, e essa houvera tomado caminho próprio, estabelecendo suas diferenças com o método dedutivo lógico ou matemático, não significava, é claro, a ausência absoluta de regras em oposição à presença absoluta de regras da estética normativa. Diferentemente do pensamento discursivo que procura sustentar-se na univocidade e na exatidão, o pensamento estético e seu juízo abrem-se na multiplicidade, nas incertezas, nas ambiguidades, nos conflitos e nas tensões inerentes à imaginação criadora, e necessariamente marcarão a reflexão crítica. Ao contrário da discursividade das ciências com objetivos de exatidão, em que os conceitos são de uma vez por todos definidos e assim respeitados em todo o processo do conhecimento, mantendo o sentido que o rigor científico assim determinar, a estética responsabiliza-se pelas zonas de conflito e ambiguidades, ou mesmo de mistério, apresentadas em suas especulações. Ora, essas diferenciações *científicas* tão zelosamente defendidas pelos estetas afirmaram a dignidade das contradições, sua implicação nas produções do imaginário e sua indissociabilidade da liberdade de criação. A imaginação criadora firmou-se enquanto dignidade, à medida que o século XVIII passou a incorporar a categoria de contradição como inerente não só ao sentimento estético, ao ato criador, mas até mesmo à reflexão crítica sobre as obras. Sim, porque a ciência estética só poderia ser coerente com seu objeto conquanto pudesse ser fiel às suas determinações. A especificidade da imaginação criadora não poderia ser derrotada na ciência que se propunha a ser-lhe fiel. As relações observáveis na arte traziam uma riqueza que não se coadunavam com a univocidade da discursividade lógico-matemática. Cassirer sintetizará assim:

AS CONTRADIÇÕES ESTÉTICAS FUNDAMENTAIS DO SÉCULO XVIII   135

Toda flutuação, toda obscuridade e toda ambiguidade são a morte do conceito lógico-matemático, que somente fixa seu sentido e seu valor próprios de sua exatidão e que é tão mais perfeito quando consegue realizar melhor esse ideal. Entretanto, em estética é uma outra norma que prevalece [...] A significação estética de uma tal ideia não é diminuída pelas impulsões complexas, e até mesmo contraditórias que ela suscita, na maneira pela qual ela cintila de mil cores, por tudo o que ela comporta de fugaz e de flutuante.[34]

Esquematicamente, pois, poderíamos sintetizar a separação das ciências da seguinte maneira: de um lado, as ciências naturais, as de método lógico-matemático como tributárias da exatidão dos conceitos, paralelamente à univocidade de sua constituição, como uma mônada (sempre sem janelas); de outro, a estética, na qual as ambiguidades e contradições são consideradas da *natureza* da ciência, para não dizermos obviamente de seu objeto, que trará a obscuridade, a indistinção, a confusão e a enigmaticidade que caracterizarão as reflexões de sua ciência. De Leibniz até Baumgarten, a obra de arte é um enigmar das evidências tornadas obscuras. As aparências da obra de arte enigmam o prosaísmo do mundo reificado.

Père Bouhours, amigo de Boileau, publicou em 1687 sua famosa obra *La Manière de bien penser dans les ouvrages de l'esprit* (A Maneira de Bem Pensar nas Obras do Espírito). Nesta pesara menos sua amizade com Boileau que com Racine, visto que opõe sua teoria do *espírito de fineza* ou *delicadeza* ao *espírito de rigor* de Boileau, para quem deveria ser o único princípio da arte. Não podemos deixar de pensar em uma possível influência sua sobre Hume e seus ensaios, principalmente o "De la délicatesse du goût et de la passion" (Da Delicadeza do Gosto e da Paixão, 1742). Aqui, Hume textualmente se refere a tudo aquilo que se opunha ao pensamento discursivo e sua univocidade. Em um espírito semelhante ao de Bouhours, se opôs ao espírito de rigor pelas mesmas razões:

Para julgar com justeza uma composição de gênio, há tantos pontos de vista a levar em consideração, tantas circunstâncias a comparar, e um tal conhecimento da natureza humana é requerido, que nenhum homem, se não possuir o juízo o mais são, não fará jamais uma crítica

---

34 Op. cit., p. 295.

136 ESTÉTICA DA CONTRADIÇÃO

aceitável de tais obras. E isso é uma nova razão para cultivar nosso gosto nas artes liberais. Nosso juízo se fortificará por esse exercício. Adquiriremos as mais justas noções da vida. Muitas coisas que nos dão prazer ou aflição nos parecerão, em outras pessoas, frívolas demais para prender nossa atenção, e nós perderemos por graus esta sensibilidade e esta delicadeza da paixão que nos é tão incômoda.[35]

Hume cria uma interdependência entre as paixões e o gosto, irredutíveis a rigores exógenos localizados principalmente nas ciências naturais, tanto quanto Bouhours, que procura por meio da *delicadeza* mostrar as características fundamentais da obra artística que se move nas sutilezas e nuanças do espírito, ao contrário, por exemplo, do pensamento matemático, que se propõe à estabilidade, à fixidez e à petrificação do conceito. Cassirer arrisca chamar esse ideal de Bouhours de *ideal de inexatidão*, em contraste com o de Boileau e outros que defendem o rigor e a exatidão. Isso porque a "razão estética" de Bouhours não aceita compromissos com a famosa fórmula do "claro e distinto". A "razão estética" tende para a *indeterminação*, ou a aceita com mais generosidade, seguindo o rastro da própria imaginação estética ou artística. Cassirer definirá claramente as fronteiras e limites das esferas conflitantes:

A lógica exige a constância, a estética reclama a instantaneidade. A lógica deve esclarecer todas as pressuposições de um pensamento, não saltar qualquer dos elos intermediários que o preparam, segui-lo em todas as suas mediações; para a arte, ao contrário, o imediato é a fonte em que ele toma sem fim. A estrita retidão do pensamento a qual se ligava à estética clássica, e que ela erigia em norma, não é mais levada em conta aqui: a linha reta só o é no sentido geométrico, não no sentido estético, o caminho mais curto de um ponto a outro. A estética de Bouhours, fundando-se sobre o princípio da delicadeza, vai ensinar a arte do desvio, justificar sua validez e sua riqueza.[36]

A *inexatidão* opõe-se à *retidão* e suas mediações do pensamento. O princípio da delicadeza é imediato, próximo dos sentimentos, da sensibilidade e das paixões, descompromissado com as ideias claras e distintas, fugindo desse objetivo e finalidade. O imprevisto da estética opor-se-á ao constante

35 *Les Essais esthétiques I – II*, p. 69.
36 Op. cit., p. 296.

da lógica. Mas foi Abbé Dubos quem deu à estética seu caráter propriamente autorreferencial, e longe das prescrições da estética clássica. Dubos revelou a força do sentimento como a matriz do gosto e do sentimento estético apurado e culto. A estética do sentimento fará época.

Observa Cassirer que essas contestações não levaram a uma revisão do lugar da razão, nem a colocá-la em questão, mas sim a observar o conflito enquanto separação das atribuições das faculdades. Para ele, Hume inverteu a regra do jogo: não se tratava mais de colocar o sentimento como réu no tribunal da razão, mas "é a razão que é agora citada diante do fórum da sensação". A sentença corrige a ação dominadora e imperialista da razão, considerada detentora de um poder ilegítimo, usurpado e contra a natureza.

Esse é um dos momentos mais fortes do conflito que travaram a imaginação e a razão. As contradições são agudas. A chamada perda da soberania da razão é um fato inconteste. Mesmo no conhecimento, a imaginação faz-se presente e passa a fazer parte da teoria estética, na fundação da ciência estética, no que Cassirer chamou de "permutação dos papéis no combate para a fundação da estética". Até mesmo o intelectualismo estético de Baumgarten foi obrigado a admiti-lo. Ele próprio adverte contra a razão tirânica, a exemplo de Pascal. Essa vitória da imaginação tornou-a a mais importante das faculdades da alma, a faculdade principal e orientadora de todas as outras.

Do ponto de vista teórico, os grandes nomes associados à teoria do gosto antes de Kant são certamente os dos ingleses, como David Hume (*Of the Standard of Taste*; *Treatise of Human Nature*; *On the Rise and Progress of the Arts and Sciences* entre outros), Addison (*Pleasures of Imagination*; *Gratian Very often Recommends Fine Taste as the Utmost Perfection of an Accomplished Man*), Shaftesbury (*Sensus Communis*; *An Inquiry Concerning Virtue or Merit*; *The Moralists*; *A Letter of Enthusiasm*, entre outros), Hutcheson (*An Inquiry into the Original of our Ideas of Beauty and Virtue*) etc. Do lado francês, Père André, com o *Essai sur le beau*; L'Abbé Dubos, nas *Refléxions sur la poésie et sur la peinture*; e Diderot, com os artigos da *Encyclopédie*, *Essai sur la peinture*, *Paradoxe sur le comédien*, *Traité du beau, De la poésie dramatique* e os *Salons* etc. Na Alemanha, tivemos Lessing, com *Hamburgische Dramaturgie, Laokoon*; Mendelssohn, com *Morgenstunden oder Vorlesung über das Dasein Gottes, Schriften zur Philosophie, Aesthetik und Apologetik*; Sulzer, em *Die schönen Künste in ihrem Ursprunge, Allgemeine Theorie des schönen Künste*; e, finalmente Winckelmann, *Gedanken über die Nachahmung der griechischen Werke in der Malerei und Bildhauerkunst* e *Abhandlung von der Fähigkeit der Empfindung des Schönen.*

Nosso interesse no momento centrar-se-á em Kant, pois Goethe, Diderot e Schiller serão discutidos mais adiante, cada qual merecendo um destaque. Passemos agora a outro momento de nossa investigação, que aprofundará a problemática do gosto, mas relacionando-a com outras fundamentais para a compreensão global dos fins a que nos propusemos.

3.3 O GÊNIO DA ARTE E O GÊNIO DO GOSTO

Há uma unanimidade em considerar Shaftesbury o mestre da estética inglesa do século XVIII; ele, que era discípulo de Locke, abriu todas as grandes frentes da estética setecentista. Benedetto Croce, em *La critica e la storia delle arti figurative* (A Crítica e a História das Artes Figurativas), publicou um pequeno texto chamado *Shaftesbury in Italia*, em que procura mostrar a importância dele no contexto europeu, a figura humana, sua *coscienza della religiosità dell'arte* (consciência da religiosidade da arte), além de indicar seus caminhos na Itália que o acolheu em seu falecimento, ocorrido em Nápoles no ano de 1713. A admiração de Croce é por aquele que elevava a intuição à sua dignidade conceitual, fundamento da criação artística, que o mesmo Croce desenvolveu em toda a sua obra estética. Mesmo que, conforme Cassirer, sua estética não vise à obra de arte, mas à vida em sua esfera espiritual e ética. Diz ele:

> Sob a influência da doutrina de Shaftesbury, o centro mesmo da problemática estética, sua sede especulativa deslocou-se. Na estética clássica, a questão inicial era sustentada sobre a obra de arte que se deveria tratar como uma obra da natureza e de conhecer por meios análogos. Procurava-se uma definição da obra de arte que fosse comparável

à definição lógica, capaz como esta de definir tal ou tal dado pela sua espécie, indicando seu *genus proximum* e sua *differentia specifica*.[37]

Desse modo, houve uma mudança no método de focalização das problemáticas estéticas e, mais importante, artísticas. Se anteriormente a doutrina da invariabilidade dos gêneros, associada às regras ditas objetivas, tentava no plano estético definições absolutas, devia-se ao fato de procurar seu modelo fora da arte, em uma lógica externa e governando do exterior. Seu *objeto* agora é o sujeito estético considerado pela estética empirista como o centro de suas preocupações, suas experiências internas e os percursos intuitivos da alma, tanto quanto suas infinitas variações. Essas são partes integrantes dos processos psíquicos que tenderão a uma psicologia de fundo descritivo. Shaftesbury procura seu caminho na intuição do belo que o leva à criação do mundo.

A originalidade de Shaftesbury é a de fundar sua teoria do gênio, não só o gênio simples e natural da Antiguidade, ou daquele como resultado da crítica de arte e do estudo profundo dos mestres passados, mas principalmente o gênio que "imita" a gênese da produção, e não o produto. Não imitará o produto, mas o ato de produção, como diz Cassirer, "não o que é engendrado, mas a gênese mesma". Revisando Platão pelo "belo inteligível" de Plotino, recuperando a imitação, porém dando-lhe outra dimensão, deslocando a mimese da mera reprodução do objeto para a da *imitação do ato de geração*, a naturalidade da natureza em *criar* deverá ser imitada não em seus produtos, mas na *forma* como criou. Isso seria o bastante para distanciar-se da análise lógica como da estética empirista, cunhada na observação. A "estética da intuição" de Shaftesbury confiara ao gênio a capacidade de atingir essa meta. Para ele, o *mistério* do gênio e sua verdadeira natureza residem nessa capacidade de tomar parte ativa nesse mergulho profundo no ato de imitar a gênese. Essa nova perspectiva foi decisiva para a estética, a partir de então centrada na problemática original do gênio. Tirando-o das pressões da razão, que o identificavam na estética clássica com o *ingenium*, Shaftesbury desloca-o da definição dada por André

---

37 Idem, p. 308.

Chénier segundo a qual "o gênio é a razão sublime". O "bom senso" que protagoniza o poema didático de Chénier é abandonado em função das novas orientações abertas com Bouhours e por ele levadas adiante com a estética da "delicadeza", tentando superar o mecanicismo da estética clássica.

O ideal de delicadeza contra uma certa "brutalidade da razão", se podemos assim dizer, versa sobre a sutileza, a elegância – como em Hume, "nada melhora tanto o caráter quanto o estudo das belezas, quer se trate da poesia, da eloquência, da música ou da pintura. Elas dão uma certa elegância de sentimento a qual o resto da humanidade não participa" –, a penetração do espírito, todas elas tidas como virtudes que formariam as condições do espírito delicado, contido na ideia e no ideal de *delicadeza*. A posição de Shaftesbury é a de não só incluir todas essas qualidades, mas, sobretudo, ultrapassá-las. Isso contrastando, ou melhor, opondo-se à teoria do gênio de Claude-Adrien Helvétius, contida na obra *De l'esprit* (Do Espírito, 1759), que define o gênio como capaz de uma invenção produtora da aparência de novidade, visto que não só a invenção pura não existe no homem, como essa aparência de novidade deve-se ao poder da faculdade inventiva de associar, combinar e coordenar talentosamente os diversos elementos que lhe são dados. Ao passo que em Shaftesbury, como por exemplo, a teoria do prazer desinteressado (ou a do entusiasmo) é por quase todos reconhecida como o núcleo dos posteriores desenvolvimentos em Lessing, Herder e Kant. De muita importância também para a teoria do gênio seriam as presenças de Milton e Shakespeare na inspiração da obra de Young, *Conjectures on Original Composition* (Conjecturas sobre a Composição Original, 1774).

Os antecedentes da teoria do gênio na *Crítica do Juízo* estão contidos em Shaftesbury, que procurou com sua intuição estética ultrapassar o conflito entre razão e experiência, entre o *a priori* e o *a posteriori*. O caráter original, específico e essencial da intuição do belo opôs-se à dicotomia histórica da teoria do conhecimento do século XVIII. Ao mesmo tempo, Shaftesbury difere de Dubos, buscando uma estética do criador, ao passo que este visa uma estética do observador, do espectador. Poderíamos dizer que Kant, se por um lado seguiu Shaftesbury na

AS CONTRADIÇÕES ESTÉTICAS FUNDAMENTAIS DO SÉCULO XVIII   141

teoria do gênio, conforme as ideias da "estética intuitiva", por outro, seguiu Dubos, preferindo manter-se mais do lado da recepção estética que da criação. O gênio de Shaftesbury busca em sua interioridade as regras de sua arte, em sua natureza reside a fonte de todas as possibilidades da criação. O gênio não procura a natureza e a verdade, já que ele as traz dentro de si mesmo, bastando somente ser-lhes fiel, sublinha Cassirer.

Edmund Burke publicou, em 1757, *A Philosophical Enquiry into the Origin of Our Ideas of the Sublime and Beautiful* (Uma Investigação Filosófica sobre a Origem de Nossas Ideias do Sublime e do Belo), que ficou marcada, sobretudo, pelas ideias do sublime, que passaram a ser uma nova etapa da estética setecentista, mas pouco lembrada no que é precedida no mesmo livro por uma "Introdução do Gosto". Nesta, Burke busca uma universalidade do gosto, a exemplo da universalidade da razão, independentemente das possíveis e existentes diferenças de juízo. Isso é defendido pelo autor como a condição de um mínimo que sustente a intercomunicação humana. Existiria em sua concepção uma "lógica do gosto" que se justificaria na experiência dos debates e juízos observáveis entre os homens. Essa "lógica" é tanto mais existente quanto mais verificamos que a imaginação estrutura-se em suas bases segundo leis invariáveis que asseguram uma possibilidade de repertório comum, sem o qual nenhum juízo é possível. As regras do gosto fazem-se possíveis visto existirem leis invariáveis e seguras na estruturação da imaginação.

Para Burke, o gosto é uma ou mais faculdades do espírito receptíveis às obras da imaginação e das belas-artes, ou que sobre elas possam emitir um juízo. O gosto como faculdade fundamenta-se na hipótese de existirem princípios de gosto invariáveis, universais, independentemente das particularizações que venham a desenvolver com os pontos de vista pessoais de gosto, suas variações. Apesar destas, o gosto é invariável enquanto faculdade do espírito. Lembrando: as faculdades naturais do homem são três: os sentidos, a imaginação e o juízo. São as que se aplicam ao conhecimento dos objetos exteriores do mundo. Os sentidos aplicar-se-iam às sensações de prazer e pena, "assim o prazer de todos os sentidos, da visão, e mesmo do paladar, esse sentido o mais equívoco de todos, é o

142 ESTÉTICA DA CONTRADIÇÃO

mesmo para todos os homens, grandes ou pequenos, doutos ou ignorantes"[38]. Segundo ele, não se discute o gosto (dos sentidos, no caso), porque "isto significa somente que não se poderia responder precisamente do prazer ou da dor que um homem em particular pode encontrar no gosto de uma coisa particular"[39].

A teoria da imaginação de Burke será provavelmente uma das fontes de influência de Helvétius em *Do Espírito*, que é posterior dois anos à obra de Burke. Víramos que em Helvétius a faculdade inventiva propriamente dita não existe, mas sim uma invenção que é o potencial humano em associar, escolher e combinar com competência os dados, e produzir a aparência da novidade, nunca uma criação original. Ora, o *espírito* humano em Burke, além de envolver-se com ideias, dores e prazeres, possui um *poder criador*, que não chega a ser um poder propriamente dito. Destina-se a representar, a bel-prazer, as imagens das coisas, de forma fiel à ordem que recebeu dos sentidos, ou de forma *criativa*, em uma *combinação* das imagens segundo uma nova ordem ou uma nova maneira. Esse poder criador é a imaginação, cujo domínio conceitual abrange o espírito, a concepção e a invenção, entre outras possíveis virtudes da criação. Mas, como declara Burke,

é preciso observar que o poder da imaginação é incapaz de produzir algo de absolutamente novo; ele pode somente variar a disposição das ideias que recebeu dos sentidos. Ora, a imaginação é a esfera a mais vasta do prazer e da dor enquanto a região dos nossos temores e de nossas esperanças, e de todas as nossas paixões que são ligadas a essas afeições. E tudo aquilo que é próprio para excitar nossa imaginação por essas ideias potentes, e pela força de alguma impressão original e natural, deve ter mais ou menos o mesmo poder sobre todos os homens [...], logo, deve haver aí um acordo tão íntimo nas imaginações quanto nos sentidos dos homens[40].

Não nos cabe discutir aqui se o sensualismo de Helvétius tem como fonte principal a obra de Burke ou não. O fato de Burke tê-lo precedido com a sua obra em um ou dois anos nos

38 *Recherche philosophique sur l'origine de nos idées du sublime et du beau*, p. 23-33.
39 Idem, ibidem.
40 Idem, p. 34.

leva a crer nessa possível influência. Mas ela poderá também, do lado de Burke, dever-se a Locke, a quem Voltaire igualmente creditava uma impressão viva na obra de Helvétius, tanto quanto a influência de La Rochefoucauld. Considerado um "gênio" por Voltaire e um "belo gênio" por Diderot, Helvétius – que em sua obra *De l'homme* chegou a dizer "que não se surpreende de forma alguma com a imbecilidade humana, os homens, em geral mal educados, devem ser aquilo que são" – ficou, contudo, mais conhecido por outra, *Do Espírito*, em que aborda várias das muitas problemáticas fundamentais da estética do século XVIII, ainda que sem muita penetração e desenvolvimento. Nessa última, encontramos a ideia de gênio como um espírito capaz de infinitas *combinações*, a teoria do gosto associada às conquistas da civilização e enquanto integrante de uma certa filosofia da história, e a paixão que acende a alma opondo-se ao bom senso dos inertes.

Não nos surpreende que Alfred Baeumler, ao estudar as origens filosóficas da *Crítica da Faculdade de Julgar*, atribua uma enorme importância a *Do Espírito*. E isso muitas vezes na *refutação* velada de Kant ao sensualismo de Helvétius. Se lá encontramos que "o espírito pode ser considerado [...] como a faculdade produtora de nossos pensamentos", encontraremos também sob quais condições o gênio poderá afirmar-se.

Segundo ele, uma arte "é suscetível de combinações infinitas", mas essa arte, mesmo que tenha alguma analogia com o jogo, difere radicalmente deste. Primeiro, por não compreender em si o imperativo do conhecimento, premissa e destino de toda e qualquer arte, dado que ela depende da recusa da barbárie, e por contribuir para a elevação moral do povo que a cria. E segundo, porque o *prazer interessado* deve presidir o juízo sobre as coisas. No caso do jogo, sua inexistência de finalidade, de utilidade e de prazer agradável o torna sem interesse. Ou melhor, de um interesse que não alcança o prestígio da arte. O jogo tem como finalidade seu próprio fim; logo, é inútil. A arte tem uma finalidade com fim no interesse que desperta, no fator conhecimento que inspira e eleva. Assim, a natureza das combinações na arte diverge daquelas do jogo. A ludicidade da arte, analogicamente dedutível das combinações infinitas do jogo, não a faz jogo puro.

144 ESTÉTICA DA CONTRADIÇÃO

A afirmação de Helvétius segundo a qual o gênio é sempre o produto de uma infinidade de combinações não só exterioriza sua teoria do gênio, mas também esconde sua teoria *materialista* do gênio. Essas potencialidades do espírito genial de produzir infinitas combinações dependem das condições sociais e materiais em que o indivíduo foi educado. O gênio é formado na solidão, no estudo e na meditação. E isso significa que Helvétius afastou-se de muitas teorias anteriores e posteriores à sua, pois inclui uma formulação muito mais radical e contundente, segundo a qual "o gênio não é de forma alguma um dom da natureza"[41].

Ao afastar-se da ideia de que a natureza condicionaria o surgimento do gênio, entendido como um favorecido casual da ação natural do mundo, Helvétius distancia-se de boa parte de seus contemporâneos. O fundamental são as paixões desencadeadoras de processos que se voltam contra a inércia, a mediocridade e o bom senso. O gênio, enquanto força da paixão, é o poder de concentração e atenção dela decorrente. Somos todos iguais no "desgosto do estudo", disse ele, mas o que nos anima e faz vencê-lo é a paixão. Assim, "a força de nossa atenção é então proporcional à força de nossa paixão". Daí a superioridade "das pessoas apaixonadas" sobre "as pessoas sensatas", que tratam os grandes gênios como loucos por não terem acesso aos processos pelos quais se tornam meios "dos quais se servem os grandes homens para operar as grandes coisas". As paixões fortes, ausentes nos sensatos, são as responsáveis pela "continuidade da atenção a qual é ligada à superioridade de espírito", que vencem a preguiça, movimentando o espírito. Cabe aqui lembrar que, apesar de alguma diferença, essa ideia da anterioridade das paixões encontra-se no *A Treatise of Human Nature* (Tratado da Natureza Humana), de Hume. A ideia da utilidade das combinações ou associações é dirigida pelas paixões que as possibilitam. Ou, como sintetizou Deleuze em *Empirismo e Subjetividade*, "é porque o homem tem paixões que ele associa suas ideias"[42], a propósito das relações entre a associação das ideias no conhecimento e a associação das impressões na paixão em Hume.

41 *De l'esprit – De l'homme*, p. 136.
42 *Empirisme et subjectivité*, p. 58.

AS CONTRADIÇÕES ESTÉTICAS FUNDAMENTAIS DO SÉCULO XVIII   145

O gênio em Helvétius adquire alguns contornos materialistas, além de incluir-se em sua filosofia da história. O gênio é resultado do trabalho exercido sobre si mesmo, motivado pelas paixões que o dotam de um excepcional poder de continuidade de atenção, fazendo-o vencer a preguiça e a inércia. Essa atividade autorreferenciada implica necessariamente uma vida dedicada aos estudos em geral (dentro de interesses particulares e limitados), e levará o gênio a adotar um comportamento divergente do comum na sociedade, acostumada a favorecer a aceitação dos medíocres e dos mal qualificados. Isso é muito presente em Helvétius, que chega a definir a imagem que a sociedade tem do gênio ou do espírito aplicado como *ridícula*. Só mais tarde, quando não consegue mais se manter distante dos efeitos da genialidade e de sua força de impregnar, é que ela o tolerará e o admirará. O *ridículo* é agora *gênio*, como que por encanto e magia. Mas, para tornar-se gênio, não deve ceder às pressões sociais de resistência ao seu comportamento desviante, entregando-se à construção de si mesmo, ignorando o senso comum que, com sua incompetência e mediocridade, é incapaz de reconhecer um espírito penetrante ao seu lado, vendo-o mais como um "imbecil" do que como "gênio". Para formar-se na solidão e na meditação o gênio precisa optar, já que o tempo não pode ser usado simultaneamente para tudo: "mas eles perdem aí necessariamente um tempo que na solidão e na meditação empregariam a dar mais amplitude a seu gênio"[43].

Mas se o gênio é o produto de uma infinidade de combinações, conforme afirma Helvétius, essas são elaboradas em todas as suas potencialidades na "primeira juventude". Acreditava ele que a maturidade nada mais fazia que concretizar as grandes intuições da mocidade, ou seja, realizar as *infinitas combinações* apontadas naquele momento da vida do indivíduo. O gênio, por um lado, é fruto do acaso e das circunstâncias, e, por outro, mais importante e decisivo, fruto do trabalho de estudo e meditação. A sua filosofia da educação preconizava o aproveitamento da juventude no que diz respeito às condições materiais e de incentivo às realizações. Assim, propõe ele: "O homem de gênio não é, portanto, se não o produto das circunstâncias nas

---

43   Idem, p. 136.

146 ESTÉTICA DA CONTRADIÇÃO

quais este homem se encontrou. Também toda a arte da educação consiste em colocar os jovens dentro de um contexto de circunstâncias próprias a desenvolver neles o germe do espírito e da virtude"[44]. Dentre as circunstâncias físicas que considerava importante, enfatiza a vida do campo, que, predominantemente silenciosa e tranquila, favorece o crescimento do espírito e o desenvolvimento do gênio. Entretanto, simultaneamente, acredita que a vida da cidade é favorável a ele, pois é submetido a uma constante confrontação intelectual, diversificada e de qualidade superior à do campo, inexistente. O silêncio do campo esconde a miserabilidade das ideias e o barulho da cidade, a riqueza na confrontação do pensamento:

> Ora, tais ideias só se apresentam no silêncio e na solidão. Se as Musas, dizem os poetas, amam os bosques, os prados, as fontes, é que aí se experimenta uma tranquilidade que escapa às cidades; e que as reflexões que um homem desligado dos pequenos interesses das sociedades aí faz sobre si mesmo são reflexões que feitas sobre o homem em geral pertencem e agradam à humanidade. Ora, nesta solidão em que se está, apesar de si, levado rumo ao estudo das artes e das ciências, como se ocupar de uma infinidade de pequenos fatos que são a ocupação cotidiana das pessoas mundanas?[45]

Em Helvétius, o fator determinante da realização do gênio pelo trabalho é o desejo, a vontade de fazer alguma coisa, animado pelo fogo das paixões nele pulsando. Esse desejo tem como origem a paixão; por sua vez, a ambição da glória, da realização de algo maior e a vontade de imortalizar-se também contam como destino da vontade e do desejo. Daí o fato de que "o homem de gênio é em parte obra do acaso". O acaso é aproveitado pelo gênio enquanto ocasião e oportunidade. E só o gênio sabe valer-se do acaso para a realização de uma obra, vindo, pois, o acaso incorporar-se ao desejo já manifesto de trabalho, de ultrapassagem do estado de inércia e preguiça comum aos homens; e em Helvétius o desejo suporta facilmente o sacrifício do cansaço do estudo e da meditação.

A invenção em Helvétius realmente não significa uma radical produção da imaginação criadora ou da razão científica

---

44 Idem, p. 138.
45 Idem, p. 41.

e filosófica. Segundo ele, o espírito – e, por extensão, o gênio – nada mais é do que "reunião de ideias e de novas combinações". Por isso, o novo não existe em sua realidade original, mas como uma *nova combinação* dos dados da experiência e do conhecimento. O caráter de *assemblage d'idées* demonstra a cultura necessária para a consecução do trabalho, quando então a soma dos conhecimentos e ideias poderão criar as condições prévias para a criação de novas combinações. Estas não podem produzir-se por si mesmas, mas sim como nova organização das ideias acumuladas pelo estudo e pela meditação. Assim, a teoria de Helvétius mostra-se um tanto acomodada e, do ponto de vista da arte, acadêmica e tradicionalista[46]. Devemos reconhecer, entretanto, que tampouco uma criação original pode prescindir da reunião de ideias e de novas combinações. Há uma parte nítida dessa condição, ainda que possa não ser a única.

Já para Burke, a novidade advém da semelhança estabelecida entre os objetos. Segundo ele, o espírito humano é mais plenamente satisfeito e prazeroso quando tem diante de si semelhanças mais que diferenças. Assim, pois, o estabelecimento das semelhanças é a condição de produção do novo, das *novas imagens* oriundas das associações. Ele próprio, contudo, seguindo as observações de Locke a respeito da imaginação – que ama as semelhanças, ao contrário do juízo que ama as diferenças –, acha que ela pode desempenhar um papel negativo, como se vê nos povos bárbaros que têm mais prazer nas semelhanças que nas diferenças – isso talvez explique a ignorância desses povos.

Bom gosto em Burke é o outro nome do juízo nas artes, dependente em grande parte da sensibilidade que, tornada mais apurada com a consulta ao entendimento, faz-se habilitada à justeza do juízo estético. Visto de sua natureza e espécie, o gosto é constituído de princípios uniformes, universais, comuns a todos os homens, variando somente os graus individuais de importância nos diversos indivíduos. Os princípios variam em grau de intensidade, segundo a infinita diversidade de indivíduos. Essas variações devem-se às próprias variações naturais da sensibilidade e culturais do juízo que, unidas, formam a síntese que Burke chama de *gosto*. Por seu turno, o gosto em

46 Idem, p. 141.

148 ESTÉTICA DA CONTRADIÇÃO

Helvétius procura ser menos dependente da sensibilidade e mais do conhecimento, do saber decorrente da meditação e do estudo, isto é, tende a proteger-se mais no juízo, que assume a responsabilidade pelo gosto. Para certas artes e ciências, a única possibilidade de aquisição do gosto localiza-se na cultura pessoal adquirida por meio do esforço individual, do desejo de elevação espiritual. E, nesse caso, o gosto coincide com o conhecimento do *vraiment beau*.

Uma das mais importantes teorias de Helvétius sobre o gosto, contudo, não é absolutamente original: encontra-se em Luc de Clapiers Vauvenargues, em sua obra publicada em 1746, *Introduction à la connaissance de l'esprit humain* (Introdução ao Conhecimento do Espírito Humano), que marcará profundamente Helvétius. Não nos interessa aqui um estudo comparativo entre todas as possíveis ligações sutis ou claras, mas tão somente naquelas concernentes à nossa declaração de intenções. Se em Vauvenargues o espírito possui três princípios fundamentais – a imaginação, a reflexão e a memória –, em Helvétius o espírito depende da ação de duas faculdades ou "potências passivas": a sensibilidade física, capacitada a receber "as impressões diferentes que fazem sobre nós os objetos exteriores", e a memória, habilitada a conservar "a impressão que esses objetos fizeram sobre nós"[47]. Vauvenargues assim dividiu as funções:

> Eu denomino imaginação como o dom de conceber as coisas de uma maneira figurada e de representar seus pensamentos por imagem. Assim, a imaginação fala sempre aos nossos sentidos; ela é a inventora das artes e o ornamento do espírito. A reflexão é a potência de debruçarmos sobre nossas ideias, examiná-las, modificá-las ou combiná-las de diversas maneiras. Ela é o grande princípio do raciocínio, do juízo etc. A memória conserva o precioso depósito da imaginação e da reflexão.[48]

Ora, a fonte explícita de Helvétius está toda ela em Vauvenargues. É nele que encontramos a afirmação da imaginação como a "inventora das artes", mas também a ideia de que "os homens não poderiam criar o fundo das coisas; eles o modificam. Portanto, inventar não é criar a matéria de suas invenções,

47 Helvétius, op. cit., p. 16.
48 *Oeuvres complètes*, p. 210.

mas dar-lhe a forma"[49]. Eis aqui a teoria da associação, da combinação e da criação da *aparência* de novidade; como na potência da reflexão que dispõe das ideias, com a capacidade de produzir *modificações* ou *combinações* novas, mas não de inventar no sentido de criar o fundo das coisas, buscando *no seio da* natureza as verdadeiras invenções que são lidas *na* natureza e não imitadas *da* natureza.

Do ponto de vista do gosto, Vauvenargues elegeu o sentimento como o verdadeiro endereço do juízo. "É preciso, pois, ter alma para ter gosto", eis a máxima a que se refere o sentimento determinador do gosto. Este não depende do "espírito engenhoso", tão caro à estética clássica que Vauvenargues sepulta definitivamente como contrária às "regras do gosto". Logo, o "espírito engenhoso" da ordem da razão e do bom senso que esperava continuar ditando as regras da arte e do gosto vê-se desmascarado e denunciado, como sendo ele próprio contra as regras daquilo que quer regrar e legislar. Se a produção da obra de gosto é em Vauvenargues um dom da natureza, em Helvétius, conforme observamos anteriormente, ela é resultado de um penoso trabalho, de um esforço e um desejo de superar a si mesma. O que mais tarde Helvétius chamará de "gosto de hábito" e de "gosto pensado", era já *grosso modo* diferenciado em Vauvenargues. Este dissera que o habitante das grandes cidades – Helvétius aproveita também essa oposição do campo com a cidade – tem a oportunidade de tomar contato e conhecimento do que se passa nos meios culturais, formando seu espírito na "educação e hábito do mundo", sem um real conhecimento estético. Esse *hábito* do mundo é definido por Helvétius como o originador do "gosto de hábito", isto é, aquele formado mais pelas sensações e relações epidérmicas com as obras de gosto, mas superficiais e mundanas, que por meio de juízo estético fundado na razão e no entendimento. Esse gosto fundado no juízo advertido é o que Helvétius cunhou sendo o "gosto pensado", resultado da reflexão e da razão que o estuda e entende. Diz Helvétius:

não se deve entender, de modo algum, pela palavra gosto o conhecimento exato de belo próprio a tocar os povos de todos os países, mas o conhecimento mais particular daquilo que agrada ao público de uma

49   Idem, p. 219.

150 ESTÉTICA DA CONTRADIÇÃO

certa nação. Há dois meios de alcançar esse conhecimento e, por conseguinte, duas diferentes espécies de gosto. Um que eu chamo gosto de hábito: tal é aquele da maior parte dos atores, que um estudo cotidiano das ideias e dos sentimentos próprios em agradar ao público torna muito bons juízes das obras do teatro e, sobretudo, de peças parecidas com peças já montadas. A outra espécie de gosto é um gosto pensado: ele é fundado sobre um conhecimento profundo da humanidade e do espírito do século. Aos homens particularmente dotados dessa última espécie de gosto é que cabe julgar obras originais. Quem só tem um gosto de hábito não tem gosto, pois lhe faltam objetos de comparação. Mas esse gosto pensado, sem dúvida superior ao que eu chamo gosto de hábito, como já disse, só se adquire por meio de longos estudos do gosto do público, da arte ou da ciência da qual se pretende o título de homem de gosto. Logo, eu posso, aplicando ao gosto aquilo que eu disse do espírito, concluir que não existe de modo algum gosto universal[50].

Se, por um lado, Helvétius debate com Vauvenargues, por outro discute com Diderot, e mais precisamente com o verbete "Gênio" da *Enciclopédia*. Nesta, Diderot afirma que "o gosto é frequentemente separado do *gênio*. O *gênio* é um puro dom da natureza". Vimos que Helvétius contesta a afirmação ou compreensão do gênio como dom, respondendo diretamente a Diderot. Este considerava que somente o gosto era obra do estudo e do tempo, ao passo que Helvétius acreditava que o gênio era formado no estudo e no tempo, e com ele o gosto. Diderot associava o gosto ao conhecimento das regras, ao medido, convencional. E o gênio não deveria manter-se tão preso às regras (do gosto), aceitando um lado "selvagem", "irregular" e mesmo um ar de negligente, não se condicionando às leis e regras do gosto.

Vauvenargues, ao definir o gênio, afirmara que este era "a capacidade de brilhar forte em uma arte", articulando a conveniência de certas qualidades que incluem conflitos e contradições sob uma mesma força de caráter, no caso, genial. A atividade do gênio que contraria a preguiça e a inércia dependeria basicamente das paixões, e isso é mantido por Helvétius. As diferentes qualidades associadas às luzes de cada qual, mais as conveniências "secretas" de nossas inclinações, formam o conjunto de fatores determinantes das condições prévias de identificação do gênio. O valor das paixões, contudo, só será realmente desenvolvido e

50   Op. cit., p. 145.

seu lugar indicado com mais precisão com Helvétius, que desse modo investe radicalmente contra Descartes.

Se tais filósofos procuravam demonstrar e especular a propósito da união das luzes com as paixões na síntese do gênio, porém situada na obra, Burke, entre outros, ao debater o gênio do gosto, centrou-se somente no juízo, ou melhor, principalmente no aspecto exterior à obra. Burke, contudo, tinha a seu favor o fato de ter proclamado a independência da imaginação e das paixões em relação à razão. Todavia, ele atribuía ao entendimento a organização do gosto, dando-lhe toda a autoridade necessária à formação do bom gosto. O gosto é produto do conhecimento e só depende deste, independentemente da natureza do gosto. Seria o constante trabalho sobre um mesmo objeto que tornaria possível um conhecimento qualificado do mesmo, quando o gosto poderia ser aprofundado. Ainda que, como no caso das artes, o juízo não dependa totalmente do bom gosto enquanto somente conhecimento, mas em grande parte orientado pela *sensibilidade*. Essa é a *conditio sine qua non* da qualidade do juízo, que não poderia pretender basear-se no entendimento puro, cognitivo, das obras de gosto. Poder-se-ia mesmo pensar, não com um certo exagero, que em Burke o gênio do gosto é a sensibilidade. Isso não está muito distante de sua afirmação segundo a qual "a verdadeira regra das artes está no talento do artista". Entenda-se talento, é claro, como a faculdade genial de criação das obras de arte.

Em Burke, o poder associativo da arte e o poder das infinitas *combinações artísticas* são derivados das combinações naturais capazes de reunir qualidades díspares e contraditórias em um mesmo objeto. As contradições entre o sublime e o belo são resolvidas em um objeto com a perda das características fundamentais de cada um, com a perda do estado de pureza de cada qual, só possível em seu isolamento físico. Isso implicaria uma união do sublime com o belo, na qual as contradições entre eles deixariam de existir, dado o fato de terem perdido as intensidades do estado puro. A adaptação de um ao outro provocaria não o fim dos conflitos, mas a dissolução dos pontos de atrito. Ao perderem o atrito, perdem um pouco de si. Das três paixões relativas à sociedade (e à solidão), Burke diz que a *simpatia* é que mais favorece nas artes o efeito de comunicação de realidades contraditórias (as outras paixões são a *imitação* e a *ambição*). O paradoxo da simpatia enquanto expressão das emoções é o seguinte:

> É a partir desse princípio que a poesia, a pintura e as outras artes suscetíveis de emocionar transmitem as paixões de uma alma à outra, e frequentemente fazem nascer a delícia da infelicidade, da miséria e da própria morte. Frequentemente observou-se que objetos feitos para revoltar dentro da realidade tornam-se uma fonte abundante de prazeres delicados na tragédia e em outras ficções parecidas [...] Quanto a mim, me parece que a razão como causa de nossas paixões não estende sua influência tão longe assim quanto se crê comumente.[51]

O que leva Burke a desconfiar ou a duvidar da força e do poder absolutos da razão é o fato de, nas artes, o paradoxo da simpatia conseguir ladear os incompatíveis. A razão perde o bom senso encontrado na realidade, ao menos no mundo moral. E isso guardando a razão como *causa* das paixões. A causa não acompanha o destino e o fim do efeito. Representaria algo próximo de considerar que a lei da causalidade na arte não é bem a mesma que estamos habituados a reconhecer. A lei da causalidade não é tão imperialista quanto ela mesma se imagina. Essa não restrição aos limites impostos pela realidade e pela razão também é reconhecida por Hume, ao afirmar no *Enquire Concerning the Human Understanding* (Investigação Acerca do Conhecimento Humano) que "formar monstros e juntar formas e aparências incongruentes não causa à imaginação mais embaraço do que conceber os objetos mais naturais e familiares". Mas Hume recusa a possibilidade de uma união de absoluta contradição, um incompatível absoluto, revelando que se a imaginação tem esse poder de "formar monstros", não significa que, do ponto de vista da razão, tenha esse direito garantido *a priori*. Assim, ele retifica em seguida, "pode-se conceber o que ainda não foi visto ou ouvido, porque não há nada que esteja fora do poder do pensamento, *exceto o que implica absoluta contradição*" (grifo nosso).

Diferentemente de Helvétius, acreditava Diderot ser o gênio um dom da natureza, embora tendo de ser trabalhado pela cultura, mas negava que o gosto fosse um dom natural, afirmando ser o gosto um dom "que mais ou menos se adquire".

---

51 Op. cit., p. 80.

AS CONTRADIÇÕES ESTÉTICAS FUNDAMENTAIS DO SÉCULO XVIII   153

Digamos que a interpretação da teoria do gênio e do gosto queira nele expressar uma certa proporção ou parte de dom natural, em oposição ao que chamaríamos de "dom cultural". Este teria uma proporção menor de origem natural, podendo ou não ser desenvolvido, devendo ser creditada à educação a parte maior de responsabilidade no desenvolvimento da capacidade de avaliação do gosto, ou de juízo propriamente dito. E a obra de Henry Home, *Elements of Criticism* (Elementos de Crítica, 1762), caminha na mesma direção.

Em Diderot, o gênio distingue-se do gosto, já que, segundo ele, o gênio entra em conflito com as regras do gosto e suas leis. A liberdade do gênio opõe-se às normas do gosto, visto ser o gênio mais capaz de integrar os acidentes e mais receptivo em relação aos erros. A capacidade do gênio de achar sem procurar, exaltada por Diderot, também fora observada por Chénier, para quem são os pensamentos que criam o estilo. Para Diderot, são os pensamentos geniais que criam o gosto. Chénier condenara, no *Essai sur les causes et les effets de la perfection et de la décadence des lettres et des arts* (Ensaio sobre as Causas e os Efeitos da Perfeição e da Decadência das Letras e das Artes), as associações literárias como "nefastas às letras", por perceber que elas colocavam as regras da escrita antes da intuição, dizendo que "todas essas convenções acadêmicas que reduzem tudo a um mecânico arranjo de palavras fazem da arte uma diversão pueril e desprezível".

Chénier segue Diderot mesmo quando afirma ser o juízo de gosto dependente de um certo gênio. A faculdade genial precederia o gosto. Mas Chénier, ao defender a ingenuidade como a condição do estado poético mais profundo e verdadeiro, associa a genialidade à ingenuidade (naturalidade): "A ingenuidade é o ponto de perfeição de todas as artes e de cada gênero em todas as artes"[52]. O ponto de perfeição, mesmo não sendo o gênio, só o gênio pode alcançá-lo. Essa perfeição genial é inimitável. Ele não emprega, todavia, o termo *naïf* da mesma maneira que Schiller ao diferenciá-lo do "sentimental". Em Chénier, o artista pode ser *naïf* mesmo sendo sentimental no sentido schilleriano. Em Diderot, o sentido do gosto identifica-se de uma

52 *Histoire du style et du goût*, cap. IV.

certa forma com a razão, com o bom senso, para ele de menor importância na criação artística; ao passo que o gênio, ao distanciar-se das regras do gosto e das leis, simultaneamente afasta-se da razão, de lugares "que a razão não ousaria habitar". O gênio da arte na concepção diderotiana é capaz de antecipar-se nas descobertas, nas verdades luminosas, por ser uma fonte de verdades especificamente estéticas escapando à observação dos sábios racionalistas".

Baumgarten, em sua *Metafísica*, discorre sobre a "faculdade de pressentir" (faculdade da antecipação e faculdade da divinação), a "faculdade de prever", a "faculdade de inventar", a "faculdade de imaginar", a "faculdade de perceber" (perspicácia), a "faculdade de reconhecer" (memória), a "faculdade de julgar" (juízo) e a "faculdade de designar" (associar e designar). Jung, em nossos dias, também acredita no poder antecipatório da arte, mas há quem não acredite nesse poder como um dado de valor da obra de arte, pois nada mais seria que creditar-se à arte sua validez mediante critérios da ciência. Como se a arte só assim pudesse vir a se justificar diante da sociedade, dignificando sua presença no mundo. Isso significaria, em outros termos, que se algum poder antecipatório algumas obras possam vir a ter, ele não as faz nem melhores nem piores que quaisquer outras, não sendo necessário historicamente atrelar seu valor às descobertas e avanços da ciência. Finalmente, Diderot enumera os "campos" do gênio:

1. nas artes;
2. nas ciências; e
3. nos negócios (mesmo militares).

As regras do gosto estariam para as artes, do ponto de vista das limitações à ação do gênio, assim como o método na filosofia e as leis nos negócios. A ação do gênio deve transcender as imposições culturais, os limites da tradição, e procurar "mudar a natureza das coisas". O dom natural do gênio dá-lhe poderes de mudar a natureza do mundo das coisas, do mundo da cultura.

Ao discutirmos a estética de Kant, é bom nos lembrarmos da crítica de Basch feita a Renan, que julga ser a mesma a Kant: o fato deste tornar suas hipóteses, ao longo do texto, verdades e fatos demonstrados. Em Kant, desde as primeiras linhas da

Crítica do Juízo, ficamos sabendo que o gosto é a faculdade de julgar o belo. A subjetividade intrínseca ao fato estético e seu juízo opor-se-ia ao critério lógico do juízo de conhecimento. O juízo de gosto exigiria mais a participação da imaginação que o entendimento. Determinado pelo sentimento, o juízo estético se orienta pelas relações de prazer e pena do sujeito que será, por sua vez, determinado por essa condição da subjetividade humana.

Para Kant, o conceito de arte, em uma primeira instância, deve estar associado à ideia de liberdade ou livre-arbítrio (*Willkür*). Nele, porém, essa liberdade só se dá com o uso discriminado da razão, que assegura por meio de sua ação a produção como de natureza singularmente humana. Não há arte que não seja produto da razão humana, pois caso contrário cairia na ação instintiva dos animais irracionais. O exemplo de Kant é bastante ingênuo a nossos olhos: o caso das abelhas. Inexistindo reflexão racional nas "obras" das abelhas, só teríamos produção da natureza instintiva, ao passo que a arte teria de se conduzir autônoma e racionalmente para estar em condições de diferenciar-se da natureza.

Uma das qualidades do gênio da arte é não saber o que faz, isto é, não utilizar o saber (como a ciência), e não ter no efeito sua maior preocupação. A crítica do efeito, tal como foi exposta por Kant, é uma poderosa ideia que ainda hoje serve como instrumento conceitual de juízo a respeito da distinção entre a arte e o *kitsch*. Este é puro efeitismo, conquanto contração da arte, tentativa de imitação dos "efeitos" da arte autêntica e das vanguardas. Esse caráter de *opus* da arte a separa da natureza, da qualidade do *effectus*. Mas enquanto integrante da faculdade prática, não só difere da faculdade teórica conceitualmente como de suas consequências. A faculdade teórica está mais apta a reconhecer seus objetivos e fins, demonstrando conhecimento do *efeito* procurado. O paradoxo do gênio é que ao mesmo tempo que deve ser inconsciente, deve somente existir ao colocar em movimento a razão, que o diferencia do mundo natural. Outro é existir em função de um fim determinado sem demonstrar a existência de um fim; a finalidade sem um fim determinado implica a existência de um fim que não se apresenta como tal. O gênio dispõe de todas as riquezas de ideias e imagens, de todos os pensamentos, sem que na verdade pensamento algum o determine. A existência do fim que não determina qualquer fim em particular diferencia radicalmente a arte do *métier*, visto que este, considerado mercenário (pois é interessado), não é jogo, mas trabalho. A atividade agradável do jogo, ao contrário da penosa do trabalho, torna-a puramente desinteressada e autônoma. A contradição entre jogo e *métier*, ou trabalho, na verdade é a da arte com a da sociedade burguesa, assalariada, que troca sua força de trabalho impulsionada pela necessidade de sobrevivência.

O gênio em Kant obedece à natureza por meio das regras que esta impõe à arte. O gênio faz-se médium da natureza, ou o talento que dá as regras à arte. E esse talento é também um dom natural. Se o talento dá as regras, por sua vez ele não é possível somente por meio de regras, mas sim por dom da natureza. A inconsciência do gênio deriva da particularidade das ideias estéticas, ou antes, artísticas. De origem natural, suas ideias não podem ser explicadas por conceitos, e desconhece os caminhos que as levam a tomar tais decisões e não outras.

O conceito kantiano de gênio, entretanto, indica outra dificuldade. É que esse conceito opor-se-ia ao *espírito de imitação*. E isso porque, segundo ele, "aprender nada mais é que imitar". Como Kant nega a possibilidade de um gênio aprender a ser gênio, isto é, imitar a outro gênio, por si incomunicável em suas ideias originais, o ato de aprender dissocia-se do ato genial. O aprendizado é de outra natureza, outra ordem, no qual aquele que aprende só aprende o que é possível e passível de ser aprendido. A criação não pode ser imitada quando vista como imitação do poder de criação, totalmente natural na vida humana. Daí a oposição, ao menos a diferença, entre o *gênio* e o *cérebro*. O cérebro aprende, pois não cria, e como não cria, só pode aprender. A arte é do domínio do indemonstrável, da incomensurabilidade das ideias. Logo, "nenhum Homero ou Wieland pode mostrar como suas ideias ricas de poesia e, contudo, ao mesmo tempo cheias de pensamentos surgem e reúnem-se em seu cérebro, porque ele próprio não o sabe e também não pode ensiná-lo a ninguém"[53].

---

53 Kant, op. cit., p. 140.

Basch chamou a atenção para o que denomina de visível hesitação na estética de Kant. Segundo ele, por um lado Kant cede às influências dos grandes escritores revolucionários do último terço do século XVIII, opondo-se a Boileau, Gottsched e outros, ao aceitar o gênio como a faculdade essencial da condição criadora, e não o entendimento e a razão. Contudo, diz Basch:

> Kant fez residir o estado estético inteiro na harmonia da imaginação e do entendimento, e era impossível que ele não se lembrasse disso na caracterização que ele tentou do estado de criação artística. Após ter proclamado ele também que a imaginação do artista era a imaginação produtiva, a imaginação livre criadora das Ideias estéticas, pendentes das Ideias intelectuais e visando como estas ultrapassar os limites da experiência e atingir o absoluto, se bem que se a liberdade da imaginação devesse ser restrita por qualquer coisa, esperar-se-ia muito naturalmente que isso fosse pela razão e não pelo entendimento.[54]

Uma das mais profundas críticas de Basch é a que, em acordo com Hermann Cohen, contrapõe a teoria do belo da arte e a teoria do belo em geral. Se Kant, por um lado, fala que a obra de arte obedece a um fim determinado, pois isso é que garante sua peculiaridade diante da natureza, "um fim a qual este objeto deve sua forma", ou seja, a forma do objeto é o fim determinado que lhe foi designado – a forma justificando o fim –, por outro lado, Kant havia definido a característica essencial do belo como sendo a de ter uma finalidade sem fim. Mas o que talvez não tenha ocorrido a Basch e Cohen é que esta nada mais é que uma contradição sustentada por Kant como inerente à obra de arte. A dialética dos fins na obra é existir não existindo, ou ser fim de uma maneira outra que a dos objetos comuns. Ou, se quiserem, uma finalidade não sem um fim, mas uma finalidade singular que não se identifique com qualquer outra do mundo prosaico. O fim não deveria evidenciar-se como fim, mas dissimular-se. Ou melhor, possuir um fim de outra natureza que não a dos objetos puros. Na verdade, a intencionalidade confundir-se-ia com o fim. A obra de arte visa algo determinado pela intenção, intuitiva e estética, sempre, mas intenção de qualquer forma. Obscura, inconsciente e confusa, porém real.

54 Op. cit., p. 406.

158 ESTÉTICA DA CONTRADIÇÃO

Para Kant, a beleza natural solicita um juízo que somente depende do gosto. Esse juízo despreza a "finalidade material" ou fim, em que a forma agrada sem conhecimento do fim. Já a arte e sua beleza exigem o gênio, e este deverá ser levado em conta no juízo que sobre ela se fizer. O fato de a beleza artística ser algo construído, algo que representa alguma coisa, ou seja, uma bela representação, sugere a necessidade de haver um conceito do que deve ser essa obra, que é a causa do fim a que se destinou tal conceito. A obra da natureza é dada, mas a da arte é inventada. Aqui aparentemente há uma inversão, a finalidade sem fim da arte parece confundir-se com a da natureza, mas há uma diferença: a natureza, vista enquanto beleza, não impõe o *conhecimento do fim* a que se destina, pois agrada pelas formas como tais. E a arte nos dirige de algum modo, pressupõe um conceito dela mesma, mas que não se reduz a um mero conceito. Seu conceito não é conceitual. O juízo estético condiciona o sujeito a ir além das aparências da arte, não se confundindo com uma mera apreciação superficial, resultado da distorção ingênua de somente guiar-se pela intuição, considerada suficiente para as obras de intuição. Basch vai um pouco mais longe:

> Do fato de que na criação artística entra uma enorme parte desta inconsciência que caracteriza o gênio, imaginou-se crer que aqueles que têm por missão explicar e apreciar as obras de arte poderiam se permitir, eles próprios, proceder por intuição genial. Ora, olhando de perto, nada é mais ilegítimo. A obra de arte, a obra de gênio deve ser estudada com tanto sangue frio quanto qualquer outro fenômeno natural, histórico ou social, e é tão pouco permitido ao esteta falando de arte esquecer as regras de um bom método quanto o é ao naturalista que estuda o universo, a obra de arte por excelência, a criação do Gênio Supremo.[55]

Aliás, a propósito de Basch, seu capítulo no *Essai* sobre "L'art, l'artiste et les beaux-arts", na verdade supera a própria interpretação de Kant, tornando-o mais uma oportunidade de exercer sua teoria, por meio de pretextos para muitas acertadas teorias sobre a arte. Basch torna a parte kantista da arte muito mais atraente devido à sua própria contribuição, vista a aridez de Kant ao abordar as problemáticas fundamentais da arte. Por exemplo, a possibilidade de defender a importância das emoções, como

55 Idem, p. 410.

AS CONTRADIÇÕES ESTÉTICAS FUNDAMENTAIS DO SÉCULO XVIII   159

estas estão na origem da criação artística. Segundo ele, a emotividade dos artistas é superior à média, o que significaria dizer igualmente que seu entusiasmo também é superior à média dos humanos. Nuançando a parte da loucura ou delírio em todo artista, não adotando inteiramente a necessidade da aliança da arte com a loucura, Basch admite, contudo, que a maioria dos artistas é neuropata, pois eles são dotados de uma supersensibilidade, de uma superexcitabilidade diante do mundo e das coisas. Propõe, então, a "sensibilidade emotiva delicada" como a primeira condição da arte e da realização da obra. Toma como sua a ideia de Goethe segundo a qual a missão do verdadeiro artista é dar uma forma artística à vida. É preciso seguir a forte inclinação da emoção que dirige a intuição. Essa emoção tem um predicado: a simpatia. É por meio da emoção simpática que os sentimentos artísticos encontram suas formas de identificação criadora.

Em Kant, o dom natural, isto é, o gênio, dá as regras à arte. Mas essa teoria de Kant vai mais longe. Ele separa a regra do produto, quer dizer, da obra de arte genial. Isso deverá implicar a fundação de novos produtos, novas ações engendradas pelas diferenças entre os dons naturais. Cada dom natural, cada gênio, poderá exercer sua liberdade criando as regras necessárias à arte. Essa prática relaciona-se com o passado artístico sem menosprezá-lo ou tampouco torná-lo um obstáculo à criação. Para Kant, trata-se de uma herança exemplar, e não uma imitação servil, conforme suas próprias palavras. E, acrescenta ele, "é muito difícil explicar como isso é possível". A explicação deriva da ação não consciente do artista, que simplesmente realiza. Não sendo uma ação racional, mas intuitiva, as Ideias da arte são intuições sem conceito, ao contrário das Ideias da razão, que seriam conceitos sem intuição, conforme observa Deleuze em um pequeno ensaio intitulado "L'Idée de genèse dans l'esthétique de Kant", publicado pela *Revue d'Esthétique* em abril-junho de 1953. Em sua interpretação do gênio em Kant, Deleuze diz que "o gênio é um princípio metaestético do mesmo modo que o interesse racional", este considerado um interesse da razão ligado ao belo da natureza, à "instância pela qual a natureza dá uma regra ao juízo", logo, diferente do gênio que é a subjetivação da natureza que dá as regras à arte.

A finalidade sem fim determinado nas artes somente cede ao fim do ponto de vista técnico ou mecânico, pois acredita

160 ESTÉTICA DA CONTRADIÇÃO

Kant não ser possível uma absoluta independência do objeto ao fim. Há uma parte no objeto artístico que deve ser o momento do fim, que criaria as condições que deverão viabilizar a tendência sem fim do objeto como um todo. Essa é uma contradição estético-teleológica do objeto artístico. O fim mínimo indispensável é orientado pelas regras, e só aí a justifica. Segundo ele, a condição essencial da arte é conservar qualquer coisa de *escolar*, que a torne não um produto do acaso, mas algo de construído e desejado. Isso significa que a ideia possui um fim que não lhe é exterior ou extra-artístico – a propósito das contradições da norma, Mukařovský escreveu alguns textos importantes, sobre os quais teremos a futura oportunidade de vir a discuti-los. A obra de arte, na concepção kantiana, identifica as regras como necessárias à realização de determinados fins que impedem a arte de ausentar-se no acaso e na pura coincidência. Como não existem obras produtos do puro acaso, visto serem elas produzidas com alguma finalidade, mesmo que somente uma finalidade de consecução da ideia, as regras, mesmo que venham a ser transgredidas, fornecem o primeiro ponto de vista concreto com o qual o artista deve operar.

As relações entre o gênio e o gosto sempre foram motivo de riquíssimos debates. No fundo destes, as relações entre a imaginação e o entendimento e a razão davam o tom das paixões. Um dos mais importantes textos do século XVIII é do francês Condillac, intitulado *Essai sur l'origine des connaissances humaines* (Ensaio sobre a Origem dos Conhecimentos Humanos, 1746). Neste, não só a estética é particularmente moderna, como em suas teorias sobre a linguagem, na compreensão de Locke, associada à influência da *Grammaire* e da *Logique* de Port-Royal, encontram-se as bases das modernas teorias linguísticas – a Academia francesa e Derrida estão de acordo sobre isso. Condillac e Vauvenargues (ambos em 1746), e mais tarde Helvétius (1758), acordam-se em considerar a imaginação como novas combinações das ideias e imagens. Mas a associação da imaginação com uma certa ideia de loucura em Condillac não encontraremos em Kant.

Para Condillac, a loucura é uma ordem de associação de ideias desordenadas, isto é, uma ordem sem autorregulação, uma desordem. Em nossos dias, alguém como Anton Ehrenzweig (no livro *A Ordem Oculta da Arte*) dirá que há uma ordem oculta da

AS CONTRADIÇÕES ESTÉTICAS FUNDAMENTAIS DO SÉCULO XVIII 161

arte, e que, "com efeito, a loucura talvez seja uma criatividade mal dirigida". Uma imaginação mal dirigida ou que não teve oportunidades de se afirmar na arte e no jogo da cultura. Ou, como disse Condillac, uma imaginação desregrada. Uma imaginação indisciplinada. Uma imaginação que não foi burilada pelas regras, que só é natureza. Em Condillac existem três operações da alma que se aproximam, vizinhas, mas que são diferentes e conceitualmente precisas: a razão, a loucura e o instinto.

O instinto nada mais é que uma imaginação cujo exercício não está de modo algum sob nossas ordens, mas que por sua vivacidade concorre perfeitamente para a conservação de nosso ser. Ele exclui a memória, a reflexão e as outras operações da alma. A loucura, ao contrário, admite o exercício de todas as operações, mas é uma imaginação desregrada que as dirige. Enfim, a razão resulta de todas as operações bem conduzidas da alma.[56]

Mas o particular em Condillac encontra-se em sua teoria do gosto. Nela, o gosto depende do sentimento. A subjetividade do sentir determinará o nosso gosto, "o gosto é uma maneira de sentir". E, simultaneamente, "ele é o efeito de uma imaginação", isto é, uma imaginação trabalhada pelo contato com as obras de qualidade, e terá como resultado prático um gosto mais apurado e sutil, dispondo, conforme o autor, de modelos de comparação.

Do ângulo da invenção, não há muita diferença relativamente a Vauvenargues, ambos consideram-na uma simples reorganização dos elementos já previamente conhecidos, recombinados de outra forma, mas nunca inventados ou criados. Essas novas combinações em Condillac são obras ou do talento ou do gênio. Este, e somente este, estaria em condições de "criar". Só a ele é dado o direito à transgressão da regra segundo a qual não são possíveis novas formas, mas sim recombinações mais ou menos originais. É preciso inventar, mesmo que somente uma invenção localizada e circunstancial capaz de ir além da cansativa ideia de apenas poder empenhar-se em monótonas combinações. Fugindo do jogo de cartas marcadas, da previsibilidade lógica, e por que não matemática, dos dados conhecidos, o gênio

56 *Essai sur l'origine des connaissances humaines*, p. 150.

vai além do gosto que o formou. Mas há uma quase unanimidade em reconhecer no gosto aquilo que ninguém melhor que Kant leva-nos a sintetizar: o conceito de gosto como gênio do juízo estético. Como também reconhecem o gosto enquanto mediatizado pela imaginação, não havendo gosto onde não houver investimento da imaginação. E nesse sentido, o escocês Alexander Gerard, autor do importante *Ensaio sobre o Gosto* (1756), chegará mesmo a afirmar que "as operações da imaginação são os princípios de onde nascem os sentimentos do gosto". Não é tampouco obra do acaso que Gerard refira-se ao gosto partindo da ideia de sentimento. O gosto "sente". Há uma autonomia do sentimento do gosto. Ele não deve ser confundido com outros sentimentos, possuindo sua própria determinação, suas características internas. A origem dos sentimentos de gosto está na força da imaginação "que é de uma extrema consequência". O gênio é uma forma mais extensa, densa e viva de operar a imaginação, algo de mais profundo e penetrante.

É justa a afirmação de Lionello Venturi (*História da Crítica de Arte*) ao dizer que Gerard coloca a atividade da imaginação na base da arte e da crítica de arte. Há uma ação, na teoria gerardiana, do gênio sobre o gosto. As tensões e os conflitos inerentes à interpretação crítica são direcionados pela produção genial que orienta o gosto. Se o gosto nasce fundado e fundamentado por meio do hábito crítico, do contato complexo com a obra, e se a obra é genial, consequentemente o gosto será formado por influência direta do gênio. O juízo será mediação pura da arte genial formando o gosto. Arriscaríamos dizer que há em certos casos, na estética oitocentista, uma ambiguidade, ou antes, uma pluralidade referente ao gosto que o torna por vezes um fator conflitual em relação ao gênio. Ou seja, por vezes há uma contradição com o gênio, que vê o gosto como um obstáculo à criação. Há um vai e vem contínuo, segundo o humor dos teóricos, uma oscilação, que ora tende a harmonizar a relação, ora a descompassá-la. Baudelaire identificou a sensibilidade da imaginação com o gosto, oposta à sensibilidade de coração, em seu entender francamente desfavorável à criação artística. Essa crítica de Baudelaire à sensibilidade de coração é tecida por uma coerência interna com seu conceito de gosto. A sensibilidade da imaginação criadora é o gosto que evita o mal na arte, e nos possibilita encontrar o bem. Não terá sido essa uma das origens teóricas do conceito de *kitsch*, tal como Hermann Broch veio a desenvolver no ensaio "O Mal no Sistema de Valores da Arte"? Em Baudelaire, o gosto autoriza o acesso à beleza, como o intelecto puro à verdade e o senso moral ao dever. Em Baudelaire, não há mais a harmonia da imaginação com o entendimento, a imaginação não mais negocia com o entendimento, adquire de fato sua autonomia, e é por ele considerada ainda como acima do entendimento e da razão, sobrepondo-se ainda como "rainha das faculdades" (*Salon de 1859*).

Basch procura mostrar, por sua vez, que a imaginação produtiva na *Crítica da Razão Pura* não tem nada de comum com a imaginação produtiva estética. Segundo ele, entre a imaginação produtiva e a reprodutiva nada mais há que uma diferença de grau, e não de natureza. Basch não condena o entendimento e a razão em nome da imaginação, pois acredita ser possível à imaginação dirigi-las e transformar a natureza, tal como prega Kant. Mas, para Basch, a teoria da imaginação kantiana não é suficiente, pois Kant abandonara a metodologia psicológica, desprezando a psicologia empírica em favor de intelectualização de sua estética. Esse abandono se dá como opção pela logicidade do método em detrimento do ponto de vista psicológico. O erro de Kant teria sido não o de operar a verdadeira síntese do empirismo com o racionalismo, mas o de não levar em conta a singularidade da imaginação criadora e da arte reduzindo-a, por momentos, à luz da lógica. Adorno tem razão quando afirma ter sido a filosofia kantiana eficaz ao pacificar a hostilidade intrínseca entre as escolas racionalista e empírica, contudo, isso não foi plenamente realizado na estética, na qual permaneceu o predomínio lógico da visão racionalista. E é essa a restrição baschiana, para quem, pelo contrário, a vida é um equilíbrio instável entre a normalidade e a loucura: é que o gênio é um princípio *de* loucura. Diríamos, completando, que o gênio é regido pelo "princípio *da* loucura", e não pelo "princípio da razão". Quanto a isso Basch está de acordo, opondo-se às teorias da imaginação unívoca defendidas por certos teóricos, como a tendência de Fechner que a individualiza e particulariza, em que a imaginação produtiva dos artistas é excepcional, tal como sua emotividade simpática também o é. Segundo sua

164 ESTÉTICA DA CONTRADIÇÃO

interpretação das teorias da imaginação em Kant, a imaginação reprodutora nada mais é do que a memória (imitação exata e precisa da realidade), ao passo que a imaginação produtiva é uma imitação inexata da mesma realidade, fundada no *parti pris*. Dito de outro modo, a obra de arte poderia ser a mimese da imaginação criadora. Uma imitação, em ato, do ato de inventar. Seria profundamente tedioso mais uma vez discutirmos, com suficiente argumentação, que a arte não pode ser identificada com a mera imitação da realidade.

Se, por um lado, Adorno tem razão ao recomendar como técnica de leitura de Kant situar a significação de um determinado termo filosófico em seu contexto, ou "constelação", fugindo a definições dadas de uma vez por todas; por outro, falta dizer que Kant mesmo também não respeitava as consequências de suas opções teóricas. Kant volta e meia muda a orientação de suas ideias. Ao distinguir as *ideias estéticas* das *ideias da razão*, ele trai muitas de suas posições, porém cria uma verdadeira cisão histórica. Embora rompa aqui com o racionalismo, tampouco adota o empirismo puro. As ideias estéticas não se identificam com o empirismo, com também não se identificam as ideias da razão com o racionalismo puro. Adorno diria que ambas as ideias são mediatizadas por sua opositora, como cabe ser uma relação dialética.

O espírito kantiano, em sentido estético, é mantido pela força viva da alma. Esta é o princípio, é que dá o élan das faculdades do espírito, que é orientado rumo a um fim.

> Eu defendo que este princípio nada mais é que a faculdade de apresentar ideias estéticas. E por ideia estética eu entendo esta representação da imaginação que dá muito a pensar, entretanto sem que qualquer pensamento determinado, isto é, sem que qualquer conceito possa lhe ser apropriado e, por conseguinte, que nenhuma linguagem pode exprimir completamente nem tornar inteligível.[57]

A intuição kantiana não tem lugar nas ideias da razão; esta seria um conceito que não possibilita a presença de qualquer *representação da imaginação*. A intuição é seu sinônimo. Ela é uma figura da imaginação. A razão é destituída de intuição,

---

57 Kant, *Oeuvres philosophiques: Des prolégomènes aux écrits de 1791*, p. 1097.

porque não deve associar-se à imaginação, o que é um erro de Kant. Schopenhauer critica essa teoria de Kant, conforme disséramos no capítulo anterior, ao propor a intuição como engendradora não só da arte, como também da ciência e das ideias conceituais, regidas *a priori* pela razão. Para muitos, entre eles o próprio Basch e os filósofos idealistas, o modo de conhecimento estético fundado na intuição, mas de colheita genial, é superior ao modo de conhecimento lógico e racional, ou ao menos – em Basch é bastante mediatizado – de natureza diversa daquelas que nada mais são que ideias estrangeiras à arte e à imaginação. Segundo ele, nem o racionalismo de Kant opor-se-ia às evidências de que o ideal artístico não é tributário "dos procedimentos mecânicos ou dinâmicos, nem das pesquisas científicas, nem das intuições intelectuais. Ele brota livre e espontaneamente da imaginação do artista, ele varia de nação para nação, de século para século, de artista para artista"[58]. O tipo de associação notado na representação da imaginação (intuição ou ideia estética) não é da mesma natureza da ideia da razão que se lhe associa por necessidade, cumprindo uma missão que lhe é intrínseca e indispensável. O sentimento estético orienta o conceito, fixando-o em sua territorialidade, na privacidade de sua propriedade de fato e de direito. O entendimento e a imaginação na determinabilidade de uma singular relação são as faculdades da alma que formam o gênio. A imaginação é limitada quando essa união visa o conhecimento, ou livre quando destinada a cumprir uma função subjetiva sedimentada no sentimento (e atualizada pela expressão). O gênio, tomando o que disséramos anteriormente a respeito da imitação (mimese) da imaginação criadora, isto é, da obra de arte como imitação das representações da imaginação (intuição), está mais apto a realizar com maior perfeição esse ato estético. Goethe, de outro modo, referiu-se a ele afirmando deixar que "tranquilamente" a imaginação criadora aja sobre ele, e nisso ele esclarece o seu método criador, que observa atentamente a sua própria imaginação, imitando-a fielmente. Esse é o dom e o segredo do gênio, segundo ele. Essa fidelidade a que alude Goethe nós podemos entender como a capacidade de uma ação

---

58   V. Basch, op. cit., p. 460.

166 ESTÉTICA DA CONTRADIÇÃO

estética se manter colada à imagem criativa, respeitando suas "idiossincrasias", por assim dizer. Fazendo da arte uma fiel cópia da imaginação criadora, uma pura imitação, não mais do real, mas do imaginário. A imitação já não mais a do modelo vivo, da natureza ou do homem, mas a imitação do inexistente concreto. A orientação fundamental desse ato da imitação superior dá-se por meio do sentimento estético.

Quanto às regras do gosto, estas não deverão determinar o gênio e sua produção, a exemplo do que ocorre com a ciência, na qual, segundo Kant, as regras precedem o método e é por elas determinado. O envolvimento do artista com as regras, especificamente as do gosto, difere daquele observado na ciência. A suprema sutileza do gênio estaria em fazer surgir a imaginação "liberada de toda conduta por regras e, entretanto, como final para a apresentação do conceito dado". A habilidade do gênio e de sua natureza dar-se-ia na contradição da *finalidade sem intenção*. De uma finalidade subjetiva espontânea ancorada no livre acordo da imaginação com o entendimento, segundo uma "proporção" tal que as regras não venham a assumir a importância observada na ciência. Em Kant, o gênio é o que exerce a liberdade do uso das faculdades de conhecer. A imaginação criadora como faculdade rainha dos artistas é a faculdade por excelência do gênio. Ele é regido pela imaginação produtiva e não pela imaginação reprodutora. Aquela atividade não o permite assumir um controle consciente e racional de seus atos. Basch, ao referendar esses aspectos da teoria do gênio, condena, igualmente, outro aspecto: Kant não considera o sentimento como fundador da arte, nem da emoção como fundadora da obra, mas sim o conceito, ainda que de natureza diversa daquela da ciência. Isso mesmo que a sequência do conceito venha a ser concreta enquanto encarnação sensível. Essa tendência kantiana de centrar no conceito a origem da ideia estética, Basch a entende como um tributo ao racionalismo envergonhado de Kant, à sua timidez racionalista, lógica. Condenando o fato de Kant restringir sua teoria do gênio à arte, negando genialidade na ciência, justifica-se do seguinte modo:

> Na descoberta científica há também, pois, um trabalho inconsciente do espírito, uma vida inconsciente das imagens, mas, e este aí

AS CONTRADIÇÕES ESTÉTICAS FUNDAMENTAIS DO SÉCULO XVIII   167

é o ponto exato da divergência entre a imaginação científica e a imaginação artística, no sábio essas imagens estão sempre suspensas, por assim dizer, e dirigidas pelo entendimento. Ao contrário, como vimos, no artista as imagens são impulsionadas pelo sentimento, por uma emoção frequentemente muito vaga e muito indeterminada, que só muito mais tarde toma formas e contornos definidos. O entendimento só intervém após a emoção para submeter essas imagens a uma ordem lógica [...], ele é, por conseguinte, em arte um poder moderador e não um poder criador.[59]

Não nos interessa aqui estabelecer as diferenças entre o gênio e o talento. Basta nos referirmos à pertinência da observação de Basch pela qual o gênio é possuidor de algo ausente no talento: a originalidade do sentimento. Esta não se aprende, e é a pedra de toque do gênio artístico. Mas Basch, diferentemente de outros, atribui somente à natureza, ao "sucesso" da natureza, a existência da personalidade genial – mesmo que não chegue a negar a importância dos estudos. A alma do gênio é a originalidade do sentir. E o gosto, tal como em Kant, é a disciplina do gênio. O gosto não o permite sair à deriva, ou perder-se na loucura e no delírio. O gosto é o lado do entendimento e da razão que o equilibra. Ou talvez possibilite que sua obra torne-se ainda mais genial, mais fundamentada na história, ainda que se lhe opondo. O gênio não seria um produto arbitrário da subjetividade humana, mas oriundo de uma profundidade objetiva e sedimentada na essência das coisas, dos homens e do mundo.

3.4. ARTE E NATUREZA

Goethe, em 1799, ao criticar o *Ensaio sobre a Pintura*, de Diderot, em algumas poucas linhas lança o debate central que irá marcar futuros estudos sobre a estética de Diderot, e ao mesmo tempo dá conta da questão fundamental das contradições entre a arte e a natureza. Disse Goethe:

O artista não deve ser tão consciencioso no que concerne à natureza, ele deve ser consciencioso no que concerne à arte. A imitação, mesmo a mais fiel da natureza, não basta por si própria para criar uma

---

59   Idem, p. 477.

168 ESTÉTICA DA CONTRADIÇÃO

obra de arte; ao inverso em uma obra de arte, quase tudo aquilo que é a natureza pode ter desaparecido sem que ela deixe de merecer elogios. Desculpe-me, espírito defunto, se teus paradoxos me tornam paradoxal por sua vez.[60]

Pela riqueza dessas linhas convém nos determos, ainda que a título de introdução, na singularidade de Diderot nas discussões estéticas do século XVIII.

Inicialmente, do mesmo modo que a ciência e a filosofia da natureza do século XVIII procuraram firmar-se em seus domínios exclusivos, a estética buscou definir-se sobre suas próprias bases. Na referida citação, concentram-se muitas das motivações intelectuais do século e de suas estéticas. Goethe talha definitivamente os campos ao distanciar a cultura da natureza. Ao desvincular a qualidade intrínseca da obra à sua maior ou menor dependência da natureza, Goethe em pouquíssimas palavras marca o caminho da arte que não teve mais volta. Com efeito, a partir daí não é mais possível pretender-se confundir arte e natureza, e o conflito entre as duas é finalmente resolvido quando se assume *sine modo* como aberto. Em linguagem maoísta, a contradição entre a arte e a natureza formaria a grande esfera macrocultural, a contradição principal com a qual se debateria a estética oitocentista. Desta contradição principal resultariam as demais, que poderiam ser vistas como desdobramentos. Na verdade, Goethe, ao se ver forçado a responder aos paradoxos de Diderot por uma fórmula paradoxal, nada mais faz que expor as feridas da discussão, e é levado a adotar uma posição radical: a arte prescinde da natureza, mas sem prescindir. Quanto mais a arte se distancia da natureza, mais forma-se como produto da cultura, e simultaneamente se separa tanto da natureza quanto da cultura. Arte é o paradoxo da união dialética da natureza e da cultura, afastando-se tanto de uma quanto da outra.

Mais ainda: essa observação de Goethe cai como uma luva para entendermos, por exemplo, não só a problemática das contradições entre a arte e a natureza, como também duas interpretações contemporâneas conflitantes da obra de Diderot, na mesma França diderotiana: a de Yvon Belaval e a de Henri

60 *Écrits sur l'art*, p. 185.

Lefèbvre. Antes de discutirmos certas concepções de Diderot, como igualmente as de Goethe e Schiller, procuraremos mostrar o estado geral das principais tendências estéticas da natureza para situarmos assim sua importância no século XVIII.

3.5. A NATUREZA E A NATUREZA ESTÉTICA

A natureza está no cerne mesmo do nascimento da filosofia estética, enquanto disciplina autônoma do conhecimento humano. Restava saber de que modo seria a natureza encarada, visto ter a estética a necessidade de diferenciação da física, da fisiologia, da psicologia e das ciências naturais. A razão a todas observa. A estética procurará determinar o lugar da razão na arte escaldada nas experiências da teoria clássica que terminou por subordinar a imaginação e o gênio poético às regras e às leis de origem racional.

A imitação da natureza era a palavra de ordem de um século que de preferência procurava entendê-la antes de imitá-la. A descoberta das leis da natureza deveria servir de base para a arte, na busca da coerência entre o conhecer e o imitar. A ordem do mundo de inspiração newtoniana deveria sugerir sua correspondência estética. Embora diferentes quanto ao método de trabalho, ciência e arte tinham como elo a razão e suas leis. A natureza dota o homem da razão que o governa, dirá Le Bossu, no *Traité du poème épique* (Tratado do Poema Épico). A estética clássica, portanto, terá na razão, enquanto natureza, a ideia clara de sua orientação. Ernst Cassirer alcança mais amplitude em sua interpretação do Iluminismo: a ideia de natureza identifica-se com a ideia de razão, e tem uma significação antes de tudo funcional. Da natureza tudo se origina, logo, dela tudo deve partir. A crítica de Goethe dirá: ainda que, por meio dela, devemos dela nos afastar. Estará, no caso de Goethe, o poeta afastando-se também da razão, ainda que não possa deixar de servir-se de suas leis? Estará o artista, ao privilegiar a imaginação, fazendo uso da razão para, a partir desta, entregar-se à produção poética, ainda que a destruindo? Tudo que é natureza na arte poderá desaparecer sem que com isso a arte deixe de existir. Mas na convicção clássica as leis da ordem natural legislam a ordem do mundo cultural e são superiores. A teoria estética, fechando-se no ideal de rigor importado das matemáticas e da física do século xviii, teria como efeito dificultar as contradições e conflitos de surgirem como atores do processo criador. A imaginação criadora vê-se oprimida na justa medida da repressão às contradições internas da obra de arte. A busca da universalidade da obra de arte, ao contrário das ciências rigorosas, deveria ser buscada na medida inversa da razão imposta por essas: na universalidade das contradições e não na asfixia de suas manifestações primárias.

A quase totalidade dos teóricos da arte do século xviii atribuirá à natureza o potencial de genialidade de cada artista. A teoria do dom da natureza era aceita praticamente por todos. As variações davam-se, sobretudo, da medida, da extensão concreta e virtual desse dom. Seus limites eram desconhecidos. Segundo alguns teóricos, o estudo e o gosto adquirido não determinavam a arte dos gênios, já que esta era predeterminada pela genialidade natural. Mas muitos se posicionaram pela formação indispensável do gosto e do estudo como orientação da natureza genial, que por si mesma não basta para se atingir a perfeição formal. O gênio era uma obra da natureza que privilegiava alguns que, segundo as modalidades econômicas, sociais e políticas, poderiam desenvolver-se e firmar-se como verdadeiros gênios. Estes teriam sido trabalhados por si mesmos visando uma maior otimização do *dom inato*. O *dom adquirido* não cai do céu, mas adquire-se na prática do corpo a corpo com a obra de arte pessoal, nas obras de arte do círculo de amigos, conhecidos, desconhecidos, nos debates e conflitos intelectuais. Para alguns, essa aquisição dar-se-ia com a prática da razão, como em Boileau; para outros, a razão era acessória e contingencial, um dos inúmeros elementos com os quais contam os artistas e poetas em suas criações. A obra de arte, ainda que oriunda do reino natural da genialidade inata, necessita do trabalho sistemático que a impulsão genial não pode dar conta sozinha. Os impulsos primeiros, como o entusiasmo platônico, não garantem a criação propriamente dita. São as condições prévias.

O paradigma da natureza (e do conhecimento da natureza) fornece o modelo para a obra de arte, a crermos nas palavras de Cassirer, segundo as quais nós não poderíamos conhecer o objeto da natureza por aquilo que ele é sem operar uma *seleção* severa por entre os fenômenos que nos afrontam sem cessar, sem distinguir entre o variável e o constante, o contingente e o necessário, entre o que vale somente para nós e aquilo que é fundado na coisa mesma: não é de outro modo para o objeto da arte[61].

A tentativa da estética clássica de estabelecer regras para a produção artística inspira-se no modelo da natureza, que assim era vista como dada em absoluto por meio de suas leis, consideradas imutáveis. Mais grave, denuncia Cassirer que o modelo clássico é uma imitação da "unidade na multiplicidade", de fatura matemática. A *Arte Poética*, de Boileau, procura uma teoria geral dos gêneros, assim como a geometria busca uma teoria geral das curvas. Ora, se os gêneros são distintos e regidos por leis específicas, aos artistas não é dado o direito de intervir, alterar e subverter as leis estéticas determinadas pela natureza dos gêneros poéticos. O erro fundamental de Boileau foi deduzir de sua interpretação pessoal das obras do passado certas leis que julgava serem imutáveis e inerentes às diferentes formas e gêneros da criação. Ainda aqui persiste o paradigma matemático. A natureza humana está no centro das discussões sobre o belo, o gosto etc. Se, por um lado, a estética normativa havia sido obrigada a ceder diante das novas ideias de fundo subjetivo, psicológico, o "senso comum" dos homens, ou melhor, sua "natureza comum", não deveria consentir excessos que permitissem o uso arbitrário do gosto. A normatividade abandonada não deveria significar um abandono à própria sorte, pelo contrário, deveria tornar-se a ocasião que permita o estabelecimento de leis estéticas específicas. Se as regras já não podem ser vistas como imutáveis, que ao menos existam bases sólidas para o juízo estético. A natureza humana comum a todos é o ponto de referência do gosto. Na concepção de Goethe, tampouco a natureza humana interviria por si mesma. Ao afirmar que toda e qualquer natureza pode ter desaparecido sem que com isso tenhamos a qualidade estética diminuída, implica dizer que a natureza estética autonomiza-se em relação à natureza e à natureza humana. Não se deve tomar a natureza como critério absoluto do juízo estético.

61 Op. cit., p. 283.

172 ESTÉTICA DA CONTRADIÇÃO

Shaftesbury deve ser lembrado como o grande nome decisivo nas teorias referentes à natureza e sua importância na arte. Segundo ele, arte e natureza tendem a unir-se, mas a tendência à união significa aceitar que são distintas. Portanto, o ideal é não haver união possível, pois a dicotomia manteria a separação e não revelaria a essência da arte, que é a identidade absoluta entre natureza e arte. Contudo, ele distingue a arte dos objetos do mundo empírico, e com isso abre caminho para o conceito de criação fundado na natureza, mas não mais a normatividade da imitação da natureza como passividade e identificação com a pluralidade dos objetos prosaicos. Hegel sustentou essa mesma visão anos mais tarde. Tal como os românticos, regra geral. Daí a fusão inextrincável do fator natureza com a dimensão do gênio do artista. O *eu* do artista desponta como a origem da ideia, a criação artística em si, na coerência com sua natureza, tal qual a natureza externa que não se esgota e está em permanente transformação. As palavras de Cassirer são bem ilustrativas:

> A natureza está ligada para sempre com o gênio. O que um promete, o outro seguramente cumpre": por essas palavras, Schiller talvez tenha dado a fórmula mais densa e mais tópica da concepção shaftesburiana das relações entre a arte e a natureza. O gênio não tem de procurar a natureza e a verdade; ele as carrega consigo mesmo e pode estar seguro de jamais perdê-las permanecendo fiel a si próprio.[62]

Entretanto, também Hume tivera um papel fundamental nas grandes discussões do século, e sobre ele teremos mais adiante a ocasião de nos referirmos.

3.6. PRESENÇA DE DIDEROT

Diante das afirmações de Henri Lefèbvre – "Diderot é só contradição" – e de Yvon Belaval, segundo a qual o que temos são "contradições aparentes de Diderot", nós ficamos desconcertados. Lefèbvre conta com o apoio de Goethe, que Belaval preferiu ignorar, dispensando mediadores e intérpretes e optando

62 Idem, p. 318.

por uma crítica pessoal. Ora, vemo-nos diante do seguinte dilema artificial: ou nos dispomos a buscar coerência em Diderot e em suas teorias, ou então o condenamos como adversário por termos apontado contradições em Diderot, o que soaria como um ataque ao filósofo. Esta falsa bifurcação a que nos parece ter levado Belaval foi a dele mesmo. Ao pretender responder a Daniel Mornet, que considerava o *Paradoxe sur le comédien* um paradoxo da estética de Diderot, Belaval cai na armadilha conceitual dos que acreditam serem as contradições um mal no sistema estético. Como também um mal no interior dos conflitos de teorias e na própria criação artística. Todo o nosso esforço filosófico caminha em sentido contrário: o entendimento da contradição como dimensão maior do fato estético. Portanto, sem razão alguma para exibir qualquer vantagem em considerar a teoria de Diderot uma estética "sem paradoxo", preferimos abrir o pulso da coerência e expormos as contradições. Nesse sentido, Lefèbvre nos parece ter sido muito perspicaz ao declarar sem qualquer ironia que o homem e a obra eram contraditórios:

> Por meio à multidão de suas contradições que em um sentido contribuem a fazer dele um moderno entre todos os homens do século XVIII, esforçamo-nos ao curso deste estudo de determinar as mais essenciais:
> *Contradição* entre o materialismo dinâmico (pressentido, por vezes esboçado) – e o naturalismo estático, mecanicista.
> *Contradição* entre o cinismo, o espírito negativo, a crítica destruidora – e o moralismo, a bela alma, o idealismo.
> *Contradição*, portanto, entre o materialismo aplicado às ciências da natureza resultante de seu desenvolvimento – e o idealismo em tudo aquilo que concerne ao homem e à história.
> *Contradição* entre um pensamento inconscientemente revolucionário – e uma consciência, a do indivíduo Diderot, apta a todos os compromissos.
> Da determinação dessas *contradições essenciais* se retira assim uma perspectiva de conjunto sob esta obra multiforme e confusa.[63]

Vemos, portanto, que o estudo de Belaval é uma resposta velada ao de Lefèbvre, a quem prefere não citar (um ano

---

63 H. Lefèbvre, *Diderot*, p. 247 (grifo nosso).

depois). Apesar de muito bem documentado, Belaval não nos parece convincente e sobretudo bastante "confuso", enredando por uma obsessiva multiplicidade de microcitações.

O platonismo de Diderot o acompanha mesmo na forma dialogal, muito em voga no século XVIII, que Belaval considera a mais adequada ao "gênio de sociedade que é o Diderot". Para Lefèbvre, entretanto, o diálogo torna perspícuo o espírito de contradição da época. O diálogo vem a ser um método prático de confrontação das ideias e das teses então vigentes. Assim pode penetrar com mais profundidade em seu tempo, tornando-o permeável na delicadeza da troca dialógica. As nuanças, as hesitações e as incertezas são dignificadas quando expõem as contradições mais caras de sua época. O diálogo vem a ser a forma de expor as contradições, mas também é indispensável uma prática, um exercício formativo: "Escutar os homens e entreter-se frequentemente consigo: eis aí os meios de se formar ao diálogo"[64]. Lefèbvre aponta sua vinculação com a burguesia da época, da espontaneidade em relação às classes sociais e consequentemente da ausência de luta de classes em suas obras. Sua dialética, ainda que materialista, não atingiu a fusão com o materialismo do Filósofo. Sua obra permanecera ao sabor das contingências e dos acasos, o autor, como dirá Belaval, "um filósofo de encontros". Unanimemente é aplicado a Diderot a etiqueta de ter sido um homem de seu tempo e, por isso mesmo, tê-lo ultrapassado. Se Diderot permanece um clássico, isso não o impede de ser considerado um pré-romântico. Conforme o dizer de Wladyslaw Folkierski, suas ideias estariam entre o classicismo e o romantismo. A Razão é temperada pelo Sentimento. Ou como também sugere Lefèbvre, "o humanismo de Diderot representa um momento, uma etapa entre o humanismo de Descartes (*Tratado das Paixões*) e o de Stendhal ou de Nietzsche: paixões, mas ordenadas pela razão [...] A harmonia da paixão e do conhecimento"[65]. Das paixões ordenadas pela razão à razão temperada pelas paixões temos um dos mais fundamentais conflitos de Diderot. Um conflito que é trabalhado, formando uma unidade paradoxal a qual ele não pretendeu abandonar.

64 Idem, p. 204.
65 Idem, p. 69.

AS CONTRADIÇÕES ESTÉTICAS FUNDAMENTAIS DO SÉCULO XVIII 175

A natureza humana traz em si mesma o sentimento do bom e do belo, que a arte fará tornar-se matéria concreta por meio de suas obras: sendo o gosto experimental, empírico, desenvolvido pelo contato com as obras e com as discussões em sociedade, ao imitar a natureza o artista cria as condições necessárias para que os homens se identifiquem com as obras, e possam dessa maneira exercitar sua natureza pessoal ao elaborarem e desenvolverem o gosto. O gosto natural torna-se gosto de convenção. Em Diderot, a sensibilidade, apesar de dom natural, com o percentual individual oferecido pela natureza, também é passível de educação, tal como o gosto. Este também é sensibilidade educada, desenvolvida com a idade, com a sabedoria da experiência e da reflexão. Ao artista, como ao público, é dado o acesso ao gosto por meio do esforço concentrado nas obras do passado, no contato permanente com as obras de arte. Não existe gosto sem reflexão, discussão, diálogo. Não existe gosto sem a entrega de si ao trabalho de interpretação. Logo, o gosto tem sua história como "fruto dos séculos e dos trabalhos sucessivos dos homens". O gosto de convenção, todavia, é ambíguo, contraditório, pois pode significar uma estruturação de formalismo conservador contrário aos avanços estéticos da sociedade. O gosto de estudo só é de convenção se ele perder seu caráter conformista, com função de referência, e não de efeito normativo. O gênio formado também no gosto deve desprezá-lo ao exercer suas potencialidades criadoras. O que não significa dissolver-se na preguiça: "É o gênio que faz o bom rascunho, e o gênio não se dá. É o tempo, a paciência e o trabalho que dão o belo fazer, e o fazer pode-se obter"[66].

O prazer do gosto origina-se na justa medida da confluência da imaginação, da sensibilidade e dos conhecimentos acumulados e vivificados pela memória. O gosto é "uma facilidade obtida por reiteradas experiências em compreender o verdadeiro ou o bom com a circunstância que o torna belo"[67]. Segundo Diderot, a beleza é uma manifestação dependente do bom e do verdadeiro, o que é uma moralização e uma descaracterização grosseira de muitas de suas próprias teorias. A circunstância faz o belo que, embora não existindo em si,

66 Diderot, *Oeuvres esthétiques*, p. 273.
67 Idem, p. 1169.

176 ESTÉTICA DA CONTRADIÇÃO

tampouco se resolve por si mesmo. Não há autonomia do belo, é o que nos faz concluir Diderot. Sensibilidade, estudo e experiência, eis o tríptico necessário ao gosto dos criadores como dos que em sociedade emitem juízos estéticos. O juízo, dirá também no *Essai sur la peinture* (Ensaio sobre a Pintura)*, deve ser orientado pela razão que retifica a pressa da sensibilidade. A natureza mesma da obra de arte genial só é atingida por "um outro homem de gênio", dirá Diderot. Em Hume, por exemplo, diz Deleuze que "na reflexão, a paixão se imagina e a imaginação se apaixona: a regra é possível". A regra do gosto é um sentimento da imaginação e não do coração, dirá Deleuze a propósito de Hume, pois é dado à imaginação, segundo a natureza, interpor mediações aos impulsos do coração e das paixões.[68]

A criação artística em Diderot é pura manifestação do poder da natureza somada à força da natureza exterior ao homem. Manifesta-se no gênio como dom natural, um entusiasmo transbordante, um delírio só mais tarde controlado pela razão. A inspiração é a força da natureza tornada imaginação criadora. O artista é o significante, a imagem acústica das forças da natureza. Ele a representa no seio do humano. Ele a imita, sem imitá-la, sem copiá-la. A arte é criação da natureza tornada artefato, produto de um fazer. Mas a criação artística forma a natureza "cultural" do homem em sociedade, o moraliza. A esse propósito, disse Belaval:

Dir-se-á que ele cedia às solicitações de seu temperamento, a seu tique de moralizar. Com efeito. Ao que convém acrescentar que o moralismo está no ar e que ele não perde jamais um valor polêmico no século XVIII, seja que com os conservadores ele luta contra as luzes, seja que com os enciclopedistas opondo moral natural à moral teológica, ele faça parte do ataque levado contra a superstição, as trevas, o fanatismo.[69]

A arte moraliza-se, pois tem o homem como fim, sua finalidade tem um fim determinado: humanizar-se, o que implica dizer participar do futuro do homem.

---

* Ver trad. bras., J. Guinsburg (trad. e org.), *Diderot: Obras II, Estética, Poéticas e Contos*, São Paulo: Perspectiva, 2000. (Col. Textos 12). Ver, no mesmo volume, "Tratado sobre o Belo".

68 *Empirisme et subjectivité*, p. 49..

69 *L'Esthétique sans paradoxe de Diderot*, p. 89.

Mas seu platonismo regula o uso excessivo da razão, permitindo a "intuição adivinhadora", o delírio e o desconhecido de terem direito de cidadania. O gênio é profissional do inconsciente, da sensibilidade, do gosto, do tato, do desconhecido e do delírio. E é a moral que o disciplina, ordena-o segundo seus objetivos maiores.

Belaval entende o conceito de imitação da natureza em Diderot como simultaneamente capaz de tomá-la como modelo, que sua *natureza* interna siga os parâmetros das leis naturais e, finalmente, "uma obra cujo efeito e a previsão do efeito regulem-se sobre a natureza humana". As leis da natureza são interpretadas pela arte segundo seu ponto de vista, o que significa dizer que difere tanto da ciência quanto da filosofia. É à sua maneira que essas leis são transformadas em matéria do fazer humano. O tipo de imitação é regulado por seus princípios internos e legitimado pela tradição histórica da arte. Lefèbvre, por sua vez, saudará no Diderot cientista, filósofo, o homem que pelas suas ziguezagueantes incursões no pensamento formula

as primeiras leis universais do devir, as primeiras leis da dialética: a unidade da natureza, dada em sua materialidade – caráter universal do devir, do nascimento e do desaparecimento das coisas e dos mundos [...] Ele não atinge o materialismo dialético, ele somente entrevê as oposições e as contradições na natureza[70].

Em arte, Diderot intui as leis da contradição estética, mas também não chega a formulá-las adequadamente. O passo nesse sentido será dado na Alemanha romântica preparada por Goethe e Schiller. Segundo Lefèbvre, o materialismo de Diderot em ciência entra em contradição com o idealismo de sua moral e de sua estética. E sua observação é correta quando afirma ter Diderot encontrado um caminho no sentido da formulação das contradições em sua obra literária e não em sua teoria estética, que permaneceu em estado descosturado. Uma estética idealista e uma ciência materialista, eis aí um grande paradoxo na vida do filósofo.

Uma das principais contradições apontadas por Diderot diz respeito ao conflito do artista com as regras. Ao condenar

70   Op. cit., p. 128.

as regras, ele chama a atenção para aquelas que são conformes à natureza. A tentativa de Hume, ao estabelecer uma *norma do gosto* aproximadamente na mesma época que Diderot, caminha no sentido de reconciliar as contradições dos sentimentos humanos e propor certos critérios de juízo. Esses sentimentos da natureza humana ditam em parte a norma do gosto, como em Diderot. Neste há uma "razão poética" que, ao lado da natureza humana, determina certos comportamentos. Estes, por serem contraditórios, levam os homens a não se darem conta da razão poética, que é ou negligenciada ou excessivamente respeitada. Num e noutro caso nos equivocamos. Excesso de respeito e excesso de desprezo são contrários à verdadeira razão poética. Ela é a que interessa aos gênios, que resolvem a contradição aplicando a transgressão às regras. Em Hume, o artista atinge a sabedoria das regras pelo gênio ou pela observação, o que vem a ser o estudo e a reflexão crítica. Mas a pertinência das regras na teoria da norma do gosto de Hume não determina por si só a qualidade, que pode muitas vezes originar-se das transgressões, já que os sentimentos humanos são também diversos. Certo, Hume não era favorável às transgressões se estas fossem entendidas como imperfeições, como uma não observância da ordem e da regra. Hume condena a redução da imaginação criadora às regras do espírito geométrico, e da verdade como critério estético, opondo-se assim ao classicismo. Seu *Tratado da Natureza Humana* estabelece que os princípios da imaginação formem uma contradição com os princípios da razão, em que a arte é regida pela imaginação criadora.

Winckelmann, nas *Reflexões sobre a Imitação das Obras Gregas em Pintura e em Escultura* (1755), havia dado o tom do século. Segundo ele, o gosto ou bom gosto começara na Grécia. E a arte, além de imitar a natureza, deve imitar as obras gregas para que possam se tornar inimitáveis, ainda que paradoxalmente. Forma-se o gosto nas obras imitando-o. Imita-se o bom gosto na fonte, sem intermediários e, por meio da lição estética, a criação profunda que as tornaria inimitáveis. Do bom gosto dos antigos temos a referência cultural que nos dá a regra da arte. A natureza implícita na obra de arte é para ele superior, mais extensa que a natureza enquanto tal. A bela natureza é superior à natureza bela. Coube a Frederico Augusto II

AS CONTRADIÇÕES ESTÉTICAS FUNDAMENTAIS DO SÉCULO XVIII

e, principalmente, a Frederico Augusto III, segundo o referido autor, o mérito de expor os maiores tesouros da Itália e outras obras-primas estrangeiras em Dresden. Assim, "os conhecedores e os imitadores das obras dos gregos encontram em suas obras-primas não somente a mais bela natureza, porém, por outro lado, mais que a natureza, pois, como nos ensina um antigo exegeta de Platão, são produzidas por imagens que somente o entendimento é capaz de traçar"[71]. Mas não terá ele próprio aderido, guardadas as proporções, à lei tebana dirigida aos artistas, segundo a qual esses se viam obrigados a "reproduzir a natureza o melhor possível sob pena de multa"? O conceito de imitação em Winckelmann não chega a tanto, e sua imitação concerne, sobretudo, à bela natureza e não à natureza bela. Tampouco é tão normativa e repressora ou autoritária. A lei suprema era: "representar as pessoas o mais parecidas e ao mesmo tempo mais belas", e foi cumprida pelos artistas gregos. Há uma severidade egípcia nessa lei. Essa semelhança idealizada mais bela que o original é o que chama de beleza universal. O contato e a imitação das obras gregas pelos modernos são a ocasião de um pensar e um conhecer profundos da fusão superior da natureza, espírito e arte. A imitação da natureza bela está para os artistas gregos assim como a imitação das obras gregas está para os artistas modernos. Consequentemente,

quando o artista constrói sobre este fundamento e deixa a regra da beleza dos gregos dirigir sua mão e seus sentidos, ele está na via que o levará com segurança à imitação da natureza. As noções do todo indiviso e do perfeito na natureza da Antiguidade purificarão nele, e tornarão mais aparentes as noções de nossa natureza dividida; descobrindo as belezas desta última ele saberá religá-las ao belo perfeito e, com a ajuda das formas sublimes constantemente presentes diante de seus olhos, ele tornar-se-á uma regra para si próprio[72].

Sob o signo da *natureza dividida* do homem moderno, fruto das novas formas burguesas da sociedade, da indústria, dos avanços da técnica, do crescimento das cidades, da divisão do trabalho e do surgimento do proletariado urbano,

---

71 J.J. Winckelmann, *Réflexions sur l'imitation des oeuvres grecques en peinture et en sculpture*, p. 99.

72 Idem, p. 125.

Winckelmann orienta o gosto no sentido de descobrir (idealisticamente) *as belezas da natureza dividida*, isto é, *as belezas da contradição*. O paradoxo do prazer trágico, como queria Hume. E, por que não, o paradoxo do homem sobre o homem, sobre o ator e pelo ator.

Diderot acreditava menos nas regras, e chegava mesmo a afirmar contra Aristóteles e quaisquer outros que porventura com ele se alinhassem que "é uma crítica viciosa deduzir regras exclusivas das obras mais perfeitas, como se os meios de agradar não fossem infinitos". Nisso Diderot é pós-moderno. A modernidade iluminista tinha fé nas regras e no gosto delas dependente e decorrente. Hume chegara a dizer que os princípios do gosto eram universais, mas Diderot tem menos fé na extensão da regra. A prioridade do gosto é decidida pelo gênio, em última instância, o habilitado por suas qualidades naturais a decidir pela respeitabilidade ou não às regras. E, não menos importante, em função da autonomia do artista e da obra. Da obra que visa sua própria realização. Aqui ele é pré-romântico, sem deixar, contudo, de ser clássico. A Diderot coube a responsabilidade da transição.

As contradições profundas em que se debatia o século da razão rumo ao século da imaginação criadora tiveram nele um centro irradiador. A mentalidade dominada pelas regras pensa somente no que é preciso, no "é preciso". Diante da ideologia do *il faut*, Diderot responde que "é preciso ir se foder quando só se sabe isso". O respeito às regras é a maneira mais técnica de criar obstáculos à imaginação criadora e ao pensamento estético, tornando a arte uma rotina, uma atividade burocrática, de administração da imaginação. E o gênio não se deixa passivamente administrar. Aqui reside a oposição de Diderot a Winckelmann, sintetizada nas palavras de Belaval: "Que a arte não seja a partir da arte, mas a partir da natureza". Com isso, Diderot evita a tebanização da imaginação criadora: "gozem, portanto, de vossos direitos". Essa divisão interna de Diderot, tendendo ora para a razão ora para a imaginação, do classicismo ao romantismo, também sentimos entre o filósofo e o artista. Quanto a isso, dirá Lefèbvre:

> O homem Diderot é um homo duplex e não pode ser de outro modo. O artista e o filósofo puxam cada um de seu lado; a alma e o corpo não

AS CONTRADIÇÕES ESTÉTICAS FUNDAMENTAIS DO SÉCULO XVIII

se entendem muito bem. Essa dualidade caracteriza uma época que começa com o fim da Idade Média e não terminou: a do homem duplo que não sabe nem suprimir nem resolver sua contradição. A dualidade, a contradição desapercebida e irresoluta datam nosso homem e o limitam[73].

Conforme assinalou Belaval, a razão em Diderot não é a razão abstrata, mas a razão-instinto, a razão natural. E é desta que o artista-gênio tira suas maiores forças de criação. A razão em Diderot não era mais a razão de um Batteux, por exemplo, mas também não era ainda a de um Jean-Paul. Não seria condená-lo afirmarmos que as "vacilações" de Diderot demonstram o impacto das contradições do século em sua obra. E isso menos o diminui que o glorifica. As contradições não eram "aparentes", como se isso pudesse salvá-lo, mas sim evidentes, o que também não o condena. A moralização em sua estética simplesmente o impediu de teorizá-las. A razão moral não o deixou aprofundar suas contradições, porém elas lá estão presentes. Lefèbvre sintetiza da seguinte forma:

Inútil multiplicar essas citações. As contradições, as hesitações, os obstáculos e as incertezas saltam aos olhos. É preciso somente sublinhar que esses problemas dominam a arte e a teoria estética desde Diderot: relações do real e do imaginário – do objeto, isto é, do "tema" tratado pelo artista, com a composição, o conjunto, a maneira, o estilo – do conteúdo com a forma etc. Retomados por Kant na Crítica da faculdade de julgar, por Hegel em sua Estética, eles não parecem ainda resolvidos.[74]

Ao contrário, a estética contemporânea não procurou resolvê-los, mas sim aumentar a consciência das contradições e dos conflitos estéticos. Antes trabalhá-los que evitá-los ou procurar soluções artificiais de conciliação e resolução forçada. Nossa tendência é a de radicalizar no aprofundamento da contradição estética, e não em seu mascarar, tal como a prática da dissimulação que procura fazê-la "aparente".

73 Op. cit., p. 190.
74 Idem, p. 225.

182 ESTÉTICA DA CONTRADIÇÃO

3.7. O MOMENTO SCHILLER DA CONTRADIÇÃO ESTÉTICA

Schiller, ainda que de modo diverso de Diderot, encarna profundamente a imagem do ser que particularmente viveu as mais importantes contradições de seu século. As mais significativas antinomias estéticas do século XVIII podem ser percebidas nas obras dramáticas ou nas obras de filosofia da arte de Schiller. E com uma grande singularidade: ele as viveu e criou diferentemente segundo os objetivos e fins a que se destinavam. Nas obras de imaginação, os conflitos entre a razão e a imaginação eram resolvidos no domínio desta sobre aquela, mantida em seus dramas históricos; nas obras conceituais, permite-se que a imaginação exerça alguma presença, mas priorizando a razão.

Nesse sentido, Schiller herda os problemas fundamentais de seu século, e deles procura tirar partido e conceituar seus principais conflitos internos. Princípios contraditórios internos às problemáticas, tanto quanto aqueles de relacionamento entre cultura e natureza, na pista de Rousseau. Assim, as grandes narrativas que tocam o Iluminismo, o *Sturm und Drang*, a *Aufklärung* e o Idealismo alemão tornam-se em Schiller o instrumento do exercício de seu pensamento. Esse verdadeiro cruzamento tem dois pontos centrais da história da filosofia: Kant e Hegel. É bastante significativo o fato de o momento que separa esses dois monumentos do pensamento ocidental, ambos criadores de dois sistemas estéticos marcantes, ter entre eles um artista, um criador.

Sob nenhuma hipótese pretendemos com estas linhas chegar ao ponto de tentarmos levá-las à exaustão crítica. Nossa intenção é galvanizar certos aspectos da obra estética de Schiller, os quais puderem nos trazer elementos que contribuam para a compreensão da teoria da contradição estética. Todas as formas fundamentais de seu século, no que diz respeito às contradições estéticas, estão presentes no classicismo alemão, o que torna ainda mais confusa e menos rigorosa a divisão e os limites precisos com o romantismo (alemão).

Sem dúvida, há uma ambiguidade de Schiller em relação ao kantismo, e nisso Victor Hell tem toda razão. Segundo Hell, ela "provém simultaneamente de um conflito entre meios de expressão: a argumentação racional, de uma parte; e a experiência total de onde nasce a obra de arte e o que ela deve exprimir, de outra parte – bem como de uma diferença fundamental entre a óptica do pensador crítico e a do poeta"[75]. As antinomias estéticas kantianas em Schiller são filtradas pelo sentimento e pela imaginação criadora. Kant pensa no jogo e Schiller o vive estética e dramaticamente. Além disso, Schiller vivera profundamente uma das maiores contradições que um artista pode vir a viver: a de teorizar. Talvez seja ele o símbolo máximo do conflito interior vivido no século XVIII por aqueles que se dispunham a elaborar conceitualmente certas ideias filosóficas. E essa disposição ele a viveu como um verdadeiro drama existencial em seu período estético, abstrato.

No *Kallias*, Schiller como que fundamentado na experiência do conflito estético, teoriza a divisão interiorizada como drama e filosofia, ao estabelecer as fronteiras do conceito com a imaginação criadora. Ao identificar o discurso conceitual com a linguagem, afirma ser esta a mensageira do mundo das coisas ao entendimento, que a acolhe. Este é o lugar natural de recepção das ideias, dos conceitos e seus processos. A obra de arte não tem como objetivo principal dirigir-se ao entendimento, e sim à imaginação. O destino da imaginação criadora é a imaginação receptora. O destino da razão é o entendimento. Nele, há uma ação dialética da liberdade na regra e da regra na liberdade. Essa liberdade da arte é natureza que não é mais por si mesma, mas depende da regra, da técnica. Necessariamente oposta à natureza, ou à liberdade, entendia Schiller a técnica como o modo necessário da arte. O gênio dá a regra à arte, mas a regra só se dá com o gênio técnico no enfrentamento da natureza. A razão prática é a prática da razão natural, restrita à regra, e não ao gênio. A moral estética é uma capitulação diante da razão, diante do bem, das contradições a meio caminho.

Segundo Lukács, a problemática de Schiller é a mesma de Kant na *Crítica do Juízo*, a de encontrar uma ligação entre a sensibilidade e a razão na esfera estética. Porém, com a diferença que em Schiller não há subordinação da sensibilidade

---

75 *Schiller: Théories esthétiques et structures dramatiques*, p. 157.

184   ESTÉTICA DA CONTRADIÇÃO

em relação à razão, mas sim, conforme ele próprio, em situação de mútua ação subordinativa e coordenativa, em ação de reciprocidade. Em sua *Contribuição à História da Estética* (1923), Lukács, além de procurar a ligação em Schiller, busca também outro: o que interliga sua obra a Kant e Hegel. A teoria do jogo insere-se, assim, em meio ao problema da angústia humana diante da divisão burguesa do trabalho, refletida na obra de arte e no homem, e expressa na cisão entre razão e sensibilidade. Schiller na verdade buscava uma estreita cooperação, uma unidade que resolvesse as contradições dos propósitos, ao contrário dos românticos que acirraram essas mesmas contradições, em uma crítica mais radical da razão. Não podemos, contudo, como quer Lukács, considerar essa radicalização como uma pura manifestação de um irracionalismo isento de responsabilidades. A dependência moral na estética schilleriana o impede de perceber que os rumos da imaginação criadora e da sensibilidade teriam de se dar muitas vezes à revelia da razão. Por vezes atacando-a, pois a razão clássica já não mais representava uma possível aliada da imaginação e da sensibilidade. A razão tornara-se instrumental, porta-voz da repressão e não da liberdade schilleriana. Sem dúvida, conforme aponta Lukács, "as contradições schillerianas derivam, por meio de múltiplas mediações, da contradição inerente à sociedade capitalista, da contradição entre produção social e apropriação privada"[76].

A ideia do homem dilacerado face à sociedade e à civilização, dilaceração essa que tem como base a divisão do trabalho, corresponderia ao período kantiano de Schiller. A dicotomia entre razão e sensibilidade não é uma herança somente kantiana, é mesmo anterior à Kant. A contradição entre pensamento e sentimento já era uma velha conhecida. O fato de pertencer ao período kantiano do poeta não implica que se trate de uma problemática somente kantiana. Schiller acreditava poder restabelecer a unidade perdida do pensamento com o sentimento por meio do esforço da estética, de sua contribuição nos destinos do homem. A problemática da dicotomia antecede Kant, e não é por outra razão que ele procura sistematizar a antinomia fundamental, ou, como queria Lukács,

76 Op. cit., p. 93.

"estabelecer uma relação metodológica entre razão e sensibilidade, entre mundo fenomênico e mundo noumênico, entre a empiria e as ideias". O que separará o conceito de dilaceração schilleriano do romântico é que os românticos não procuraram restabelecer qualquer unidade, mas perguntavam-se, ao contrário, das possibilidades de tal empreendimento. Enquanto Schiller buscava a unidade, eles permitiram-se o fragmento. A vivência da dicotomia e sua exploração radical. A razão os levava a uma crítica da razão estética. Schiller constatava, denunciava e dramatizava as contradições; porém buscava a unidade, o que denuncia sua posição classicista, embora não ortodoxa, das relações de conflito entre pensamento e sentimento. O homem total procurado por Schiller já não existe mais, é preciso recriá-lo. Resta saber se é possível. Eis o idealismo de Schiller: não cabe mais o homem originalmente unitário, pois se perdeu na história. Não é mais possível o restabelecimento da unidade perdida: ou buscamos outra unidade ou corremos o risco de continuarmos à deriva. Como também é possível que jamais consigamos unidade alguma, que vivamos a unidade dos conflitos permanentes e das contradições constantes.

A fé na faculdade espiritual que exerce a arte poética como elemento de unificação da alma não pode ser simplesmente descartada. A harmonia buscada por ele, mesmo que a consideremos inviável, não é uma hipótese a ser menosprezada. A história nos tem mostrado que esse acordo pode ser de tudo, menos de paz. O surrealismo, por exemplo, derrotou-o. A diferença, o fragmento e a contradição cada vez mais se impuseram. A unidade tornou-se momento. Concerto. Schiller possuía a contradição nas veias, ou dito por Lukács, "um poeta nascido trágico, a contradição em sua exasperação trágica era seu elemento vital mesmo". Sua filosofia idealista insere-se na perspectiva de tal utopia, do caminho que leva do idealismo subjetivo de Kant ao idealismo objetivo de Hegel. Schiller supera a estética iluminista, e assim, aproxima-se de Schelling. Schiller teoriza em função das contradições da sociedade burguesa e das relações contraditórias do artista com a civilização, porém o passo conceitual decisivo que o leva a Hegel foi dado por Schelling. É deste, e não de Schiller, a primeira formulação nitidamente sistemática da contradição estética. Mesmo que

186   ESTÉTICA DA CONTRADIÇÃO

Schiller tivesse a contradição como uma de suas obsessões, o que buscava era a unidade reconciliada, a harmonia do cessar dos conflitos.

Nas *Cartas sobre a Educação Estética da Humanidade* (1794-1795), a beleza para Schiller, já na parte final da primeira carta ao Duque d'Augustenburg, distancia-se progressivamente de sua magia interior pela ação devastadora da reflexão estética, que a desloca dos sentidos em direção à inteligência ou abstração. A beleza anterior à filosofia da arte imaginava-se como que independente, unida em torno de si mesma, agora entregue ao discurso estrangeiro. O químico, nesse sentido, operaria analogicamente quando o conhecimento só é exercido e produzido na necessária destruição da pureza imediata do objeto sobre o qual a técnica o tateia. Tal contradição, a da natureza do objeto com sua perda pelo conhecimento, seria inerente aos objetivos em geral, ou inerente igualmente ao observador que a sofre quando da internalização da contradição, ou da criação de novas contradições ou conflitos oriundos das novas transformações psíquicas. Mais ainda quando se trata de questões de beleza. Não nos parece, apesar de tudo, que Schiller tenha sido feliz neste caso. Na verdade a beleza, e ele mesmo como criador provou isso, descobre-se mais profunda. A perda da realidade mágica, consequência do contato epidérmico, ou o esvaziamento de seu caráter enigmático, são puras ilusões da crítica schilleriana. O que ocorre é uma transmutação no próprio sentimento em relação ao enigma. É certo que a beleza traz em sua imanência e interioridade a força do enigma, mas que a obra tenha de permanecer em estado de enigma para preservar sua beleza, nem mesmo Schiller seria capaz de acreditar em suas próprias palavras.

A compreensão do desenvolvimento processual da obra de arte, sua vida interna, aparentemente dissolve a beleza, banalizando-a com o discurso externo à coisa. Se assim entendêssemos a atividade reflexiva e conceitual, seria algo próximo da morte da galinha dos ovos de ouro: a fonte do ouro buscada em seu ventre não nos leva à sua descoberta, mas à sua destruição "na fonte". A fonte seria a impossibilidade mesma de sua descoberta. Com o ventre aberto, nada mais teríamos que a demonstração de uma "lição de anatomia", não a fonte do ouro, mas a organização interna, o sistema orgânico próprio do animal. A conceituação, porém, também tem seus mistérios, mesmo que de natureza diversa. A mediatidade do pensamento abstrato certamente esfriará a imediatidade da beleza, contudo novas perspectivas serão abertas. Por suas palavras:

> Mas esta própria forma técnica, que torna a verdade manifesta ao entendimento, a dissimula ao sentimento; pois infelizmente é preciso que o entendimento, para apropriar-se do objeto que lhe é fornecido por seu sentido interior, comece por destruí-lo. Como o químico, o filósofo só descobre a liga pela análise, e ele só alcança a obra da livre natureza submetendo-a à tortura da técnica.[77]

O mistério poderia perder-se na "indigente ossatura de palavras", quando a magia se dissolveria.

O paradoxo da verdade filosófica da obra de arte é que a beleza, sendo reduzida a discurso, faz deste quase que um discurso charlatão. Schiller denuncia as contradições da sociedade burguesa, da divisão capitalista do trabalho, dando-se conta da contradição maior enfrentada pela estética, em sua dimensão sincrônica, quando a sociedade causa o enfrentamento enquanto adversária do mundo estético. A derrota da sensibilidade é a derrota do espírito diante das regras sociais, voltadas para a utilidade e o rendimento. "A utilidade é o grande fetiche da época; ela exige que todas as forças lhe sejam servis e que todos os talentos lhe prestem homenagem". Assim, não somente a organização capitalista do trabalho, mas também o novo espírito científico da época, incluindo o filosófico, apresenta-se como adversário da arte, conquanto postule o domínio do discurso abstrato sobre a sensibilidade – a qual estaria sendo permanentemente agredida, por um lado pela ciência, e por outro, pela utilidade, "o grande fetiche da época", auxiliada pela divisão capitalista do trabalho que agride a sensibilidade, rompendo-a com a razão. Idealisticamente, a Grécia estaria isenta dessa dicotomia. A pragmaticidade do mundo burguês engendraria um duplo estranhamento: o do homem em relação à sociedade e o da obra de arte diante do pensamento científico.

A rejeição da arte pela sociedade, na interpretação schilleriana, está muito próxima daquela mais tarde apontada por

---

77 F. Schiller, *Lettres sur l'éducation esthétique de l'homme*, p. 69.

Marx relativa à hostilidade burguesa ao universo da criação artística. A maior e mais grave das hostilidades contra a arte, todavia, derivou do próprio marxismo, criminoso exemplar das manifestações livres da arte e da cultura. Comparadas, a hostilidade burguesa é nada perante a proletário-comunista. Nem mesmo a hostilidade nazista chegou a alcançar o nível da hostilidade comunista. O desprezo pela arte estaria ligado à ideologia dominante que tinha dificuldades em torná-la operacional, mensurável. A dificuldade fundamental era de condicioná-la à ordem produtiva e à lei pragmática do mundo da utilidade no otimismo produtor da consciência das contradições políticas do homem moderno e de sua inevitabilidade. As contradições deveriam ser tomadas em seu aspecto produtivo, apesar de a arte encontrar-se em momento desfavorecedor.

Ainda que de forma idealista, as críticas de Schiller ao pragmatismo da sociedade burguesa representam um avanço profundo na crítica à sociedade. Mesmo Lukács admite que Antiguidade e a *polis* como modelos no momento da afirmação da sociedade burguesa diante das tendências reacionárias representam um "utopismo progressista". Mas Horkheimer, com sua crítica ao mundo dos meios em relação ao mundo dos fins, é muito mais penetrante. Uma aproximação de Horkheimer com Schiller faz-se necessária.

No *Eclipse da Razão*, Horkheimer, ao elaborar a temática da revolta da natureza, demonstra que a dominação da natureza é na verdade o outro lado dela mesma, que inclui a dominação do homem pelo homem. A inadaptabilidade do homem criativo à sociedade dividida pelas contradições da sociedade capitalista é já uma denúncia que, passando pelo romantismo, desembocará igualmente na crítica horkheimeriana da racionalização e da planificação modernas que ponderam com a ameaça da conservação do indivíduo. A adaptação, que já amedrontava Schiller, torna-se no mundo contemporâneo a condição da sobrevivência, a chantagem do sistema. A intuição utópica fundada na crítica da sociedade de seu tempo era o prenúncio da submissão massiva que iria ocorrer nas sociedades industriais. Diz Horkheimer que "com a divisão do trabalho muito avançada, a expressão tornou-se um instrumento utilizado pelos técnicos a serviço da indústria". As contradições apontadas na estética schilleriana denunciavam a razão pragmática e formalizada que colocava sob suspeita tudo que não fosse reduzido ao útil e ao pragmático. No mundo de Schiller, "a utilidade é o grande fetiche", da mesma forma que no de Horkheimer "o princípio da dominação tornou-se o fetiche ao qual tudo é sacrificado". A crítica schilleriana visa os mecanismos sociais que conduzem coercitivamente à integração social. Hoje, o princípio de dominação, mais sutil, substituiu a brutalidade pelo respeito à "voz interior" em lugar do mestre. A integração ou adaptação visa o controle da arte, sua submissão aos destinos da necessidade do sistema, no qual não há muita margem de opções: ou se integra, ou resiste à opressão da necessidade (forçada), buscando abrigo na liberdade como utopia política. Seu desafio é impor-se em sua dignidade, em sua singularidade "inútil" diante do mundo do necessário. Contrariando a teoria heideggeriana da obra de arte como "coisa", a obra de arte schilleriana, portanto, não deve ser confundida com a lenha da Floresta Negra ou o carvão do Ruhr.

Aprendemos igualmente com Habermas, em *O Espaço Público*, que o Estado constitucional burguês fizera mostrar a contradição da esfera pública institucionalizada ao demonstrar sua tendência à dominação de fato, quando a nega por direito: "Seu princípio que, por essência, opõe-se a toda dominação, contribuiu para a formação de uma ordem política à qual os fundamentos sociais não conseguiram tornar a dominação totalmente supérflua"[78]. A publicidade começaria a se tornar a "arte" das massas ao dominar gradativamente a esfera pública estética.

A negatividade na estética schilleriana, calçada nas contradições do artista com a sociedade, e esta diante de suas próprias contradições, foi muito mais presente do que poderíamos perceber nas suas aparências. É esse caráter negativo dos conflitos em Schiller que torna sua obra o salto fundamental da contradição estética desde Kant, em que a contradição não alcançara um estatuto definido, embora muitíssimo presente. A dimensão negativa da obra e do artista surgirá somente com Schiller. Mas isso não implica esquecermos as indicações kantianas na teoria do jogo, da presença do salário industrial e suas decorrências. A radicalização da contradição, contudo, deu-se somente com

78 *L'Espace public*, p. 98.

Schiller, ainda que a contradição como categoria estética tenha sido definitivamente instituída com Schelling. Digamos que aí seu estatuto fica mais definido, mais claro e transparente. Coube a Hegel a sistematização, ao internalizá-la em sua *Estética*. Em Poesia Natural e Poesia Sentimental, diz Schiller:

> Poetas pertencendo a esta categoria natural não estão bem em seu lugar em um século artificial. É a muito custo mesmo se eles são ainda possíveis; eles só são ao menos possíveis como corredores indisciplinados no seio de sua época, e porque um destino favorável os protege contra a ação degradante da mesma. Eles não podem jamais e em nenhum caso nascer da própria sociedade. Por vezes eles surgem fora dela, antes semelhantes a estrangeiros que se olha com surpresa e a filhos indomados da natureza contra os quais nos irritamos.[79]

Essa revolta dos filhos da natureza é oposta àquela segundo a qual Horkheimer creditava ao fascista, a que opera uma síntese terrível da razão e da natureza, preservando os elementos de ambas, em franca oposição à tradicional reconciliação sonhada pela filosofia. Fica patente o desconforto "romântico" do poeta natural diante da sociedade burguesa que o despreza, fazendo-o artificial em um século artificial. O espaço que lhe permite existir reduz-se àquele semelhante ao do operário: o das condições mínimas da sobrevivência e da conservação de si necessárias para a força do trabalho de reprodução do capital e da indústria. Aqui a negatividade da arte é inerente à sua práxis, à sua verdade do mundo. Em Schiller, a arte existe na condição de prática concreta da contradição em função da realidade, como verdade da contradição, e subsiste enquanto tal na sua permanência de contradição.

Essa incompatibilidade do artista com a sociedade não veio a ser uma característica somente do natural, mas da condição artista de ser-no-mundo. Sua presença viva já é uma crítica à sociedade, tal como a continuidade de sua sobrevivência vem a ser uma prova de sua impertinência social e de sua teimosia. Essa destinação do humanismo clássico da arte é contradição e conflito puro com o caráter quermesse da sociedade burguesa e seus produtos de mercado. É o conflito com a realidade

---

79 *Poésie naïve et poésie sentimentale*, p. 113.

histórica do capitalismo, que tem na razão pragmática e instrumental a justificativa da utilidade como objetivação totêmica do fetichismo do objeto. Porém, na concepção schilleriana, a beleza precede a liberdade, e é sua condição necessária. Mas essa posição espaço-temporal de anterioridade não traduz a verdade dos fatos, na medida em que a liberdade também é condição de beleza. A realização só é possível dialeticamente. Não haveria anterioridade nem posterioridade, mas uma mútua implicação dialética. A beleza schilleriana luta contra a utilidade do universo histórico, idealisticamente neutralizando o pragmatismo cotidiano. Schiller acreditava na estetização da política – sem estatizar a estética – como um processo de positivação da obra de arte, esperando vê-la reconciliada em um mundo em que não mais coubesse a negação permanente.

O projeto schilleriano fracassou, mas pode ser uma antecipação teórica do mundo futuro. Antes da estetização da política, o que vimos foi a estatização bárbara da arte no comunismo e no nazismo. Os totalitarismos estetizaram a barbárie e estatizaram a estética. Todorov chamou de "sintetismo" a tendência romântica de conciliar os contrários, de uma síntese que procurasse a solução do conflito. De fato, porém, as contradições e soluções schillerianas diferem radicalmente das de um Novalis. A conciliação de Jean-Paul tampouco se aproxima das tendências goethianas. Mas Goethe sempre nos surpreende, como nas *Afinidades Eletivas*, em que o jornal de Odile atesta que "seguramente só se pode escapar ao mundo pela arte; e seguramente só se pode a ele se unir pela arte". Eis aí uma forma lapidar, com todos os requintes de seu gênio paradoxal, que sintetiza o gênio do século. A liberdade fora do mundo igualmente encontra-se no caminho da descoberta desse mesmo mundo, na história do mundo tornada acessível pela arte. O acesso ao mundo pela imaginação criadora seria o mais seguro dos meios à conquista da liberdade sobre a terra. O ser tem na arte o aliado afetivo que o protegerá das limitações impostas pela realidade e pela sociedade. Paradoxalmente, sua distância do prosaísmo da existência mundana leva-o a uma melhor compreensão crítica do mundo que o cerca. Escapa-se do mundo na tentativa de se eliminar a repressão social que dificulta a instauração definitiva do reino da liberdade.

Na busca da harmonia, tendo como paradigma os gregos, com a *polis* como modelo de organização sociopolítica, os modernos teriam ainda muito que lutar para conciliar as contradições da sociedade burguesa. A capacidade de ultrapassagem das contradições que afligem o cidadão burguês, ainda que restrita ao idealismo schilleriano, tendo a harmonia como objetivo precípuo, tem seu lado progressista, pois indicaria algum caminho na resolução das contradições do capitalismo e da divisão social do trabalho. A síndrome da Grécia tem um papel a desempenhar na possibilidade da respiração nova perante a asfixia do ser na sociedade reificada. A harmonia dos gregos na concepção schilleriana deve-se à conciliação das contradições que não deixavam vítimas (aparentes). Contradição significava imediatamente civilização. A razão somava e não dividia, acreditava Schiller. Este a via sendo instrumentalizada em benefício do pleno desenvolvimento humano e na pura realização harmônica do indivíduo e de suas potencialidades. Era imoral uma razão paradoxal que pudesse dividir e parcializar. O fundamento natural da razão grega é a união do indivíduo em uma totalidade que o integrava e o reconhecia como legítimo e não um errante bastardo. Segundo ele, a razão moderna, industrial, pragmática, age dividindo, conflitando com a verdadeira e autêntica natureza humana e seus destinos mais caros.

Goethe igualmente entende a arte em uma sociedade na qual o artista se veja livre das pressões materiais, como aquela que estaria em condições de favorecer a imaginação criadora. Esta depende da base material, da conservação de si garantida como condição prévia de seu desenvolvimento. E essa teoria goetheina revela um profundo sentido democrático, progressista, crítico igualmente do antropocentrismo burguês e reacionário, pois, ao defender a "arte característica", afirmava:

> A arte já era criadora muito tempo antes que se tornasse bela, e entretanto essa arte é uma arte verdadeira e grande, frequentemente mesmo mais verdadeira e maior que a própria bela arte. Pois a natureza criadora do homem mostra-se atuante desde que sua existência material esteja garantida. Desde que ele fique sem objeto de inquietação e de medo, o semideus, agindo com calma, procura matérias na vizinhança a fim de lhes insuflar seu espírito. É assim que o selvagem vem fabricar suas cabaças de coco, suas plumas, e pintar seu corpo de

AS CONTRADIÇÕES ESTÉTICAS FUNDAMENTAIS DO SÉCULO XVIII

traços extravagantes, de figuras horríveis e de cores gritantes. E mesmo se toda essa produção de imagens fosse composta de formas as mais arbitrárias, ela seria apesar de tudo harmoniosa, ainda que desprovida de proporções figurativas, pois foi criada como totalidade característica pela unidade de um sentimento.[80]

Essa unidade do sentimento é marca da autenticidade criadora, que não a faz confundir-se com a quinquilharia da arte de fundamento mecânico-artesanal. A crítica goethiana ao *kitsch* da época, isto é, a crítica à reprodução industrial de "belos objetos graciosos, prazerosos e efêmeros", mas desprovidos da unidade de sentimento que nos oferece a arte característica, dizíamos, dá-nos os primeiros fundamentos da razão estética na era de sua reprodutibilidade técnica e industrial. A teoria goethiana da arte opõe-se à produção manufaturada e à contrafação do *kitsch* burguês recém-nascido.

Logo, neste mundo que os vê com indiferença, os artistas sentem-se em situação de estranhamento. Ao estado físico e ao estado da necessidade suceder-se-ia o estado estético, consequência do fim das contradições políticas que inviabilizaram a arte ou francamente a hostilizaram.

A beleza faz a grande parte na estratégica estética para derrotar a utilidade. Mas a beleza schilleriana é, sobretudo, a beleza social, consequência da reordenação política da sociedade. As cartas de Schiller preferem objetiva e especificamente ocupar-se das contradições externas da obra de arte, quais sejam, as existentes na vida civilizada moderna e as do destino político da estética artística, na resolução igualmente dessas contradições entre si, visando a instituição do estado estético, subsequente ao estado físico e ao estado da necessidade (cidadania miserabilizada). Há uma simultaneidade entre a sistematização da estética como ciência da sensibilidade (Baumgarten) e a crítica da ordem da razão na liberação da imaginação e do instinto de jogo. A mesma ciência da sensibilidade em Kant opõe-se à ciência do entendimento ou da lógica. E essa ciência da sensibilidade caminha em direção à constituição da ciência da arte, da criação artística. Marcuse, em *Eros e Civilização*, procura mostrar a qualidade intrínseca da sensibilidade como

---

80 Op. cit., p. 71.

dependente do princípio do prazer, logo, como crítica do princípio da realidade. A função cognitiva da arte (sensibilidade) confundir-se-ia com sua função apetitiva (sensual), apresentando-se como igualmente erógena. Daí sua inadaptabilidade à cognição puramente abstrata ou racional. "A arte", disse Marcuse, "desafia o princípio essencial da razão: representando a ordem da sensibilidade, ela apela a uma lógica tabu, a lógica da satisfação que se opõe à lógica da repressão"[81].

O antagonismo existente entre sensibilidade e razão afirmava-se mais diretamente como uma crítica da tirania da razão pragmática, da utilidade enquanto categoria maior da sociedade capitalista. Horkheimer, em *Razão e Conservação de Si*, mostrou a indissociabilidade da razão com a utilidade enquanto categoria social mais fundamental da sociedade de classes. A razão na verdade visa propriamente às consequências úteis de sua forma de conhecimento e produção de um saber convertível em objeto pragmático. O útil como princípio da razão justifica o interesse dos indivíduos conscientes na busca da satisfação pragmática, e "a razão é a maneira segundo a qual o indivíduo impõe-se nesta sociedade ou se adapta a ela, o modo conforme o qual ele faz seu caminho"[82]. As relações do indivíduo com a comunidade passam pela ideia que têm do uso da razão, da razão útil no caminho da busca de realização dos desejos práticos. A razão formalizada horkheimeriana leva os indivíduos a desconfiarem uns dos outros, uns e outros acreditando mais na estratégia de venda de mercadorias ao interlocutor do que na pura relação comunicacional dos seres que trocam experiências e sentimentos puros. A comunicação converte-se em plano de marketing dissimulado. A desconfiança desvela o lado falso e reificado das trocas simbólicas entre os homens. Estes quase sempre se julgam diante do vendedor de assinaturas de um jornal ou revista de importante circulação, que, com seu charme indiscreto, tenta se fazer passar por um velho amigo. "Cada palavra", sintetiza Horkheimer, "ou cada frase que sugere relações outras que as pragmáticas é suspeita". Crê-se mais no vendedor de assinaturas: ele é mais sincero.

---

81 *Eros et civilisation*, p. 163.
82 M. Horkheimer, *Eclipse de la raison*, p. 203.

AS CONTRADIÇÕES ESTÉTICAS FUNDAMENTAIS DO SÉCULO XVIII   195

A obra de arte enfrenta as contradições exteriores a si com a coragem de seu instinto, de sua intuição, na transformação pelo trabalho lúdico, contra a divisão capitalista do trabalho, o que a faz compromissar-se como obra política. Vale lembrar que a divisão do trabalho não é nem capitalista nem comunista, ela procede das próprias características do trabalho na era industrial, impostas pela razão tecnológica. A face política da obra de arte a hipostasia como conteúdo político profundo e no mais nobre do termo, sem caráter partidário, o que diminui sensivelmente os riscos da moralizadora e repressora tarefa militante. Responsabiliza-se a civilização pelos efeitos causados: de seu poder de fragmentação do sujeito histórico, de sua cruel ação de separação progressiva dos homens em classes sociais. O progresso social capitalista engendrou sua própria ideia de miséria humana e as formas racionais de administrá-la. O interesse na crítica da estética schilleriana tem como objetivo maior a contestação da civilização do lucro e da dependência do salário para a conservação de si, o que a inscreve naturalmente na perspectiva de Kant – a desumanização progressiva causada pela artificialidade do salário da sociedade industrial. Entenda-se a crítica schilleriana em uma perspectiva diacrônica, em virtude das condições histórico-culturais em que vivia. A condenação da civilização do lucro dá-se em função da força de dominação sobre qualquer outra atividade humana, e não por si mesma. A esse propósito, Marcuse interpreta a crítica schilleriana como a utopia fundada na ideia de representação como experiência vivida, em oposição à organização social voltada à necessidade – a aparência viria a ser identificada com a vida humana desvinculada da necessidade, o jogo como superior ao labor.

O homem busca suas capacidades de transcender a natureza e suas imposições sem procurar destruí-la; assim, afirma utopicamente Schiller: "ele tem o poder de transformar a obra da necessidade em uma obra de sua livre escolha e de elevar a necessidade física à dignidade de necessidade moral"[83]. O caráter objetivo dos indivíduos tem assegurado sua dignidade devido à sua origem política, o Estado, que fundado na razão busca a percussão conciliada na unidade. A coação do Estado negocia,

---

83 *Lettres sur l'éducation esthétique de l'homme*, p. 77.

a seu modo, a unidade dos indivíduos. Mas em Schiller essa unidade conflita com a urgência de multiplicidade da natureza, dividindo-se diante das duas legislações. O reino da aparência não deve ser esmagado pela razão do Estado, assegurando as condições de sobrevivência do subjetivo humano. A moralidade mesma não deveria pisar no reino da aparência ou da subjetividade estética. O interior humano também deveria legislar ao lado do Estado. O ideal schilleriano reencontraria o homem em sua natureza profunda na recusa do caráter fragmentário de que foi vítima. E, com sucessivas tentativas, exploraria sua liberdade no sentido de alcançar a plenitude humana por meio da reintegração ao Todo, momento em que o Estado moral fundar-se-ia na moral estética. Entre a desordem de natureza múltipla e a uniformidade da unidade moral instituída pela razão, encontraríamos a "forma vitoriosa": aquela que possui o caráter "total" ontologicamente firmado no povo, para que este "seja capaz e digno de trocar o Estado da necessidade pelo Estado da liberdade"[84]. A burguesia funda no seio da sociabilidade o mais refinado egoísmo classista. A divisão do trabalho, a razão utilitária e o capitalismo como um todo inventam a sociabilidade hipócrita e cínica dos gestos estudados, mas abandonam o coração. O resgate do coração como crítica da sociedade industrial, como crítica ao sistema desumano que as relações da produção conduziram o ser.

Habermas demonstra em *Teoria e Prática* que, em uma sociedade organizada segundo o princípio da divisão do trabalho, há paradoxo entre a sociedade – tal qual na busca da racionalidade extremada e na diminuição paralela do saber e da consciência na sociedade científica. Schiller, diante das condições da época e a seu modo, procurou mostrar essa relação nascente na sociedade burguesa. A razão utilitária do século XVIII enquanto instrumento da indústria criava as bases da construção de uma sociedade na qual as relações do homem com o mundo deveriam indispensavelmente se tornar reificadas. A reconciliação do homem com a natureza no projeto schilleriano nada tem a ver com a aquela posteriormente desenvolvida pelo fascismo, pois este, conforme Horkheimer, tinha na fusão da razão com a natureza uma visão de "síntese satânica", totalmente estranha

---

84   Idem, p. 18.

aos desejos de Schiller e Goethe. A síntese schilleriana da razão com a natureza seria a reconciliação do entendimento com a imaginação, da razão com a civilização. Porém, não a razão que provocou a dissociação da civilização com a natureza, e sim uma razão que contrarie os interesses do Estado tal como se apresenta, uma razão superior que não mais divida os homens e dissolva a harmonia. Enfim, uma razão que instaure a possibilidade da convivência entre o entendimento intuitivo e o entendimento especulativo. Claro, o entendimento intuitivo é o que rege as manifestações da imaginação criadora. Esta não seria imaginação pura, absoluta, descobrindo em suas raízes fundamentais seus elos com o entendimento, enquanto sustentação arquitetônica das construções imaginárias. A natureza, instituição por excelência dos gregos, fora dissociada da vida moderna devido à ação do entendimento "que tudo dissocia". Entretanto, a cultura vive das contradições, que são o fundamento mesmo da virtualidade de seu acontecimento. As contradições estéticas são os grandes instrumentos da cultura, embora elas não sejam um fim em si mesmas.

Na origem da divisão humana está a civilização organizada como tal. "Desde que", diz Schiller,

de um lado uma separação mais estrita das ciências e do outro uma divisão mais rigorosa das classes sociais e das tarefas tornaram-se necessárias; a primeira pela maior experiência e pelo pensamento tornado mais preciso, a segunda pelo mecanismo mais complicado dos estados, o feixe interior da natureza humana se dissocia ele também e uma funesta luta dividiu a harmonia de suas forças[85].

O mundo apresenta-se como uma sucessão progressiva de divisões que, é claro, não poderiam ter suas consequências na vida cotidiana dos homens. Instala-se uma civilização do conflito, na qual as atividades humanas tornaram-se fragmentárias, isoladas entre si. A ruptura entre os meios e os fins apontada por Horkheimer insere-se na mesma ordem das sucessivas rupturas indicadas por Schiller: "entre o Estado e a Igreja, entre as leis e os mores; houve separação entre o gozo e o trabalho, entre o meio e o fim, entre o esforço e a recompensa"[86].

85 Idem, p. 107.
86 Idem, ibidem.

O capitalismo industrial orienta as divisões e faz com que o divórcio com a natureza se aprofunde, torne-se abissalmente irreversível. Deve-se, contudo, ressaltar que essa não é uma especificidade do capitalismo, pois no comunismo e nas sociedades totalitárias tais tendências são gravemente desumanas. Essas divisões, por sua vez, acentuaram ainda mais a antinomia da faculdade discursiva com a faculdade imaginativa – a imaginação e o entendimento figuraram na condição de conflito que Schiller herdara do século desde Vico. Por outro lado, contudo, o antagonismo de forças que os gregos viveram não os impediu de encontrar a justa solução estética, ao passo que os modernos vivem os antagonismos (de classe, estéticos, políticos, sociais etc.) em sua dimensão paralisante e alienante. Os antagonismos na cultura não se resolvem na sua dissimulação, mas na inteligente e sensível compreensão dos jogos de forças entre si. A natureza humana sob o capitalismo reduz-se a jogos de mutilações coordenadas, administradas e progressivas. A arte superior e o estado estético criariam uma nova ordem política, na qual a artificialidade da civilização seria substituída finalmente pela autenticidade da civilização reencontrada consigo mesma. O conhecimento e a cultura se formam de partes simultâneas que se dividem e se diferenciam por contrastes e oposição. Sustentam-se, por sua vez, em um movimento contínuo inesgotável em sua imediatidade. A contradição estética não é conhecimento, é resultado do conhecimento, mas também o produz e o viabiliza, caso não se torne antagonismo absoluto. Seu valor é extrínseco à sua condição. Convém lembrar, contudo, e a isso Schiller não deu atenção, que mesmo a nova cultura estética traria geneticamente os indícios de sua paternidade, visto que seu conteúdo latente é pura contradição, puro conflito. A harmonia do estado estético não poria fim ao estado de contradição, mas alteraria as relações do homem com os conflitos interiores desse estado. Se tivesse conhecido o comunismo veria que os totalitarismos representam a vitória das tendências patológicas das sociedades.

Na interpretação marcusiana, Schiller contraria os interesses burgueses ao propor uma solução baseada no princípio do prazer, contrariando a ideologia dominante que se fixa no princípio da realidade. Esta tem na razão sua maior aliada no combate à liberdade, a menos que se reveja sua ação, reoriente sua práxis no sentido de uma maior profundidade moral – que se identificaria com a conquista progressiva da liberdade humana. Extirpar a profunda degradação causada pela violência cega dos instintos naturais mal compreendidos, e retornar à simplicidade e à beleza da verdade humana, "há aí trabalho para mais de um século". O ser schilleriano não tem fé na razão fria dos racionalistas. É a razão doce. Sem o coração, sem o sentimento, jamais se poderá chegar a qualquer possibilidade de harmonia, a qualquer forma de liberdade durável. Esse processo de harmonização já possui em Schiller os contornos necessários que nos autorizariam a considerá-lo uma urgência histórica. O homem moderno, insatisfeito diante da escalada da repressão imposta pela razão utilitária, tentaria uma nova compreensão da antinomia da razão com o sentimento, que se daria em uma nova dialética fundadora do estado estético: a república da liberdade, a república estética. Não há moral sem sentimento, sem beleza, sem razão descompromissada. A liberdade da imaginação criadora tampouco poderia existir sem essas condições prévias. O enobrecimento do caráter humano passa por um redimensionamento do político. Se o progresso político da sociedade depende intrinsecamente do avanço do caráter individual e este daquele, comunicando-se em sua interdependência, tanto quanto aquela da cultura teórica em relação à cultura prática, à superação do estado de barbárie corresponderia a instauração de uma nova ordem, desta vez estética. O Estado, contudo, não é o aliado ou cúmplice dessa reestruturação global, pois representa os interesses opostos, os da manutenção do estado de coisas estabelecido e sua ordem repressiva. "De onde vem", pergunta-se Schiller, "que nós sejamos ainda e sempre bárbaros?" Vale ressaltar, contudo, que o mais importante não é a resposta à questão, mas sim encontrar uma saída prática para a opressão da barbárie. Tampouco também a solução da opressão poder-se-ia alcançar sem que uma resposta satisfatória à questão das origens pudesse ser tecida. Há um fato: somos bárbaros, ainda. O que nos impede de alcançar a plenitude de nossa condição humana? Qual o papel da arte diante desse quadro desolador e triste?

A arte surge como uma resposta negativa ao estado de coisas existentes, engendrando liberdade e por ela sendo engendrada. Diante do paradoxo da sociedade, que acumula saber mas não resolve a barbárie em todos internalizada, a arte surge como presença de um paradoxo ainda maior. Contra o conservadorismo do Estado, a arte atualiza-se fiel à origem negativa da sua liberdade. Segundo Schiller,

a arte, como a ciência, é liberta de todas as coações positivas e de todas as convenções introduzidas pelos homens; uma e outra gozam de uma absoluta imunidade com relação ao arbitrário humano. O legislador político pode proibir seu domínio; não pode aí reinar. Ele pode desterrar o amigo da verdade; a verdade permanece. Ele pode humilhar o artista; ele não pode adulterar a arte[87].

Eis um belo hino à liberdade. A ciência, contudo, em parte estava comprometida com o estado de coisas vigente em cumplicidade com a positividade da reprodução do sistema. Habermas desmontou o sistema em suas partes fundamentais ao mostrar que as relações entre ciência, técnica e indústria são como processo circular de mútua alimentação. A sociedade industrial estabelece suas leis de autorreprodução amparadas pelo poder técnico "sempre maior sobre a natureza e de uma organização social sempre mais refinada na administração dos homens e de suas relações" (*Teoria e Prática*). Nesse intrincado sistema, em que cada qual se encontra em relação de interdependência, ligados entre si, não há lugar para qualquer inocência. A ciência e a pesquisa desempenham um papel de inteligência, de razão aplicada segundo os interesses da indústria. Logo, tanto mais esse contrato entre ciência, pesquisa, racionalidade e a divisão do trabalho se torna mais profundo, mais distante está a sociedade de uma verdadeira relação com o saber e a desalienação. Mas Schiller pensava em uma ciência ideal, negativa, livre, sem compromissos com a repressão e com a coercitividade do pensamento positivo e afirmativo, como diria Marcuse.

Na concepção marcusiana, a arte e a filosofia têm como objetivo e função uma permanente relação de contradição com o *statu quo*, caso contrário perder-se-iam na integração e no valor de crítica inerente à contradição. Nesse sentido, a própria razão deveria permanecer fiel a seu lado negativo, subversivo,

---

87 Idem, p. 135.

contrariando os interesses dos chamados elementos regula-dores da razão, pois estes representam os interesses do pen-samento positivo e da redução do espaço das contradições na conspiração reacionária da realidade unidimensional. Essa realidade é contestada pelo pensamento dialético, em franca contradição com a realidade dada. A esse respeito, convém ci-tar a crítica de Marcuse à lógica formal e sua desconsideração das contradições, para quem "as contradições são erros de um pensamento que funciona mal" (O *Homem Unidimensional*). O real sugere uma racionalidade que considera impensável o descaso das contradições, conflitos ou oposições de forças. A recusa das contradições não esconde sua face reacionária, que utiliza a razão com fins de dominação e estruturação de uma ordem de administração do pensamento:

> Se a lógica dialética apreende a contradição como uma "neces-sidade" que pertence à "natureza mesma do pensamento", é porque a contradição faz parte da natureza mesma do objeto de pensamento, ela faz parte de uma realidade em que a razão é também desrazão, na qual o irracional é também o racional. Mas toda realidade estabelecida luta contra a lógica das contradições – ela favorece os modos de vida, as formas de comportamento estabelecidos que a renovam e a aperfei-çoam. A realidade dada tem sua própria lógica e sua própria verdade; para compreendê-las enquanto tais, para transcendê-las, é preciso uma lógica diferente, uma verdade contraditória.[88]

No mesmo sentido da crítica schilleriana, o de recuperar o verdadeiro sentido da arte e da filosofia, o dirigir-se à beleza e à verdade. Nela, a negatividade da arte opor-se-á à objeti-vidade da política e sua onipotência do prosaico. Na dialética entre mundo histórico e mundo estético, Schiller concentrará uma das principais linhas de seu discurso filosófico. O artista, ainda que filho da época, rasga esse contrato limitador ao pa-radoxalmente o desprezar. Diante dos condicionamentos im-postos pela sociedade, regidos pelo princípio da realidade, o artista schilleriano, ao estranhar-se ou alienar-se no sentido hegeliano da palavra, dá provas de insubmissão à ordem po-lítico-ideológica estabelecida. A sociedade política não deve abafar o entusiasmo da imaginação criadora. Esta se projeta

88 H. Marcuse, *L'Homme unidimensionnel*, p. 166.

no infinito, em um tempo outro que não se prende à imediatidade do presente e a seus objetivos inconfessáveis. O futuro é construído na crítica do presente, suficientemente límpido moralmente a ponto de exercer toda sua pureza em função de algo maior. O instinto moral puro age com absoluta dignidade, tendo na transformação do presente a realização hoje da utopia reservada pelos conservadores como inviável. A palavra de ordem de Schiller, "Viva com teu século, mas sem ser sua criatura", revela a dimensão estrangeira do artista. Eis a dialética do artista. Desprezar seu tempo é contraditoriamente vivê-lo profundamente, contudo, o ser não é presa do tempo, não está a ele condicionado a ponto de essa realidade superá-lo ou impedi-lo em seu exercício da liberdade. Esta traz implicitamente a vitória da aparência sobre a realidade e da arte sobre a natureza. O artista igualmente indica os caminhos trilhados pela mediocridade e a forma de evitá-los. Schiller acreditava em um certo didatismo moral e estético dos artistas. A negatividade da obra estética seria a única força política dessa transformação. Pela emoção estética, os artistas têm base psicológica de manutenção das divergências com a sociedade civil. Por meio da emoção desvela-se seu valor moral, a justeza de suas ideias e a sinceridade de seus sentimentos.

A pretensão de Schiller era injetar sentimento no duro fundamento do Estado. Um Estado impulsionado pelo coração. Transformado radicalmente, esse Estado assumiria de modo integral seu papel idealizado de real promotor dos indivíduos. A derrota da realidade para a aparência significa que o prosaísmo do real cedera ante as forças da imaginação criadora. A profundidade da arte triunfaria sobre a mediocridade da realidade do mundo e da sociedade burguesa. Entenda-se aqui burguesa em sentido amplo, como força social acomodada mais do que como classe social econômica e politicamente arraigada na sociedade. As vitórias da arte e da aparência representam a vitória da negatividade. Tal utopia não teria compromissos com a sensaboria da repetição da realidade pragmática do mundo histórico, nem com a cansativa reprodução da realidade proposta pelos miméticos dogmáticos. Para Lukács, essa contradição não foi resolvida a contento na estética schilleriana. Permaneceu como paradoxo. E, paradoxalmente, Lukács critica em

Schiller o fato de ele propor a um só tempo a autonomia da arte e a insubmissão diante da coisa-em-si, o que seria o mesmo que dizer que a verdade (a liberdade da arte) opor-se-ia à realidade (coisa-em-si ou mimetismo dogmático). Lukács o critica ora por manter uma contradição enquanto tal, ora por não conseguir manter outra contradição como tal. Schiller visto por Lukács e por Marcuse não é o mesmo.

O ser schilleriano vive dividido em duas esferas instintivas distintas, contraditoriamente existindo, ora pacificamente, ora rispidamente. Ontologicamente dividido, o ser tende ora à imutabilidade, e é assim regido pelo instinto racional, ora pela irresistível mudança, sendo desta feita uma expressão do instinto sensível. Ambos traduzem, na concepção schilleriana, forças da natureza primitiva do homem. Essa divisão que dilacera o ser é acompanhada das contradições exteriores ao homem, isto é, aquelas que causam a dilaceração do mundo, como as que regem a divisão do trabalho. Schiller, ao buscar a unidade que recomporia a condição do homem, é alvo das condenações de Lukács, que o acusa de assim recusar as contradições, "rumo à supressão das contradições". O momento "Schiller" da contradição em Lukács caracterizar-se-ia exatamente com a extinção da contradição como alma motora do mundo subjetivo e objetivo: "A supressão schilleriana das contradições consiste substancialmente no fato de que Schiller *procura demonstrar que elas na realidade não são contradições*"[89].

Lukács tem razão ao afirmar que Schiller fundara sua teoria estética na constatação de uma contradição na base da existência humana, contudo, há uma *dimensão contraditória* em Schiller que, muito embora sua obra não tenha a clareza conceitual encontrada em filósofos posteriores, o faz um momento necessário no processo de crescimento dessa dimensão, que terá em Adorno sua figura máxima. E não Lukács, que diante de Adorno deixa perceber o quanto a sua concepção de contradição estética ficou presa aos dogmas ideológicos e políticos. Ou a uma concepção materialista, mas pouco dialética, se considerarmos sua dependência e justificativa perene das chamadas determinações da luta de classes. Ora, a luta de classes não pode

89 Op. cit., p. 104.

por si só explicar todo o universo contido no microcosmo da obra de arte, muito menos reduzir suas contradições somente àquelas de conteúdo político e econômico. É possível que a ordem moral em Schiller tenha sido a responsável por sua ansiedade em buscar a todo custo a unidade reconciliadora. Essa unidade perdida ou jamais encontrada teria como sua perseguidora, em seu encalço, a cultura enquanto função política. Será que tal função política da cultura como função de determinação da unidade é também exercida contraditoriamente?

Segundo Schiller, a função da cultura é de mediação, visando um maior equilíbrio entre as esferas instintivas. Assim, uma defender-se-ia dos excessos da outra. O instinto racional asseguraria o equilíbrio do ser contra os poderes dos sentidos e o instinto sensível protegeria a liberdade contra os interesses da repressão racional. Uma divisão freudiana na qual o instinto formal se autorregula e regula os limites do instinto sensível. As atividades e ações de recíprocas limitações coordenariam a legislação de ambos os instintos, em uma relação de contradição baseada na mútua cumplicidade, cada qual tendo no outro sua existência necessária e contrária.

Na estética schilleriana, a condição do progresso da civilização reside em um tênue equilíbrio entre o pensar e o sentir. Mas a liberdade humana procura um plano mais elevado e superior, em que os choques entre o favorecimento às mudanças, típico do instinto sensível, e a resistência a elas, característica do instinto formal, seriam enfim resolvidos em uma reconciliação das contradições. Haveria, assim, uma tendência ao encontro de uma unidade de todas as contradições entre os termos. A crítica de Lukács recai exatamente nesse ponto, ao acusá-lo de que essa ideia de unidade utópica acaba com as contradições. Ao considerá-las passageiras, Schiller estaria na verdade negando a existência do universo contraditório humano. Essa unidade na conciliação só poderia ser alcançada por meio do convencimento de que tanto a natureza quanto a razão não dispõem de meios de chegar a essa conciliação. A alma sofreria uma coação física (sensível) e uma coação moral (formal). A liberdade humana viabiliza-se a partir do momento em que o instinto de jogo substitui-se a essa dupla coação e, ao mesmo tempo, cria as condições de sua supressão. O instinto de jogo propõe-se a superar as dificuldades impostas pela unilateralidade e pela contraditoriedade dos instintos sensível e formal. Para Lukács, essa é a forma de extinguir as contradições. Para Marcuse, é a busca da liberdade na luta contra a tirania da razão, na qual o mundo da aparência substituir-se-ia ao mundo da necessidade. Mas Lukács em parte tem razão ao apontar no idealismo subjetivo de Schiller certa tendência a esvaziar as contradições e não percebê-las como inerentes aos objetos, como suas particularidades características. Ainda que possa ter ficado a meio caminho em certos momentos, contudo, sua importância é enorme para nossa história particular da filosofia da arte, pois Schiller apresentou-as vanguardisticamente de forma problematizada e setorizada.

Em Schiller, o instinto de jogo exprime e concilia as dimensões material e sensível da existência com a das qualidades formais do mundo e do racional da existência. Essa nova dimensão estética do mundo humano é indissociável da beleza, que, por sua vez, o é também do instinto de jogo. A beleza responderia à contradição aparentemente definitiva que separava o instinto formal do instinto material. Se para Lukács há uma capitulação pequeno-burguesa em Schiller, para Marcuse o instinto de jogo encerra uma disposição revolucionária enquanto princípio da civilização, pois nele reside uma revolta contra a realidade. Revolta essa que implicaria uma transformação da sociedade. O instinto de jogo não amorteceria as contradições, mas as utilizaria como prova da insatisfação diante do mundo tal como ele se apresenta ao homem. O instinto de jogo para Marcuse representa o fim da ideia de dominação: nem dominados nem dominadores. A defesa de Marcuse é a seguinte:

> Tendo chegado a esse ponto, nós podemos distinguir o caráter explosivo da concepção de Schiller. Ele diagnosticou a doença da civilização como sendo o conflito entre os dois instintos fundamentais do homem (os instintos sensíveis e os instintos formais), ou antes, como a "solução" violenta desse conflito, como o estabelecimento da tirania repressiva da razão sobre a sensibilidade. Por conseguinte, a reconciliação dos instintos em conflito implicaria na destruição dessa tirania, isto é, a restauração da sensibilidade em seus direitos. Seria preciso buscar a liberdade na liberação da sensibilidade antes que naquela da razão, e na limitação das faculdades "superiores" em favor das faculdades "inferiores". Em outros termos, a salvação da civilização implicaria a abolição

206 ESTÉTICA DA CONTRADIÇÃO

dos controles repressivos que a civilização impôs à sensibilidade. Eis aí a verdadeira ideia que se encontra por detrás da *Educação Estética*.[90]

A beleza é indissociável de um projeto de educação do homem. E de uma educação que já não é somente uma teologia da educação, como em *A Educação do Gênero Humano*, de Lessing, por exemplo. O belo sintetiza e une a oposição entre vida e forma, constituindo-se como forma viva. O homem joga, logo existe. E só é completamente homem quando joga, ao exercitar sua liberdade, no exercício da ordem da abundância. Marcuse encara a reconciliação dos instintos não como uma capitulação diante das contradições, mas sim como a possibilidade, enfim vislumbrada, de derrotar a opressão da razão. A sensibilidade do homem torna-se o *topos* da libertação do gênero humano. Ao homem, cabe livrar-se do domínio do trabalho e da necessidade para alcançar o reino da liberdade que, como observa Marcuse, encontra-se além da necessidade.

Em Schiller, é verdade que as contradições cedo ou tarde descobrem o caminho da resolução dialética. O erro foi considerar que, uma vez alcançada a reconciliação das forças em oposição, o homem finalmente teria encontrado o estado duradouro da paz estética. A beleza tem como função a busca da unidade do caráter calmante com o caráter enérgico. Essa unidade teria no caráter calmante a sua confiança em assegurar o respeito aos limites dos instintos sensível e formal. Já o caráter enérgico encarregar-se-ia de produzir a força necessária à manutenção desses respectivos vigores. Há uma dimensão funcional na beleza, em sua ação de fundo humano. A teoria da civilização schilleriana é toda ela atravessada pela ideia de contradição cultural, como também sua superação do estado em que se encontra só se daria com uma nova realização conciliatória das contradições em jogo. As contradições culturais e estéticas estão *em* jogo, mas somente são reconciliadas *como* jogo. Ainda que possamos ver com reticências certas reconciliações idealistas e achemos que o ponto de vista moral atropelou por vezes uma maior profundidade na compreensão das contradições, concordamos com Victor Hell, que a esse propósito disse:

90 Op. cit., p. 167.

AS CONTRADIÇÕES ESTÉTICAS FUNDAMENTAIS DO SÉCULO XVIII   207

Algumas dessas contradições, como, por exemplo, aquela que resulta da oposição entre a limitação do belo ao mundo das aparências e a exigência de verdade que reivindica todo grande artista, devem-se a certos dados do idealismo kantiano, dos quais Schiller deplorará mais tarde o caráter excessivamente sistemático; outras, a nossos olhos as mais importantes, traduzem os esforços e as audácias de um pensamento que, apesar de seu idealismo, é essencialmente questionador: elas se desvelarão no drama, que é a forma literária adaptada à experiência direta das oposições irredutíveis e dos problemas insolúveis que fazem parte inerente da condição humana.[91]

É preciso sublinhar que o fato de um autor disparar contradições não o coloca como idealista, mas sim o deslocamento das contradições do mundo histórico e social. Mas Schiller não foi um dos que mais se aproximou da história por meio de sua filosofia? Em parte, esta é que era idealista. A contradição estética entre as belezas de natureza calmante e enérgica seria superada pela beleza ideal que as sintetizaria em uma unidade harmonizada. O predomínio de um dos aspectos da contradição dos instintos, ou de um dos instintos, seria motivo suficiente para o desequilíbrio e a instalação do estado de violência e coação. O instinto de jogo é inerente ao estado de liberdade, no qual o fim da repressão e das formas de dominação seriam representados igualmente pelo fim do desequilíbrio. O estado estético, como assinalou Hell, também pressupõe uma contradição interna, a de ser uma forma de totalidade humana, tendo um fim em si e, "ao mesmo tempo, um intermediário necessário na formação do homem". O rompimento das determinações impostas seja pela natureza, seja pelo caráter coercitivo das estruturas sociais e políticas. A realização da beleza ideal implicaria a literal supressão das contradições inerentes à experiência humana. Diz Sciller na "16ª Carta":

> A contradição fica esclarecida a partir do momento em que nos lembramos que há na experiência duas espécies de beleza, e que as duas partes adversas afirmam do gênero inteiro o que cada uma delas pode somente provar de uma das espécies. A contradição é surpresa a partir do momento em que se distingue entre as duas necessidades da humanidade, as quais respondem as duas belezas.

91 Op. cit., p. 207.

Fica evidenciada a crença idealista schilleriana da supressão das contradições, apenas com o fato de ter-se encontrado uma solução utópica... e teórica. A práxis humana posterior mostrou que jamais será tão fácil essa supressão, e que a previsão de Schiller de uns cem anos para a mudança revelou-se impossível para a transformação do *statu quo*.

Schiller tentou demonstrar igualmente a especificidade do discurso estético e da vida estética ao traçar as fronteiras entre as faculdades e suas respectivas determinações. Os objetos em geral são recepcionados das mais diferentes formas pelo ser humano, e cada qual se referirá a uma dimensão particular. Assim, pois, à estrutura física corresponderia o estado sensível, desse modo uma coisa é recepcionada pelo sensível e dirige-se à estrutura física:

ou ela pode se referir à nossa vontade e nós a consideramos como sendo o objeto de uma escolha por um ser racional: é sua estrutura moral; ou enfim, ela pode se referir à totalidade de nossas diferentes faculdades sem constituir para nenhuma delas um objeto determinado: é sua estrutura estética ("20ª Carta").

Esse amálgama indefinido, essa participação em tudo sem se particularizar em nada, é típico da esfera estética. A própria beleza é ambígua, sendo e não sendo ao mesmo tempo o fator de união situado entre a matéria e a forma, entre a sensibilidade e o pensamento. Segundo Schiller, essa contradição é o coração do entendimento da estética. E de sua elaboração inteligente depende o fim das contradições ou dificuldades. Ambígua também e extremamente avançada é sua crítica da fé no conteúdo, que, segundo ele, condicionaria o homem criador. Este teria no conteúdo uma limitação próxima àquela das regras: o conteúdo apresentar-se-ia como uma regra do princípio de realidade, ao passo que a forma seria o exercício do princípio de prazer.

A forma é jogo estético da imaginação criadora. A liberdade tem seu *topos* (lugar) na forma. É nela que o artista imprime seu conteúdo, sua liberdade estética. A forma dirige-se à totalidade do homem, ao passo que o conteúdo divide ao concentrar-se em forças isoladas. Dirá Schiller que "o verdadeiro segredo do mestre artista consiste em destruir a matéria pela forma". O conteúdo é somente matéria bruta, não lapidada, e ao artista cabe o papel de destruí-la para que a forma se apresente em toda sua plenitude, como um escultor com o granito. A crítica do conteúdo, que poderia estar na origem da ideia da arte pela arte (versão idealista), une-se à crítica schilleriana da arte de finalidade com fim determinado, como a de inspiração pedagógica ou moral. Esse repúdio é compreendido como recusa à perda da autonomia do belo ou da arte diante da arte de tendência: eis uma contradição inadmissível. Comunicar uma tendência precisa veio tornar-se mais tarde uma das características fundamentais do *kitsch*. O efeitismo *kitsch*, tal como Hermann Broch definira em *Kitsch e Arte de Tendência*, está na base desse fenômeno estético. Segundo ele, toda arte de tendência corre o risco de cair no *kitsch*, e as representações estéticas de mau gosto são frequentes tanto no capitalismo quanto no socialismo (que com o realismo comunista oficializa o *kitsch)*. A problemática do efeito estético, como a do efeitismo, já estava presente em Schiller, tal como em Goethe. A emoção da liberdade do artista, do criador da forma inventiva, encontrará eco na recepção do espectador, leitor ou ouvinte em um paralelismo emocional específico. Nesse sentido, o conteudismo seria incompatível com a liberdade da arte.

Em *Poesia Ingênua e Sentimental*, Schiller voltará a atacar o poema de caráter didático e de sua impossibilidade de elevar-se ao mundo das ideias. Dá-se então sua contribuição ao debate clássico sobre as contradições entre o entendimento e a imaginação. Para Schiller, poesia enquanto manifestação da imaginação criadora é incompatível com as finalidades dos conceitos ou do entendimento. Esses bloqueiam a produção poética porque tornam a razão um de seus fundamentos precípuos, e a fazem um utensílio pragmático-didático: "Ainda se espera por um poema didático no qual o próprio pensamento seria e permaneceria poético". Com mais razão ainda o gênio, na concepção schilleriana, não se curva às orientações da razão pura. O gênio tem sua maneira própria de encarar as coisas, de forma natural, condição da genialidade mesma. E ainda:

> As tarefas mais complicadas, o gênio deve resolvê-las com uma simplicidade e uma facilidade desprovidas de pretensão; o ovo de Colombo é verdadeiro em toda decisão genial. O gênio só justifica sua qualidade de gênio triunfando sobre as complicações da arte por sua

210 ESTÉTICA DA CONTRADIÇÃO

simplicidade. Ele não procede segundo princípios reconhecidos, mas por intuições e por sentimentos; suas intuições são inspirações de um deus (tudo aquilo que faz a sã natureza é divino), seus sentimentos são leis para todos os tempos e para todas as espécies de homens.[92]

O conceito de gênio reconhece que o artista verdadeiro ou genial recusa o lugar-comum das produções tornadas estandardizadas. Arte é antikitsch. Sua intuição busca o desconhecido. Ou melhor, a intuição autêntica só se daria enquanto tal ao recusar o princípio da realidade, o princípio do conhecido e reconhecido, para desenvolver-se plenamente na totalidade do desconhecido. E com simplicidade. O ser-artista autêntico é também aquele que se opõe à demagogia estética. Apesar da responsabilidade da arte diante do mundo, ela se dá como princípio do desconhecido, como recusa do real. Procede por sua irreverência diante das coisas e dos homens, por sua simpatia e aparência contra a realidade empírica. O desprezo pelo real é uma conquista da liberdade humana na arte. O amor ao inútil, ao jogo estético, ao prazer desinteressado e à beleza incorporar-se-ão ao vocabulário estético moderno e contemporâneo. A recusa das coisas prontas e digeríveis facilmente é condição prévia de um processo de hominização pleno e profundo. Esse processo visa o estado moral – o da verdade e do dever. A aparência é exercida plenamente por meio de uma rescisão definitiva do contrato com a realidade objetiva, dirá o idealismo subjetivo de Schiller. O encontro da natureza superior pressupõe transcender o banal e o prosaico, situação em que as esferas da autonomia e da sinceridade serão finalmente encontradas. A pobreza de espírito é o outro nome da mediocridade da realidade prosaica. Além da necessidade, o supérfluo da beleza é jogo: a alegria e o prazer do gozo estético superior poderiam constituir a solução da contradição entre a vida sensível e a vida espiritual. A unidade bela ou a bela unidade, mas que a beleza não pretenda de modo onipotente o fim das contradições. A beleza pelas contradições é um caminho para Deus, mas só Ele é o fim de todas as contradições.

---

92 Schiller, *Lettres sur l'éducation esthétique de l'homme*, p. 147.

APÊNDICE I:
SCHILLER E A *KALOCAGATHIA*
DA MODERNIDADE

> *Adivinha o que estou lendo e estudando?*
> *Kant, nem mais nem menos.*
>
> SCHILLER em carta a Körner, março de 1791

Estudiosos do classicismo e do romantismo alemão já chamaram a atenção para a particular ênfase dada aos nomes de J.W. Goethe e Alexandre von Humboldt no círculo estreito das amizades de Friedrich von Schiller (1759-1805) em detrimento do importantíssimo nome de Christian Gottfried Körner (1756-1831). A riqueza da personalidade de Schiller o fez multiplamente importante historiador, gênio do drama, agudo, penetrante e pioneiro esteta e filósofo da arte, grande poeta e teórico do Estado – sendo esta última atividade fortemente influenciada por Wilhelm von Humboldt, irmão de Alexandre von Humboldt e autor do *Ensaio sobre os Limites do Estado*, ao qual Schiller teve acesso a partir de 1792 diretamente das mãos de Wilhelm. Essa influência refletir-se-á nas *Cartas sobre a Educação Estética do Homem*, redigidas entre setembro de 1794 e junho de 1795, ano de sua publicação na revista *As Horas*, recém-fundada por ele e Goethe. Na mesma revista, Schiller publica *Poesia Ingênua e Sentimental* por partes, entre 1795 e 1796. Entre 1793 e 1796, foram redigidos seus principais textos estéticos. A temática política da reforma do Estado é posterior aos textos *Kallias ou sobre a Beleza* e *sobre a Graça e a Dignidade*, ambos de 1793, e apesar de Schiller ter começado a ler Wilhelm von Humboldt a partir de 1792, essas leituras tiveram efeito consequente retardado em função das atribuições filosóficas a que se destinara, pois desde 1791 decidira enfrentar a *Crítica da Faculdade de Julgar*, de Kant. Sobre isso dirá o próprio Schiller:

> Adivinha o que estou lendo e estudando? Kant, nem mais nem menos. Sua Crítica da faculdade de julgar, que eu mesmo consegui, entusiasmou-me por seu conteúdo cheio de luz e de espírito. Ela despertou em mim o mais forte desejo de assimilar sua filosofia por um efeito progressivo e metódico. Dado meu medíocre conhecimento dos

212 ESTÉTICA DA CONTRADIÇÃO

sistemas filosóficos, sua Crítica da razão pura e mesmo certos escritos de Reinhold seriam atualmente ainda árduos demais para mim, e me tomariam tempo em excesso. Mas como eu já refleti muito sobre estética, e que esse aí é um campo no qual já adquiri uma enorme riqueza empírica, eu avanço com muito mais facilidade na Crítica da faculdade de julgar. Nela me familiarizo com várias representações kantianas... Muitas ideias da Crítica da razão pura encontram sua aplicação na Crítica da faculdade de julgar. Enfim, tenho o sentimento de que Kant será para mim uma montanha impossível de escalar e tenho a firme intenção de me ocupar dele de mais perto ainda.[93]

Suas reflexões dar-se-ão após esse período, embora os efeitos da Revolução Francesa o tivessem atingido, assim como a grande parte dos intelectuais e escritores alemães e europeus. Contudo, o belo do *Kallias* toma uma dimensão política nas *Cartas* como fundamento das transformações da sociedade e do Estado. A estética é a disciplina que faltava para reformar a humanidade por meio da reforma da cultura na história da mentalidade. Robert Leroux, em prefácio à sua tradução francesa das *Cartas*, assim resume: "Uma das suas intenções ao escrever as Cartas é de mostrar que as questões estéticas têm um interesse prático, um interesse de atualidade política. Ele quer fornecer a prova de que suas especulações estéticas podem servir à reforma do Estado e contribuir para a felicidade da humanidade"[94].

Schiller faz justiça à observação corretíssima de Madame de Staël, segundo a qual na Alemanha um homem superior raramente se limita a uma só carreira, e é ela mesma quem destaca o Schiller historiador:

Schiller é o líder dos historiadores filosóficos, isto é, daqueles que consideram os fatos como argumentos em apoio para suas opiniões. A Revolução dos países baixos lê-se como uma apologia transbordante de interesse e de calor. A Guerra dos Trinta Anos é uma das épocas em que a nação alemã mostrou mais energia. Schiller fez história com um sentimento de patriotismo e de amor pelas luzes e a liberdade que honra simultaneamente sua alma e seu gênio. Os traços com os quais ele caracteriza os principais personagens são de uma surpreendente superioridade, e todas as suas reflexões nascem do recolhimento de uma

93 *Poèmes philosophiques*, p. 17.
94 F. Schiller, *Lettres sur l'éducation esthétique de l'homme*, p. 5.

AS CONTRADIÇÕES ESTÉTICAS FUNDAMENTAIS DO SÉCULO XVIII 213

alma elevada; mas os alemães censuram Schiller de não ter suficientemente estudado os fatos em suas fontes. Ele não podia satisfazer todas as carreiras às quais seus raros talentos o convocavam, e sua história não é fundada sobre uma bem ampla erudição. Tive frequentemente a oportunidade de dizer que foram os alemães a sentirem primeiro todo o partido que a imaginação podia tirar da erudição; as circunstâncias de detalhe só dão cor e vida à história, na superfície dos conhecimentos nada mais encontramos que um pretexto para o raciocínio e o espírito.[95]

Feita essa pequena introdução digressiva, propomos seguir em linhas gerais dois planos articulados, visando uma compreensão mais nítida da inserção da estética de Schiller no contexto de sua época. Trata-se de um corte de dois caracteres, a saber, diacrônico e sincrônico. Essa exigência de distinção nos conduz a fazer corresponder a cada um dos caracteres os planos históricos igualmente em número de dois: plano histórico da estética alemã do século XVIII e plano histórico da estética europeia do século XVIII.

1. Estética Alemã do Século XVIII

A presença de Kant na estética do século XVIII não deve permitir que nos deixemos levar pela enganosa impressão de que a *Crítica da Faculdade de Julgar* seria a única estética digna de atenção antes da de Schiller, e quem sabe esta somente por derivação da kantiana. A estética de Kant é obra do tardo-iluminismo e prepara a face neoiluminista da modernidade, pois sendo sua publicação datada de 1790, não é justo eliminarmos as estéticas precedentes por uma projeção de sua sombra obscurecendo todo o século. Comparativamente, Kant é o filósofo que menos conhecia arte dentre os principais do século XVIII, e todos sabemos que seus conhecimentos eram até mesmo rudimentares. É um caso excepcional. Não há paralelo nem com Hegel, que, segundo Adorno, tampouco conhecia arte. Esteticamente falando, o século XVIII começa a partir do final do século XVII principalmente por meio da obra *Paralelo dos Antigos e Modernos*, de Charles Perrault, cuja segunda edição de 1692-1697 supera

---

95 *De l'allemagne*, p. 58.

214 ESTÉTICA DA CONTRADIÇÃO

a desconhecidíssima primeira edição de 1688 – de resto, jamais citada –, dando o tom da Querela dos Antigos e Modernos, que irá estender-se por todo o século XVIII até Madame de Staël[96].

Até um pouco mais além da primeira metade do século XVIII, predominava, por um lado, a tendência racionalista cartesiana, e por outro, a dos sensualistas ingleses, período no qual adeptos e seguidores chegavam mesmo a mesclar ambas as tendências estéticas e cada qual a seu modo.

Leibniz (1646-1716) vem da orientação de Descartes e Spinoza, e o fundador da estética científico-filosófica, Alexander Gottlieb Baumgarten (1714-1762), praticou um pós-leibnizianismo capaz de acrescentar algo ao neocartesianismo e fundar a estética como disciplina autônoma. Segundo Raymond Bayer, assim como para a totalidade dos estetas, o fundamento das ideias de Leibniz

sobre o belo, a contemplação e o gozo são desenvolvidos na *Beatitude* (1710-1711) e na *Monadologia* (1714). A *Beatitude* é um opúsculo cujo objetivo não é estético, mas religioso e moral. A esfera da estética não é nitidamente separada: será obra do século XVIII dissociar a estética da moral e a tarefa de Kant será mais particularmente a de tentar separar esses dois campos[97].

Baumgarten, Kant, Schelling e Hegel seriam os principais filósofos herdeiros da filosofia estética de Leibniz, justamente derivada da *Beatitude* no que concerne ao pensamento moral. Quanto aos caracteres metafísicos e perceptivos, a origem deve-se à *Monadologia*, influindo na chamada percepção confusa que diverge da distinção clara e distinta de corte cartesiano ortodoxo, a partir da qual Bayer destaca que "não somente a contemplação estética é conhecimento confuso, mas os prazeres mesmo se reduzem a fenômenos intelectuais confusamente conhecidos"[98].

A rigor, toda a estética alemã até Kant gira na órbita das ideias de Leibniz, cuja influência estética dá-se em uma tríplice articulação conforme indicação de Bayer: 1. nos fundamentos de uma estética metafísica de corte análogo ao de Platão, embora Bayer faça a ressalva de que Leibniz jamais o tivesse lido;

---

96 Cf. J.R. Moderno, "Perrault" ou o Templo do Gosto Moderno, *Avatares da Modernidade*, p. 75.
97 *Histoire de l'esthétique*, p. 148.
98 Idem, ibidem.

AS CONTRADIÇÕES ESTÉTICAS FUNDAMENTAIS DO SÉCULO XVIII 215

2. nos fundamentos de uma psicologia estética, em que as mônadas operam para o conhecimento divino e belo do universo por efeito da evolução da representação, que é por excelência sua manifestação; 3. na base de uma ausência de antinomia entre sentimento e inteligência, na qual se faz compatível a representação confusa com as passagens mútuas do sentimento e da inteligência.

Johann Christoph Gottsched (1700-1766) e os suíços Johann Jakob Bodmer (1698-1783) e Johann Jakob Breitinger (1701-1776) marcaram profunda e penetrantemente as discussões estéticas no período que vai de Leibniz a Kant, com a influência do alemão Johann Ulrich König quanto ao gosto como sensação causada no senso comum pelas impressões captadas pelos sentidos. Bayer assinala que em König o gosto produz dois tipos de juízo: o imediato da sensação e o mediato intelectual. Este último é o gosto do entendimento que "é a força complexa da alma de sentir e julgar"[99].

Bayer faz observar que, apesar de Gottsched e os suíços terem partido de poéticas antagonistas, suas conclusões os conduziram à estética intelectualista em que a razão e suas leis determinam o destino das obras e dos juízos estéticos sobre elas emitidos. Gottsched e os suíços Bodmer e Breitinger atribuem ao juízo lógico a faculdade de julgar obras de arte e estabelecer juízos estéticos, assim como a faculdade de julgar qualquer outra manifestação da cultura humana.

Destacaria em Gottsched os seguintes escritos: "Versuch einer critischen Dichtkunst vor die Deutschen" (Ensaio de uma Crítica Poética para os Alemães), "Rezension über Johann Jacob Bodmers *Critische Abhandlung von dem Wunderbaren in der Poesie*" (Resenha acerca do Ensaio Crítico para o Prodigioso na Poesia, de Johann Jacob Bodmers) e "Vorrede zur *Deutschen Schaubühne*" (Prefácio para a Revista de Teatro Alemão). Mencionaria igualmente os escritos conjuntos de Bodmer e Breitinger, como *Die Discourse der Mahlern* (O Discurso da Pintura) (1721-1723) e *Der Mahler der Sitten* (O Pintor de Costumes) (1746), entre os mais importantes. De modo isolado, citaria em Breitinger, *Critische Dichtkunst* (Poética Crítica)(1740), e

99 Idem, ibidem.

em Bodmer o livro *Empfindsamkeit: Theoretische und kritische Texte* (Sensibilidade: Textos Teóricos e Críticos), além dos pequenos escritos "Lehrsätze von dem Wesen der erhabenen Schreibart" (Teorema do Gênio do Modo Sublime de Escrever) (1746), "Von der moralischen Sinnesart und der Tugend, die einem Poeten nötig sind" (Do Sentido Moral e da Virtude, que São Necessários para um Poeta) (1749), "Moralische und physicalische Ursachen des schnellen Wachsthums der Poesie im dreyzehnten Jahrhundert" (Razão Moral e Física do Rápido Crescimento da Poesia no Século Treze) (1749), "Die Rache, ein Heldengedicht aus dem schwäbischen Zeitpunkte" (A Vingança, um Poema Épico da Suábia Atual) (1757), "Von dem Character des Don Quixote und des Sanscho Pansa" (Do Caráter de Dom Quixote e de Sancho Pança) (1741) e "Über das dreyfache Gedicht des Dante" (Sobre o Triplo Poema de Dante) (1763).

Alexander G. Baumgarten (1714-1762), enquanto discípulo de Wolff (1769-1754), como que adapta a distinção wolffiana do espírito humano, em que assimila a *pars inferior* do domínio do sensível e do inato e nele permanecendo, e a *pars superior* concernente ao domínio do intelectual pela via do lógico, chamado entendimento. Das faculdades superiores temos ideias claras e lógicas, e, das faculdades inferiores, as confusas e sensíveis. Como fundador da estética enquanto ciência autônoma, Baumgarten representa uma verdadeira dobradiça histórica na estética pré-kantiana quando, desde 1735, nas *Meditações sobre o Poema*, determina a exigência filosófica de uma ciência destinada às partes inferiores do conhecimento[100].

Bayer chamou a atenção para a divisão baumgarteniana entre estética teórica e estética prática. Quanto à teórica, ela responde pelo conceito de beleza, assim resumido por Bayer:

> Segundo Baumgarten, a beleza manifesta-se e especifica-se sob três aspectos. Ela reside inicialmente em um *acordo de pensamentos*, abstração feita da ordem na qual eles se apresentam e dos signos que servem a exprimi-los; o acordo desses pensamentos entre eles em um único elemento é fenomenal. A beleza não é una, mas múltiplas partes. Ora, essas partes são ainda pensamentos que fazem abstração da ordem e dos signos. A multiplicidade mesma só se torna bela pela redução a um único elemento que é *fenômeno*; esta unidade não é abstrata, mas

100 Cf. *Estética: A Lógica da Arte e do Poema*, 1993.

concreta, palpável: ela é objeto de sensação. O equívoco dessa doutrina, como, aliás, de todas as doutrinas alemãs, reside na palavra fenômeno, que é do domínio do pensamento. Além disso, a redução à unidade, a generalização é uma operação intelectual. Ora, o resultado dessa operação sensível é uma contradição *in adjecto*, e Kant chegou ao mesmo erro; ele lutou em vão contra esta antinomia sem chegar a resolvê-la[101].

Ainda para Baumgarten, a beleza é o acordo das coisas em uma ordem interna e o "acordo dos signos, acordo interno, o acordo com os pensamentos e o acordo com as coisas".

Na estética prática, Baumgarten busca na poesia o paradigma a partir do qual está construído seu pensamento da arte, em que "ele vê na imagem poética não uma imagem média, mas uma imagem nova feita de *uma combinação em uma ordem diferente*"[102]. Como a estética de Kant surge com a *Crítica da Faculdade de Julgar* somente em 1790, o século foi amplamente dominado pela estética de Baumgarten, que servia como baliza teórica, tanto para os defensores do intelectualismo quanto para os das tendências *Empfindung* (sensação e sentimento) e *Gefühl* (sentimento).

Da geração seguinte, Johann Georg Sulzer (1720-1779) prepara a articulação pós Baumgarten – este morto prematuramente – e a fase de um pré-kantismo autêntico. É considerado um seguidor da escola de Leibniz-Wolff. Três livros marcam a estética sulzeriana: a *Origem dos Sentimentos* [sensações] *Agradáveis ou Desagradáveis* (1751), *Ensaio sobre o Gênio* (1757) – este contemporâneo de Hume, *Do Padrão do Gosto*, e de Burke, *Uma Investigação Filosófica sobre a Origem de Nossas Ideias do Sublime e do Belo* – e o monumentalíssimo *Teoria Geral das Belas Artes* (15 v., com toda a estética). Embora este último seja o mais citado, seu trabalho sobre o gênio ganhou enorme reputação e tem lugar de destaque na história da teoria do conceito de gênio.

A teoria sulzeriana do prazer distingue o prazer intelectual, sede do belo por excelência, o prazer sensível e o prazer moral. Apesar disso, o prazer imediato é o desejável, tal como acontece com a sensação e o sentimento, que dispensam o trabalho da mediação. O entendimento, por ser de outra natureza, exige o

---

101 Op. cit., p. 154 (grifo nosso).
102 Idem, ibidem (grifo nosso).

218 ESTÉTICA DA CONTRADIÇÃO

tratamento da mediatidade e do que dele decorre nas ciências quanto ao conteúdo e quanto à forma pode, quando perfeito, ser chamado de belo. Dirá Bayer a propósito:

> As fórmulas algébricas e a teoria da gravitação são belas. Mais uma teoria científica é compreensível, mais ela é bela. Não há aí qualquer intervenção da sensação, e a teoria de Sulzer é mais intelectual que a de Leibniz [...] Sulzer partiu de um intelectualismo intransigente, não aceitando nem mesmo a concepção leibniziana, que dava à estética uma posição intermediária entre a lógica e o sentimento. Mais a concepção é clara, mais o sentimento estético é rico, diz Sulzer. Portanto, o *summum* da beleza é a teoria matemática, e não há qualquer diferença entre o domínio do conhecimento e o domínio estético.[103]

Essa é a proposta estética do primeiro Sulzer.

Vinte anos depois, ele ultrapassa a fase intelectualista contida na *Origem dos Sentimentos Agradáveis e Desagradáveis*, superando a subordinação do campo estético ao campo intelectual do entendimento. É a *Teoria Geral das Belas-Artes* que data essa ultrapassagem ou superação da fase racionalista, a partir da qual Kant embasará algumas de suas principais teorias estéticas. Sulzer então fundamenta o gosto como a "faculdade de sentir o belo, assim como a razão é a faculdade de conhecer o verdadeiro, o perfeito e o sentimento moral". Separando e estabelecendo distinções nítidas entre a imaginação e o entendimento, ele nos oferece uma límpida definição do belo, segundo a qual "diz-se belo todo objeto que se apresenta, sem consideração a outra qualidade, de uma maneira agradável à nossa imaginação, isto é, que agrada mesmo quando se ignora o que ele é e para quê ele serve"[104]. O objeto belo nos agrada pela forma, pela ausência de fim percebida pela depurada faculdade do gosto, que o julga pela aparência que é. O belo é a aparência reconhecida pela faculdade do gosto. Todavia, o belo e o perfeito não se confundem. Teleologicamente, belo e perfeito têm destinos diferenciados. Schiller demonstrará particular interesse na ausência de utilidade e no caráter de aparência da obra de arte, na beleza como liberdade na aparência (definição adotada por Schiller).

Finalizando, Bayer sintetiza:

103 Idem, p. 156.
104 Idem, p. 157.

AS CONTRADIÇÕES ESTÉTICAS FUNDAMENTAIS DO SÉCULO XVIII   219

Sulzer chega finalmente a localizar o belo em um domínio intermediário entre o campo sensível, o campo intelectual e o campo moral. Por aí ele restringe o caráter de imediatidade do belo: somente uma parte do valor do belo é determinada por sentimentos imediatos. Existe no belo, por outro lado, elementos mediatos, sendo dado que há de qualquer modo um *conhecer*. O procedimento do *conhecer* é diferente daquele do conhecimento e não vai até a precisão. A forma deve ser determinada, variada e responder a uma ordem; a multiplicidade dos elementos deve fundir-se em um todo.[105]

Em Moses Mendelssohn (1729-1786) encontra-se também outra matriz das teorias de Kant e Schiller. Para o primeiro são consignadas as ideias relativas ao sublime e para o segundo o são as de *naïf* ou natural. Dele obtivemos as seguintes obras: *Sobre os Sentidos ou as Sensações* (1755), *Princípios Essenciais das Belas-Artes e das Belas-Ciências* (1757) e *Sobre o Sublime e o Natural nas Belas-Ciências* (1757).

Para Ferrater Mora, no verbete sobre Mendelssohn, este,

seguindo Shaftesbury, propôs uma classificação das faculdades da alma em três: pensamento, vontade e sensação ou sensibilidade (*Empfindung*). A sensibilidade é uma faculdade especial por meio da qual a alma capta o que logo se chamarão "qualidades estéticas". Segundo Mendelssohn, que seguiu principalmente J.G. Sulzer [...] *Allgemeine Theorie der schönen Kunste* (Teoria Geral das Belas Artes, 1771-1774), há três fontes de prazer "estético": a uniformidade na variedade, o acordo ou harmonia na variedade e o estado prazeroso do corpo na recepção de impressões. A sensibilidade permite não só apreender essas fontes de prazer, como também "aprovar" a beleza, a qual é equiparada à primeira das ditas fontes, quer dizer, a uniformidade na variedade. Tudo isso não significa que a sensibilidade seja uma faculdade separada, significa somente que é distinta das demais; ela é a faculdade do "conhecimento sensitivo", como já havia dito Baumgarten, que é um conhecimento menos "distinto" do que proporciona o pensamento. Mendelssohn relacionou a sensibilidade como faculdade "estética" enquanto faculdade "imediata" com o conhecimento de princípios morais de modo semelhante ao que foi desenvolvido por Schiller, e com insistência na harmonia do estético com o ético[106].

Assim, hesitando entre a ciência e a arte, entre o racionalismo e o sentimento, e situando o sentir entre o conhecer e o desejar, como Kant que o sucede, Mendelssohn busca a conciliação

105 Idem, p. 158 (grifo nosso).
106 *Dicionário de Filosofia*, 1994.

das "ideias dos ingleses e dos franceses". Ele propõe uma síntese entre a estética racionalista intelectualista de Wolff, Leibniz e Baumgarten, entre a estética psicológica inglesa de Hutcheson e Barker e a estética francesa de Dubos (1670-1742). Sua doutrina não é muito original, mas ele é "um precursor de Kant".[107]

Outrossim, vale ressaltar a teoria mendelssohniana dos quatro estágios do processo estético, que se divide, não sem alguma justeza empírica, da seguinte forma: a escolha é o primeiro estágio, pois ainda que podendo ser caracterizada como trabalho intelectual, não deixa de já trazer como *insight* todo o futuro desenvolvimento artístico[108]; no segundo estágio temos o sentir, na medida em que, sem o sentimento, não caracterizaríamos a singularidade que define o ser estético; ao atingirmos o terceiro estágio, seríamos capazes de, por meio do trabalho intelectual, introduzir o pensamento exigente de relações entre as partes e das partes com o todo; e por último e quarto estágio, o próprio gozo estético derivado do prazer alcançado, conjunto ao movimento e ao sentimento (*Gefühl*). Nessas fases estéticas, podemos entender a proposta da estética de Mendelssohn em unir as concepções racionalistas de Baumgarten com as sensualistas e sentimentais da escola inglesa, alternando-as como tentativa de conciliação.

Destaca Bayer que Mendelssohn percebeu três elementos fundamentais da estética, a saber: lógico, metafísico e físico. A percepção mendelssohniana não foi capaz de fazer a separação nítida dos três elementos, mas fica claro para Mendelssohn que "o sentimento estético começa por qualquer coisa de sensual e não se reduz ao inteligível".

Se a estética de Mendelssohn é uma estética de transição, não é justo deixarmos de mencionar que até então o conceito de imitação dominava, e na estética setecentista de Charles Batteux se confirma a aura da imitação. Mendelssohn esforça-se por locar o eixo no belo como o objetivo por excelência da arte.

Mendelssohn precursor de Kant, logo precursor de Schiller. Pelo lado de Kant percebemos a teoria do sublime, que vem sintetizada por Bayer do seguinte modo:

107 Cf. Bayer, op. cit., p. 158.
108 Cf. L. Pareyson, *Estética*.

AS CONTRADIÇÕES ESTÉTICAS FUNDAMENTAIS DO SÉCULO XVIII   221

Ele é o primeiro a distinguir as duas formas do sublime até aqui confundidas e que foram nitidamente separadas por Kant: o sublime de grandeza e o sublime de potência, de força ou de dinâmica. Da mesma forma que há um incomensurável da grandeza extensiva, há um incomensurável da intensidade[109].

Pelo lado de Schiller interessa-nos particularmente o fato de a estética mendelssohniana teorizar sobre o natural (*naïf*) e a graça, relacionando-os. Na estética schilleriana, não vamos encontrar o *naïf* como ingênuo, mas o *naïf* como natural (Goethe seria o poeta natural por excelência, o paradigma da poesia natural, enquanto Schiller o seria do poeta sentimental).

Entretanto, o mais surpreendente nós veremos agora, nas palavras de Bayer:

A beleza que não tem força é a graça. Mendelssohn teria devido opô-la ao sublime. De fato ele a ligou ao *naïf*. Para Mendelssohn, esses dois conceitos são aparentados por sua espontaneidade. A espontaneidade parece ser o caráter essencial da graça; os movimentos graciosos parecem emanar sem intervenção consciente da pessoa. É preciso que o esforço seja vencido e *despercebido*. Do mesmo modo para a ingenuidade (*Naïveté*). A ingenuidade da criança é espontânea, é a inconsciência [...] Mendelssohn chamou a atenção sobre esse problema que ele muito bem definiu pela primeira vez.[110]

Antes de Kant ainda destacaríamos as estéticas de Winckelmann (1717-1768) e Lessing (1729-1781). Coincidentemente, ambos diretamente ligados à arte e à criação literária, e não à filosofia. Em Winckelmann destacamos *Reflexões sobre a Imitação das Obras de Arte na Pintura e na Escultura* (1756) e a famosa *História da Arte na Antiguidade* (1764). Coube a Winckelmann a tarefa de fundar a história da arte antiga, pois até ele muito se citava, muito se discutia, mas até então não havia ainda se constituído um corpo histórico ordenado e coerente. Mesmo com reconhecidos erros em sua obra, Winckelmann tornar-se-á uma referência marcante na história da estética alemã. Defendeu a superioridade da arte grega sobre as demais, e a superioridade do conceito de beleza explorado

109 Op. cit., p. 158.
110 Idem, p. 161 (grifo nosso).

pelos gregos. Dirá Bayer a propósito dessa concepção que "tudo contribuiu em criar nos gregos a beleza e a arte: o clima, o céu, o sol, a atmosfera, a língua grega com seu timbre musical e sua abundância de vogais, os corpos esplêndidos dos gregos enobrecidos pelos jogos atléticos, a influência do teatro dramático. A beleza está em tudo na Grécia, e o artista só tem que a imitar"[111]. Desse modo, a busca da beleza era um dado estético geral da sociedade, para além da própria arte.

A primazia da beleza trouxe enormes consequências para a história da estética, pois, como lembra Bayer, muitos estetas valorizavam demasiadamente o útil e a moralidade. Ainda que Winckelmann não tivesse definido o conceito de beleza, esta passa a ser considerada a base da arte, seu fundamento mesmo. Giorgio Tonelli, por sua vez, sublinha que no caráter neoplatônico da estética da beleza winckelmanniana distinguir-se--á a beleza inferior (ou sensível) e a beleza superior (ideal ou espiritual), sendo que, enquanto a primeira busca a imitação, a segunda "é criação de qualquer coisa de superior à natureza por meio de uma ideia inerente ao entendimento, derivada da intuição da beleza divina com seu valor moral. Winckelmann não será um isolado: sua influência será profunda"[112].

Quanto à beleza divina, é justa a indicação de Tonelli, pois que para Winckelmann "o belo está em Deus. A beleza humana é perfeita quando ela é adequada à ideia que dela tinha a divindade". Esse é o caráter da teologia estética winckelmanniana – estética teológica? –, de inspiração plotiniana e pregando a simplicidade e a unidade na variedade.

A estética de Gotthold Ephraim Lessing dá sequência à iniciativa de Winckelmann de quebrar a hegemonia dos filósofos na história da estética alemã. Sua mais famosa obra, *Laocoon*, gerou o que ousaríamos nomear por "laocoonismo", devido à sua enorme influência em seu tempo. Centradas nas comparações estéticas, suas obras esforçaram-se por questionar as particularidades das artes plásticas e verbais, assim como suas classificações internas. À obra anterior soma-se a famosa *Dramaturgia de Hamburgo*, composta de textos de crítica dramática; estes, ainda que possam estar relacionados como parte do

111 Idem, p. 162.
112 *Histoire de la philosophie*, p. 623.

Laoccon, na verdade prática costumam ser vistos como uma obra autônoma.

Ernst Cassirer sublinha que se Baumgarten influenciou um círculo restrito de filósofos e pouca consequência prática trouxe para a poesia alemã,

Lessing foi o primeiro a quebrar a interdição. A ele ficou reservado de fazer a síntese do pensamento e da ação, da teoria e da vida, e de assim realizar plenamente a exigência da *vita cognitionis* de Baumgarten. Tudo o que Baumgarten considerava como pertencendo ao caráter do verdadeiro esteta (*ad characterem felicis aesthetici pertinens*) encontra-se realizado no espírito de Lessing. Nele se encontram todos os elementos de *ubertas*, de *magnitudo*, da *veritas*, da *claritas*, da *certitudo*, da *copia*, da *nibilitas*, em um único ser encarnadas; nele se encontra a mais feliz mistura de *dispositio acute sentiendi* e de *dispositio naturalis as imaginandum*, assim como de *dispositio as saporem non publicum, immo delicatum* e de *dispositio naturalis as perspicaciam*. É esta síntese que dá à obra de Lessing seu caráter incomparável e que lhe assegurou uma influência igualmente incomparável. Quando se tem sob os olhos somente o conteúdo de todos os conceitos estéticos fundamentais de Lessing, não se vê aí nada que explique suficientemente essa influência. É que esse conteúdo não foi criado por Lessing, mas lhe foi quase que inteiramente preparado. Dificilmente se encontraria em Lessing um único conceito ou uma só tese que não tenha seu paralelo exato na literatura de seu tempo, que não se possa tirar de alguma maneira dos textos de Baumgarten ou dos suíços, de Shaftesbury, de Dubos ou de Diderot. Mas seria um mal-entendido ou um desconhecimento total do problema de pretender tirar dessa indicação das fontes de Lessing alguma objeção contra a originalidade de seu pensamento profundo. A originalidade de Lessing revela-se bem menos na "invenção" de novos temas de pensamento, desconhecidos até então, que na ordem e conexão, na maestria soberana, na distribuição lógica e escolha desses temas. Lessing a esse respeito é um lógico de primeira ordem; mas seu tipo de análise e de seleção, de crítica e de arquitetônica representa evidentemente muito mais que as conclusões e as deduções de um processo de lógica formal[113].

Se Cassirer exalta Lessing, Folkierski é menos entusiasta. Segundo ele,

as duas fortes cabeças do século, Diderot e Lessing, podem ser comparadas com interesse em seus processos e com proveito em seus resultados. Diderot, nós o vimos, realiza melhor nele mesmo toda a envergadura

---

113 *La Philosophie des lumières*, p. 342.

224 ESTÉTICA DA CONTRADIÇÃO

das ideias de seu tempo sobre o belo e sobre a arte [...] Lessing é um
teórico que odeia a prática. Ele tem suas ideias fixas que ele gostaria de
efetivar custe o que custar. Disso resultou por vezes alguma dureza
de toque, alguma secura de postura e alguma estreiteza de juízo [...]
Tudo bem considerado, parece que Lessing tenha sido o homem do presente tanto quanto Diderot foi o homem do futuro. Com efeito, Diderot
estava em muito à frente de seu século, e acrescentemos que ele talvez
não o soubesse, pois não pensava nisso de forma alguma [...] Cansado,
ele repousa em seus sonhos estéticos que deviam viver após sua morte.
Lessing, ao contrário, era um homem muito pouco quimérico, pouco so-
nhador, muito realista e de pulso forte. Ele se realizou em sua estética[114].

De parecer contrário a Cassirer, Folkierski sentencia que "seu
mérito é nacional e não europeu". Já Bayer afirma que Lessing só
conhecia as artes plásticas por meio de livros e reproduções
gráficas. É justo pensar que desse modo tenha ficado para ele
muito difícil teorizar sobre algo do qual ele jamais tinha tido
contato direto e privilegiado. Uma poesia impressa em qualquer livro ou papel não se altera em qualidade e excelência literárias, ao passo que nas artes plásticas faz muitíssima diferença
a visão da obra original e a sua reprodução gráfica, tanto mais
que não se dispunha na época dos recursos tecnológicos mais
avançados, como a fotografia, a impressão a cores com precisão e a reprodução de detalhes praticamente despercebidos ou
imperceptíveis a olho nu. Obviamente, a moderníssima tecnologia de reprodução continua sendo a representação do objeto
artístico e não *a* coisa artística.

Quanto à obra de Immanuel Kant (1724-1804), poderíamos
afirmar que ela fecha o século alemão com a obra de Schiller,
leitor de Kant. É mais fácil escrever muito sobre autores menos
conhecidos e importantes do que escrever pouco sobre grandes
autores muito conhecidos e importantíssimos.

Grosso modo, a estética de Kant contida fundamentalmente
na *Crítica da Faculdade de Julgar* articula-se no juízo de gosto
e antinomia do gosto, analítica do belo e teoria do sublime.
Segundo Kant, o juízo de gosto é um juízo de reflexão (refle-
xível, reflexivo, ou mesmo com caráter indutivo), pois este é
definido como aquele que parte do objeto rumo à regra, diferente e opostamente ao juízo determinante que determina a

114 *Entre le classicisme et le romantisme*, p. 582.

AS CONTRADIÇÕES ESTÉTICAS FUNDAMENTAIS DO SÉCULO XVIII

regra para o objeto. Sendo o juízo um ato de entendimento, e sendo o entendimento a faculdade de pôr regras e de conhecer por conceitos, o juízo estético viverá todas as contradições inerentes a essa ambivalência de transitar entre o propriamente racional e o propriamente estético. Para Kant, "juízo é a faculdade de decidir se qualquer coisa entra ou não sob uma regra dada; é a faculdade de subsumir sob regras"[115].

Quanto à antinomia do gosto, Bayer sintetiza da seguinte forma:

> O juízo de gosto se funda sobre um conceito (o de um princípio geral de finalidade subjetiva da natureza com relação ao juízo), pelo qual não se pode nada conhecer nem demonstrar relativamente ao objeto; esse conceito sendo em si indeterminável e impróprio ao conhecimento [...] Entretanto, o juízo de gosto funda-se sobre um conceito, ainda que esse conceito seja indeterminado, a saber, o de um substrato suprassensível dos fenômenos.[116]

Com relação à analítica do belo, que marcará profundamente Schiller, temos em Kant as definições de prazer estético, prazer desinteressado, objetividade/subjetividade do belo, acordo da imaginação com o entendimento, teoria do gênio e, ao longo da obra kantiana, o conceito de finalidade sem fim (determinado). No resumo de Bayer encontramos:

> O belo se opõe ao agradável e ao bom, pois ambos são ligados à faculdade de desejar; eles não têm o desinteresse da contemplação estética. O belo se opõe ainda ao útil e ao perfeito, isto é, à finalidade objetiva externa para o útil e interna para o perfeito. Com efeito, o belo só tem uma finalidade subjetiva, e ainda completamente transcendental. Se há representação de sua utilidade não é mais a imediatidade do prazer. Se há representação de sua perfeição, é um fenômeno intelectual e vai-se ao conceito. Se se acrescenta que é uma "concepção confusa" (Baumgarten e sua escola), isso não é retirar a contradição de uma finalidade objetiva sem fim.[117]

Finalmente, encontramos como parte de sua *Analítica* o sublime, e este enquanto sublime matemático e sublime dinâmico. No dizer de Bayer, para Kant, o

---

115 Apud Bayer, op. cit., p. 379.
116 Idem, p. 171.
117 Idem, p. 173.

226 ESTÉTICA DA CONTRADIÇÃO

sublime matemático é um belo aristotélico; é o sublime da grandeza, tal
o infinito do céu: a imaginação representando os milhões e milhões de
estrelas, os anos de luz. É um puro juízo de reflexão apropriado subjeti-
vamente a certo emprego de nossas faculdades de conhecer. É sublime
aquilo em comparação a tudo que é pequeno. É o absolutamente grande
[...] A segunda forma de sublime, o sublime dinâmico, sublime da força,
manifesta-se quando nós nos encontramos diante de certas forças que
ultrapassam infinitamente nossas próprias forças; nós somos humilhados
e tomamos consciência de nossa impotência. Portanto, é a potência que
está no coração do problema, é uma força superior a grandes obstáculos
[...] Logo, no belo a finalidade é o entendimento. No sublime a liberdade
é a razão. Na primeira analítica Kant aparece como reformador de Wolff
e Baumgarten. Na segunda é o discípulo de Rousseau[118].

2. Estética Europeia do Século XVIII

A estética francesa do século XVIII reuniu vários dos principais
pensadores da época, como Diderot, Voltaire e Rousseau, entre outros. No século das contradições e conflitos entre razão,
sensibilidade, gênio, imaginação, sentimento, paixão, desrazão,
belo, bem etc., Schiller não poderia jamais ficar indiferente a
tudo isso. Sua estética herda todos esses grandes temas e problemáticas, principalmente através do filtro crítico kantiano.

Antes do grande marco francês que foi Denis Diderot, somos
devedores da estética de Père Bouhours, *De la manière de bien
penser dans les ouvrages de l'esprit* (Da Maneira de Bem Pensar
nas Obras do Espírito, 1687), que apesar de situar-se cronologi-
camente pouco antes do início do século XVIII, na verdade inaugura o século em espírito. Tal como no mesmo ano (1687-1688),
também inaugura o século, ou "cria" o século, a obra clássica
de Charles Perrault, *Paralelo dos Antigos e Modernos*. Se a rigor
o século XVIII estético começa em 1687-1688 com Bouhours e
Perrault, ele termina com Kant e Schiller em 1791-1795. E, nesse
caso, juntos com o romantismo alemão, abrem o século XIX.

Sobre a estética de Bouhours (1628-1702), ou melhor, devido à importância da estética de Bouhours, permitam-nos
citar esta penetrante observação de Cassirer:

---

118 Idem, p. 174-5.

A obra de Bouhours, intitulada *A Maneira de Bem Pensar nas Obras do Espírito*, só é separada da *Arte Poética* de Boileau por um século, ou não mais, e quer completar a obra de Boileau sem lhe demolir os princípios. Como o título já o indica, trata-se de dar uma "arte de pensar" estética como uma peça anexa à "arte de pensar" de Port-Royal. Mas a forma do pensamento e do juízo estético se destaca mais clara e distintamente que no modelo, acima de toda forma de inferência puramente "discursiva". O objetivo supremo que possa se propor o pensamento discursivo é a exatidão e a univocidade. Todo conceito do qual ele faz uso deve ser rigorosamente definido, plenamente determinado em todas as suas características, e ele deve guardar o sentido estabelecido pela definição ao longo de toda a série de procedimentos do pensamento. Toda hesitação, toda obscuridade e toda ambiguidade são a morte do conceito lógico-matemático, que só sustenta seu sentido e seu valor próprio de sua exatidão, e que é tanto mais perfeito quanto consegue melhor realizar esse ideal. Entretanto, em estética é uma outra norma que prevalece. Não é difícil de encontrar toda uma série de fenômenos que se mostram plenamente acessíveis a toda observação imparcial e que, no entanto, estão tão distantes de qualquer exatidão que viria antes a destruí-los. Uma ideia estética não sustenta seu valor e seu charme em função de sua exatidão e de sua clareza, mas da multiplicidade das relações que ela condensa em seu seio, e esse charme não se perde de forma alguma, porque não se chega a dominar de relance essa multiplicidade de relações, em resolvê-la analiticamente em seus elementos constitutivos. A significação estética de uma tal ideia não é apequenada pelos impulsos complexos, até mesmo contraditórios que ela suscita, pela maneira pela qual ela cintila de mil cores, por tudo o que ela comporta de fugaz e de flutuante. Em muitos casos, ela na verdade nada mais é que constituída pelo conjunto desses traços. Como Pascal havia distinguido o "espírito fino" do "espírito geométrico", opondo um ao outro em uma antítese bem puxada, Bouhours opõe ao espírito de "rigor" que Boileau havia elevado ao posto de princípio da arte, o espírito de fineza e de "delicadeza" [...] A lógica exige a constância, a estética chama a instantaneidade. A lógica deve esclarecer todas as pressuposições de um pensamento, não deixa faltar quaisquer dos anéis intermediários que o preparam, segue em todas as suas mediações; para a arte, ao contrário, o imediato é a fonte na qual ela vai beber sem fim. A estrita "retidão" do pensamento, à qual se ligava a estética clássica e que ela erigia em norma, não é aqui mais aceitável: a linha reta só no sentido geométrico, não em sentido estético, é o mais curto caminho de um ponto ao outro. A estética de Bouhours, fundando-se sobre o princípio da delicadeza, vai, portanto, ensinar a arte do desvio, justificar sua validez e sua riqueza [...] O novo tema que se percebe na obra de Bouhours só encontra seu pleno desenvolvimento em Dubos. O que no outro tinha permanecido uma simples aproximação, torna-se nas

228 ESTÉTICA DA CONTRADIÇÃO

Reflexões Críticas sobre a Poesia e a Pintura, de Dubos, um pensamento sistemático que o autor desenvolve em todos os sentidos. Os fenômenos que Bouhours tinha descoberto de algum jeito na periferia da estética, agora são levados ao centro da teoria estética.[119]

Reverenciado pelos mais importantes nomes da estética, Bouhours publicou ainda *Entretiens d'Ariste et d'Eugène* (Diálogos de Ariste e de Eugène, 1671) e *Pensées ingénieuses des anciens et des modernes* (Pensamentos Ingênuos dos Antigos e dos Modernos, 1689). Sobre ele assim se pronunciou Tatarkiewicz:

> Como Sarbiewski, Gracián e Tesauro, também Bouhours era jesuíta. Ainda vale a pena recordar que ensinava *humaniora*, era preceptor de um príncipe, pertencia ao clero secular, era um *bel esprit* e um famoso purista nas questões linguísticas. Como Gracián e outros expoentes do maneirismo literário, também Bouhours atribui a máxima importância à engenhosidade do pensamento (*pensée délicate*). O que implicava duas coisas: por um lado um estilo lapidar e puro, e por outro algo de misterioso e elusivo, o elemento frequentemente recorrente do *je ne sais quoi*. O bom gosto e uma espécie de instinto particular podem garantir, melhor que o raciocínio, alcançar a engenhosidade. Para Bouhours, diversamente que para os classicistas, as mais importantes categorias estéticas não são a perfeição, a harmonia e o belo, mas ao contrário *a sublimidade, a facilidade e a engenhosidade do pensamento*.[120]

Assim chegamos ao famoso Abbé Dubos (Jean-Baptiste Dubos, 1670-1742), autor do importantíssimo *Reflexões Críticas sobre a Poesia e a Pintura* (1719), do qual Cassirer destaca que

não se trata mais simplesmente de dar lugar à imaginação e ao sentimento *ao lado* das faculdades intelectuais, mas de provar que eles são faculdades verdadeiramente fundamentais. Se foi chamada por essa razão a obra de Dubos a "primeira estética do sentimentalismo"[121], é preciso evidentemente fazer historicamente reservas sobre a fórmula, pois que não se encontra nele, em parte alguma, esses traços verdadeiramente "sentimentais", como aparecerá mais tarde na época da "sensibilidade". O que ele entende por "sentimento" não significa de modo algum um desconhecido mergulho do ego nele mesmo, uma atitude portanto "subjetiva" nesse sentido [...] Assim, é em Dubos que, pela

---

119 E. Cassirer, op. cit., p. 295.
120 *Storia dell'estetica*, p. 487.
121 A. Bäumler, *Kants Kritik der Urteilskraft, ihre Geschichte und Systematik*, p. 923.

AS CONTRADIÇÕES ESTÉTICAS FUNDAMENTAIS DO SÉCULO XVIII

primeira vez, com todo rigor, a *observação de si* é definida como o princípio específico da estética e oposta a todo outro método puramente lógico como a fonte autêntica de todo conhecimento certo. A essência da estética não pode ser conhecida de uma maneira puramente conceitual; o teórico, nesse campo, não tem outros meios de comunicar aos outros suas intuições de um modo convincente a não ser ao apelar para a sua própria experiência interior[122].

Por outro lado, Bayer enfatiza as distinções entre a crítica psicológica – relativa ao impacto produzido pela obra no espectador, a força emocional desse encontro – e a crítica científica – aquela que analisa os sentimentos do artista em sua criação, e tem caráter genético, portanto. Resumindo, afirma Bayer:

A crítica de Dubos se coloca entre a crítica dogmática do século XVII e a crítica impressionista do século XIX. Ele não renega a razão, mas concede um lugar mais importante ao sentimento que às regras para julgar uma obra de arte. Abordando a estética como filósofo, Dubos foi um precursor da estética psicológica. Aprofundando as questões da influência da região (*pays*) e do clima, ele preparou um dos grandes princípios da crítica de arte científica do século XIX.[123]

No século francês ainda encontramos o Père André (1675-1764) com sua obra maior, o *Ensaio sobre o Belo* (1741), refletindo a influência de Descartes, Boileau e Malebranche. Bayer assinala que Victor Cousin, em 1858, fez a síntese da estética com a metafísica e a moral, elementos esses já contidos na estética andreana de 1741.

A luz do século foi Diderot (1713-1784). Sua estética foi uma das mais influentes e das que mais marcaram a estética europeia de lá para cá. A única grande estética francesa pouco anterior é a de Charles Batteux (1713-1780), com *As Belas Artes Reduzidas a um mesmo Princípio* (1746), publicado no mesmo ano das *Cartas Críticas*, de Bodmer, e do *Ensaio sobre a Origem do Conhecimento Humano*, de Condillac. Folkierski dissera que Diderot representava o futuro da arte e da estética, e sua afirmação é facilmente observada diante da história da estética. O enciclopedista é autor difícil de resumir e sua obra estética, no

---

122 Op. cit., p. 298.
123 Op. cit., p. 138.

que tem de fundamental, pode ser estudada na *Carta sobre os Surdos-Mudos, Ensaio sobre a Pintura, Paradoxo sobre o Comediante* e os *Salões* de arte do século XVIII.

Bayer, contudo, sintetiza traços básicos da estética diderotiana da seguinte forma:

A ideia essencial que dominava toda a obra estética de Diderot é a imitação da natureza; na natureza é preciso imitar não o verdadeiro, mas o verossímil. Daí deriva toda a teoria da arte e do belo de Diderot, que define a beleza pela "conformidade da imaginação com a coisa". Na criação artística, o artista não deve unicamente copiar a natureza, mas escolher o que vale a pena de ser reproduzido e, graças a essa escolha, a arte ultrapassará a natureza. Para Diderot, a arte não é o verdadeiro, como havíamos dito, mas o verossímil; todas as vezes que em arte a verdade não nos aparece inteira, há verossimilhança, isto é, de qualquer modo, ficção. Em suma, para Diderot a arte é uma transposição do real.[124]

Das chamadas estéticas literárias, mencionaríamos rapidamente a de Montesquieu (1689-1726), nas *Cartas Persas* (1721); a de Buffon (1707-1788), em *Sobre o Estilo* (1753); a de Voltaire (1694-1778), nos livros *O Século de Luiz XIV, O Templo do Gosto* e em alguns artigos do *Dicionário Filosófico*; Jean-Jacques Rousseau (1712-1778), com o *Discurso sobre as Ciências e as Artes* e na *Carta a d'Alembert sobre os Espetáculos*; as obras de Bernardin de Saint-Pierre (1737-1814), como *Estudos da Natureza* (1784) e *Paul e Virginie*; a do poeta André Chénier (1762-1794), com diversas obras importantes.

A estética italiana do século XVIII é menos conhecida no Brasil do que as estéticas alemã e francesa, e tal como a estética inglesa, e mesmo a espanhola, caracteriza um injusto quadro diante da imensa importância de todas elas. A doutrina clássica é atribuída aos italianos desde 1527, com Marco Girolamo Vida e sua *Poética*, com Trissino, Minturno, Scaliger e Castelvetro, ou Boiardo e Ariosto. Mais adiante Tasso reacenderá a poesia épica italiana, e no plano da crítica de arte tivemos Passeri (1610-1679), Baldinucci (1624-1696), Scanelli e Scaramucia. Na prática da poesia trágica do século XVIII, citaríamos Alfieri (1749-1803) como um dos maiores escritores italianos, e, por isso, com repercussão na teoria estética italiana.

124 Idem, p. 139.

Dos grandes nomes da estética italiana reteremos três figuras paradigmáticas: Gravina (1664-1718), Muratori (1672-1750) e Vico (1660-1774). A dignidade da imaginação é denominador estético comum aos três. Com Gravina temos *Da Razão Poética*; com Muratori, *Perfeita Poesia*; com Vico, a famosa *Ciência Nova*.

Para finalizar, terminaríamos com a estética inglesa, que por seu turno reúne alguns dos maiores e melhores filósofos estéticos. Permanecendo, porém, fiel às intenções deste apêndice, fazemos somente menção informativa, noticiosa, a título de encerramento. Boa parte das grandes obras do iluminismo estético saiu das mãos dos estetas ingleses. Não há tema ou conceito minimamente importante que não tenha sido abordado por tais filósofos.

Shaftesbury (1671-1713) e Henry Home of Kames dominam a cena estética anglo-saxônica, ladeados por Francis Hutcheson (1694-1746), com *Investigação acerca da Beleza, Ordem, Harmonia* (1725), *Inquiry on the Nature and Conduct of the Passion and Affection* (1728), *Illustrations upon the Moral Sense* (1728) e, em obra póstuma, *A System of Moral Philosophy* (1755); David Hume (1711-1776), com partes do *Tratado*, dos *Princípios de Moral*, *Dissertação sobre as Paixões*, nos *Ensaios* e os dois opúsculos *Sobre a Tragédia* e *Sobre a Norma do Gosto*. Temos ainda Addison (1672-1719), com *Pleasures of Imagination* (1712); Alexander Gerard (1728-1795), com dois importantes livros, *Ensaios sobre o Gosto* (publicado em 1758, mas escrito em 1756), e o *Ensaio sobre o Gênio* (publicado em 1774, mas escrito em 1758); Edmund Burke, com *A Philosophical Inquiry into the Origin of our Ideas of the Sublim and Beautiful* (1756); Joseph Warton, com *Essay on Pope* (1756); Hogarth, com *Analysis of Beauty* (1753); e Young, com as *Conjectures on Original Composition* (1774). Conforme indicado acima, as duas principais matrizes são Shaftesbury e Home. De Shaftesbury reteríamos os dois ensaios morais, *A Inquiry Concerning Virtue or Merit* e *The Moralists, a Rhapsoody*, além de *Characteristics* e *Second Characters*. E de Home, *Elements of Criticism* (1762). Os ingleses consideravam Shaftesbury o Platão do século XVIII, e Home, o Aristóteles. Shaftesbury foi um filósofo da *Kalocagathia* – na qual *kalos* (belo) e *agathon* (bem) e *agathos* (beleza

232 ESTÉTICA DA CONTRADIÇÃO

moral) se aproximam e se unem –, por isso seu platonismo da modernidade ou uma *Kalocagathia da modernidade*. Porém, seria exagero, pelo lado alemão, considerar Schiller um filósofo também da moderna *Kalocagathia*? Não uma ortodoxa, mas uma atenuada *Kalocagathia*, resultado da influência de Shaftesbury cruzada com a influência de Kant?

APÊNDICE II:
PERRAULT OU O TEMPLO
DO GOSTO MODERNO

A história da modernidade se confunde com a do *Paralelo dos Antigos e dos Modernos*, de Charles Perrault, devido à sua preciosidade histórica confirmada pelas mais variadas obras eruditas da filosofia, das letras e das ciências, sendo por excelência a obra inaugural ou causal da *Querela dos Antigos e Modernos*. Querela que vai marcar profundamente os nossos trezentos últimos anos ocidentais e que, ousaríamos dizer, inaugura o debate da modernidade, tal como o vemos hoje no mundo ocidental.

Em 1988 aconteceu o tricentenário da 1ª edição do *Paralelo*, cuja 2ª edição, de 1692 a 1697, totaliza os quatro tomos com os cinco diálogos:

> *Tout le trouble poétique*
> *À Paris s'en va cesser:*
> *Perrault l'anti-pindarique,*
> *Et Despreaux l'homérique*
> *Consentent de s'embrasser.*
> *Quelque aigreur qui les anime,*
> *Quand, malgré l'emportement,*
> *Comme eux l'un l'autre on s'estime,*
> *L'accord se fait aisément,*
> *Mon embarras est comment,*
> *On pourra finir la guerre*
> *De Pradon et du parterre.*[125]

125 N. Boileau-Despréaux, Sur la reconciliation, *Oeuvres complètes*, p. 276. (N. da E., trad. literal: Toda agitação poética / Em Paris vem parar / Perraut, o anti-píndaro / E Despreaux, o homérico / Consentem em abraçar / Alguma contestação que os anime / Quando, apesar da raiva, / Pois eles se estimam, / O

Esse pequeno poema (epigrama), contido em um texto dirigido a Charles Perrault como prova de sua reconciliação "pós-guerra", ainda que jogando a responsabilidade na conta política de Jacques Pradon (1644-1698), visto por si só não demonstra a verdadeira dimensão da luta fratricida levada a cabo pelos dois emblemas da artístico-literária França pré-romântica e pré-iluminista. A "guerra" só terminaria em 1694, graças a Arnauld – que, pouco antes de sua morte (4 de agosto de 1694), pede a "Deus de todo o seu coração" para que os dois se reconciliem e se tornem amigos, e que se perdoem mutuamente "como o Senhor nos perdoou". A "decapitação" artístico-filosófica de Boileau iniciada por Perrault aconteceria no século seguinte, quando do ostracismo da religião racionalista diante das estéticas dos "modernos" iluministas e românticos, na afirmação da imaginação criadora, temperando a razão tirânica da estética cartesiana. Recorrer a Deus a fim de pacificar uma "guerra" teórica é prova mais do que suficiente da violência dos ataques literário-pessoais travados na madrugada do século XVII. A reconciliação aconteceu, mas a amizade nunca. Se a Querela acabou, a *sequela* ficou. Procuraram exaltar as qualidades um do outro, trocaram gentilezas e elogios públicos e chegaram a apertar as mãos.

Com a morte de Perrault (1628-1703), abriu-se uma vaga na Academia Francesa. Boileau era acadêmico desde 1684, mas a cadeira desocupada lhe concerne diretamente: seu futuro ocupante teria de fazer o elogio do antecessor. Ora, o elogio a Perrault certamente respingaria no seu brilho pessoal. Assim, Boileau não fica indiferente às candidaturas que se apresentam. E o sucessor foi habilidoso o bastante para não ferir suscetibilidades. A preocupação se justificava tanto mais à medida que a Academia sediava o elogio aos *antigos*, e já se sentira desconfortável em abrigar entre os seus ilustres membros um que os destratava em benefício dos *modernos*. Rigault lembra que D'Alembert acusara Boileau de, imprudentemente, ao citar passagem de Vitrúvio, pedir a cabeça de Perrault – *queimá-lo* ou *crucificá-lo*[126]. A Querela era uma guerra!

---

acordo se conduz facilmente / Minha dificuldade é como / Poedremos encerrar a guerra / De Pradon e de parterre [piso, plateia]).

126 H. Rigault, *Histoire de la Querelle des Anciens et des Modernes*, p. 270.

234 ESTÉTICA DA CONTRADIÇÃO

Por alto, já reunimos pequenas peças de convicção, ainda que obviamente não deem testemunho quantitativo dos estudos já realizados – nosso propósito aqui é limitado –, que nos autorizam afirmar que a própria *ideia* de vanguarda nasce da Querela dos Antigos e Modernos. Vejam que nos referimos à *ideia* de vanguarda, e não às vanguardas históricas (futurismo, dadá, surrealismo), porém estas herdam as querelas históricas que desembocarão na arte *moderna* como vanguarda[127] (um termo militar que se opõe à retaguarda). Metafórica e livremente, julgou-se que a vanguarda está para os *modernos* assim como a retaguarda está para os *antigos*. Na guerra bélica se ganha ou se perde com os pesos divididos na responsabilidade. Na guerra filosófico-literária procura-se não ver da mesma maneira, segundo alguns vanguardistas (*modernos*) e segundo alguns retaguardistas (*antigos*). A Querela dos Antigos e Modernos foi a Primeira Guerra Mundial literário-poética levada a efeito na história da estética. As que a precederam, diante dela, nada mais são que ensaios beligerantes inofensivos (Petrarca, por exemplo, apesar de toda a sua *modernidade*, não se notabilizou pela violência artística). Com Perrault, o espírito novo afronta o espírito antigo, e entre si dividem o mundo em um debate histórico em que a concepção de progresso é posta no centro das divergências teóricas.

A Querela dos Antigos e Modernos teve um marco, em 1670, no *Traité pour juger des poèmes grecs, latins et français* (Tratado para Julgar os Poemas Gregos, Latinos e Franceses), de Jean Desmarets, de Saint-Sorlin (1595-1676). Neste caso, a rigor, os *modernos* são os franceses. Entretanto, merece atenção muito especial a obra do esteta René Rapin intitulada *Réflexions sur la poétique d'Aristote, et sur les ouvrages des poètes anciens et modernes* (Reflexões sobre a Poética de Aristóteles e sobre as Obras dos Poetas Antigos e Modernos), na qual afirma que "é nisso que os poetas *antigos* são sempre mais exatos que os *modernos*, pois a maior parte dos *modernos* exprime seus pensamentos uns após os outros, sem sequência e sem ligação"[128]. No ano seguinte, a obra conhece sua 2ª edição, revista e ampliada sob o título *Ré-*

---

127 P. Bürger, *Teoria de la Vanguardia*, 1987.
128 *Refléxions sur la poétique d'Aristote, et sur les ouvrages des poètes anciens et modernes*, p. 43.

flexions sur la poétique de ce temps et sur les ouvrages des poètes anciens et modernes.

A Querela, no entanto, parece ter tido um embrião ainda mais precoce, se levarmos em consideração um autor importante, embora praticamente desconhecido para o público leigo: Roland Fréart de Chambray. Em 1662, ele publica a histórica obra *Idée de la perfection de la peinture* (Ideia da Perfeição na Pintura), mas é no subtítulo que encontramos a referência indicadora do nome próprio da "querela" e, sem dúvida, o nome do livro de Perrault: *Demonstrado pelos Princípios da Arte e pelos Exemplos Consistentes das observações que Plínio e Qunitiliano Fizeram sobre os Mais Célebres Quadros dos Antigos Pintores em Paralelo a qualquer das Obras de Nossos Melhores Pintores Modernos, Leonardo da Vinci, Raphael, Giulio Romano, Nicolas Poussin*[129].

Fréart de Chambray é um ardoroso defensor da "doutrina clássica" fundada no *raciocínio* e na *verdade* contra a "beleza quimérica" e a "fúria" dos *modernos*, isto é, dos barrocos. O *Paralelo entre os Antigos e os Modernos Pintores,* de Chambray, é nítida e duramente polêmica contra os *modernos*.[130] Nele descobrimos a objeção segundo a qual

os antigos se tornavam mesmo extremamente dóceis para submeter suas obras à crítica, não somente dos filósofos e sábios, mas ainda do povo comum e dos artesãos comuns que lhes faziam por vezes correções bastante judiciosas. Esse caminho era verdadeiramente um pouco longo; e ele é aparentemente inacessível a uma boa parte dos pintores de nosso século, que não tem o mesmo gênio desses ilustres antigos, nem o mesmo objeto em seu trabalho[131].

Ou até a lamentação do início do texto, quando afirma que "é uma questão bem curiosa saber por que a pintura se degradou da alta perfeição em que estava outrora; e donde parece que hoje, vistos os fracos esforços de suas produções em comparação com as admiráveis obras-primas da Antiguidade,

---

129 *Demontrée par les principies de l'art, et par des exemples conformes aux observations que Pline et Quintilien ont faites sur les plus célèbres Tableaux des Anciens Peintres, mis en Paralèlle à quelques ouvrages de nos meilleurs Peintres Modernes, Léonard de Vinci, Raphaël, Jules Romain, et le Poussin.*
130 Cf. W. Tatarkiewicz, *Storia dell'estetica*, p. 496.
131 R. Fréart de Chambray, *Idée de la perfection de la peinture*, p. 3.

só nos resta a sombra e, por assim dizer, o fantasma"[132]. Entretanto, Fréart de Chambray é mais moderno do que certamente gostaria, pois em 1650 lança um livro cujo título fará história, isto é, marcará a Querela: *Parallèle de l'architecture ancienne avec la moderne* (Paralelo da Arquitetura Antiga com a Moderna). É uma obra precursora, pois os *Entretiens sur la vie et les ouvrages des plus excellents peintres anciens et modernes* (Discussão Sibre a Vida e as Obras dos Mais Excelentes Pintores Antigos e Modernos), de Félibien (1619-1694), foram editados entre 1666 e 1688. No fundo, a *Querela* como *Paralelo* começa em 1650 com Fréart de Chambray, porém contra os *modernos*. A importância de Perrault é que o *seu Paralelo* inverte a história.

Influenciadíssimo por seu irmão Claude Perrault, famoso arquiteto que em 1673 havia traduzido e publicado Vitrúvio (*Les Dix livres de Vitruve* [Os Dez Livros de Vitrúvio]), ainda que sua fama institucionalizara-se por ser o arquiteto da colunata do Louvre, do Observatório de Paris e do Castelo des Sceaux para Colbert, Charles Perrault divide as glórias históricas com Claude. Porém, o inquieto irmão também lhe trouxe pesadelos devido ao seu talento polivalente. Claude era médico. Até aqui nenhum inconveniente. Por azar de Charles, seu irmão fora médico fracassado... de Boileau! Quando jovem, Boileau recorreu por pressão de família ao Docteur Perrault, irmão daquele que muito mais tarde tornar-se-ia seu inimigo mortal. Mundo pequeno, ou melhor, França pequena.

Em verdade foram somente duas consultas, conforme faz questão de sublinhar Boileau nas *Réflexions critiques sur Longin* (Reflexões Críticas sobre Longino)(Boileau traduzira o *Tratado do Sublime*, do neoplatônico Longino, cuja autoria ainda é contestada) – obra destinada a atacar Charles Perrault, segundo confissão do subtítulo "où, par occasion, on répond à quelques objections de Monsieur P*** contre Homère et contre Pindare" (Onde pela Ocasião se Responde a qualquer Objeção do Sr P*** Contra Homero e Píndaro). Na primeira consulta médica, uma pequena febre. Na segunda, febre nenhuma, mas incompetentemente diagnosticada pelo Dr. Claude Perrault. Boileau estava em crise asmática, e não com febre. E, para a cura da asma, o

---

132 Idem, p. 1.

AS CONTRADIÇÕES ESTÉTICAS FUNDAMENTAIS DO SÉCULO XVIII

Dr. Perrault tinha um método no mínimo estranho: cortar o pé do paciente. Desabafa Boileau:

> Contudo, eu fui louco o bastante para cumprir a receita médica na mesma noite. O que aconteceu é que minha dificuldade de respirar não diminuiu de jeito algum, e que, no dia seguinte, tendo andado mal devido ao fato, o meu pé inchou tanto que fiquei três semanas de cama. Aqui está toda a cura que ele me fez, que peço a Deus para perdoá-lo no outro mundo"[133]. Não foi à toa, portanto, que Boileau usou Vitrúvio, autor traduzido pelo arquiteto, físico, "médico" e irmão Claude, contra Charles Perrault, segundo denúncia de D'Alembert. Vale registrar a sofisticação e a sutileza da maldade investida na Querela. Toda essa baixaria na teoria estética é matéria de confissão de Boileau nas *Reflexões Críticas sobre Longino*: "Eu sou imoral em contar mesquinharias ao público[134].

A rigor, a Querela dá-se no interior do movimento cartesiano, ou melhor, do momento cartesiano. Ser moderno era ser cartesiano. Contudo, se muitos *modernos* o são na afirmação do "espírito geométrico", pois quase todos faziam questão de serem identificados segundo a filiação ao pensamento de Descartes e seguidores, essas intenções carteso-pascalianas eram contrariadas pelas suas próprias obras, que se rendiam às evidências da "lógica" da arte. No seio da Querela encontravam-se os germes da contestação ao próprio cartesianismo, pois os *modernos* começavam a se dar conta de que a obra de arte é irredutível em suas contradições e ambiguidades.

Essa hegemonia do pensamento cartesiano é assim resumida por Cassirer:

> O pensamento do século XVIII, tal como o encaramos até o momento, corresponde, em suma, ao desenvolvimento do espírito analítico, que é, sobretudo, um fenômeno francês. A França era a pátria, a verdadeira terra clássica da análise desde que Descartes tivera consumado sua reforma, sua transformação radical da filosofia. Desde a metade do século XVIII, esse espírito cartesiano penetra todas as áreas. Ele não se impõe somente na filosofia, mas também na literatura, na moral, na política, na Teoria do Estado e na sociedade. Ele vai afirmar-se até em teologia, dando a essa disciplina uma figura totalmente nova.[135]

133 *Oeuvres complètes*, p. 494.
134 Idem, p. 496.
135 *La Philosophie des lumières*, p. 61.

238 ESTÉTICA DA CONTRADIÇÃO

Ser cartesiano era ser moderno. Como conciliar o cartesianismo com o elogio à imaginação criadora, ao gosto, ao gênio, aos contrastes, ao *je ne sais quoi* de Alberti, Pascal e Bouhours, ao sentimento e à paixão, se tudo isso poderia representar uma oposição à própria razão? Ao menos ao conceito de razão tal como se apresentava à época? Forçados a uns e a outros lados das problemáticas estéticas em sua complexidade, os *modernos* chegaram à moderníssima ideia segundo a qual a arte é um feixe de contradições, paradoxos, antagonismos e tensões variadas. Se observarmos o *Paralelo*, de Perrault, verificaremos que o livro mistura os *antigos* e os *modernos* nas artes e nas ciências, hábito cultural da época. No dizer de Cassirer,

o paralelismo das artes e das ciências, que constitui uma das teses fundamentais do classicismo francês, parecia a partir de agora estabelecido nos fatos. Desde antes de Boileau se explica esse paralelismo comum das artes e das ciências no poder absolutamente único e soberano da "razão". [...] Ora, é um poder que ignora todo compromisso e não sofre nenhum desvio. Aquele que não o reconheça absolutamente e sem reserva, aquele que não o tome sem restrição como guia, comete um crime de lesa-majestade. Em tudo aquilo que depende da razão e do senso comum, diz Aubignac em sua *Pratique du théatre*, de 1669, cinco anos antes da publicação da *Art poétique* de Boileau, a licença é um crime jamais permitido. A "licença poética" – tanto quanto a científica – é rejeitada e condenada. "As artes têm isso de comum com as ciências, diz Le Bossu ao início de seu *Traité du poème épique*, aquelas são como estas fundadas sobre a razão, e que se deve nisso deixar conduzir pelas luzes que a natureza nos deu". Vê-se como a estética clássica concebe a natureza[136].

A importância histórica de Bouhours começa no ano de 1671, com a 1ª edição de *Entretiens d'Ariste et d'Eugène* (antigo e moderno?). Aqui encontramos o contrabalanço do racionalismo estético cartesiano por meio do "irracionalismo" bouhoursiano, a começar pela famosa antidefinição do *je ne sais quoi* (não sei o quê) que dará marca a toda uma época da história da estética, ultrapassando a barreira do século: "De forma que se, por acaso, se viesse a perceber o "*je ne sais quoi*" que surpreende, e que ganha o coração à primeira vista, não se seria

136 Idem, p. 279.

AS CONTRADIÇÕES ESTÉTICAS FUNDAMENTAIS DO SÉCULO XVIII 239

talvez tão tocado, nem tão encantado quanto se está"[137]. Ou seja, a força de expressão e de sentido do *je ne sais quoi* reside justamente na inviolabilidade estética, a partir do instante que saibamos racional e distintamente do que se trata ou do que é, ele cai no vazio. Perde seu encanto e magia artística. Um *je ne sais quoi* que apesar de já contido em Alberto Magno e São Tomás de Aquino, só ganhará direito de cidadania estético-filosófica no final do século XVII com Bouhours, por meio da influência direta de Pascal, do livro *Pensées*. Veremos mais adiante, no Apêndice III, que Tatarkiewcz ainda volta mais no tempo e menciona Alberti (1404-1472) como o responsável em tornar *artística e estética* a teoria do *je ne sais quoi* bem antes de Bouhours e Pascal.

Chouillet nos dá uma definição da posição de Bouhours no quadro estético vigente à época:

> A situação de Bouhours é reveladora no fato de que ela é ambígua, como a de seus contemporâneos. A partir do instante que, da leitura das obras, se passe à argumentação sobre as coisas da arte, produzem--se dois fenômenos inversos. Ou contenta-se em legislar, editando certo número de regras fundadas empiricamente sobre as obras já existentes e, feito isso, cedo se fez descobrir a relatividade dessas regras e sua impotência em criar obras-primas. É a maneira de agir seguida tanto por Boileau quanto pelos grandes escritores de sua geração. Ela faz reconhecer a autonomia parcial dos escritores e sua adesão, não menos parcial, a um código que convém não examinar de muito perto. Ou então se leva mais longe a pesquisa e arriscamos em procurar as causas do prazer estético.[138]

A teoria do "espírito de fineza" de Bouhours recomenda uma abordagem mais nuançada da crítica interpretativa da arte como instituição e da obra de arte como fenômeno estético.

Em 1687, ano da publicação do famoso texto *Digressions sur les anciens et les modernes*, de Fontenelle (1657-1757), Bouhours lança sua mais famosa obra, o sensacional *La Manière de bien penser dans les ouvrages d'esprit* (de 1687 a 1756, nove edições). Nele, a função da educação artístico-estética na formação da humanidade, retomada por Schiller mais tarde, vem definida logo no prefácio: "Esses quatro Diálogos talvez contenham o que há

---

137 J. Chouillet apud Cassirer, *L'Esthétique des lumières*, p. 32.
138 Idem, ibidem.

240   ESTÉTICA DA CONTRADIÇÃO

de mais extraordinário nos autores *antigos* e *modernos*; o que há mesmo de corrompido como belo nos melhores escritores, de maneira que eles possam servir não somente a polir o espírito, mas a formá-lo"[139]. O termo *autor* é utilizado por Bouhours, o que não deixa de ser indicador de sua estética, como de resto caberia uma pesquisa sobre a história do conceito de autor, que se confunde com a história da modernidade estética.

No *Manière de bien penser* encontramos dois teóricos, *Eudoxe* (corresponderá ao *Président*, no *Paralelo*, de Perrault) e *Philanthe* (esse ao *Abbé*, no mesmo *Paralelo*) – esquema dialético oriundo dos *Entretiens d'Ariste et d'Eugène* –, que entre muitos e eruditíssimos debates, poderíamos citar o seguinte trecho de um deles:

> Os antigos que vós estimais tanto, diz Philanthe, são às vezes bastante obscuros, e poucas pessoas os entendem sem a ajuda dos intérpretes. Se a obscuridade vem do pensamento mesmo, replica Eudoxe, eu condeno os antigos como os modernos: mas se a obscuridade vem somente de certas circunstâncias históricas, não se tem nada para censurá-los. Eles escreviam para o seu século, e não para o nosso. Eles fazem frequentemente alusão à coisa cuja memória não se conservou e que nos são desconhecidas: não é culpa deles se não os entendemos.[140]

Vimos que a estética de Bouhours – nós acrescentamos ainda as *Pensées ingénieuses des anciens et des modernes* (de 1689 a 1758, nove edições) –, principalmente com *La Manière de bien penser dans les ouvrages d'esprit*, somada a tantas outras estéticas, vai formar a base dialógica, em sentido amplo e restrito, da defesa que irá fazer Perrault dos *modernos*. Perrault levantou a voz. Alguém terá de fazê-lo, pensou Perrault. E Bouhours foi importante nessa reviravolta. Nela, o esteta cartesiano ortodoxo é encarnado por Boileau, e não por Bouhours e Perrault. Ouçamos Cassirer:

> A lógica exige a constância, a estética chama a surpresa. A lógica deve esclarecer todas as pressuposições de um pensamento, não faltar qualquer dos elos intermediários que o preparam, segui-lo em todas as suas mediações; para a arte, ao contrário, o imediato é a fonte onde

---

139 D. Bouhours, *La Manière de bien penser dans les ouvrages de l'esprit*, p. 3.
140 Idem, p. 63.

AS CONTRADIÇÕES ESTÉTICAS FUNDAMENTAIS DO SÉCULO XVIII   241

ela bebe sem fim. A estrita "retidão" do pensamento, à qual se filiava a estética clássica e que ela erigia em norma, não é mais aceita aqui: a linha reta só é o mais curto caminho de um ponto a outro no sentido geométrico, não no sentido estético. A estética de Bouhours, fundando--se sobre o princípio da delicadeza, vai ensinar a arte do desvio [*détour*], justificar sua validez e sua riqueza. Um pensamento esteticamente válido (pensamento delicado, pensamento engenhoso) faz quase sempre uso dele para atingir seus fins: surpreender o espírito, e lhe imprimir, por meio dessa surpresa, um novo *élan*.[141]

A estética de Perrault será a porta-voz da revolta dos *modernos*. Mesclada à Querela dos Antigos e Modernos e residente no seio mesmo da Querela da Modernidade, está a Querela do Progresso, conforme havíamos já mencionado no início do texto, e que chamaria de "o paradoxo do progresso". A Querela do Progresso pode ser resumida na "eterna luta do espírito antigo e do espírito novo", fundamento da história e cujo fim é o progresso, no dizer de Rigault. O homem cristão procura o progresso neste mundo, pois no outro não há progresso. Só neste mundo é possível o aperfeiçoamento humano – assim, aqueles que defendem o partido do futuro, isto é, do espírito novo, do progresso e das conquistas, lutam contra o partido do passado, impõe dizer, do espírito antigo, do atraso e do imobilismo. Rigault vislumbra uma relação de cooperação, na qual o elogio aos *antigos* não implique uma relação de necessária indisposição na aceitação aos *modernos*, e que, por sua vez, o elogio a estes não acarrete uma campanha sistemática de desmoralização daqueles. Portanto, para Rigault a *Querela* é precipuamente uma "Querela do Progresso", pois que "o progresso é uma lei, a lei suprema da humanidade", na qual o cerne da discussão dos *antigos* e *modernos* é o progresso intelectual do homem:

Do mesmo modo que há os retrógrados enraizados no passado, antiquários do espírito que odeiam todas as coisas novas, e que devotamente colecionam velhas ideias como outros colecionam vasos velhos ou velhas armas, existem os utopistas, para quem o mundo só data de hoje, de Condorcet ou de Saint-Simon, que rompem a tradição com desprezo, esse cordão de ouro que une as gerações desde a infância do mundo.[142]

141 Op. cit., p. 296.
142 Op. cit., p. 5.

Na defesa do gosto moderno e seu templo, no qual gosto se discute muitíssimo – e Kant fará eco da discussão sobre o gosto –, reproduzimos aqui, a título de encerramento desta homenagem dupla, algumas palavras de Perrault no *Paralelo*, quando refutava a acusação de que os *modernos* eram defendidos por pessoas sem gosto e sem autoridade:

> Porque a questão é de saber se aqueles que estimam os *modernos*, e que não adoram os *antigos*, têm gosto ou não, nisso vocês se contentam em dizer que são gente sem gosto, é repetir a proposição, não prová-la. [L'Abbé]
>
> É prová-la, mas à maneira daquele que provava que uma comédia era detestável porque era detestável. [Le Chevalier]
>
> É o mesmo raciocínio e a mesma lógica. Pela outra afirmação de que são pessoas sem autoridade, não sei bem o que isso significa. Aparentemente, se quis dizer que não são pessoas de muito grande peso por entre as pessoas de letras, ou que tenham composto obras bastante consideráveis para que possamos crer em sua palavra. Mas como poderíamos imaginar que um homem, fosse quem fosse, deva ser acreditado por sua palavra. Há muito tempo que não se paga mais sob essa espécie de autoridade, e que a razão é a única moeda em circulação no comércio das Artes & Ciências. A autoridade no presente só tem força, e só deve tê-la, na Teologia e na Jurisprudência. Quando Deus fala nas Santas Escrituras, ou pela boca de sua Igreja, é preciso baixar a cabeça e se submeter. Quando o Príncipe dá suas leis, é preciso obedecer e respeitar a autoridade de onde elas partem como uma porção da autoridade do próprio Deus. Fora isso, para tudo a Razão pode agir como soberana e usar seus direitos. [L'Abbé][143]

---

143 *Parallèle des anciens et des modernes, en ce qui regarde les arts et les sciences*, p. 91.

AS CONTRADIÇÕES ESTÉTICAS FUNDAMENTAIS DO SÉCULO XVIII 243

APÊNDICE III:
ELEMENTOS DA ESTÉTICA
DE LEIBNIZ E O INTELECTUALISMO ESTÉTICO
ALEMÃO DO SÉCULO XVIII

> *Nem a contradição é marca de erro,*
> *nem a não-contradição é marca da verdade.*
>
> PASCAL, *Pensées*, 1670

O intelectualismo estético de Leibniz é uma das manifestações do racionalismo estético em voga na Europa do século XVIII, cujo modelo é o cartesianismo estético, indo até mesmo alcançar adeptos na Itália, com Gravina (1664-1718), em *La ragion poética*[144], ou na Suíça, com Bodmer (1698-1783) e Breitinger (1701-1776), passando por Gottsched (1700-1766) na Alemanha. Esta compreende Leibniz, Gottsched e os suíços Bodmer e Breitinger, Wolff, Baumgarten, Winckelmann, Sulzer, Kant, Mendelssohn, Lessing, Goethe, Schiller, Schelling, entre outros filósofos, poetas e artistas.

A estética de Leibniz não segue as mesmas tendências de Shaftesbury e Diderot. Ela abre caminho na Alemanha para um percurso que conduz a transição da lógica para a estética, cujo vértice é Baumgarten, caracterizada por um intelectualismo oriundo de Descartes e ausente na obra de Vico. Esse intelectualismo procurou trazer a arte para a verdade matemática, subordinando a sensibilidade ao intelecto, buscando um belo objetivo e absoluto como condição da perfeição estética. Assim, contrastava com o empirismo estético, que assumia o subjetivismo artístico como condição da criação. Do mesmo modo que não há propriamente uma estética de Descartes, não há uma estética de Leibniz. Entretanto, ideias sobre o belo e alguns escritos dispersos autorizam uma interpretação estética da filosofia de Leibniz.

Croce foi quem escreveu uma das melhores páginas sobre a estética de Leibniz[145]. Inicialmente, o conceito de *cognição confusa* foi adotado por Descartes, que o subtraiu da

---

144 Cf. B. Croce, L'Estetica del Gravina, *Problemi di estetica e contributi alla storia dell'estetica italiana*, p. 363.
145 *Estetica come sienza dell'espressione e linguistica generale*, p. 228.

244 ESTÉTICA DA CONTRADIÇÃO

tradição escolástica e, principalmente, de Duns Scotus. O que hoje chamaríamos de *cognição estética* (*cognição contraditória*), que inclui a intuição – mas que Croce chama de *conhecimento fantástico* (*cognição intuitiva*) –, vai encontrar sua origem em um texto de Leibniz pouquíssimo conhecido e citado, *De cognitione, veritate et ideis* (1684), no qual ele divide o conhecimento em *cognitio obscura* ou *clara*. Esta em *confusa* ou *distinta*, e aquela em *adaequata* ou *inadaequata*. A cognição estética é clara e confusa, mas de modo algum *distinta*. E é exatamente isso que o leva a se referir a um *eu não sei o quê*, mais tarde explicitado nos *Novos Ensaios sobre o Entendimento Humano*, dando mais profundidade ao texto *Meditações sobre o Conhecimento, a Verdade e as Ideias* (*De cognitione, veritate et ideis*). No referido texto, ele já afirma não ser possível aos artistas o domínio sobre o juízo artístico, apesar de operarem um juízo específico na criação da obra de arte, buscando um *não sei o quê*. Bouhours publicara em 1687 o *La Manière de bien penser dans les ouvrages d'esprit* (nove edições entre 1687 e 1756), que já introduz a Querela dos Antigos e Modernos, um ano depois iniciada por Charles Perrault e publicada gradativamente de 1688 a 1692. Mesmo Bouhours, em 1671, marcara o debate com *Entretiens d'ariste et d'Eugène* (treze edições entre 1671 e 1734), e talvez para fazer valer suas ideias entre os *modernos*, publicou *Pensées ingénieuses des anciens et des modernes* (1689, com nove edições até 1758).

A teoria do *je ne sais quoi*, apesar de ter antecedentes em São Tomás de Aquino e Alberto Magno, na verdade tem em Pascal sua influência mais direta, com uma simples menção no *Pensées*, publicado em 1670, do qual Bouhours se valeria em 1671 para seu *Entretiens d'ariste et d'Eugène*, dando maior consistência aos pensamentos de Pascal:

> Como se diz beleza poética, dever-se-ia dizer também beleza geométrica e beleza medicinal. Entretanto, não se diz de modo algum; e a razão disso é que se sabe bem qual é o objeto da geometria, e qual é o objeto da medicina, mas não se sabe em que consiste o encanto que é o objeto da poesia. Não se sabe o que é esse modelo natural que é preciso imitar. E, na falta deste conhecimento, inventou-se certos termos estranhos, século de ouro, maravilha dos nossos dias, palma fatal, belo astro etc., e chamamos esse jargão beleza poética. Mas quem

AS CONTRADIÇÕES ESTÉTICAS FUNDAMENTAIS DO SÉCULO XVIII   245

imaginar uma mulher vestida com esse modelo verá uma bonita garota totalmente coberta de espelhos e pulseiras de latão e, ao invés de achá-la agradável, não poderá impedir-se de rir, porque se sabe melhor em que consiste o encanto de uma mulher que o encanto dos versos.[146]

Tatarkiewicz, por sua vez, credita a Alberti (1404-1472) a responsabilidade de tornar *artística e estética* a teoria do *je ne sais quoi* muito antes dela se tornar respeitável pelos filósofos franceses no século XVII:

Nos escritos de Gottfried Wilhelm Leibniz, as observações sobre problemas estéticos ocupam uma posição marginal. Porém, ele tinha ideias bem precisas na matéria. Ele defende que nós não temos um conhecimento racional da beleza. Mas (de todo modo isso diziam os racionalistas de então), isso não significa que não tivéssemos qualquer conhecimento. De fato, o conhecimento tem vários graus de clareza e racionalidade. Deste ponto de vista, podemos dizer que nosso conhecimento da beleza está em um grau antes baixo, já que se baseia no gosto. O gosto pode decidir se uma coisa é bela, mas não pode explicar por que o é. O gosto, diz Leibniz, é alguma coisa "de afim ao instinto". Os pintores sabem distinguir as obras extraordinárias das feias, mas não são capazes de dizer sobre que bases operam tais distinções. Se a eles se pergunta, eles respondem que às obras que não agradam faltam um certo "je ne sais quoi". Temos, pois, um certo conhecimento da beleza, mas este é de um gênero diverso daquele que temos da matemática ou da física. Esta é a solução que Leibniz propõe às velhas questões. Não era de todo nova. Ele tinha predecessores se não entre os filósofos, ao menos entre os artistas e críticos que de Alberti em diante haviam sustentado que o elemento decisivo do belo é o "não sei quê", o "je ne sais quoi"; e em uma certa medida também entre todos aqueles a quem os juízos sobre o belo tinham seu fundamento não na razão, mas no olho, como Michelangelo e Shakespeare. Os filósofos dos seiscentos, por conseguinte, deixaram-nos dois sistemas de concepções estéticas, cada um dos quais vem formulado em oposição a uma certa teoria: contra o objetivismo por um lado e contra o racionalismo por outro. A maior parte dos estetas dos setecentos segue o subjetivismo de Descartes e de Spinoza. Mas aquele que fundou a estética como disciplina autônoma, Alexander Baumgarten, escolheu a estrada traçada por Leibniz.[147]

---

146 J. Chouillet, Les Métaphysiques du beau, em B. Pascal, *Pensées*, p. 312. Cf. Cassirer, *L'Esthétique des lumières*.
147 *Storia dell'estetica*, p. 476.

246 ESTÉTICA DA CONTRADIÇÃO

No prefácio aos *Novos Ensaios sobre o Entendimento Humano*, escrito entre os anos de 1703 e 1716, Leibniz, ao referir-se às pequenas percepções[148], afirma o seguinte:

> Estas pequenas percepções são de maior eficácia em seus desdobramentos do que se pensa. São elas que formam o "je ne sais quoi", esses gostos, essas imagens das qualidades dos sentidos, claras em seu conjunto, mas confusas nas partes, essas impressões que os corpos circunvizinhos causam sobre nós, que envolvem o infinito, esta ligação que cada ser tem com todo o resto do universo. Pode-se mesmo dizer que em consequência dessas pequenas percepções, o presente é rico de futuro e carregado de passado, que tudo contribui e que, na menor das substâncias, olhos tão percucientes quanto os de Deus poderiam ler toda a sequência das coisas do universo.[149]

Há, portanto, uma *claritas* de conjunto, ainda que uma *confusio* nas partes. Os artistas criam e julgam suas obras de arte com clareza e obscuridade, e jamais com distinção, pois a fantasia é cognição confusa. Contudo, segundo Croce, "a *claritas* atribuída aos fatos estéticos é não já diferença específica, mas parcial antecipação da *distinctio* intelectiva"[150]. Apesar dos avanços, Leibniz situa o conhecimento estético como inferior em uma perspectiva evolutiva, que vai do conhecimento confuso da fantasia ao conhecimento distinto do intelecto. Assim, o intelectualismo estético vem de Descartes a Baumgarten, passando por Leibniz e Wolff, e fundamentando a poética de Gottsched[151]. Mesmo que a filosofia de Leibniz possa ser entendida em oposição à de Descartes, alguns elementos cartesianos ainda persistem, sobretudo no plano estético.

O historiador da estética Raymond Bayer afirma ser a definição do belo em Leibniz a base de todo o seu sistema. Da *Beatitude* (1710-1) à *Monadologia* (1714), mesmo que nenhuma delas possa ser considerada da área estética, podem

---

148 A propósito, consultar o excelente artigo do padre Maurílio Teixeira-Leite Penido, Leibniz e o Inconsciente Cognitivo. Penido refere-se a Leibniz como o descobridor do inconsciente: "Assim, ao escrever há 240 anos os *Novos Ensaios*, o genial autor já atingira uma concepção da vida mental que a mais adiantada psicologia moderna viria legitimar e corroborar" (p. 36).

149 *Nouveaux essais sur l'entendement humain*, p. 39.

150 *Estetica come sienza dell'espressione e linguistica generale*, p. 230.

151 J. Chr. Gottsched, *Schriften sur Literatur*. A propósito, consultar J.J. Bodmer; J.J. Breitinger, *Schriften sur Literatur*.

ser percebidos os elementos estéticos que, associados a outros do restante de suas obras, irão influenciar Baumgarten, Kant, Schelling e Hegel. Bayer chega mesmo a afirmar que a estética de Kant nada mais é do que uma subjetivação da estética de Leibniz. Ele também credita a Leibniz a descoberta da região estética situada entre a sensibilidade e a inteligência pura, isto é, do conhecimento confuso da fantasia ao conhecimento distinto do intelecto. Há uma unidade na variedade, com a interligação de amor, beleza, ordem e perfeição. A harmonia é o belo, justificando uma hierarquia dos seres, e o feio é a desarmonia, o inconcebível. As mônadas articulam-se como elementos naturais, do mesmo modo que se associam os elementos linguísticos, matemáticos, musicais etc. O mundo é uma forma. As substâncias são formas. Sem forma não há substância, vida ou arte, e cada objeto cria sua forma, sendo o objeto uma identidade da substância com a forma, em que a substância é a forma. A forma é um objeto. Não há mundo sem forma. Não há substância sem forma. Assim, cada forma impõe um limite no espaço. Sua definição dá-se pelo limite. Segundo Bayer, "esta tese se aplica à criação artística. Cada tema, cada substância só pode ter uma forma, deve engendrar sua forma, e não existe problema de matéria. A forma engendra necessariamente a matéria, o conteúdo e mesmo o ato criador. Toda estética dá à forma um lugar importante, e esta concepção da substância autoformadora solicita uma estética"[152].

Assim, em linhas gerais, foi-nos possível demonstrar os elementos fundamentais da estética de Leibniz, situando-a na estética alemã e europeia dos séculos XVII e XVIII, cujo intelectualismo foi sendo gradativamente ultrapassado pelos avanços da estética romântica alemã, com os precedentes de Schiller e Goethe.

---

152 *Histoire de l'esthétique*, p. 149.

248 ESTÉTICA DA CONTRADIÇÃO

APÊNDICE IV:
A ESTÉTICA DE DESCARTES
E O OCASO DO RACIONALISMO ESTÉTICO

A adesão generalizada à filosofia de Descartes nos séculos XVII e XVIII dava a impressão que todos os esforços seculares para promover a singularidade da criação artística – pois essa era a esperança ora velada, ora explícita dos artistas – estavam como que esgotados diante da irresistível avalancha da razão. A conquista da razão enquanto tal na filosofia de Descartes tivera um efeito devastador na Europa, de forma que a defesa da imaginação criadora soava como retaguarda perante a vanguarda da novidade cartesiana, como reação dos inimigos da razão a fim de estancar a avassaladora entronização da rainha das faculdades, parafraseando o revoltado Baudelaire no século XIX. A convivência da razão com a imaginação configurou-se em uma sucessão de conflitos no seio de uma Europa em busca de uma compreensão ampla que, sem desprezar a razão, dignificasse a imaginação criadora e suas consequências, as obras de arte. A lógica da razão contrariava a lógica da imaginação. A pedra de toque estava em como não sacrificar qualquer das duas e, ao mesmo tempo, não trair a essência mesma de cada uma separadamente. O excludentismo das faculdades estava pondo em risco os avanços históricos tanto de uma quanto de outra, penosamente conquistados ao longo dos séculos.

O racionalismo vê na razão uma *facultas superior*, uma faculdade superior, subordinadora, geral, estável e universal, como os historiadores da filosofia são unânimes em reconhecer, e a sensibilidade como característica da imaginação uma *facultas inferior*, uma faculdade inferior, subordinada, instável, particular e singular, sujeita a mudanças e movimentos até instintivos. Baumgarten (1714-1762), na *Metafísica*, definira a faculdade do conhecimento inferior aplicada à estética, que mais tarde foi nuançada na *Estética*, reconhecendo a especificidade desta:

> Minha alma conhece de modo obscuro determinadas coisas e conhece confusamente outras. Assim, quando todas as coisas são iguais, ao perceber uma coisa como completamente diferente das outras, minha alma percebe mais do que quando a percebe sem a diferençar das outras. Desse modo, quando todas as coisas são iguais, o conhecimento

claro é maior que o conhecimento obscuro. Segue-se que a obscuridade é um grau menor do conhecimento, enquanto a clareza é um grau mais elevado, e, pela mesma razão, a confusão é um grau menor do conhecimento, ou ainda, um grau inferior, enquanto a distinção é um grau maior ou então um grau superior. A faculdade de conhecer alguma coisa de modo obscuro e confuso, ou então de modo indistinto, é pois a faculdade do conhecimento inferior. Minha alma, portanto, dispõe de uma faculdade do conhecimento inferior.[153]

Duns Scotus (1270-1308) havia se referido à arte como *cognitio intuitiva* ou *species specialissima*, ou mesmo *cognitio confusa* (termo adotado por Descartes, cuja matriz é o pensamento escolástico, e tirada da doutrina de Duns Scotus, que teve larga aceitação nos seiscentos, e depois com Leibniz e Baumgarten nos setecentos). O que para os racionalistas é um defeito comparativamente à razão, para os demais denota a especificidade da faculdade da imaginação criadora e suas obras. Essa *cognição inferior* em Baumgarten gradativamente foi se transformando em *cognição singular*. A indeterminação e a indistinção artístico-estéticas são a alma mesma da obra de arte.

Entretanto, no seio da indeterminação, da indistinção e da confusão estético-artísticas há uma distinção singular e específica, pois o artista, no interior da obra de arte, é permanentemente desafiado a distinções, clarezas e determinações intrínsecas e inerentes ao discurso da *indistinção*, da *confusão* e da *indeterminação*. Trata-se, pois, de uma natureza própria, que tem seu *modus operandi* singular.

O século de Descartes é o século das regras e leis estéticas, no qual a função precípua da arte é dar prazer e corrigir os costumes e a vida social. A ideia de regra predominava sobre a ideia de criação, o como fazer dominava o que fazer. Essa disposição estética encontra seus antecedentes históricos na Antiguidade clássica e cristã, em que as categorias de disciplina e hierarquia se sobrepunham às sensíveis. Os conceitos de ordem, medida, regra e razão mutuamente se auxiliavam e se amparavam em uma força estética de caráter prescritivo ou normativo. Em verdade, a Antiguidade cristã nada mais fez do que dar continuidade à Antiguidade clássica, cujo modelo é o Aristóteles da *Arte Poética*.

153 *Estética: A Lógica da Arte e do Poema*, p. 10.

A estética de Aristóteles não era aceita de modo unânime. Encontramos os antecedentes aristotélicos mais próximos em vida (1485-1566) com a *De Arte Poética* (1527), e Scaliger (1484-1558) nos *Sete Livros sobre Poética* (*Poeticae libri septem*), como precursores do classicismo. Este último propõe uma conciliação da contradição entre uma arte realista (mimese da natureza) e uma arte moral (*telos* moral). Contudo, se em Aristóteles o fundamento da arte é o descrever, no século XVII é o prescrever. Qual a identidade teórica e histórica entre descrever e prescrever? Podemos dizer que a racionalidade lógica embutida na descrição foi se tornando ao longo dos séculos tão interiorizada no pensamento artístico-estético que sua transformação em prescrição foi produto dessa "naturalidade" histórica. Do descrever ao prescrever não há qualquer dificuldade, pois o descrever era já uma prescrição no tipo de estética proposto por Aristóteles. *Prescrever o descrever*, eis a máxima aristotélica. A racionalidade da estética de Aristóteles prestava-se a esse tipo de conjugação; assim, não pode ser objeto de espanto o fato de o racionalismo cartesiano não ter feito nada além de radicalizar tendências estéticas mais do que aceitas e sem despertarem qualquer dúvida, nem a cartesiana.

Essas tendências estéticas racionalistas aristotélicas e pós--aristotélicas prepararam de certa forma o racionalismo estético de Descartes. A estética era regida também pelo *princípio de contradição*, que no século XVIII encontrou seu desdobramento lógico no *princípio do terceiro excluso*, postulado por Baumgarten justamente na *Metafísica* (1739, parágrafo 10 e posteriores), em continuidade e diferença à *Metafísica* de Aristóteles (X, 7, 1057 a 33) e mencionado na *Estética*:

> As leis da arte estética, todavia – como um tipo de constelação de leis particulares – estão difundidas por todas as artes liberais, e ainda possuem uma esfera mais abrangente: elas valem onde quer que seja preferível conhecer algo – do qual não é necessário o conhecimento científico – de modo belo a conhecê-lo de modo feio. A partir disto, esta constelação de leis, mais do que alguma das leis particulares, merece ser reconduzida a uma forma de arte, pois um dia há de apresentar – como partes distintas das artes tiradas dela mesma – um sistema mais completo para o conhecimento da beleza. Devido à sua infinita variedade, não pode ser esperado algo de completo nas leis particulares, a não ser que – elevando-nos às fontes não só da beleza, mas também às

AS CONTRADIÇÕES ESTÉTICAS FUNDAMENTAIS DO SÉCULO XVIII 251

do conhecimento, elevando-nos, enfim, à natureza de ambas – examinemos as primeiras divisões de ambos os conceitos, que se esgotam, se divididos segundo o princípio do terceiro excluso, aplicado na presença de dois opostos contraditórios. Mas isto transformará a arte estética, levando-a a assumir a forma de uma ciência.[154]

A estética constituir-se-ia em uma ciência normativa, e não mais somente descritiva. Isso implicava dizer que qualquer que fosse a pretensão artística, as criações artísticas adequar-se-iam às normas relativas ao gênero. Assim, o cartesianismo estético asfixiou por algum tempo certas tendências da sensibilidade estética em favor da racionalidade intelectual. Arte é um fato da razão. As estéticas racionais proliferaram na Europa pós-cartesiana. A conversão da esfera estética em esfera intelectual fundamenta o caminho promissor de uma estética raciocinante que certamente teria caráter prescritivo ou legislativo. Os conflitos entre a razão e a imaginação criadora – se já eram históricos, porém, de uma elegante discrição – tornaram-se agressivos e de difícil reconciliação, tanto no plano pessoal quanto no teórico. No plano axiológico, no topo da hierarquia está a razão coordenadora de todo o processo criador. É a razão criadora, e não a imaginação criadora, a faculdade decisiva da criação artística.

A razão torna-se subordinadora. Todas as faculdades humanas estão subordinadas à razão. Mesmo o instinto passa a ser considerado como uma razão débil, uma natureza guiada pelas regras da razão. Entretanto, se não há propriamente uma "estética" de Descartes, certamente há uma tradição estética que, ou por um lado reivindica sua filiação a Descartes e tira suas próprias conclusões estéticas *malgré* Descartes, ou, por outro, herda e preserva o racionalismo estético como desdobramento da filosofia cartesiana e da tradição racionalista do classicismo, também *malgré* Descartes. A rigor, poder-se-ia dizer que não foi Descartes o fundador do racionalismo estético, pois seu racionalismo tinha outro destinatário, já que jamais Descartes afirmou o predomínio da razão sobre a imaginação criadora. Tatarkiewicz afirma que o objetivismo racionalista dividia a estética do século

154 Idem, p. 117.

252 ESTÉTICA DA CONTRADIÇÃO

com o subjetivismo não-racionalista ou irracional, e que Descartes era um opositor do objetivismo racionalista:

Em consequência, Descartes em estética é um adversário do objetivismo e do racionalismo, como muitos outros eminentes filósofos dos seiscentos. A teoria da arte e a poética do período permanecem ao contrário fiéis seja ao objetivismo seja ao racionalismo, e reivindicam frequentemente Descartes como seu aliado, reclamando seu método, não obstante o próprio Descartes não previsse uma aplicação dele à estética. Das duas opostas correntes presentes na estética do seiscentos, uma seguia o pensamento de Descartes, ao passo que outra se reclamava dele como sua fonte de inspiração, mas seguia uma diferente linha de pensamento.[155]

Em Descartes, há uma discreta aceitação da inspiração, do dom e das Musas, como adverte Bayer, em uma racionalidade inconsciente, demonstrando sua subordinação à razão[156]. Benedetto Croce adverte que se Descartes não é de todo o responsável pelo fundamentalismo racionalista que nega a imaginação, detestava a imaginação, tolerava-a, abrindo caminho para o radicalismo do intelectualismo cartesiano[157]. O espírito matemático de corte cartesiano não admitia a cognição fantástica (conhecimento confuso e indistinto), não raciocinante ou intelectiva (típica do conhecimento claro e distinto), em sua plenitude. Baumgarten afirmava o caráter de *comando* da razão, sem a *tirania* da razão.

A estética de Descartes previa uma função moralizadora da arte, cuja função era imitar a verdade, tendo a razão como instrumento privilegiado. O racionalismo de Descartes é a consciência de seu tempo e o construtor de seu tempo. A teoria do belo cartesiano tem nas verdades matemáticas e físicas sua referência estética, e esse *espírito geométrico* asfixiou o *espírito de fineza*. É belo o que apresentar uma proporção aritmética (o grau de proporção entre as partes e o menor índice de diferença entre elas determinam o grau de beleza do objeto), como já em São Tomás de Aquino, na *justa proporção*. O belo exige

---

155 *Storia dell'estetica*, p. 462.
156 R. Bayer, *Histoire de l'esthétique*, p. 113.
157 Cf. B. Croce. *Estetica come scienza dell'espressione e linguistica generale*, p. 224. Cf. Croce, *Breviario di estetica* e *aesthetica in nuce*, p. 197.

clareza e distinção. Se, por um lado, os racionalistas afirmam o belo como o verdadeiro, por outro, reconhecem que a arte tem como fim o prazer, o agrado à sensibilidade, portanto, algo que simultaneamente também é diferente do verdadeiro. Um *je ne sais quoi*, que, apesar de já contido em Alberto Magno & São Tomás de Aquino, só ganhará direito de cidadania estético--filosófica no final do século XVII com Bouhours, por meio da influência direta de Pascal, do livro *Pensées*. Ironicamente, o lógico Baumgarten introduzirá o conceito de *verdade estética*, inaugurando uma nova fase na história da estética – que, enquanto ciência, será regida pelo princípio do terceiro excluso até Schopenhauer –, mas a verdade estética não é mais a verdade lógica *stricto sensu*, e Baumgarten abriu um poderoso caminho rumo ao fim de seus próprios pressupostos lógicos, uma vez que neles residia justamente o que não era lógico. Vico manteve-se distante do verossímil baumgarteniano, e, nesse sentido, irá mais longe com o elogio da fantasia criadora, porta aberta para a *estética do terceiro incluso*. Entretanto, vale lembrar que, conforme explicitamos na introdução, Baumgarten não aceita a aplicação do princípio do terceiro excluso na arte por considerá-la espúria.

4. Hegel e a Sistematização das Contradições

4.1. ANTECEDENTES

A origem da estética de Hegel, do ponto de vista das contradições, encontra-se no final do século XVIII. Hegel é herdeiro direto das estéticas de Schiller, Hölderlin, Schelling, Novalis e Jean Paul. Dos anos finais desse século ao início do século XIX, a história da contradição na filosofia da arte, sob a égide do idealismo subjetivo em geral e do idealismo alemão em particular, afirmar-se-á definitivamente.

Na linhagem direta das contradições hegelianas em estética, devemos citar a precedência fundamental de Hölderlin no "Período de Empédocles" (1798-1800), mais precisamente no ensaio "O Caminho do Espírito Poético", verdadeira obra de contradição estética. Contudo, além de Hölderlin, Hegel tivera também como condiscípulo outro nome importante para a história da contradição estética: Schelling (1775-1854). Em Hölderlin, as contradições estão na base da criação estética e da linguagem como pura invenção do esforço de superar as formas contraditórias que se apresentam ao homem. Achar o tom, a tonalidade pessoal das reflexões criadoras, é descoberta ao preço das contradições trabalhadas após a emoção original

256 ESTÉTICA DA CONTRADIÇÃO

e fundadora. Esta é progressivamente burilada até o estágio do encontro da linguagem que conduzirá o homem à forma definitiva. A linguagem enquanto produto da reflexão criadora do artista habilita-o a não ter medo do desconhecido, a enfrentar o misoneísmo com a divina "serenidade dos deuses". Desse modo, é pela palavra que se dá o domínio do homem sobre a natureza, favorecendo o afastamento do medo do desconhecido. A palavra descobre as contradições e as concilia. Essa capacidade de enfrentamento como qualidade intrínseca à maturidade das contradições o emancipa do mundo das determinações, das compreensões estabelecidas, "ao estado de pura matéria e vida difusa", afirma Hölderlin.

O poeta iniciado nas contradições, integrado ao tom como forma pura e suprema da emoção estética, exercendo em toda sua plenitude o domínio da linguagem, da *sua* linguagem, age diante do mundo negativamente:

é essencial que nesse instante ele não aceite nada como dado, que nada de positivo lhe sirva de ponto de partida, que a natureza e a arte, tais como ele as conheceu outrora e tais como ele as percebe, não falem antes que uma linguagem exista para ele, isto é, não antes que o elemento agora desconhecido e não formulado se torne conhecido e formulável em seu universo, porque, comparado à sua tonalidade, ele o estima conforme a esse estado[1].

Mais uma vez constata-se, por parte tanto de artistas quanto de filósofos, que o mundo das contradições da imaginação criadora, da criação artística, e o mundo do desconhecido são inseparáveis. O artista formula sua criação sob a égide de um mundo ainda não formulado, ainda por se fazer. Sua atitude é de uma pura resistência ao conhecido e formulado, às formas manifestas e dissimuladas das determinações que as caracterizam como formas preexistentes. O mundo não deve apresentar-se ao artista como pré-construído, preexistindo à criação da linguagem do poeta. Para que não saia da sua criação, fiel às contradições que a possibilitaram, o artista deve resistir a tudo aquilo que na natureza e na arte se apresenta como anterioridade reflexiva à sua própria atividade de reflexão criadora, atividade fundadora de linguagem.

1   *Oeuvres*, p. 630.

A linguagem estabelecida – o *statu quo* da linguagem da natureza e da arte – é a positividade negadora da criação, fazendo desta uma resposta reflexa às determinações do estabelecido. Assim, a linguagem estabelecida deve ser evitada como contrária aos interesses da invenção estética, pois a linguagem de arte previamente construída, apresentando uma forma determinada, na verdade oferece-se como um "ato determinante da reflexão criadora do artista". Ora, essa reflexão deve emancipar-se das determinações para poder construir-se linguagem enquanto tal. A criação da linguagem e a afirmação do *eu* em Hölderlin são indissociáveis. O espírito poético é dominado pela ideia de infinito, as oposições não são paralisantes, mas operantes de um progresso infinito e de alternância harmônica. A progressão e a alternância das oposições impedem a paralisação das contradições, condicionando o advento da unidade infinita, característica do espírito poético. Do ensaio "Sobre a Diferença dos Gêneros Poéticos" ao "Fundamento de Empédocles", Hölderlin elabora as contradições da criação artística aos conflitos entre a arte e a natureza, passando pela crítica ao medo do desconhecido.

Em um sentido próximo ao de Hölderlin, F.W. Schelling é quem, na verdade, de forma mais sistemática, estabelece o estatuto da contradição estética em seu delineamento preciso. Em "O Gênio e suas Obras", do *Sistema do Idealismo Transcendental* (1800), Schelling constrói finalmente a primeira tentativa de sistematização das contradições, abrindo o caminho definitivo por onde Hegel trilhará sua *Estética*.

Do ponto de vista da criação ou da produção artística, as contradições são enormes. Os conflitos entre a arte e a natureza na estética hölderliniana são considerados os do inconsciente e do consciente na estética schellingiana. A dialética da intuição criadora genial é que o produto estético é fundamentalmente paradoxal: enquanto produto da liberdade, ele é resultado da consciência, ao passo que, enquanto produto da natureza, é pura manifestação sem consciência ou inconsciente. O produto é consciência da identidade dos opostos, da identidade do eu consciente e do eu inconsciente. A competência da intuição criadora genial é de que nela "o produto desta intuição deverá confinar, de um lado ao produto da natureza e, de outro, ao

produto da liberdade, e unir nele próprio seus dois caracteres"[2].
Tal formulação é inédita, ao menos com essa clareza conceitual.
Não nos esqueçamos que Goethe também tivera todos esses
problemas em vista, pois nada passava despercebido por ele.

Na dimensão schellingiana, a obra de arte estruturalmente
reage na dialética da consciência com a inconsciência. Essa
contradição é disputada pelo produto da liberdade com o produto da natureza (inconsciente). O gênio e suas obras transitam
do inconsciente ao consciente e do consciente ao inconsciente.
O percurso da arte é semelhante ao percurso do *eu*: da consciência em direção ao inconsciente, mas igualmente próxima
da natureza que começa no inconsciente e termina na consciência. Há uma consciência da produção estética, porém uma
inconsciência do produto estético:

As atividades consciente e inconsciente devem formar uma unidade no produto, tanto quanto no produto orgânico, mas elas devem ser
uma unidade de outra maneira, as duas atividades devem ser somente
uma para o *próprio eu*. Mas isso só é possível se o eu for consciente da
produção. Entretanto, se o eu é consciente da produção, as duas atividades devem ser separadas: é a condição necessária da consciência da
produção. Portanto, as duas atividades devem formar uma unidade,
sem o que não há identidade, e todas as duas devem estar separadas,
sem o que há, certamente, identidade, mas não para o eu. Como resolver esta contradição?[3]

A resolução da contradição está na paz encontrada na
conciliação.

Schelling acerta profundamente quando afirma terem sido
as contradições estéticas suprimidas ao findar o processo de
produção da obra de arte: "O desejo de produzir é satisfeito
com o término do produto, todas as contradições suprimidas,
todos os enigmas resolvidos". Contudo, se as contradições forem tão resolvidas quanto os enigmas da criação, elas persistem
por outros modos, em outra latência, no silêncio tumultuado
das interpretações. As contradições estéticas persistem, ainda
que conciliadas na obra genial. Vivem momentos diversos a
cada minuto de sua existência material. Transcontradições

2   F. Schelling, *Essais*, p. 162.
3   Idem, *Textes esthétiques*, p. 14.

estéticas e retorno paradoxal a novas contradições, novos conflitos estéticos misturados aos velhos.

Do obscuro sentimento do gênio fichteano ao obscuro conceito de gênio schellingiano, há unanimidade romântica quanto à origem contraditória da criação artística. Se as contradições são inerentes aos instintos em geral, mais razão ainda nós teríamos para, conforme Schelling, deduzir do instinto artístico as contradições específicas. Por ser instinto, a genialidade artística participa da soma dos caracteres inatos do homem. Porém, na estética schellingiana há uma diversidade qualitativa nas contradições: as de origem estética seriam mais profundas, mais abrangentes e orgânicas, pois "esta contradição que agita o homem inteiro com todas as suas forças é, sem dúvida, uma contradição que afeta o termo último, a raiz de toda a sua existência"[4]. O instinto artístico é movido pela contradição do consciente com o inconsciente. Na raiz do instinto artístico encontramos a contradição estética. Do conflito da consciência com a inconsciência, nesse *locus*, origina-se a contradição criadora. A esse propósito, a psicanálise contemporânea já chegou a resultados bastante satisfatórios, mesmo que ainda estejamos em fase inicial das pesquisas relativas à dialética da desrazão. Das contradições estéticas que nutrem a arte, o produto realizado é solução provisória: "a arte é a única, por sua vez, a poder acalmar nossas aspirações infinitas, assim como resolver em nós a última e extrema contradição"[5], dirá Schelling.

A dor da contradição é atenuada com a contradição sendo trabalhada. Dor maior é dissimulá-la. Para Schelling, o artista atribui a redução completa da contradição a si próprio (consciente) e ao dom da natureza (inconsciente). Essa dor da contradição é a dor da solidão de sua natureza especial no mundo dos homens. O isolamento é necessário para a realização desse universo inconsciente que o entusiasma e impulsiona. Assim, disse ele:

> Sendo dado que esta contradição absoluta das duas atividades antagonistas não pode ser mais explicada, mas que ela é um fenômeno que, ainda que incompreensível, não pode tampouco ser negado, a

4   Idem, p. 16.
5   Idem, ibidem.

260 ESTÉTICA DA CONTRADIÇÃO

arte é a única e eterna revelação que existe e o milagre que, mesmo que acontecido somente uma vez, deveria nos convencer da realidade absoluta do Altíssimo[6].

A revelação da arte é revelação da contradição estética e sua possibilidade de solução. O mistério da arte se origina dessa confusa atividade dialética, antagonista, incompreensível. O idealismo de Schelling prevê a contradição estética como revelada àqueles que, por ordem divina, realizam-na por meio do instinto artístico. Esse, por ser inconsciente, é revelado enquanto dom da natureza. A produção da obra de arte genial, por sua vez, prevê não uma paralisação diante das atividades antagônicas, mas sim sua superação, que está incluída na supressão das contradições. Essa supressão ou superação seria a característica fundamental da arte genial:

> Se é preciso procurar em uma dessas duas atividades, na atividade consciente o que se correntemente chamamos arte, mas que nada mais é que uma parte, aquela [parte] que pode ser ensinada e igualmente aprendida, adquirida pela tradição e pelo exercício pessoal; será preciso procurar, por sua vez, na atividade inconsciente da arte a parte nela não aprendida, aquela que não pode ser obtida nem pelo exercício nem de qualquer outra maneira, mas que só pode ser um dom natural e inato: em uma palavra, o que nós podemos chamar a poesia na arte.[7]

A contradição da obra de arte está em contato direto com a contradição de sua gênese: superar as contradições estéticas inerentes às atividades consciente e inconsciente, mantendo-se fiel às suas raízes antagônicas. As contradições implícitas na obra de arte, mesmo que resolvidas na consecução material de sua finalização e na objetividade de seus conflitos, persistem à sua revelia nas atividades consciente e inconsciente que tendem ao infinito. Este é o infinito schellingiano, pois, em nosso entendimento, essas atividades, apesar de poderem ser multiplicadas enormemente, são finitas. A paralisação das contradições estéticas em uma forma momentânea traduzida em obra de arte nada mais é do que fragmentação e segmentação da solução conciliadora dos conflitos e tensões permanentes.

6   Idem, p. 17.
7   Idem, p. 18.

HEGEL E A SISTEMATIZAÇÃO DAS CONTRADIÇÕES   261

Assim, "o caráter fundamental da obra de arte é, pois, uma *infinidade inconsciente* (síntese de natureza e de liberdade)", segundo Schelling[8]. As atividades da natureza buscam o desconhecido como pura manifestação das forças inconscientes. As forças instintivas o levam a produzir contradições infinitas, desconcertantes na produção e na interpretação. Esta acompanha a infinitude dos enigmas das obras. Se as intenções são a marca da consciência e da prática da liberdade, em oposição à prática natural inconsciente, a complexidade da obra de arte, enquanto obra aberta intrinsecamente – a natureza é inesgotável, logo necessariamente aberta à produção nova –, instaura "uma infinidade que nenhuma inteligência finita é capaz de desenvolver integralmente". Na estética schellingiana, contudo, o caráter consciente das intenções e das regras não nos deve enganar, pois é o caráter de aparência da obra que não deve impor sua dominação. Intenções e regras na verdade deveriam seguir as indicações da intuição criadora, sem qualquer espécie de aprioridade ou anterioridade. Em Schelling, a intuição tende ao infinito e perde-se em suas incursões pelo desconhecido. A regra surge como disciplina do gênio, e o gosto, como o orientador estético da produção genial. Aliás, o gosto colabora na disciplina das contradições estéticas como mediador dos conflitos.

Na origem do conceito de beleza schellingiano está a conciliação das atividades em uma unidade representativa do infinito no finito. A realização desta unidade finita, de conteúdo infinito, cria a beleza, condição única em Schelling da existência fundamental da arte e suas obras. A beleza impede a contradição de permanecer à deriva em sua infinitude. Bloqueando-a na finitude, facilitar-se-ia a realização da bela unidade: "lá onde há beleza, a contradição infinita é suprimida no próprio objeto"[9], dirá ele. A beleza conseguiria reduzir o tempo de vida das contradições, evitando assim a errância na infinitude. A resolução da contradição no objeto estético-romanesco, e artístico em geral, mantém, entretanto, um momento de não--resolução, de manutenção de certa tensão estética, no qual os caracteres enigmáticos e abissais da obra são preservados. Há uma preservação intencional de certo estado de tensão e

8   *Essais*, p. 168.
9   Idem, p. 169.

contradição. A produção estética na concepção schellingiana depende da contradição infinita, que paradoxalmente rejeita a infinitude, ainda que a preserve em um momento finito. Eis aí uma contradição estética interna entre o infinito e o finito, resolvida no seio mesmo da obra de arte, que a rigor preserva e resolve a contradição artística a um só tempo.

Schelling, por outro lado, acredita que a beleza da natureza é, por sua vez, julgada segundo os princípios e regras da arte, e não o inverso. Na criação estética, o artista produz a contradição artística localizada na obra, mas trabalhada a partir de si mesmo, de suas contradições internas. Da imaginação criadora do artista partem as contradições que posteriormente serão transmutadas em obra. O que faz a obra de arte diferir de outros produtos, e

o artista podendo aí ser levado por uma contradição, mas, tal como ela, reside somente no ponto mais alto de sua própria natureza, ao passo que toda outra criação é ocasionada por uma contradição que reside fora do sujeito produtor propriamente falando, e que cada uma tem, pois, seu fim fora dela mesma[10].

Ora, Schelling mantém a tradição kantiana da finalidade sem um fim determinado, na pura realização da autossuficiência de seus fins, idealisticamente ainda. Se a arte é finalidade sem um fim determinado, também é por meio de sua relação com os objetos exteriores que ela pode exercer sua autodeterminação. A infinitude da criação na unidade das atividades contraditórias do consciente com o inconsciente é acompanhada pela infinitude da crítica estética. Convém lembrar que, do ponto de vista da Estética da Contradição, tanto a infinitude da criação quanto a da crítica são imagens ou licenças filosóficas, já que tudo que é humano é rigorosamente finito. Essas referências ao infinito dão-se em respeito à lógica de cada autor.

Em Schelling, a infinitude da arte é seguida pela infinitude da crítica estética:

Assim acontece em toda obra de arte autêntica, pois cada uma, comportando de alguma forma uma infinidade de intenções, é

---

10 Schelling, *Textes esthétiques*, p. 21.

suscetível de ser interpretada ao infinito, sem que jamais se possa dizer se essa infinidade tem sua sede no próprio artista ou bem se ela reside simplesmente na obra de arte.[11]

A plurivocidade da obra da arte autêntica se opõe à dimensão unívoca do *kitsch* embrionário da Revolução Industrial. Mas a plurivocidade da arte autêntica só é possível quando da pura realização da contradição, na união paradoxal do consciente e do inconsciente. Essa característica torna infinita suas interpretações devido à manutenção de um coeficiente de contraditoriedade ou paradoxalidade, que a faz imensidão tensa de sua identidade fragmentada, diluída. Sua estrutura contraditória a imuniza contra a univocidade. Logo, a contradição estética está na origem da possibilidade do infinito interpretativo da obra finita. Sem contradição, *pas d'infinitude*. Sem contradição, a obra erra pelo mundo do *kitsch* e do academismo. Walter Benjamin, em *O Conceito de Crítica de Arte no Romantismo Alemão*, colocando-se ao lado de Novalis, Schlegel e outros românticos alemães, vê-se igualmente próximo de Schelling, ao dizer que:

> Todo conhecimento crítico de uma formação (*Gebilde*) nada mais é, enquanto reflexão nela, que um mais alto grau de consciência surgido espontaneamente. Esta intensificação da consciência na crítica é um princípio infinito; assim, a crítica é o medium em que a limitação da obra particular é metodicamente remetida e, para terminar, é transferida para a infinitude da arte, pois que, é claro, a arte enquanto medium-da-reflexão é infinita[12].

A obra particular é a materialização da finitude de algo essencialmente infinito, no qual a crítica como *medium* resgata sua condição infinita, perdida na limitação necessária da materialização do particular. Há progresso da consciência incluído no circuito dialético do ziguezaguear da arte enquanto *medium*-da-reflexão e da reflexão como *medium*-da-arte.

Se a arte na concepção schellingiana tivesse permanecido presa aos fins que lhe são exteriores, perderia sua pureza e seu caráter sagrado, isto é, perder-se-ia na arte do prazer fácil, da alegria a qualquer preço, no *kitsch* e na barbárie. O *kitsch* é a

11 Idem, p. 19.
12 *Le Concept de critique esthétique dans le romantisme allemand*, p. 110.

barbárie do consumo em qualquer sociedade, tal como o realismo comunista e a arte nazista, são o *kitsch* como barbárie estética dos totalitarismos. Assim, Schelling critica não somente a perda da independência da arte em relação a tudo aquilo que lhe é estranho e estrangeiro, como também a caída no divertimento, na sensualidade gratuita ou na utilidade orientada pela razão pragmática. A ausência de parentesco da arte com todas essas formas heteronômicas toma, em Schelling, o sentido de crítica à sociedade do capital ao protestar veementemente com a máxima: "Só pode exigir isso da arte uma época que devota os supremos esforços do espírito humano às invenções econômicas". Mas a arte, da mesma forma que se distancia da sociedade tal como ela é, procura descobrir a sociedade tal como ela poderia ser, aproveitando para se afastar do mesmo modo da moral e da ciência. Em algum momento um tipo de ciência é companheira da arte, aquela que divide com a arte o conceito de desinteresse. Mas, de qualquer forma, a ciência teria sempre um fim exterior a si mesma.

Na estética schellingiana, só há gênio quando há contradição. O conceito de gênio em Schelling pressupõe a unidade das atividades contraditórias do consciente com o inconsciente. Só há gênio quando há incerteza da razão ou certeza intuitiva, por isso Schelling reluta em creditar aos cientistas a genialidade, que, com total generosidade, atribui aos artistas, donos de um saber incerto, inconsciente. O gênio implica na presença da contradição estética e em sua resolução contraditória. O gênio é *a* contradição: o gênio é contradição. Assim, explicou ele:

> Mas as criações da arte são possíveis e só o são graças ao gênio, pois dentro de cada tarefa que a arte resolveu, uma contradição infinita foi reduzida. As criações da ciência podem ser criações de gênio, mas isso não é necessário. O problema do gênio nas ciências permanece intacto, isto é, que se pode dizer sempre com precisão onde ele não está, mas nunca onde ele está.[13]

Diante do quadro da ciência aplicada da sociedade capitalista e da divisão do trabalho artificial, Schelling tem dificuldade em vislumbrar uma ciência independente da razão

---

13 *Textes esthétiques*, p. 22.

utilitária e pragmática. Uma ciência intuitiva não era ainda totalmente possível, somente na remota possibilidade

poder-se-ia presumir ainda que há gênio nas ciências quando um homem diz ou afirma coisas das quais ele não podia penetrar o sentido no tempo em que ele vivia, ou que interompessem suas conversas habituais, portanto, onde ele exprimia com uma aparência de consciência aquilo que somente podia exprimir inconscientemente"[14].

A condição antitética da obra de arte é assegurada pela presença do gênio. Ele é o orientador da contradição estética. Sem gênio não há contradição, sem contradição não há gênio. A contradição estética, por sua vez, só pode ser trabalhada pelo gênio: "O gênio se distingue de tudo aquilo que é só talento ou habilidade, pois ele é o único capaz de resolver uma contradição que não pode sê-lo absolutamente por nenhum outro"[15]. A contradição estética é do domínio do gênio. A identidade do gênio com a contradição estética só é rompida quando da materialização da obra, quando a crítica estética imanente sugere agora novas formas de contradição: a contradição do gênio crítico. É aqui que Benjamin reconhece o gênio do conceito schlegeliano de crítica estética.

Para Benjamin, Friedrich Schlegel derrotara as doutrinas estéticas heteronômicas ao introduzir a liberdade da crítica imanente, tão infinita como a crítica de Schelling: "é antes seguramente a possibilidade de uma tal liberdade que ele deu, pelo simples fato de instituir um outro critério da obra de arte que as regras: o critério de uma construção imanente e determinada pela própria obra"[16]. O núcleo imanente da obra de arte solicita a reflexão e a encaminha no sentido de uma complementação. A crítica imanente faz seguir esse núcleo irredutível da obra de arte. Apoiado na concepção romântica de Friedrich Schlegel, Benjamin adota a mesma perspectiva ao entender a crítica imanente como "em sua intenção central não um juízo, mas, de um lado, um acabamento, um complemento, uma sistematização da obra e, de outro, sua dissolução no absoluto"[17].

14   Idem, p. 23.
15   Idem, ibidem.
16   W. Benjamin, op. cit., p. 115.
17   Idem, p. 123.

A crítica imanente persegue as contradições da obra, criando as suas de forma paralela e particular. Adorno não fará outra coisa. A faculdade poética e seu poder de realizar o produto estético impossível, o de uma obra simultaneamente consciente e inconsciente, infinita e finita, suprimindo a antítese infinita em um produto finito, enquanto intuição original, dá as bases da crítica reflexiva. A crítica imanente recria sob diferentes formas e modos sua obra de arte. A imaginação criadora é contradição estética. Há criação quando há contradição estética, sendo esta condição daquela. A identidade da imaginação criadora com a contradição estética determinaria as condições prévias da crítica imanente, de reflexão. De nosso ponto de vista, é importantíssima essa identificação schellingiana da imaginação com a contradição estética, pois, do ponto de vista histórico, isso viria a ser confirmado. A estética schlegeliana expressa muito bem a inclusão da contradição estética no romantismo alemão. Tanto mais a arte e a estética se abriram na direção da liberdade da imaginação criadora e de seus produtos, mais a contradição firmou-se em ambas. O século xx como século da imaginação criadora em explosão só o foi porque, entre outras razões, a contradição estética implodira as estruturas arcaicas do pensamento dogmático e as estruturas primárias do inconsciente profundo.

4.2. ELOGIO HEGELIANO DA CONTRADIÇÃO

Na concepção hegeliana de estética, que Adorno adotará para si, a obra de arte é típica produção imaginária do espírito. A espiritualização (*Vergeistigung*) ou o momento do espírito (*Moment des Geistes*) eram associados em Adorno ao caráter negativo da arte moderna; Hegel, por sua vez, associaria essa ação do espírito com a ação mesma da imaginação criadora. A natureza da obra de arte compreenderia esta pura ação do espírito, mais a ação da consciência pensante, do consciente em si, própria do discurso razoável, conceitual e científico. A seu jeito, Hegel pretende conciliar entendimento e imaginação. A relação das atividades consciente e inconsciente é vista por Hegel tal como Schelling, dialeticamente, de forma conflituosa e contraditória. Contudo, Hegel, herdando certa visão daquilo que Kant chamara de *harmonia* das faculdades do entendimento e da imaginação (no juízo estético, mas dedutíveis para a criação artística), prefere não recusá-la, mas aprofundá-la por meio de mediações. A *harmonia*, ao tornar-se hegeliana, vem a ser uma *harmonia conflitiva*, tendendo à conciliação – mesmo no caso de uma predominante tendência para a imaginação, para o espírito.

Talvez pelo fato de que haveria uma rejeição natural do discurso conceitual por parte das obras, posto que atende à sua imanência, caracterizada por sua própria condição de ser no mundo – isto é, enquanto expressão da imaginação criadora, antes de tudo –, ao passo que a reflexão crítica sobre as obras-de-arte-no-mundo, mesmo que se aproveitando do núcleo imanente das obras, tenderia para o entendimento, para a razão, adotando necessariamente o discurso conceitual como o mais adequado. Refletindo sobre a realidade dos objetos singulares que são as obras, objetos diversos e dispersos, não abdicaria de seu direito de pensar e de produzir filosofia da arte. Essa atividade distanciar-se-ia de sua destinação primeira, a da pura reflexão imanente, mas exterior ao objeto, traindo-a e traindo-se na impregnação de tais movimentos conceituais no corpo interno da obra. Essa revelação é absolutamente contraditória, mas sempre conciliável.

Hegel, por outro lado, tentará da mesma forma dar a palavra final sobre a mal resolvida questão da beleza na arte e da beleza na natureza. Sabe-se que Kant dera mais ênfase na defesa do belo natural, ainda pouco diferençado do belo artístico (mesmo que não identificado com ele), ou melhor, fazendo deste um mero apêndice *a posteriori* do conceito de belo na natureza. Assim, pois, Hegel traçará os diferentes destinos e finalidades (com e sem fim), as diferentes características referentes aos belos natural e artístico, com a afirmação definitiva da superioridade deste último. Para Hegel, essa superioridade encontraria sua justificativa na própria especificidade da produção do espírito, naturalmente superior à aleatoriedade da produção natural. À produção aleatória da natureza só restaria um lugar subalterno na hierarquia das belas produções. A superioridade do belo artístico deve-se menos a qualquer valor atribuído às suas qualidades estéticas intrínsecas, à sua materialidade específica, mas antes por ser expressão da superioridade humana em relação a tudo aquilo que não é ela. O humano é necessariamente superior a tudo o que não é ele, logo, isso independe de qualquer *a priori* do artístico sobre o natural. Aqui, mais uma vez, Hegel insiste na exigência fundamental do conceito, de exame científico das obras, que não deveriam ser entregues à própria sorte, a si mesmas. Mesmo porque a universalidade do conceito o torna presença sub-reptícia na arte e em suas obras, ainda que não onipresente. Penetra fundo na imaginação criadora, imanente à sua constituição prática e à sua prática realizadora, em sua objetivação concreta e materializada.

Segundo Hegel, o ideal de uma arte desinteressada – prazer desinteressado e finalidade sem fim determinado – já existira durante a plenitude clássica. Hauser divide com Hegel essa mesma observação. A Grécia, segundo eles, houvera experimentado a pureza de uma arte menos compromissada. Ora, o mundo da civilização industrial – e da razão utilitária que o acompanha –, da mecanização, instaura de vez a ideologia da utilidade, impregnando a sociedade moderna do pragmatismo do capital industrial mesmo nas criações culturais, nas quais, por tradição e natureza, situa-se a ordem do sensível. Os séculos XVIII e mais profundamente o XIX organizar-se-ão pragmaticamente sob a égide da *regra geral*, sob o prisma da *lei*. O poder universalizante da divisão do trabalho e da economia capitalista e seus instrumentos de controle formam a regra geral sob a qual todos devem submeter-se inexoravelmente. Na economia socialista posterior, todos devem anular-se.

Sob essa nova lei, não só artistas, enquanto gênios da raça humana, deveriam encontrar soluções adequadas para as antinomias estéticas – as das regras, do entendimento e da razão, entre outras –, mas também face às regras sociais, políticas e econômicas que transtornavam os sensíveis. A esse ponto da civilização, a cultura se mostra incapaz, dada sua positividade, de dar conta da riqueza de espírito engendrada pela arte. E, principalmente, não será de seu ponto de vista que se poderia esperar um conhecimento adequado e crítico, uma revitalização da atividade artística, entendida em toda a sua extensão e dignidade. Hegel acreditava na superioridade da arte grega em relação à arte de seu tempo (aliás, ele não era o único), que traduzia uma má compreensão das questões artísticas do ponto de vista histórico. A tarefa da filosofia da arte seria tentar suprir, diante da nostalgia espiritual do ideal grego, as deficiências da atualidade, como em um socorro conceitual de substituição – um *Ersatz* –, em que o entendimento e a razão estética cobririam as insuficiências do imaginário artístico. Daí sua convicção de que mais valeria, diante da decadência, a reflexão sobre a arte e seus objetos do que ela mesma. Se a arte não pode desempenhar mais para nós o papel que outrora cumprira, tornando-se insuficiente na satisfação desejada, que ao menos a reflexão crítica possa preencher o vazio do espaço deixado pela arte. A função da filosofia da arte seria a de firmar-se como elemento necessário, enquanto exterioridade, no próprio tecido interno da obra, tornando-se interioridade concreta. O paradoxo do conceito filosófico na arte, fundamentalmente originário do entendimento, é perder essa função original de mera exterioridade, passando a viver no interior da obra, a ela associado. Nessa função redentora, a obra é por ele mediatizada. A reflexão seria a única saída para a arte em processo de necrose, a possibilidade de seu salto qualitativo. Assim, o conceito exerceria uma função motora, criadora, incorporada ao processo de invenção, refletida na atualização da forma – *momento formal* –, ou parte dele. Hegel toma a exterioridade como passageira, vista a brevidade com que o conceito é incorporado à obra, sendo imediatamente obra. Aqui, conceito e obra já teriam se tornado indissociáveis.

Apesar disso, Hegel afirma ser a arte incapaz de favorecer algum tipo de conciliação entre a razão e a sensibilidade, entre tendências pessoais e deveres sociais (as questões de natureza moral). Não por uma recusa da arte, e sim mais porque tanto a razão quanto a moral seriam *igualmente ciumentas de sua pureza*. Eis o fundamento da autonomia hegeliana da arte. Esta toma as suas distâncias em relação à razão e à moral, buscando a verdadeira autonomia do fato artístico, visto não poder a arte ser ao mesmo tempo meio e fim em si. Na condição de meio, ela servirá à razão e às suas regras, aos posicionamentos morais e aos objetivos virtuosos. Enquanto fim em si, o que antes era conceito ou reflexão filosófica deixa de sê-lo, integrando-se à obra, e, dessa forma, colaborando para sua autonomia. Essa dissolução do conceito na obra é conseguida à custa de sua descaracterização completa. A manter a característica original, a obra permaneceria meio, o que invalidaria por completo a possibilidade de sua autonomia estética. Entretanto, razão e sensibilidade são perfeitamente conciliáveis, desde que a consciência do artista saiba por onde anda o lugar da razão, como usá-la, onde e que medida seria necessária a fim de se evitar um abuso do poder coercitivo. Mas nem tudo na razão é coerção, ao contrário, a fineza da razão pode em muito contribuir para a imaginação criadora. Isso dependeria, é claro, da face utilizada pela razão. Que razão?

Hegel desafiará a crítica segundo a qual a arte não suportaria um tratamento filosófico-científico devido à inexorabilidade de seu caráter de aparência e ilusão. Para alguns, a ciência, conforme a crítica em voga, só se ocupa do verdadeiro e da busca da verdade por meio dos objetos que a interessam. Seria inviável, portanto, basearmos o verdadeiro na reflexão sobre as aparências ou ilusões, isto é, na mentira estética platônica. A reflexão científica, segundo esse platonismo defasado, perderia sua especificidade ao se deixar levar pelo estudo crítico das aparências: o mundo das aparências deveria permanecer longe do universo da verdade. A concepção hegeliana opõe-se frontalmente a essa posição. Em seu entender, nada nos faz convincente à justeza da ideia de que o mundo dos objetos da realidade empírica seja mais real (ou verdadeiro) que a chamada ilusão da arte. Uma coisa é uma obra da fantasia, outra uma obra fantasiosa. Nada poderia nos fazer acreditar na incapacidade da arte de ser tomada como real, mesmo sendo uma realidade outra que a do mundo prosaico e cotidiano. Ilusão seria crer na transcendência da realidade banal e seus objetos concretos. De modo que é puramente ilusória a taxa de realidade que acredita possuir a realidade prosaica. Comparativamente, se quisermos estabelecer uma hierarquia, esses objetos do universo prosaico estariam abaixo do nível da arte. Esta, além de transitar por entre objetos da realidade empírica, não se limita, contudo, a esse gênero estético, mas o transcende ao envolver valores mais profundos e penetrantes.

Contrariamente, pois, à concepção estética que desacredita a reflexão sobre a arte, Hegel, concebendo-a como forma verdadeira na condição de *em si* e *para si* como a verdade mesma da arte, a vê em sua função de instauradora de uma nova dimensão *da* e *na* existência do homem, substanciando a miserável vida cotidiana por meio da riqueza de suas manifestações espirituais. Dialeticamente, a arte seria aquela produção de realidade espiritual das aparências (produção imaginária da realidade das aparências), pelas quais se desvela a aparência da realidade exterior, desgastada pelo hábito e a cotidianidade, desnudando-a por meio da exteriorização das ilusões da reificação. As realidades escondidas nas aparências da realidade empírica e suas consequências materiais e espirituais seriam, desse modo, em parte reveladas pela arte (já que não é sua única função nem tampouco uma função absoluta), pelas aparências interiores e exteriores de suas formas. Assim, a aparência da arte teria maior profundidade e densidade que a espessura empírica e sua *realidade*.

Entretanto, Hegel ainda acreditava na possibilidade de uma conciliação da arte com a verdade, o que só viria a problematizar ainda mais a crítica da filosofia da arte à dependência da obra à ideia verdadeira, que historicamente houvera se revelado desastrosa para sua liberdade e autonomia. O conteúdo de verdade da obra atravessa mais um período. Pensando ser a verdade o elo conciliatório da arte com o pensamento, enquanto finalidade de ambas em relação à realidade exterior, Hegel por sua vez cede ambiguamente às pressões cientificistas. Claro, o tratamento dado à verdade pela arte difere substantiva e radicalmente daquele que caracteriza o conhecimento científico. A transmutação operada no conceito, até que este venha a ser obra, atesta a especificidade da obra: é a obra que causa a transformação do conceito naquilo que ela é; é ela que, ao incorporá-lo, desfigura-o completamente. A contradição do conceito reside na autoirredutibilidade a que ele mesmo se expõe. O erro de Hegel foi ter a verdade como finalidade da arte, quando ele próprio esteve muito próximo da redinamização da finalidade sem fim kantiana, chegando mesmo a defendê-la em certos momentos. A ambiguidade de Hegel provavelmente se deve à tradição filosófica, dificultando uma ruptura definitiva com a verdade, enquanto finalidade objetiva da arte. A ruptura dar-se-á com os artistas românticos. Estes se revelaram mais aptos a operar esse rompimento, transitando das finezas do pensamento estético às delicadezas da produção da imaginação criadora.

A procura da verdade é sinônima da busca pelo Absoluto. E essa procura do Absoluto perdido, a perda da Ideia no interior das obras, a idealização do passado grego e medieval, como também da outrora vida harmônica da arte no seio social, contribuíram para que Hegel estabelecesse a dogmática *necessidade do absoluto*.

A contradição estética intrínseca à mimese, na estética hegeliana, é querer produzir objetos de *natureza espiritual* imitando o natural sem ultrapassá-lo. Embora Hegel critique a imitação da natureza pela arte (apelando inclusive para o argumento do divino – *Deus é Espírito* – logo, mais identificada com este que com a natureza), admite a validade do aprendizado da imitação por parte do artista, restringindo-o ao simples aprimoramento técnico, retirando toda e qualquer possibilidade transcendente da técnica. Porém, tampouco se refere ao tipo de uso a que se destinaria tal desenvolvimento técnico. Há um deslocamento, por parte de Hegel, da natureza como força primária da origem da arte, firmada pela história da estética (apesar das diferentes abordagens), em direção à presença do Espírito (Deus) como modelo por excelência da mimese artística. Assim, adquirida a técnica da imitação da natureza, em todos os seus possíveis detalhes, ou melhor, dos detalhes possíveis, que fazer? Que fazer fora dos limites da reprodução naturalista ou realista, da duplicação do real ou em sua redundância?

É óbvio que o domínio técnico da imitação da natureza, vista como tal, não poderia levar adiante um projeto mais ousado de arte. Uma arte que limitasse sua concepção de mimese a essa reprodução banal e prosaica estaria muitíssimo distante de uma razoável qualidade mínima exigida pela sensibilidade estética. Nesse caso, Hegel percebe a contradição da época ao reconhecer a insustentabilidade de uma arte tornada decadente, mas sujeita a uma possível revitalização. O naturalismo, a seu ver, não consegue ser o sustentáculo da arte, pois a ideia da arte transcende às regras impostas pela tradição histórica e pelas leis da natureza. Aqui, mais uma vez, uma hesitação de Hegel no que diz respeito à crítica das regras e das leis.

Em Hegel, a arte não deveria ser presa fácil do naturalismo, com o risco de trocar-se o dogmatismo naturalista pelo do Espírito, à revelia, é claro, da arte. Se por um lado Hegel afirma ser a produção do belo artístico superior à beleza da natureza, por outro acredita ser a arte incapaz de atingir a beleza da perfeição natural. Assim, o belo da arte seria superior, mas a perfeição da natureza lhe seria superior. Essa é a ambiguidade do belo, em conflito com o conceito de perfeição. A reprodução da natureza pela arte não produziria algo aquém – inferior e imperfeito –, como tampouco sua especificidade, o que a caracterizaria como tal. Um exemplo de Hegel ilustra bem a relação do artista com o tema: o do artista que tenta pintar com motivação espiritual, mas ao pretender copiar a realidade exterior e objetiva, acaba realizando algo em que falta espiritualidade, pois a contradição do espírito do artista imitador (servil) da realidade é espiritualmente produzir a falta de espiritualidade.

A dialética da arte estaria em sua aparência do real representado, mas com a ilusão da realidade exterior. Hegel ainda preservara a aparência da arte como representação. A representação do real, desta feita, torna a arte uma mera ilusão da realidade, e não uma realidade especial, autônoma. A realidade representada é realidade idealizada, com algo de menos e algo de mais em relação ao real, porém ainda não é algo de novo e diverso do real. A arte vista como ilusão continuaria presa à categoria do real.

A teoria hegeliana, segundo a qual a arte possui sua sofisticação própria por despertar na alma elementos díspares, variados e diversos, é somente metade verdadeira. É meia verdade tomada essa asserção por si mesma, mas deduzi-la analogicamente do raciocínio formal, como um *analogon* da razão, soa mecânico. O raciocínio formal é antípoda dos processos da imaginação criadora. Desde as primeiras críticas à estética clássica, que reduzia a arte aos princípios da razão, passando pelas profundas reflexões dos romantismos até o advento da psicanálise estética, que a razão vem sendo atacada por sua pretensão de legislar a criação poética. Por outro lado, as sensações percebidas pela alma em decorrência dos efeitos causados pela arte não são necessárias nem tampouco universais. Variam de indivíduo a indivíduo, segundo a psicologia de cada um. Marcada pela

274 ESTÉTICA DA CONTRADIÇÃO

ambiguidade é também a caracterização da arte em um de seus objetivos, como o abrandamento da barbárie dos povos que se iniciam na vida civilizada. Ela encontra respaldo, é certo, em várias filosofias, como o empirismo inglês. Hume, por exemplo, considerava-a uma autêntica forma de levar o homem a uma maior plenitude espiritual e elevação moral, por meio da delicadeza e elegância nela implícitas. Contudo, não deixa de ter, outrossim, uma certa dose de eurocentrismo, na qual povos menos desenvolvidos tecnológica e socialmente tinham sua arte desconsiderada e mal avaliada.

Essa visão da arte leva o seu conceito, em Hegel, a um impasse: a pedagogia moral da obra de arte assim considerada volta-se contra a concepção da obra de arte definida pela realização de um fim em si mesma. A purificação dos mores, sua tendência a uma maior elevação na delicadeza – artística e moral –, significaria atribuir-lhe uma finalidade exterior, ou, se quiserem, uma *utilidade moral*, certo funcionalismo nas virtudes concentradas nas obras, como uma passagem do *estado estético* ao estado moral.

Essa contradição da indefinição dos fins, ou da manutenção da ambiguidade, nos é dada como *a priori*. Nesse sentido, o que importa é saber se a pedagogia moral – e a moral decorrente – é de caráter implícito ou explícito. Hegel desloca a problemática aceitando como dado o caráter educativo e civilizador da obra de arte. Sendo assim, Hegel subordina a obra ao pensamento racional contido nos preceitos morais, objetivos e determinados. O núcleo racional que definiria a obra permanece com seu fim ao exercer sua pedagogia moral. Problemática mal resolvida, na qual o fim em si mesmo da arte conflitar-se-á com a finalidade da afirmação dos valores de natureza moral, que parecem sobrepor-se ao anterior. Ou, quem sabe, Hegel procurara manter imagens incompatíveis, procurando a aceitabilidade do paradoxo. Assim, viria a razão sendo mostrada pelos valores morais, na forma das virtudes do mundo civilizado e nas formas morais do espírito individual. Outrossim, caberia ao homem realizar a exigência de uma resposta dialética à necessidade de conciliação imposta à contradição entre o espírito e a carne. Desse modo, à filosofia caberá a resposta salvadora: fora dela não há salvação. Essa imagem da filosofia lembra a da Arca de Noé, agora do Espírito: a convivência lado a lado de animais de comportamento natural que se excluiriam, e mesmo por vezes com comportamento antagônico (ferozes em suas particularidades), mas que acabariam por dissolver os conflitos em uma conciliação gregária, tornando secundárias as diferenças em busca de algo maior, fundado em uma nova moralidade universalmente aceita.

Ainda de acordo com Hegel, a obra de arte é aquilo que, por meio de processos mediatizados, consegue transcender sua determinação material, negando-a, ultrapassando sua dimensão de concretude, como madeira, pedra, bronze ou palavras. O investimento do espírito na coisa desfaz a coisa, não a deixando reduzir-se à evidência de seu aspecto primeiro, isto é, à aparência. A evidência da aparência é a aparência de sua grandeza, realizada na misteriosa organização interna. Fica claro que a obra não é mera justaposição de materiais, ou sua reunião arbitrária e aleatória. Há uma construção de sentido, mesmo que não se saiba ao certo a lógica desse sentido, ou que sentido é esse claramente. O lado obscuro e inconsciente persiste como a parte do desconhecido que justifica a obra de arte da imaginação criadora.

Visto isso, a obra de arte não é o agrupamento puro e simples das matérias plásticas, sonoras e linguísticas. O que a distinguiria do mundo das coisas e a singularizaria enquanto obra seria o ato criador injetor de força espiritual nos materiais, transmutando-os. A forma, então, é a conclusão expressiva dessa espiritualidade transposta e transformada, que não se encontra em estado puro na matéria. A matéria formada é contradição, em autodestruição. A forma seria organizar uma nova matéria, reinvestida pela força da imaginação criadora que a faz simples *medium* da arte. Da desorganização que era torna-se *medium* que desorganiza a matéria enquanto tal. A destruição da matéria pelo espírito é a condição *sine qua non* da realização objetiva da obra.

O estatuto de obra de arte é adquirido quando autorizado pelo espírito, identificado com a determinação do artista criador. Na concepção hegeliana, o espírito só é alcançado pela obra quando reconhecer nela o investimento do outro, caso contrário o resultado é indiferença e inobservância. O reconhecimento do público surge no momento do reconhecimento de si dentro da obra, conquanto veja-se nela contido. Essa necessidade de identificação estaria implícita na realização da obra. Entretanto, foi muito comum a rejeição dos novos valores artísticos por parte do público, o que prova que não somente é preciso obras para o espírito como espíritos para a obra. Assim sendo, a cumplicidade do público seria detonada a partir da identificação com os produtos da arte. Ainda que possamos correr o risco de uma simplificação matemática, a obra poderia ser algo como a coisa mais o espírito, na recusa da coisa. A matéria sofre a intervenção do espírito para chegar à condição de obra de arte. Mas o espírito não é a imaginação criadora. Na verdade, a obra sintetiza essas duas fontes não enfatizadas por Hegel, em sua interpenetração. Em seu entender, a legislação da obra é da competência do espírito e não da imaginação criadora, e esse é seu erro fundamental. A dizimação da imaginação criadora não pode ser feita em nome dela, mesmo incluindo o espírito. A superioridade em relação à natureza passa pela dignidade da imaginação diante da razão e do espírito.

Na estética hegeliana, o homem faz-se parte de Deus. Ou melhor, faz a parte de Deus, criando obras de arte que não são produtos naturais, mas fabricações humanas divinizadas. A arte é a representação material do divino do Homem, que, por sua vez, é o que o faz humano. Essa fabricação é da ordem do divino humano. Este usurpa, apropria-se do divino, no sentido de fazê-lo seu na criação que também é sua. Em Hegel, a arte visa os sentidos para atingir a alma. Estes são apenas os canais de comunicação, os vasos comunicantes, não podendo servir de meios de estabelecimento de juízos. O juízo estético permanece da alçada do espírito, no qual os sentidos são instrumentalizados e funcionalizados em virtude da hierarquia a ser respeitada. A obra de arte hegeliana será o resultado obtido pela união dialética do sensível mais o natural, na qual os conflitos observáveis transformar-se-ão em um jogo de criação em que a fantasia humana determina sua vida interior.

A procura do belo em geral, de origem platônica, pela filosofia da arte seria a procura da verdade absoluta do belo, que simultaneamente apoiaria a verdade enquanto tal. As

HEGEL E A SISTEMATIZAÇÃO DAS CONTRADIÇÕES

inquietudes da alma teriam sua expressão garantida na verdade da obra e do belo. Mas a *Estética* de Hegel não deixa de ter suas contradições internas, indo e voltando por vezes em seus argumentos. Contrariando sua tese anterior, Hegel posiciona-se em outro momento da *Estética* contra todas as formas de utilitarismo que levam a arte para aquilo que não é o seu. De qualquer modo, ele vê essa dicotomia como uma verdadeira contradição, mostrando-a como ferida aberta. Do absoluto anteriormente buscado no objeto em-si e para-si, em autodeterminação, parte-se para a conciliação dos contrários como objetivo absoluto. Por outro lado, a crítica ao utilitarismo heteronômico, de fatura schilleriana, está intimamente ligada à ideia de liberdade do ser. A conciliação superior dá-se em consequência da vivificação interna, motivada pelo jogo das contradições que envolvem seus caracteres de em-si e para-si.

Hegel é contemporâneo da doutrina do *eu* irônico de F.V. Schlegel, de influência fichteana, e da filosofia de vida da personalidade artística. Esta se quer realmente artista em suas totalidade e profundidade, na afirmação do *eu* criador integral e realizando-se na existência solitária. Assim, a ironia da vida irônica soa como contrapartida da afirmação da expressão artística na sociedade, ainda que apresentada como solidão.

O solipsismo da personalidade artística baseada no *eu* irônico é o preço pago pela retenção da contradição. Caso o ser seja paralisado pelas contradições, errará pelos caminhos da solidão. *O Banquete*, de Kierkegaard, fará menção a essa errância do ser paralisado no conflito. Hegel opõe-se a tal determinação, procurando sempre o caminho da conciliação. Desde a introdução à sua *Estética*, Hegel definia conscientemente seu programa: considerar a arte como a expressão máxima realizada pela conciliação dos contrários. O gênio solitário é o artista que se quer a si mesmo, na intimidade das profundezas do *eu*, e torna-se vítima da armadilha que inconscientemente preparou para si.

A ironia da ironia crítica reside no fato de fazer da *divina genialidade* uma torre de marfim inconciliável com a simplicidade terrestre, disse Hegel. É na crítica da ironia que ele funda uma psicologia do artista e de suas relações com o mundo exterior e com o ser para-si. Tal superestima do *eu* teria sua continuidade e desdobramento no desprezo a tudo que lhe é exterior e objetivo. Esse processo é todo ele contraditório e paradoxal, tomando como base do mundo somente aquilo que parte de si, no qual o real dissolver-se-ia no orgulho da força subjetiva intrínseca. Assim, o eu-para-si do artista converter-se-ia em intransigência diante do concreto e do objetivo. É claro, ao artista isso surge como conflitos em ebulição, daí seu sofrimento. Sua angústia nasce dos conflitos inerentes à sua autossuficiência, que se desintegra diante de si mesmo, em face da impossibilidade de um isolamento absoluto. Aqui há o risco de tédio, de absurdo. Essa contradição torna o sujeito um suicida em potencial. Dessas contradições se ocupará Camus, em o *Mito de Sísifo*.

Do ponto de vista geral, a estética hegeliana aponta na obra de arte uma contradição entre ideia e representação. Assim, a obra resultaria de uma conciliação dos elementos da representação sensível e da ideia em-si e para-a-obra. Da mesma forma que a representação não pode ser arbitrária (arbitrariedade não-arbitrária), a ideia precisaria adequar-se às determinações de sua realização material na representação, caso contrário as associações decorrentes indicariam baixo coeficiente de invenção. Em decorrência dessa avaliação, mesmo que condenemos a dependência à categoria de representação válida na época, verificaremos que a arte teria como objetivo precípuo uma resposta conciliadora, adequada às condições impostas pela contradição e pelos jogos *paralelos* de contradições. A dimensão coisal da arte utiliza necessariamente o sensível concreto que, mesmo que não se resuma nele, traz sua marca conteudística concreta, mas visando alcançar alguma comunicabilidade com o outro, exigindo, pois, uma representação ou finalização artística negadora do arbitrário. A não levarmos em conta a importância de conciliação, ideia e representação, enquanto conjunto contraditório de oposição, rumariam cada qual por trilhas distintas, inviabilizando a obra como resultante dos conflitos estéticos.

Na perspectiva hegeliana, a idealidade da beleza seria alcançada por meio do resultado da conciliação do universo contraditório da forma e do conteúdo. Este exigiria a forma necessária à expressão da liberdade na não menos exigente

HEGEL E A SISTEMATIZAÇÃO DAS CONTRADIÇÕES

determinação da unidade absoluta dos contrários, evitando o estranhamento das partes. Vê-se que a estética hegeliana dera maior destaque ao conteúdo. Ainda que se fale em dialética, ou união dos contrários, coube ao conteúdo a parte principal da contradição. A versão teológica da estética de Hegel aponta igualmente uma das suas fraquezas. O apelo a Deus integrará a teoria da comunicação estética hegeliana, pois que visto como diretor do juízo estético na criação artística, na qual emissor e receptor são espíritos divinizados pela arte. Essa positividade, contudo, reage e compromete em certo sentido a própria liberdade de criação. Um erro teológico e um erro estético.

Na hierarquia hegeliana, a arte, em relação às outras práticas humanas, fica em posição subalterna. Em Hegel, o objeto da arte, da religião e da filosofia é o mesmo, pois Deus as une. A verdade absoluta condicionaria a criação artística, quebrando suas particularidades que deveriam ser consideradas irredutíveis.

Segundo ele, o conteúdo mora no subjetivo, entendido como o simples-em-si, a coisa mesma, em referência à interioridade do próprio conteúdo. Mas ao não se objetivar na realidade concreta, o conteúdo na verdade é uma *astrattézza*, uma falsa abstração. A debilidade dessa dependência da arte à religiosidade será confirmada pelo próprio decurso da arte moderna. Do ponto de vista do Espírito Absoluto e de suas manifestações, a arte, enquanto atualização das intuições, situa-se no plano mais baixo da hierarquia, seguida da religião e, no mais elevado grau, a filosofia (o conceito acima da representação). O conteúdo vai buscar o indivíduo ou sujeito estético lá onde ele se encontra, isto é, na realidade histórica e social objetiva, no mundo da história e da sociedade. Esse conteúdo concreto irá determinar no sujeito estético a orientação fundamental de suas intuições. Sem dúvida, a estética hegeliana privilegia o conteúdo em detrimento da forma, ao contrário da estética schilleriana, que procurava na forma a expressão do gênio. Assim, um dos lados da dialética tende para a priorização do conteúdo, que vem a ser um critério absoluto do juízo estético. A vontade de supressão da contradição entre o conhecimento da verdade e o mundo da representação artística tem relação direta com a determinação do conteúdo concreto de um momento da história, ou seja, é o conteúdo histórico que dirige a forma. As contradições entre verdade e beleza permaneceriam em aberto. Se a lógica hegeliana detecta a dialética entre forma e conteúdo, toma suas distâncias em relação à estética kantiana, criticada como formalista.

Mas o subjetivo não poderia contentar-se com uma existência puramente interior, buscando na insatisfação dessa condição as forças necessárias para negar-se, e converter-se em seu oposto, na objetivação no mundo. A superação dos opostos surge como necessidade universal, em que a negação deseja negar-se para não cair em um impasse. A contradição deve se negar na conciliação, dando movimento e transitoriedade ao mundo que se quer imutável e constante. Não há liberdade sem conciliação dos opostos ou dos conflitos. Diante de si mesmo, o homem é contradição. Dissimular as contradições é esconder-se de si mesmo. Não há verdade sem contradição. Sem contradição, não há verdade. Para Hegel, a tarefa da filosofia é penetrar no universo das contradições à luz do conceito. A unidade conciliada aproximar-se-á da verdade quanto mais lúcida for a penetração e a observação do universo contraditório.

Na estética hegeliana, a inevitabilidade da contradição é confirmada pela força do espírito que reconhece, resiste e ultrapassa a contradição particular. A vida como processo é explicada pela onipresença da contradição, que se verifica na generalidade de seu universo. A contradição é contradição de si mesma. Sua autonegação indica sua própria superação dialética. Sua natureza íntima dividir-se-á em processos de fragmentação e divisões constantes e variáveis. A contradição nega-se como contradição. Estaria o caráter contraditório da arte explicado pela aplicação do geral ao seu particular? Tudo indica que não. A universalidade da contradição admitirá a não-contradição, ou quem sabe, sua inexistência em determinados processos. A inexistência da contradição, entretanto, poderia ser o ruído surdo de sua voz latente. Para a filosofia da arte, convém estar em condições de avaliar que consequências singulares trariam as aplicações particularizadas do universal contraditório, e em que momento e como isso se traduziria em processo, em pensamento específico. Por outro lado, quais seriam as características fundamentais desse particular, quais as relações que estabelece e como se comporta no geral. Uma obra bem sucedida, por sua vez, põe a nu sua resposta à complexidade do jogo das contradições – as contradições como jogo – e sua identidade em relação à idealidade proposta. Da idealidade procurada à idealidade alcançada há um percurso da competência do criador e do criador competente no sentido da conciliação.

Em Hegel, há uma dimensão da arte que não cai na positividade da afirmação do estabelecido, e sim na preservação de seu conceito como realização das possibilidades de representação do estado ideal do mundo. Essa característica utópica da arte é a da negatividade espiritual que se volta não só contra a realidade prosaica em particular, mas, da mesma forma, contra o prosaísmo enquanto tal. O prosaísmo geral da vida se dissolve por todas as ações humanas, constituindo-se na máquina geral da vida, na regulação automática do homem orgânico ou fisiológico. O ser-aqui humano na organicidade de sua infinitude, fazendo-se criador, engendra ataques sistemáticos ao universo prosaico, ainda que não alcance o absoluto da representação. A liberdade de criação pode ser pensada como prazer, conquanto exercício pontual da particularidade, na relativização de suas ações inventivas. Entretanto, a finitude da particularização necessária não compromete de forma alguma a infinitude da invenção, metáfora da infinitude do espírito.

Contudo, se a arte tem a mimese incorporada em seu discurso, isso significa que não se poderia descartar integralmente o fator prosaico da vida e seus objetos, incorporados na invenção mais radical. E a crítica hegeliana da ironia romântica deve-se ao fato desta depender por completo do que lhe é exterior e exógeno. O estado de imanência do objeto que caracteriza a mimese irônica é preservado por ela, sem obter a transcendência que lhe autorizaria a autonomia. A ironia, segundo Hegel, não cumpre, pois, a idealidade imanente, e cai na errância da exterioridade do ideal e do belo. Desse modo, inviabiliza a fabricação da *manifestação do conteúdo substancial*. Entretanto, não é bem assim, pois não há arte sem algum compromisso de repertório comum com a realidade. Por outro, Hegel tem toda razão ao atribuir a responsabilidade do ideal à interioridade da obra, vista de modo autotélico, em autorregulação ou, como disse Olivier Revault d'Allonnes, em sua autogestão. Apesar da desconfiança de Hegel em relação à anterioridade da teoria na prática criadora, devemos chamar a atenção para o fato de que, nesse caso, a teoria mistura-se à prática e a singulariza. Se a teoria não vale como princípio prático, não custa lembrar que a prática em estado absoluto é uma abstração, sem qualquer valor real, e um puro conceito fantasioso. Os ideais variariam ou até mesmo perderiam seu sentido em função do tipo de arte que se propõe. A mediocridade fica à espreita, aguardando teorias que possam justificar sua presença; assim, para a mediocridade não há teoria que possa imprimir qualidade àquilo que por antecipação já se encontra derrotado.

Na estética hegeliana, a idealidade da arte não a impede de se manter em estado de negatividade diante do mundo. A idealidade é contradição pura com relação ao estado de coisas do prosaísmo existente. A sua situação-no-mundo é estado de contradição necessária ao valor de realidade do mundo. A intuição criadora é crítica da realidade, reação ao princípio de realidade, enquanto princípio do prazer. É na intuição que se dá a possibilidade de exteriorização da infinita interioridade do homem. Essa é expressão da contradição do homem com o mundo. A estética hegeliana é moderna, inclusive no que diz respeito ao valor atribuído à arte, no sentido de responsabilizá-la pelo despertar dos homens para o que está adormecido pela reificação. Até mesmo o óbvio é redimensionado. A idealização revelará as dimensões de tempo e espaço, recolocando gestos e momentos fugazes, revalorizando situações banais e corriqueiras. A dialética da obra revela-se igualmente em sua competência de, por meio da idealização da individualidade e da particularidade, elevar sua participação no universal. O artista hegeliano é aquele que se entrega inteiramente à criação, à fabricação de objetos que não se destinam à catalogação da realidade. O artista hegeliano não pretende ser coordenador de coisas e objetos, mas criador transcendente, com um ideal superador do prosaico e do imitativo.

O espírito total e perfeito do qual o artista tira seu modelo transita em um mundo dividido e contraditório – o mundo histórico e social –, que o sensibiliza e divide. As contradições da arte em parte refletem as contradições da sociedade. Esse

HEGEL E A SISTEMATIZAÇÃO DAS CONTRADIÇÕES   283

reflexo, no entender de Lukács, só se tornará dialético-materialista com a intervenção de Marx. A dialética idealista de Hegel tivera um papel de sistematizar as formas e conteúdos dos processos de contradição, mas não alcançara a concretude materialista destes. Os desastres do mundo *finito* revelar-se-ão em Marx os desastres do mundo capitalista e da divisão do trabalho. Os desastres do *mundo marxista* e da divisão *forçada* do trabalho no mundo socialista marxista foram muitíssimo mais graves do que os das democracias de mercado capitalista. Em Hegel, a força do homem é buscada na consciência da inevitabilidade da divisão humana, na consciência de suas contradições internas e externas, o que significa dizer, em sua aceitação como inerente à condição humana. A arte é ação concreta dentro do universo da divisão e da finitude, no que trazem de infelicidades e desastres. Marx vê o homem na coincidência desse reconhecimento, mas o leva a transformar esse mundo autodenominado infeliz. Porém, a infelicidade comunista revelou-se absoluta.

Na estética hegeliana encontra-se a teoria da determinação conteudística – em que a teoria do reflexo afirmar-se-á para o bem como para o mal – como uma expressão fundamental da individualidade. Tal expressão mostrará a divisão interna sofrida pela generalidade, fragmentada e impossibilitada de manter-se enquanto tal, posto que a expressividade do *conteúdo determinado* acarreta transformações no corpo do geral, indo proceder a um processo de particularização situada das formas na exteriorização das aparências. O conteúdo determinado seria o conteúdo particularizado. O fator de representação da arte necessariamente a divide, e não poderia ser de outra maneira. Arte é a representação parcial de uma totalidade inatingível, e até mesmo indesejável. Essa é uma contradição estética necessária, à medida que a pretensão ao geral só poderá efetivar-se por meio da mediação do particular. Essa expressão, por sua vez, representa a exposição de momentos determinados, e não a determinação em abstrato ou idealista. O geral dissolve-se obrigatoriamente em parcelas de si mesmo, dividindo-se em profundidade. Sua diferenciação constante dos elementos que o compõem favorece o surgimento de esferas adormecidas e dissimuladas pela reificação, em que as contradições, os conflitos e as oposições transparentes empreenderão o movimento prévio da determinação do particular. A isso Hegel chama de *substância*, abstração conceitual do conjunto de forças gerais, "cuja separação produz sua divisão em partes independentes". O sujeito das transformações da substância são os *indivíduos*, "portadores ativos dessas forças as quais imprimem formas particulares"[18].

O caráter negativo da obra de arte já se encontrava em Hegel, que o considerava uma das suas contradições estéticas internas: associar-se à dissonância e, ao mesmo tempo, pretender a adesão social. No entanto, essa contradição é produtiva e seus elementos conciliáveis sem maiores traumas. A arte deve evitar a sofisticada inter-relação de suas partes como jogo monótono e repetitivo. A função da dissonância revela-se na crítica velada das formas estabelecidas, tendentes em sua expressão paroxística a vir transformar-se em *kitsch*. A dissonância rompe o lugar comum dos hábitos "artísticos", advertindo o público para a quebra das regras anestesiantes, típicas da produção estética prosaica. Sem negação, não há criação. Sem contradição, ainda menos. Ela mina as estruturas bem comportadas do pensamento acomodado. A contradição estética é a fonte da negação.

Na Alemanha contemporânea, por meio de pesquisas da década de 1980, tomamos conhecimento das transformações psíquicas causadas pela manipulação onipresente dos computadores atuais. Há uma relação profunda e verdadeira entre a misocontradição e as formas restritas e limitadas do pensamento humano. Assim,

Robert Schurz e o matemático Jörg Pflüger descobriram essas disposições psíquicas favoráveis em pessoas que lidavam com computadores na escola, no trabalho ou em seus estudos. Suas observações dão conta, em resumo, de um "tipo de caráter maquinal". Um pensamento tendendo à formalização e ao algoritmo é característico desse tipo. Para que esse pensamento funcione, é preciso um espaço não agitado, daí vem o esforço para proteger sua vida das contradições, dos afetos, das ambivalências e das coisas esfumadas. É forte a necessidade de ter tudo sob seu controle. Antes, se evita contatos com outras pessoas, porque coisas imprevisíveis demais poderiam acontecer. A frequentação ao computador traz mais segurança. A vida cotidiana daqueles participantes da pesquisa que possuíam um "caráter maquinal", como explicam

18 *Esthétique*, v. 1, p. 260.

Schurz e Pflüger, é levada de uma maneira programada, sistemática e canalizada por preliminares fixas.[19]

Vimos, pois, como o conformismo informático tem uma ponta de simpatia pelo totalitarismo comportamental da repressão ao desconhecido. A ausência de contradições tem um compromisso velado com a barbárie. A ocultação dos conflitos surge como um mecanismo de defesa, no qual se acomodam comportamentos contidos e amordaçados pela coerção. Com isso, não há mais acusações de reacionarismo etiquetado para aqueles que se colocam criticamente diante da nova dimensão tecnológica do homem. O progresso da tecnologia não garante, *a priori*, a defesa necessária contra os males da barbárie. A misocontradição é irmã siamesa do misoneísmo. O medo do novo é o medo da contradição, e vice-versa. O novo é possível por meio de conflitos produtivos, nos quais a angústia é incorporada ao organismo da própria vida. A ousadia da imaginação criadora é incompatível com os recursos disponíveis no senso comum informatizado. Não há criação sem a agitação do espírito, sem processos de divisão e fragmentarismos. Por outro lado, a dissonância nunca é absoluta; caso contrário, só restaria a marginalização do artista. O conforto da vida sem contradição é o desconforto de uma vida sem paixão: o que é impossível na prática. A dissimulação das contradições pode levar a uma contradição definitiva: o suicídio.

A obra de arte é pura contradição. Sua vida é dividida entre a expressão pura e bela da negação, mas insiste na conciliação material da sua presença. A obra é o enigma do espírito criador, criado por sua sabedoria específica. A beleza como finalidade perdeu seu sentido no mundo contemporâneo, ou melhor, ampliou-se ao infinito o conceito de beleza, a ponto de faltarem regras para sua identificação e criação. Assim, a beleza não tem mais obrigação de ser bela. Cada obra de arte produz sua *mitologia* imanente, autônoma. Cada mitologia intrínseca produz suas redes de contradição particulares. Dividida entre a negação e a sedução, procura a conciliação possível, por vezes distante do ideal originário. Contudo, o avanço da ideia

19 C. Schachtner, *Kultur Chronik*, p. 88.

deverá seguir o caminho paradoxal de andar para trás simultaneamente. A obra de arte é uma solução original à sua contradição. A imprevisibilidade de sua resposta conciliadora a faz resultante inesperada, que surpreende o espectador preso aos clichês do já feito e aceito.

De certo modo, a beleza representa a positividade inerente às obras. É o seu lado sociedade. A busca do belo é inerente ao ser humano, mas na modernidade o belo não é unívoco, determinado que é pelas *belas* soluções intrínsecas à obra particular. Cada obra engendra seu próprio conceito de belo, pois também cada obra engendra suas próprias contradições e conciliações internas. Mas, por outro lado, o belo também poderá ser entendido como uma armadilha do artista, a emboscada da negatividade mimetizada no belo. A cumplicidade do receptor é buscada pelos mais variados recursos, sendo que o único desonesto é aquele que tem no *kitsch* sua arma de aliciamento social. Essa prática de aliciamento é válida até o momento em que não ceda às facilidades do gasto pelo uso. A legislação da obra é da competência da negação. A verdade da obra, por sua vez, é legislada pela negatividade que institui. Logo, não é a beleza que legisla, mas a soma das intuições que, associada à verdade, deve fazer-se expressão do negativo.

No século XX, o movimento dadá veio explodir o negativo no seio da burguesia, quando os artistas assumem estatuto de pertencentes a uma seita especial: a dos criadores. A defesa dos direitos da imaginação criadora e dos direitos da invenção artística tornam-se em Tristan Tzara, por exemplo, um elogio da dialética negativa da arte. Ao propor a singularidade da poesia e sua dimensão negativa, escreveu:

> A poesia não tem de exprimir uma realidade. Ela mesma é uma realidade. Ela exprime a si própria. Mas para ser válida, ela deve estar inclusa dentro de uma realidade mais ampla, a do mundo dos vivos. Ela é uma criação subjetiva do poeta, um mundo específico, um mundo particular que o poeta anima segundo um modo de pensamento que, mesmo sendo frequentemente obscuro, não é menos orgânico.[20]

O belo se subjetiva, diluindo-se nas formas de expressão desse universo particular. O belo faz-se difuso, não desaparece,

20 *Surréalisme et l'après-guerre*, p. 36.

apenas não é mais unívoco. A barbárie espera nossa participação no desprezo à beleza da vida, o que é bem diferente da crítica estética ao belo, em que a plurivocidade significante abre-se às ambiguidades e contradições. Uma arte da contradição não é uma arte contraditória. Esta é falsa e arbitrária, em nada próxima da autenticidade da arte negativa. A arte é criação do arbitrário sem arbitrariedade. Essa negatividade da arte reflete-se mesmo no comportamento do artista, como lembra bem Tzara, ao dizer que "o poeta é um ser em certa medida antissocial, pois ele procura se distinguir do burguês"[21].

Na concepção hegeliana, a arte enquanto representação concreta da abstração do real – abstração singular – encontra-se no ponto de convergência abstrata também da particularidade com a totalidade. Essas são mediatizadas pela *subjetividade concreta*, que faria o papel de assegurar a independência da criação com relação ao mesmismo das alegorias distanciadas do real. Mas aqui, ainda que não consigamos medir as consequências, fica uma dicotomia entre a exigência da independência e algum compromisso com o real. Em todo caso, é certo que o mesmo não é arte, não pode ser arte (somente em caso de uma repetição do mesmo que o leve intencionalmente à diferença, à radical abertura no sentido do novo). Contudo, no geral poder-se-á dizer que o conteúdo da arte dá-se no outro do mesmo, pressupondo-o na negação. A subjetividade concreta não deve dar-se no vazio, mas sim na particularização dos aspectos humanos. Na estética hegeliana, a subjetividade concreta tem função de mediação necessária. A liberdade é produzida na vertente do conteúdo da obra, somente possível pela ação e compromisso com o subjetivo concreto. Este corrige a errância do arbitrário abstrato, controlando funcionalmente, enquanto juízo estético, as incursões da imaginação criadora. O imaginário e seu delírio têm na concretude subjetiva sua base de lançamento. Desse jeito, evita desgovernar-se em direção ao delírio total e definitivo, por um lado, ou na pura mediocridade, por outro.

A arte, independentemente de sua expressão particular, sobrevive em Hegel devido ao seu caráter de aparência concreta.

---

21 T. Tzara, *Le Surréalisme*, p. 66.

Esta é resultado do obrar da subjetividade concreta. A aparência concreta, então, é resultado material da ideia e do ideal. Nesse sentido, o *pathos* seria a versão concreta da abstração da aparência. O *pathos* se dá, enquanto existência subjetiva, na interioridade da realização bem sucedida da aparência concreta. É ele responsável, na anterioridade temporal da criação, pelas principais movimentações da alma que traduzem dinâmica, espontaneidade e verdade às realizações práticas dos artistas. Porém, vale lembrar que a qualidade da verdade em arte difere radicalmente daquela verificada na ciência, ou nas proposições racionais de penetração no desconhecido. Os modos de pensar e realizar o desconhecido são demonstrados pelas formas com que arte e ciência enfrentam suas questões internas. O caminho rumo ao desconhecido, próprio daqueles que desafiam o misoneísmo – a neofobia –, adquire na arte contornos não racionais, o que não significa ceder ao irracional tal como querem fazer crer certos teóricos. A desrazão da arte não é, sob hipótese alguma, desprezo pela razão enquanto instrumento de libertação do homem e de sua maioridade, como dizia Kant. Na verdade, é bem possível que a arte amplie as fronteiras da razão, mesmo que as forças do atraso, do conservadorismo e do reacionarismo prefiram limitá-la por meio de restrições legislativas. A razão converte-se em razão criadora, que desse modo associa-se aos desígnios da imaginação criadora. A razão se adapta aos processos da criação como uma aliada. Em outras palavras, a razão se alia à desrazão estética.

A imediatidade do *pathos* é fundamental à criação artística. Nisso Hegel não perde o controle sobre a origem da criação, nem de sua recepção. A essência pura da arte tem na imediatidade seu canal privilegiado, a substância mesma da criação. Acreditava Hegel, e esse foi um de seus erros, que o tempo decorrido da passagem do imediato ao mediato engendraria a *ratio* do pensamento formal, afastando-se da arte para servir à ciência. A imediatidade da arte é paradoxal, conflituosa como todos os seus momentos posteriores. Ela não se dá no absoluto, e a imagem imediata que quer dar de si nada mais é que uma *parte* de seu conteúdo de verdade. Os processos da imediatidade em arte são mediatizados pelos conflitos das próprias emoções, do patético em-si. Sua imediatidade inclui a mediatidade dos movimentos conscientes, mas que em nada prejudicam a imaginação criadora e a realização da obra. Ceder ao mediato não significa necessariamente ceder à razão formal, mesmo porque as emoções imediatas precisam se reconhecer enquanto tais. O *pathos* engendraria a verdade sem procurá--la. A imediatidade é contradição e negação de si mesma, no esforço de afirmar-se em sua condição mediata. Mas não procura a verdade, tampouco o *pathos* criador. A procura racionalizaria o conteúdo patético, esfriando sua razão de ser na obra de arte. Congelar o *pathos* significa alterar o curso daquilo que se quer obra de arte. Entretanto, em Hegel, o *pathos* tem sua explicação teológica, pois sua origem está em Deus. Segundo nosso ponto de vista, o da contradição estética, não cabe, ao menos por enquanto, debater a singularidade ou a pluralidade de Deus: o que nos importa é não deixar de assinalar ou sublinhar o fato de Deus ser considerado o motivo da pulsão patética na estética hegeliana.

A mediatidade na criação artística corresponde a um determinado uso da razão que em nada obstaculariza ou impede os primeiros momentos de uma criação radical. Da imediatidade à mediatidade, nenhuma disposição ao insucesso obrigatório. Paul Claudel, a propósito da poesia, descreveu o processo da seguinte forma:

> Não se pensa de uma maneira contínua, como tampouco se sente de uma maneira contínua ou se vive de uma maneira contínua. Há cortes, há intervenção do nada. O pensamento bate como o cérebro e o coração. Nosso aparelho de pensar em estado de carga não debita uma linha ininterrupta, ele fornece, por relâmpagos e estremecimentos, uma massa desconexa de ideias, imagens, lembranças, noções, conceitos, depois se distende antes que o espírito se desperte no estado de consciência em um novo ato. Sobre esta matéria-prima trabalha o escritor esclarecido por sua *razão* e seu *gosto*, e guiado por um objetivo mais ou menos distintamente percebido, mas é impossível dar uma imagem exata do curso do pensamento se não se leva em conta o branco e a intermitência.[22]

Temos a confirmação na estética claudeliana de que os momentos de imediatidade da criação não são contínuos e

---

22 *Oeuvres en prose*, p. 3 (grifo nosso).

constantes, e que são sucedidos por outros mediatizados pela razão e pelo gosto na mais clássica da boa tradição estética. O seu objetivo não pode ser claramente consciente, sendo mais ou menos perseguido pelo artista com clareza: uma luz mínima, suficiente para guiá-lo no desconhecido. Razão e gosto são posteriores, como que associados em Claudel, em intercomunicação conjugada, visando à organização definitiva da obra. O momento inconsciente precede rigorosamente a consciência do gosto e da razão depurativa. Assim, a estética claudeliana demonstra que do princípio ao fim a criação poética é conflito e contradição. Procedendo por momentos, a criação artística é atravessada por conflitos particulares e sucessivos até a conciliação necessária. A subjetividade hegeliana na criação deverá harmonizar-se com a *determinação exterior do ideal*. Este surge, *grosso modo*, como conciliação particularizada de totalidades determinantes e determinadas: espaço, tempo, lugar, história e geografia compõem a chamada realidade exterior – determinação exterior – da qual a arte procura conciliar-se no ideal. O fora hegeliano, o exterior, indica a existência de uma justa imbricação e comprometimento do sujeito criador enquanto espírito-residente-no-mundo, justificando sua posição de *dasein*, ser-aqui criador. Se o exterior é de certa forma determinado, vistas todas as contingências a serem levadas em conta, a vida interior do artista negocia com essas formas concretas na busca de sua infinita indeterminabilidade. Esta autoriza o sujeito criador a se desenvolver enquanto totalidade, no sentido da conciliação das contradições entre o mundo exterior e o mundo interior. Essa dialética estaria apta a determinar "a realidade concreta, aquela que deve formar o conteúdo da arte" (Hegel). A condição de materialidade do mundo não impede os processos de exteriorização da interioridade do sujeito; ao contrário, sói assimilar qualquer possível marginalidade. A realidade exterior e concreta é, por sua vez, interiorizada em profundidade, sem se confundir com ela no momento de formação da exteriorização criadora.

Apesar do idealismo de Hegel, há uma materialidade inovadora em sua dialética artística. Há igualmente uma conjugação de forças criadoras na atividade artística, que estabelece uma relação de mútua dependência nas totalidades interior e exterior. A imaginação criadora é da ordem das forças determinantes, mas não se isola, tomando em consideração a seu modo e livre arbítrio as formas advindas das totalidades determinadas. Subjetividade e exterioridade em algum momento complementar-se-iam, necessitando-se mutuamente. Entretanto, é o caso de uma complementação dialética, na qual os conflitos atraem-se negativamente. Há alguma rejeição localizada da subjetividade em relação à exterioridade, criando objetos sem qualquer relação lógica ou racional com o universo exógeno ao sujeito. A complementação entre ambas é negativa. Por seu lado, a subjetividade também se deixa fascinar pela exterioridade, curvando-se diante de sua infinitude. Assim, percebemos uma pressão da conciliação complementar, mas a parte mais importante cabe à negatividade da relação. A recusa da reprodução mimética exige menos exterioridade para que essa possa dissimular-se na criação poético-artística (há um confundir com a realidade que se opõe ao produto autêntico da arte). A recusa da exterioridade tal qual é acompanhada de sua presença velada por meio de outros recursos da arte: inversão positiva na interioridade da arte. Processo contrário é o do academismo que se fundamenta na exterioridade como fetiche do real, fazendo da mimese puro mimetismo positivista. Não há como deixar de concluir que, diante disso, quanto mais a exterioridade encontra-se dispersa e dissimulada autenticamente, menos a arte expõe-se aos modos dogmáticos e unívocos de sua produção criadora. A contradição da dependência do sujeito-artista ao que lhe é exógeno em estado impuro – sua interioridade compõe-se também do exógeno – é resolvida na conciliação superior da realização da obra de arte. É preciso realizar, caso contrário não há fechamento do ciclo vital inerente ao processo criador. E com o risco de nos tornarmos profissionais de projetos inacabados.

Na estética hegeliana, não há uma defesa da miséria material como condição prévia da criação artística. Nela, as condições materiais da vida baseada na abundância relativa, ao menos na justa riqueza mínima, acima dos níveis mínimos estabelecidos para a sobrevivência, deverão contribuir para um conforto diante das preocupações com o finito. A realidade prática do mundo, no caso de uma solução insatisfatória, tornar-se-á o obstáculo natural ao desenvolvimento do espírito, limitando-o na dependência do sujeito à finitude. Desse modo, associado o prosaísmo da existência à realidade prática do mundo – e sua urgência –, estaria formado um quadro material desfavorável à ação do imaginário da arte. Caso seja dado como resolvido o problema das urgências materiais humanas, restará o acordo da subjetividade do caráter individual com a vida exterior, em uma supressão da contradição muito próxima da preconizada por Schiller. Não há obra de arte sem acordo prévio quanto à conciliação das contradições estéticas. Mas, dada como resolvida a obra de arte, ou em um momento de seu processo, estarão suprimidas as contradições estéticas? De certo modo sim, isto é, estarão as contradições acomodadas entre si em função da chegada a um acordo de convivência no interior da obra. Tampouco é possível dizer, em caso contrário, que as contradições estéticas permaneceram: transformaram-se aquelas que estavam na origem do conflito criador em novas e diversas contradições estéticas. A partir desse momento, não que elas tenham desaparecido ou que tenham sido suprimidas de forma absoluta, mas são fundadoras de outras séries de conflitos e contradições. Por outro lado, as contradições estéticas advindas do acordo entre aquelas que deram origem à obra de arte, somadas às mudanças internas de mais outras que a elas juntar-se-ão, e, por fim, com as contradições estéticas criadas em função do contato do receptor com a obra, que, por sua vez, gerarão inúmeras e incontroláveis contradições estéticas posteriores.

Em sua interpretação da arte clássica, Hegel estabeleceu, *grosso modo*, duas vertentes fundamentais de importância incontestável: a da unidade do espiritual e do natural, e a das contradições existentes entre os interesses do Estado e os do cidadão livre. A referência objetiva à arte clássica, contudo, não impede uma aproximação, quando se impõe, com problemáticas de natureza mais geral.

Inicialmente, nos propusemos a discutir, a título de introdução, temáticas relativas à natureza da significação e da representação a partir da contradição. A seguir, deteremo-nos em certos momentos variados de relevância teórica no que diz respeito às relações de contradição inerentes à arte ou por ela suscitadas.

É bem provável que as problemáticas que concernem mais diretamente à situação do indivíduo em face do Estado sejam mais bem recebidas e charmosas em nossa contemporaneidade. Por conseguinte, os meios de comunicação de massa são mais receptivos a informações dessa ordem. Contudo, se esses meios de comunicação só se preocupam com as evidências políticas da obra, observamos ao mesmo tempo uma ocultação dos verdadeiros processos internos da obra de arte, que na verdade são bem mais políticos do que eles podem permitir que seja veiculado. A visão conteudística da arte organizada em função do primado do político objetivo e ilustrativo tenta justificar-se na afirmação, segundo a qual o espectador ou leitor tem aquilo que deseja. Com isso, isentamo-nos da responsabilização diante dos maiores e fundamentais processos da criação humana.

A afirmação de Hegel, segundo a qual "a essência da arte consiste na livre totalidade resultante da união íntima do conteúdo e da forma que lhe é mais ou menos adequada"[23], poderá ser entendida como uma expressão trans-histórica, ou, como localizada na arte clássica, interagindo em função das condições de seu conceito e de seu ideal? A ambiguidade hegeliana acentua-se ao afirmar como sendo esta uma exigência da "verdadeira arte, conforme seu conceito". Forma e conteúdo eram pensados em separado. O espiritual clássico é um conteúdo em si, em autossignificação, e procurando bastar-se em sua própria interioridade. Desta feita, ele estaria ao mesmo tempo adequando-se a uma forma específica, ou melhor, a forma adequar-se-ia ao conteúdo-espírito. Assim sendo, a liberdade intrínseca ficaria restrita à significação antecipada do conteúdo. Este infelizmente teria um caráter *prêt-à-porter* diante da forma, que, ao vestir o conteúdo, tenta o "mais ou menos adequado", como que procurando instrumentalmente a forma ao possuir o jogo na mão. Essa anterioridade do conteúdo, antes comprometido com questões religiosas, não consegue esconder a contradição entre ambas as partes em sua autenticidade. Há uma posição servil, instrumental, da forma em relação ao conteúdo.

---

23 *Esthétique*, v. I, p. 151.

No caso da fotografia, por exemplo, a relação de contradição de forma e conteúdo dá-se como unidade. No gênero de foto de rua, no qual selecionamos pedaços da realidade que nos interessam e visualizamos a possibilidade da tomada, é possível dissociarmos o conteúdo da forma? Neste caso preciso, o conteúdo da foto não está em outro lugar que não seja na forma, na forma impressa pela luz. A foto reinventa o real a partir dele mesmo.

Em Hegel, o *conteúdo íntimo* com base na beleza clássica teria como sentido profundo o espiritual autossuficiente, que se justifica diante da obra e diante da significação. Essa imediatidade do objeto pertencendo a si mesmo faria a arte, por meio do espiritual, realizar o afastamento das contradições inerentes à significação e à sua realização exterior – sua exteriorização como obra. O em-si seria sua realização histórica, sua importância. Aparentemente não haveria mais contradição, pois estaria desaparecida a exterioridade do conteúdo. Pressupõe-se, então, que a subjetividade espiritual seja suficientemente rica e harmônica, a ponto de fazer desaparecer os conflitos e impor-se como absoluto. Hegel acredita ser a arte clássica perfeita em sua unidade, a ponto de estar isenta de contradições. A ação transformativa do espírito engendraria um caso particular de supressão das contradições estéticas. É duvidoso que o ideal clássico por si mesmo autorize a ausência das relações de contradição. O desenvolvimento histórico rompeu com qualquer idealidade de uma produção clássica isenta de contradição enquanto ideal trans-histórico. A nova consciência romântica veio mostrar que a unidade era por demasiado artificial e que as contradições adormeciam.

Adorno foi quem trouxe uma luz para as relações entre o espírito e a obra de arte. Assim, disse ele:

> É somente enquanto espírito que a arte se opõe à realidade empírica, tendendo rumo à negação determinada da organização do mundo estabelecido. A arte deve ser construída dialeticamente à medida que o espírito lhe é inerente, sem que ela, entretanto, possua-o ou o garanta como um absoluto. Apesar de sua aparência de realidade, as obras de arte são as cristalizações do processo entre esse espírito e seu outro. Isso implica uma diferença a propósito da estética hegeliana. Nesta última, a objetividade da obra de arte é a verdade do espírito transposta

dentro de sua própria alteridade e idêntica a ela. Para Hegel, o espírito se confundia com a totalidade mesma na arte.[24]

A existência de um espírito específico inerente à obra de arte diferencia-o do espírito enquanto tal, e traz à obra sua realidade estética singular e inconfundível.

O espírito das obras opõe-se ao espírito do mundo, à organização do mundo estabelecido. Neste, as relações entre o indivíduo e o Estado dão-se como conflito social, apoiadas nas novas relações estabelecidas entre os ideais burgueses, a sociedade industrial e os conflitos interiores à divisão social do trabalho. A arte, em meio a essa exigência e responsabilização, procura uma ação contraditória: acirrar as contradições estéticas, favorecer as iniciativas do cidadão, contrariamente aos ideais de Platão, possibilitando uma ação da subjetividade e do desejo em uma orientação negativa e, simultaneamente, preparar a reconciliação do sujeito com o mundo. Dessa contradição entre interioridade subjetiva e realidade exterior construir-se-á um mundo de relações sediadas no negativo da subjetividade, e originando uma nova aproximação do Estado com a sociedade constituída. Assim, pois, a arte não é cúmplice da realidade, e esta se torna intolerável e pequena demais para conter a força expressiva do *eu*.

A arte constrói seu mundo na mesma medida que a realidade passa a ter mais distância de si. Essa prática artística é uma prática política, guardadas as proporções: "a vida política se compõe de manifestações exteriores que, como tais, só têm uma duração passageira"[25]. Se ao indivíduo torna-se difícil conciliar-se com essa característica fundamental do Estado político, muito mais ainda para a arte. De qualquer forma, Hegel, apesar de muitas hesitações, prefere ficar com os interesses do indivíduo, ao menos nessa passagem da *Estética*. A crítica hegeliana contra a indistinção dos interesses ou a falta da hierarquia moral caminha no sentido de prestigiar o particular e o subjetivo. O sujeito é permanente reivindicação de sua liberdade devida, influindo no curso tradicional das estruturas em abstrato do Estado, ou de sua máquina administrativa, que tende a parecer em-si, independente dos sujeitos sociais. Desse

24 *Autour de la théorie esthétique*, p. 125.
25 Hegel, *Esthétique*, v. 2, p. 248.

modo, o saber subjetivo orientador do sujeito concreto e objetivo entende perpetrar o resgate da liberdade humana, em sua dimensão concreta de homens também concretos. O saber subjetivo dignifica a vida interior, principalmente quando de sua oposição ao real em sua totalidade social, política, cultural ou econômica. A autonomia do *eu* impõe-se como anterioridade da práxis artística, mas, por sua vez, somente a própria prática poderá criar as condições tanto da autonomia do eu quanto da existência de si mesma.

A arte se nutre das manifestações da vida interior, integrando-as entre si e ao *eu* criador, e finalmente exteriorizando-se como obra de arte. Entretanto, exteriorizar o interior não basta para se ter uma obra. Múltiplos processos paralelos e cruzados são obrigatórios à obtenção de um resultado razoável, quanto mais de um bom resultado. O espírito na arte deve dialogar com seu outro, que é o mesmo da arte. Esse é o outro do *eu*, em sua infinitude particular, singularizando-se. Em seu sopro fundamental, faz-se concreta. Tende ao durável na finitude de sua transitoriedade: eis outra contradição angustiante da arte.

Na estética hegeliana, o caráter do político é ser efêmero. O político em sua transitoriedade é pura manifestação exterior, dissolvendo-se na continuidade dos fatos da vida cotidiana em augusta sobrevivência enquanto História. A exterioridade da norma política, vista em sua banalidade dos projetos de administração da sociedade, é pura frieza e circuito exterior às fundamentais paixões humanas.

As paixões sedimentadas na obra são trans-históricas. O fundamento político possível dissolve-se por meio de suas múltiplas e obsessivas mediações. O mundo interior exterioriza-se através do *eu* da obra somente enquanto obra, e não fazendo valer apenas sua condição de vida espiritual, que por si só não basta nem garante qualquer obra de arte. Em sua dupla articulação, a arte cogita da contradição de ser aparência, mas tão somente por ser aparência, do concreto aparente ao aparente concreto.

Em Hegel, teria sido a arte clássica enquanto tal que isentara o humano, sua forma, dos vícios da finitude[26]. Contudo, dirá ele, nuançando que "o que nós dizemos do corpo humano

---

26 Idem, p. 157.

e de suas expressões aplica-se igualmente aos sentimentos, instintos, ações e vicissitudes dos humanos; tanto como o corpo, eles têm características que guardam não somente da vida e da natureza, mas também do espírito, e apresentam a mesma identidade adequada entre o fora e o dentro"[27]. É possível. As contradições entre o dentro e o fora, tais como aquelas inerentes ao corpo, vêm acompanhando a história do homem como um aparelho metafísico, processando-se quase como invariantes históricas. O homem precisa de seu corpo na arte, independente das diferentes formas com que procurou abordá-lo, como também o homem precisa dissolver seu corpo e retirá-lo da arte. Uma arte sem corpo. Há uma rede semelhante à Fita de Moebius que artista algum é capaz de dominar plenamente. Aos artistas, não cabe a pretensão absolutista e onipotente de dominar os sentidos plenos da arte. A intuição criadora e sua vertente concreta – a obra de arte – não se prestam a um controle administrante e globalmente consciente da realização artística. A exigência de uma consciência ubíqua e racional das razões pelas quais algo foi feito ou deixou de ser feito procede basicamente de uma visão totalitária das coisas e da arte, das coisas da arte. É uma exigência de leigos e filisteus.

Uma obra de arte é alcançada por meio de várias e conflitantes formas de acesso à criação, junto às possíveis capitulações, associadas todas às chegadas e partidas, com a ideia no centro tendendo ao descanso provisório. Esse é o vir-a-ser consequente à atualização do universo-em-si que representa a obra de arte, vista nela mesma e por si própria. Por menor ou particular que seja esse universo-em-si da obra, sua organização na aparência é a aparência de desorganização. Ou mesmo a realidade da desorganização e do esfacelamento. A arte organiza o material do mundo, mas desorganizando este mesmo mundo que a sustenta. Há em algum lugar na arte seu algo de esquartejador. O conteúdo de sua verdade em algum momento é também conteúdo lacerado da obra. O homem dividido, reificado, ao entrar em contato com a verdadeira arte, é submetido a um processo de divisão radical que o decompõe ainda mais. Recompor-se deveria significar buscar sua unidade, romper sua

---

27 Idem, p. 159.

298 ESTÉTICA DA CONTRADIÇÃO

reificação por meio da doce agressão da imaginação criadora. A obra divide para unir os cacos do homem. Por um artifício injustificado de comparação, Hegel procura minimizar na arte aquilo que, segundo ele, o cristianismo levou mais adiante como exagero:

> Levando em conta a forma de arte seguinte, isto é, a arte romântica, nós observaremos que o conteúdo de beleza realizada pela arte clássica apresenta ainda insuficiências, como a própria religião da arte; mas essas insuficiências ligam-se tão pouco ao antropomorfismo que é permitido afirmar que se, do ponto de vista da arte em geral, a arte clássica é antropomórfica demais, ela não o é em excesso se a encaramos do ponto de vista da religião mais elevada que é o cristianismo, que levou muito mais longe o antropomorfismo.[28]

Seguindo Heródoto, a estética hegeliana – ao afirmar ter sido de origem egípcia certos deuses gregos criados por Homero e Hesíodo – acentua o fato de que o conceito do clássico fundamenta-se em antecedentes sobre os quais o espírito grego teria operado uma "transformação negativa". Esta trata de filtrar as culturas exógenas de forma crítica e criadora, segundo os interesses endógenos. Assim, "a criação poética não exclui empréstimos de fora, mas comporta uma transformação essencial dos elementos tomados". Se em Hegel essa transformação ou utilização externa é negativa, em Mao Tsé-Tung ela é positiva. Neste, a positividade é inerente ao discurso comunista, logo incompatível com a negatividade genética da arte. Mao propunha criticidade do exógeno cultural para construir o endógeno nacional. Deu na barbárie da revolução cultural. O paroxismo dessa teoria está na condução comunista-totalitária da economia de mercado capitalista na China de hoje. Iena ou Yenan? O desejo do novo, de uma nova arte e de novos valores artísticos origina-se na pulsão da negatividade da transformação. Esse processo seria uma constante histórica, com as culturas sendo submetidas e submetendo-se a variadas e enriquecedoras críticas antropofágicas.

Apesar de Mao confessar a adesão à dialética, ele próprio sucumbiu às angústias das contradições culturais, caindo na

28 Idem, p. 160.

tentação de tentar resolvê-las pela força argumentativa dos assassinatos em massa. A lição chinesa prova que as contradições culturais devem ser resolvidas pela via da cultura e não pela via militar. Matar pessoas desarmadas em nome da cultura é a expressão mais elevada da barbárie.

Há uma passagem na *Estética* hegeliana que, apesar de sua extensão, é forçoso citá-la, pois é esclarecedora a propósito da arte clássica, como pode ser transcendida em relação à sua intenção. Das contradições no seio da sociedade, escreveu Hegel:

> Esse objetivo supremo residia para o grego em um acordo com os interesses do Estado, com os deveres do cidadão e em um patriotismo vivo […] Mas a vida política compõe-se de manifestações exteriores que, como tais, só têm uma duração passageira […] Com efeito, em tal fusão íntima do indivíduo e da generalidade da vida política, o que há de particular e de subjetivo não encontra de jeito algum o meio de se afirmar sem que os interesses do Estado encontrem-se mais ou menos lesados […] Por outro lado, no seio e do fato mesmo desta liberdade mais alta, a necessidade de ser livre não somente no Estado como todo substancial, não somente com relação à moral e às leis existentes, mas dentro de sua própria vida interior, de modo a poder tirar os critérios do belo e do justo de seu próprio saber subjetivo. O sujeito quer afirmar-se como sendo ele próprio de natureza substancial e daí nasce, no seio dessa liberdade, um novo divórcio entre os fins de interesse do Estado e aqueles do sujeito como indivíduo livre […] Logo, é a oposição entre o espírito autônomo em si e a existência exterior que caracteriza o fenômeno de transição do qual nós nos ocupamos […] As noções morais transmitidas pela tradição, não concedendo mais uma satisfação verdadeiramente profunda, voltam-se contra o exterior a respeito do qual se adota uma atitude negativa, hostil, ditada pelo desejo e a intenção de modificá-lo. Na base disso há uma necessidade interna que, exprimindo-se de um modo preciso e firme, choca-se com um mundo já constituído e em oposição com ele, a uma realidade corrompida em via de decadência, da qual todos os traços estão em oposição ao bem e ao verdadeiro, mas cabe à arte assumir a tarefa de resolver essa oposição.[29]

A arte surge em meio a um clima de insatisfação diante da realidade estabelecida, incluindo aqui o próprio Estado conquanto esteja afastado dos cidadãos. A responsabilização da arte torna-se imensa e pesada: simplesmente resolver a contradição do choque contra o mundo constituído, opondo-lhe

---

29 *Esthétique*, v. 2, p. 248, passim.

sua perspectiva. Essa oposição é a condição para se solucionar a contradição, paradoxalmente, de um mundo tornado estranho ao homem. A solução da contradição estaria em radicalizar sua presença contraditória. A objetividade política, contudo, não garante *a priori* qualquer relação privilegiada com a qualidade estética.

A natureza da arte é incompatível com as prestações de conta objetivas dependentes do discurso político. Mesmo que se faça uma arte política, essa só será de qualidade artística caso consiga, paradoxalmente, superar e transcender seu momento político concreto, fazendo-o abstrato e disseminado no interior da obra. É preciso então considerar que a arte, mesmo que objetive suas particularidades efêmeras, não se reduz ao aspecto passageiro das preocupações políticas. O episódio da política não garante o reino dos céus da estética crítica, ao contrário, pode até mesmo inviabilizá-lo. Uma obra de arte pode ter algo episódico da política, entretanto, a arte não é o fato episódico bradado ou exaltado. A arte se comporta em relação à sua definição e a seu conceito como o homem diante de sua sombra: o homem não pode jamais alcançá-la, exceto quando a incorpora no sol de meio-dia, mas aí já não a tem mais.

Hegel admite o fator subversivo na arte, sua inerência mesmo no que diz respeito às tensas relações da subjetividade humana com os interesses do Estado. Há um divórcio envolvendo o saber subjetivo com o Estado; divórcio esse que tem na independência do artista diante do pragmatismo da sociedade e do Estado sua maior motivação. Ela é o que está além do sujeito, sendo ela o sujeito ou parte dele que se desdobrou e se emancipou. A obra visa a si mesma e por si mesma. Ela quer alcançar seu em-si e seu outro da coisa. A obra é *outra* coisa, uma *coisa* outra. Em meio a tantas coisas-do-mundo, ela reifica-se, mas guarda sempre o *outro da reificação*, condição negada a todas as outras coisas, a menos que essas sofram ação artística que as libere da determinação coisal. O sujeito é menos e mais que a obra. O sujeito é o potencial da obra, e ela, o potencial do sujeito. O sujeito pode ser a obra, sendo esta igualmente o utópico dele. Ela leva o sujeito a ser aquilo que ainda não tinha sido, não havia descoberto ou conhecido – a obra segue simplesmente pulsões indicadas pelo artista. Nada aqui é dado, há sangue e lágrimas de cimento. A indicação goethiana de seguir a natureza implica também seguir a natureza interna da obra, inseparável do artista. Não há solução ou salvação fora da obra – tudo se joga nela. Não há também conciliação *a priori*, enquanto momento conceitual.

As contradições do ato criador impõem respostas à altura de seus conflitos. O estado criador é condicionado pela contradição entre a realidade objetiva e a reflexão abstrata. Se a lógica conciliadora da estética hegeliana, por vezes esquemática, procura dar conta da totalidade do universo da contradição estética, mas de forma estrutural, a estética adorniana recusa o estruturalismo da contradição, minando ainda mais as relações internas das obras. Se em Hegel há *um discurso sobre a contradição*, em Adorno há *um discurso da contradição*. Esta é trazida de fora para dentro da obra, e devolvida à sociedade como problema. Segundo Hegel, a radical interioridade do romantismo reduziria a exterioridade ao máximo, desintegrando-a, e levando o espírito rumo ao infinito de si próprio:

> A interiorização levada a esse grau não é outra coisa senão o exterior, por assim dizer, despojado de sua exterioridade objetiva tornado invisível e imperceptível, uma sonoridade procedendo de uma fonte misteriosa, um voo planado sobre as águas, uma música cujas ondas se expandem sobre um mundo que, por seus fenômenos heterogêneos, só constitui um fraco reflexo desse ser-em-si da alma.[30]

A crítica hegeliana impõe reservas ao romantismo, conquanto este não estabeleça uma fusão com o exterior, isolando-o, mas também esquece de dizer que essa fusão é contradição, conflito entre as partes. A conciliação da interioridade com a exterioridade só é possível enquanto acordo nascido do conflito, rasgado pelas contradições.

A teoria hegeliana do artista o encara em sua relação com o mundo em uma dupla disposição: continuidade e ruptura, coerência e oposição. O engajamento do artista dá-se na dimensão sincrônica, em que assume a máxima vivência de seu tempo, mas sem compromisso de continuidade. A responsabilização sincrônica, entretanto, pressupõe uma exigência de

---

30 Idem, p. 271.

302 ESTÉTICA DA CONTRADIÇÃO

totalização da consciência diante de si mesma – em caráter de normalidade – e outra forma de exigência, agora de rompimento com as instituições sociais, no sentido da consciência maior do delírio criador. A não racionalização das forças da consciência em sentido sincrônico poderá articular-se com a realidade do eixo diacrônico, em que se dá a possibilidade da consciência criadora situar-se em função do passado e em relação ao desconhecido.

Entretanto, a teoria do artista permanece em Hegel marcada pelo romantismo. Em *A Filosofia do Espírito* dirá ele que "a imagem é conservada no *tesouro* do espírito, na *noite* do espírito"[31]. O artista desce dentro de si mesmo, em sua noite interior enquanto espírito e na noite de seu tempo, em sua singularidade histórica. Essa noite pessoal, tateada pela intuição da imaginação criadora do artista, faz-se luz na obra *realizada*. A ambiguidade da imaginação intuitiva se revela na claridade contraditória da noite do espírito criador. A massa do mundo histórico torna-se massa do histórico mundo da imaginação criadora. A subjetividade do ser artista hegeliano é formada pela multilateralidade do ser histórico. A criação artística nasce em meio às ambiguidades da ação equilibrada, das forças conflitantes do mundo histórico com aquele do mundo singular da arte e o mundo particular da obra de arte emancipada. Penetrar na noite é penetrar na contradição. Procurar o tesouro do espírito é procurar o ouro da criação: tesouro da imagem. Tesouro da imaginação. Esse tesouro imanente é do si mesmo, ao se imaginar em... imaginação. A noite da criação é a imaginação inconsciente, conteúdo imanente à subjetividade que decide "tal modo de representação ao invés de todos os outros". Contudo, é só na forma que se confirma o tesouro.

Por definição, a contradição estética é hostil a si mesma. Essa é sua coerência interna. Coerência negativa, pois. A autêntica contradição estética é aquela que tem inclusive dificuldade em reconhecer-se quando confrontada consigo própria. Ela mesma não se deixa conhecer por inteiro, conservando a parte do enigma, mantendo partes suas à sombra, na autoconsciência de sua verdade. É preciso considerar que nem

---

31 *La Philosophie de l'esprit*, p. 13.

toda contradição é garantia de sucesso, ou é produtiva. Mesmo a contradição estética precisa manter alguma coerência entre as partes conflitantes. Não há absoluto da contradição. Ela se caracteriza pela incapacidade de esgotamento de seu sentido, que se fragmenta constantemente. A tendência histórica da contradição é sua crescente integração nas tramas da criação e reflexão estéticas. A corrente reacionária e conservadora caminha no sentido da ocultação e da dissimulação.

A história da liberdade da criação artística prova que, *grosso modo*, ela acompanhou a história da liberação da contradição estética. Esta história é a condição daquela. Sua gradativa aceitação enquanto elemento constituinte de seu conteúdo coincide com a maturidade da criação artística. A reação e o academismo opõem-se à contradição desvelada pelas vanguardas. O academismo e o *kitsch*, somadas todas as formas filistinas da arte e de sua reflexão, concebem a contradição como força marginal à criação. Como projeção, em sentido freudiano, eles acusam a contradição de ser o mal do sistema estético. A contradição na arte é resultado de uma razão maior, isto é, do afastamento ou distanciamento da razão e do conhecimento abstrato como condição de sua verdade artística, mas como produto do conhecimento intuitivo, conforme pregava Schopenhauer. As redes de contradições em jogo na interioridade da obra de arte apelam à sua compreensão, enquanto assimilação necessária. Entretanto, nada mais estranho às contradições estéticas que sua sistematização lógica. A contradição estética é igualmente hostil à sua redução ao conceito e aos fins abstratos, e não é da mesma natureza da contradição lógica. São *telos* diferenciados. O *topos* da contradição estética não coincide com o da contradição lógica. O artista é o agente e o agenciador do "confuso" ato criador. A nebulosa da imaginação criadora é consequência do atrito das contradições. Nada mais distante dela que as abstrações racionais. A contradição estética não vê a razão como inimiga, porém procura situá-la em suas funções subordinadas.

A estética hegeliana ao propor a identidade do conteúdo imanente de fundo social com a interioridade ou subjetividade do artista sustenta a adaptação dele à concepção de mundo da sociedade em que vive, positivando-o. Esse mimetismo do artista, expresso no conteúdo imanente à subjetividade, condena-o à positividade e ao idêntico. A criação artística assim decorrente fica exposta à heteronomia de natureza antropológica, derrapando na liberdade e no delírio criador. Admitamos, contudo, que uma parte da criação dependa das condições exteriores à personalidade artística, da exogenia do meio e de suas determinações parciais: a parte jamais poderá converter-se em total ou globalmente inexorável, caso contrário estaríamos diante da derrota antecipada da arte. Disse Hegel a esse propósito:

> É esse conteúdo imanente à sua subjetividade que lhe dita tal modo de representação ao invés de todos os outros. Com efeito, esse conteúdo e sua forma o artista os traz nele próprio, eles constituíam a essência mesma de sua personalidade, não aquela das coisas imaginadas ou inventadas por ele; conteúdo e forma são inseparáveis dele e sem os quais ele não seria aquilo que ele é. Só resta ao artista objetivar esta essência, concretizá-la e exteriorizá-la sob uma forma viva.[32]

A sociologia hegeliana da arte, tal como acabamos de citar, privilegia as dimensões antropológicas, condicionando a criação e a forma como *instituições burocráticas a serviço do conteúdo*. A criação e a invenção artística estariam condicionadas desde sempre já no nascedouro, visto estarem as formas do social ditando a particularidade do artista. Esse momento idêntico da estética hegeliana depõe contra a autonomia da imaginação criadora, ou ao menos contra sua autonomia relativa. Conteúdo imanente e subjetividade formariam uma só e única força criativa, da qual a forma tornar-se-á mera delegada. A criação artística é objetivação da essência, configurada pelas formas da vida objetiva tornada conteúdo imanente. A normatividade da estética hegeliana faz-se notar na teoria da arbitrariedade. Arbitrária seria a criação desconectada do conteúdo imanente e da subjetividade, visto que a forma é objetivação das formas que são dadas e transportadas pelo artista por antecipação. A ele cabe a competência de revelá-las, torná-las públicas. Hegel propõe a adequação da natureza do artista às formas da arte, que estariam em estado de dispersão no interior do artista. Caso contrário, por incoerência, instalar-se-ia

---

32 *Esthétique*, v. 2, p. 359.

o arbitrário, obra da imaginação desregrada e excessivamente independente. Há, pois, na estética de Hegel, uma positividade conformista, uma adaptação como que uma estética do reflexo do real, que, por sua vez, está lançada. A identidade da forma artística e a natureza do artista não são evidentes. A imaginação criadora do artista não é um banco de dados à espera de uma solicitação externa.

Essa forma originada do conteúdo imanente e da subjetividade assumiria um caráter individual distante das leis do entendimento puro: "Suas criações, longe de serem arbitrárias, têm sua origem nele, surgem dele, desse terreno substancial, desse fundo cujo conteúdo não conhece repouso enquanto o artista não lhe deu uma forma individual adequada a seu conceito"[33]. A fonte natural da criação elimina as contradições, dá origem a uma imagem de ausência de conflitos. A naturalização da criação artística associada à dupla articulação do conteúdo imanente com a subjetividade, ela mesma produto da natureza, estabeleceriam o fim das contradições. Estas cederiam diante da identidade absoluta das partes envolvidas e engendrariam a não identidade pulsante do fervor criativo. Todavia, é preciso considerar o fato de ter a arte a sua parte de arbitrário.

A arbitrariedade da arte nasce de sua origem no desconhecido. Entretanto, a arbitrariedade da arte é ambígua: ela própria nega o arbitrário de si mesma e, ao mesmo tempo, sustenta uma coerência dentro da arbitrariedade, que nós chamaríamos de coerência negativa. Uma coerência crítica distante de qualquer apelo ao conceito e às abstrações racionais. Assim, teríamos uma arbitrariedade que se dividiria em falsa e autêntica ou negativa. O falso arbitrário força resultados, alimentando artificialidades e unidades autoritárias, ao passo que o arbitrário autêntico é mediador da força do desconhecido, na naturalidade da ideia na obra de arte. Quanto menos arbitrária, mais qualidade estética, porém, por outro lado, quanto mais arbitrariedade (coerência negativa) maior coeficiente de qualidade estética também. O paradoxo, apesar de presente, é somente "aparente". A não arbitrariedade ou a arbitrariedade *dependem* da obra e dependem *da obra*. O artista trabalha sempre com a

---

33 Idem, p. 360.

306 ESTÉTICA DA CONTRADIÇÃO

noite, no escuro, tal como os artistas de laboratório fotográfico, tendo somente alguma indicação luminosa que o permita dirigir-se a uma determinada orientação. É a parte do consciente. A construção criadora se desenvolve na trilha dessa indicação sutil, apoiada em um ponto de referência frágil e mutante. A arbitrariedade autêntica incomoda os estetas do conteúdo, como Lukács, por exemplo, que acompanha Hegel. E isso foi muito bem observado e criticado por Merquior, em 1969. Nesse texto pioneiro, ele toma a defesa de Benjamin contra a crítica lukacsiana da "*arbitrária* polissemia do alegórico"[34].

A estética hegeliana permanece fiel à corrente histórica do gênio como produto da natureza, como também à cisão da imaginação com o entendimento. Apesar de a arte não ter compromissos com o entendimento na concepção hegeliana da criação artística, de alguma maneira o conteúdo imanente funcionaria com valor próximo, ou melhor, com a mesma taxa de restrições à imaginação criadora. A esse propósito, disse Hegel:

> Em sua produção, o artista comporta-se como um ser fazendo parte da natureza, sua habilidade é um talento natural, sua atividade não é aquela do entendimento puro e livre de tratar o conteúdo subordinando-o às leis do pensamento puro. Longe disso: ligando-se ainda por numerosos laços à natureza, o artista é um com o objeto, crê nele, o considera como idêntico a seu próprio eu, a seu eu mais íntimo. Disso resulta que o objeto participa da subjetividade do artista, que a obra surge tal qual da interioridade e da potência indivisas do gênio, a produção é firme, isenta de hesitações e guarda toda a intensidade da concepção. Tal é a condição fundamental da arte no sentido o mais integral da palavra.[35]

Vemos, então, que em Hegel a obra de arte é produto absoluto do *eu* e do *eu* absoluto. A identidade do *eu* com a obra, vista nesses termos, só dá chance à mera exteriorização da vida subjetiva, quando a arte na verdade surpreende constantemente o próprio *eu*, ao aproximá-lo de situações e momentos formais novos e desconhecidos. A obra de arte ultrapassa o *eu*, é menos do que o *eu* e mais do que o *eu*, paradoxalmente. A condição de artefato da obra em meio às inúmeras mediações formais não

34 J.G. Merquior, p. 112.
35 *Esthétique*, v. 2, p. 360.

autoriza reduzir o todo formal a uma pretensa inexorabilidade de identidade com o *eu*. Aqui, mais uma vez a identidade espanta os conflitos, elimina as contradições entre o *eu* e a obra, em que cada qual não deveria reduzir-se ao outro, mas cada um superar o outro. A identidade, ao contrário, faz-se estranhamento, momento de exclusão, de conflito criador que divorcia seus próprios pares. A prática da arte é a prática do mistério naquilo que ele tem possibilidade de se fazer conhecer. O *eu* do artista deixa-se levar pelo mistério do mundo que o cerca, e "a arte consiste na mestria com a qual se sabe representar os mistérios, que escondem as aparências dos fenômenos exteriores considerados por eles próprios"[36]. Entretanto, a função da arte não é somente redimensionar os fenômenos exteriores, mas criar *fenômenos* desconhecidos, ou transformar os conhecidos a ponto de descaracterizá-los. Logo, a função da arte é criar fenômenos formativos.

Os mistérios na verdade são muitos. Entre eles estão aqueles inerentes à obra, e os criados em sua interioridade, imanentes à sua construção. A arte enfrenta o desafio de operar seus próprios mistérios, associados aos do artista, do mundo e da vida, enfim. A obra, de certo modo, é representação dos mistérios em geral, vindo a ser objetivação misteriosa na aparência. A crise da representação é filha da ruína da representação tradicional. Os mistérios da arte mostram que os objetos também são misteriosos e não dados. Todavia, os objetos no mundo aguardam seu momento transformador na arte, pois a arte misteriosamente retira os objetos de sua destinação banal. Marcel Duchamp operou bastante nesse sentido, tal como Man Ray e toda a arte moderna até nossos dias.

Negar as aparências dos objetos como fenômenos exteriores e envolver-se com os mistérios indicam a obrigação do artista de descer dentro de si, em busca do tesouro, da noite da criação. É um dever, nós poderíamos até falar em uma deontologia estética, afora o imperativo ético. O artista hegeliano representa as melhores qualidades do homem em geral: "O homem é esta noite, esse nada vazio que contém tudo na simplicidade desta noite, uma riqueza de representações, de imagens

36 Idem, p. 354.

infinitamente múltiplas, das quais nenhuma precisamente lhe vem ao espírito ou que não estão enquanto presentes", dirá Hegel na *Filosofia do Espírito*[37]. O artista traz luz à noite do homem, evidenciando-a ao espírito por meio de seus enigmas.

A multiplicidade de imagens a que Hegel faz referência representa a massa desorganizada, da qual o artista extrai seu material bruto, lapidando-o segundo suas intenções formativo--imaginativas. A obra de arte é o dia dessa noite do espírito. Arrisca-se a vida na negação do nada vazio de si mesmo. A luz é produzida pela linguagem da noite, pela fala do nada. A criação artística é a madrugada do universo: transição na obra de arte. Outrossim, a percepção da obra nos causa o mesmo arrepio espiritual do contato com o outro, ocasião em que as noites se reúnem. O olhar do outro nos desloca para a sua e a nossa noite: "É esta noite que descobrimos quando olhamos alguém em seus olhos – mergulhamos seu olhar em uma noite que se torna *terrível*, é a noite do mundo que avança aqui ao encontro de cada um"[38].

A noite é passagem. O olhar do homem é o olhar da obra: diante desta, ele se sente como que diante de uma noite, tão misteriosa quanto a de si mesmo e a do outro. O outro se tornou obra, mas o olhar permanece agora como metáfora. A obra nos olha com a mesma noite característica do outro, porém com outros olhos. A crítica estético-artística é o olhar profissional, olhar da noite para a madrugada e para o dia da obra. A *faculdade-arbitrária* a que Hegel faz menção, na qual a forma constitui uma *parte do conteúdo* (e o *eu* como forma e como conteúdo), a arbitrariedade é a liberdade de combinar as imagens. Desse modo, Hegel permanece fiel à tradição iluminista da imaginação como associação e combinação de imagens, orientadas pela faculdade-arbitrária livre. Em princípio, poderíamos considerar que as imagens hegelianas seriam dadas em estado bruto e latente, e que só restaria ao artista desvelá--las e organizá-las a seu bel-prazer em função do projeto. Isso nos levaria a supor que as imagens estariam somente adormecidas, mas que na verdade seriam "conscientes", ainda que ocultas por elipse. Na *Filosofia do Espírito*, Hegel fora menos

37 *La Philosophie de l'esprit*, p. 13.
38 Idem, ibidem (grifos nossos).

mecânico do que na *Estética*, ao brilhantemente afirmar que "a imagem é conservada no *tesouro* do espírito, na *noite* do espírito; ela é *inconsciente*, isto é, ela não tem de ficar exposta como objeto diante da representação"[39]. É importante acentuar que, mesmo se admitirmos as imagens como produto do tesouro do espírito, nós não poderíamos, contudo, aceitar que as imagens fossem consideradas como um programa à espera de um trabalho meramente associativo e combinatório. Claro, a arte associa e combina esteticamente, mas apesar e muitas vezes contra o código, e não que o código estabeleça previamente as possíveis relações associativas e combinatórias. As imagens não poderiam ser consideradas conteúdo imanente. A imagem não conhece a si própria. Ela surge, é criada, inventada como forma, à medida que a obra é feita segundo leis formativas. Não há um banco de imagens guardadas no tesouro do espírito à espera de um aventureiro artístico.

Alfred Einstein, em sua obra *A Música Romântica*, demonstra que o romantismo musical adotou a lua como sua inspiradora:

> com o Romantismo, a música torna-se um elemento órfico. Foge-se do dia claro para se refugiar na penumbra totalmente povoada de visões, e onde mesmo os milagres tornam-se novamente possíveis. E, finalmente, não se refugia mais somente na penumbra, mas na noite. Esta se torna assim um dos mais potentes símbolos do Romantismo, e o símbolo musical da noite é o elemento primitivo da sonoridade, com tudo o que ela comporta de mágico […] Simbolizada pelo som, a música tem para o Romantismo uma significação totalmente diversa que para o século XVIII […] Mas este transporte que se experimenta ao se mergulhar no reino misterioso da noite, em abandonar-se às suas potências órficas, pertence propriamente ao Romantismo[40].

A *Filosofia do Espírito* e a *Fenomenologia do Espírito* estariam teorizando a estética do romantismo. A obra nova tem um pé no arcaico, na captura do bárbaro interior à imaginação humana. O estranhamento ou alienação do ser natural da *Fenomenologia* tem sua parte bárbara e subversiva. O barbarismo da imaginação criadora surge como estranhamento do

---

39 Idem, ibidem.
40 *La Musique romantique*, p. 46.

310 ESTÉTICA DA CONTRADIÇÃO

ser cultural. Em seu livro, Thomas Mann, quando da conferência da personagem Kretzchmar sobre "Beethoven e a Fuga", indica que o ato criador se desliga da cultura, aliena-se desta, buscando a intimidade com o arcaico e o bárbaro:

> O que nos falta é precisamente a naturalidade, e essa falta, se me permitem falar assim, nos frustra de uma barbárie colorida perfeitamente conciliável com a cultura, com uma altíssima cultura. Eu quero dizer: nossa escala é aquela da civilização, sem dúvida um estado muito louvável, mas não se poderia duvidar que será preciso nos tornarmos muito mais bárbaros para sermos de novo capazes de cultura.[41]

A estética hegeliana, ao criticar a tendência romântica de conversão ao catolicismo – sobretudo no romantismo alemão –, afirma que "um artista não deve procurar estar em paz com sua consciência, nem observar a salvação de sua alma"[42]. Em certo sentido, Hegel condena o artista que procura evitar os conflitos com o mundo, implicitamente afirmando que a ausência de conflitos e contradições do artista refletir-se-ia em sua obra. O estado de criação estética é um estado em devir, pressupondo o conceito de contradição estética associado à contradição existencial. Um tratado de paz acabaria por impedir os constantes zigue-zagues do espírito, cristalizando as energias criadoras. É evidente a falácia dessa argumentação. A mesma alma que busca sua salvação pela conversão cotidiana a Deus Cristo Jesus é capaz de manter viva a inquietação das contradições estéticas e dos conflitos artísticos. Nenhum artista tem seu lugar garantido no Paraíso para não se preocupar com a salvação de sua alma. Será que Novalis, por exemplo, pelo fato de ter sido católico, teria atenuado as contradições estéticas em sua obra literária? Acreditamos que não, e concordamos com os que interpretaram sua obra do ponto de vista da contradição estética, como Jean Wahl, que escreveu em *Novalis e o Princípio de Contradição* que "a estética de Novalis será dominada por essa ideia da contradição necessária e fecunda"[43]. A unidade dos heterogêneos em Novalis é algo próximo da unidade dos

---

41 *Le Docteur Faustus*, p. 91.
42 *Esthétique*, v. 2, p. 362.
43 Apud A. Béguin, *Le Romantisme allemand*, p. 178.

incompatíveis, em Adorno, ou da compatibilidade dos incompatíveis, na psicanálise estética.

O estado de criação é estado de não repouso, e a obra de arte segue o exemplo. O percurso da criação é acidentado como a *Estrada de Flandres* claude-simoniana que leva ao desconhecido. Procurar a paz é procurar uma arte acima das contradições, ou fora delas: tarefa inútil. O romantismo alemão instituiu as contradições estéticas como motor antimecânico da imaginação criadora. Goethe, apesar de propor a necessidade de um fim harmonioso, nunca disse que por isso teriam as obras de evitar os conflitos e as contradições, e sim que as obras são possíveis, ou *somente* possíveis, pelo repouso. A aparente indiferença romântica ao real, como distância tomada em relação à realidade objetiva, não é falta de compromisso ou de responsabilidade perante as contradições do real, mas sim uma reação a elas, e a incorporação e internalização de suas essências.

Como se não bastassem os conflitos inerentes à obra que realiza, o gênio criador passa igualmente por dificuldades no interior da sociedade. Sem paz interna – no sentido de que repouso é somente um momento no relance –, é permanentemente descontinuidade e divisão. A paz do criador é conflito e contradição estética. A paz em Cristo não elimina, mas ao contrário, determina o caráter crítico do artista criador nas obras de arte. Schopenhauer, com outras palavras, mostrou a inadaptação do gênio ao estabelecido:

> Por aí se explica a vivacidade que os homens de gênio levam por vezes até a turbulência; o presente raramente lhes basta porque ele não preenche mesmo sua consciência; daí sua inquietação sem trégua; daí sua tendência a perseguir sem cessar objetos novos e dignos de estudo, em pretender, enfim, quase sempre sem sucesso, seres que se lhes assemelhem, que estejam à sua altura e que possam lhes compreender. Ao contrário, o vulgar plenamente descansado e satisfeito com a rotina atual absorve-se nela; por toda parte ele encontra iguais; daí esta particular satisfação que ele encontra no curso da vida e que o gênio não conhece.[44]

A lógica estética ou a *lógica* da arte é a mais pura demonstração do delírio artístico dos processos estéticos contraditórios, inerentes ao desempenho da imaginação criadora. A obra

---

44 *Le Monde comme volonté et comme représentation*, p. 240.

de arte agencia o delírio da invenção, na quebra da racionalidade meramente exterior e aparente. Ela é resultado da cooperação conflitiva das contradições estéticas imanentes (todas as contradições estéticas são imanentes). A estética hegeliana, se não rompeu com a lógica da contradição, ao menos semeou a ideia de que a lógica da arte é contradição. Da contradição lógica em Hegel passamos à contradição estética em Adorno. Do terceiro excluso ao incluso.

5. Adorno e a Teoria Estética da Contradição

Toda obra de arte é index veri et falsi.

ADORNO, *Paralipomena*

O processo de destruição da coerência positiva na obra de arte, afirmado concomitantemente à afirmação das contradições estéticas, tem seu ponto culminante com a obra de Theodor W. Adorno, quando igualmente nos vemos no século da destruição generalizada. A obra de arte como mônada sem janela é a obra do tempo do mundo sem janela. A ideia de obra que se debate na radioatividade da sociedade irradiante explode em suas contradições e tensões internas à imagem que se passa em volta. A arte, assim, mesmo que de janelas fechadas, deixa-se penetrar pelas frestas.

E não é por acaso, cremos, que é feita a associação da arte com a destrutibilidade, com a ideia de explosão. A *Teoria Estética* fala da autodestruição da *imagerie* das obras de arte, em que "na combustão da aparência elas se destacam violentamente da realidade empírica, instância antagonista daquilo que aí vive; hoje não se pode, de modo algum, pensar a arte a não ser como forma de reação que antecipa o apocalipse"[1]. A aparição da obra denuncia imediatamente o prenúncio da destruição. A construção estética administra as contradições, as

1 T. Adorno, *Théorie esthétique*, p. 118.

314 ESTÉTICA DA CONTRADIÇÃO

esferas de destruição de si mesma, como condição de realização da antecipação do apocalipse. O surgimento da aparência,
na qual se arma a possível combustão, só aparece enquanto
resultado de suas combustões internas, das explosões de suas
antinomias e contradições.

Se a arte atual é explosão antecipada, metafórica, a história
da contradição estética nos aponta o período adorniano como
o do momento histórico da explosão das contradições na arte.
No mundo atômico, as contradições na arte encontrar-se-iam
em estado de não reconciliação. A revolta contra a realidade
empírica denota sua posição antinômica, interiorizada profundamente na obra. Vista em sua interioridade ou exterioridade, a obra de arte é não identidade, divisão permanente de
seu conteúdo e rompimento com a lógica dominante e com a
razão demonstrativa.

A lei da arte é regida pela coerência negativa, algo próximo
do que a psicanálise estética passou a chamar de coerência inconsciente. A lógica da arte orientada pela coerência negativa,
típica da imaginação criadora, desinveste a obra dos vícios da
lógica administrativa do mundo. Desde o século XVIII, acos-
tumamo-nos à oposição já apontada por Bouhours, segundo
a qual o espírito de fineza ou delicadeza, de natureza estética,
separar-se-ia do espírito de rigor, típico da lógica; como a separação da estética como disciplina do saber separar-se-á gradativamente da lógica. A lógica interior da arte acompanha o
rompimento do compromisso das respectivas ciências. Para se
afirmar, a lógica da arte precisou retirar de si tudo aquilo que
pudesse identificá-la com a lógica formal. Em Adorno, pois, "a
lógica da arte, contrariamente às regras da outra lógica, conclui sem conceito nem juízo. Ela tira as consequências de fenômenos naturalmente já mediatizados pelo espírito e, de certo
modo, logicizados"[2].

Adorno tem toda razão ao entender a lógica da arte como
uma lógica obscura. Vimos que o entendimento da arte, no que
diz respeito às contradições, procurou mostrar que a intuição
caminha por entre mistérios, coerente com sua lógica interna,
autônoma. Entretanto, mais importante é a ambiguidade da

2   Idem, p. 184.

ADORNO E A TEORIA ESTÉTICA DA CONTRADIÇÃO

arte em relação à lógica. Se de um lado ela rejeita a lógica formal como corpo estranho, não pode, contudo, abandoná-la por completo. Se na arte as conclusões são sem conceito nem juízo, sua autonomia só se dá em conformidade com sua relação de parentesco com a logicidade e a causalidade. Caso contrário, "faltaria a relação com seu *outro* e *a priori* giraria no vazio; se ela os tomasse ao pé da letra, dobrar-se-ia à coação; é graças somente ao seu duplo caráter, que provoca um conflito permanente, que ela escapa por um pouco a esta empresa"[3]. Se a lógica da arte é contradição, a contradição da arte é lógica ao seu modo. O tempo da contradição opõe-se ao tempo empírico, tem uma lógica própria para fins internos e mediatos. A obscura lógica da arte traz a luz da imaginação criadora, agindo em sentido divergente ao da corrente do mundo da indústria cultural, reluzindo e brilhando na pregação da obscuridade. Na *Filosofia da Nova Música*, Adorno revela a outra face da logicidade da arte, velada pela dominação da razão *tape-à-l'oeil*:

> À medida que a todo-poderosa cultura industrial atrai para si o princípio das luzes e o corrompe para manipular os homens em favor do obscuro perpetuado, a arte eleva-se bem mais contra a falsa clareza, se opõe ao onipotente estilo neon de nossa época, às configurações desse obscuro recalcado e ajuda a esclarecer unicamente convencendo cientemente a clareza do mundo de suas próprias trevas.[4]

A razão *tape-à-l'oeil* é a da racionalidade técnica associada à coerção social. E é à indústria cultural que, na *Dialética da Razão*, Adorno atribui a responsabilidade da estandardização da ideia de arte, quando, ao generalizar-se, a tecnologia da indústria cultural viabiliza a diminuição progressiva da diferença "entre a lógica da obra e a do sistema social". A traição da indústria cultural é evidenciada por sua forma de desprezo a uma das grandes conquistas da arte: a inutilidade. A liquidação da ideologia na arte pressupõe, na estética adorniana, a integração das contradições no seio da obra: "São vítimas da ideologia aqueles que justamente ocultam a contradição, ao invés de ultrapassá-la conscientemente em sua própria produção, como

3   Idem, p. 186.
4   *Philosophie de la nouvelle musique*, p. 25.

316 ESTÉTICA DA CONTRADIÇÃO

o fez Beethoven"[5]. Paradoxalmente, Adorno recorre à finalidade sem fim kantiana para se opor à finalidade burguesa dos fins do mercado. A estética idealista de Kant demonstra sua radicalidade diante dos conflitos de sua autonomia. Nisso a estética adorniana segue as linhas das grandes estéticas dos séculos XVIII e XIX. A finalidade sem fim, a crítica da utilidade e a crítica da razão pragmática formam algumas das características da estética negativa adorniana, apesar de suas origens históricas. Adorno resgata todos os princípios fundamentais da história da estética, capazes de desempenhar um papel renovado na estética negativa. A esse propósito, disse ele:

> Pois a utilidade que os homens contam em tirar da sociedade antagonista é justamente, em uma larga medida, a presença do inútil, contudo, suprimida pelo fato mesmo de sua completa subsunção ao útil. Assimilando-se totalmente à necessidade, a obra de arte impede, antecipadamente, os homens de se liberarem do princípio da utilidade, enquanto ela deveria permitir esta liberação. Aquilo que se poderia qualificar de valor de uso na recepção dos bens culturais é substituído pelo valor de troca.[6]

Portanto, ao posicionar-se do lado da inutilidade, da coerência inconsciente ou negativa, a arte é contradição em relação à vida e ao tempo empírico, e nisso reside sua seriedade. A afirmação da arte como jogo incide em sua responsabilização sem conceito de sua característica antitética radical. A lógica da arte é disrupção da lógica do pensamento, ainda que possa dela fazer uso, mesmo que com ironia. A lógica da "arte fácil", isto é, da arte *kitsch* da sociedade massificada, é a antítese da arte de vanguarda ou autônoma, contrária à lógica do divertimento. Assim, "a arte fácil acompanhou a arte autônoma como uma sombra. Ela é a má consciência social da arte séria [...] A absorção da arte fácil pela arte séria ou inversamente é o meio menos seguro de anular a oposição entre as duas"[7].

A lógica da arte é a lógica da contradição estética, na qual predomina a não identidade, substitutiva das tendências da harmonia. A não identidade permite a transgressão do princípio

---

5 Adorno, *La Dialectique de la raison*, p. 166.
6 Idem, p. 167.
7 Idem, p. 144.

de realidade, pois este é compatível com as formas pueris da identidade. Se em cada obra de arte, conforme Adorno, o estilo é promessa, e se é ele que autoriza a transcendência ao real por meio do momento singular de reação estética, o estilo é parceiro da contradição na luta contra a harmonia e a identidade. Esse momento, pois,

> não consiste na realização de uma harmonia, de uma unidade problemática entre a forma e o conteúdo, entre o exterior e o interior, entre o indivíduo e a sociedade, mas nos traços em que aflora a contradição, na derrota necessária do esforço apaixonado rumo à identidade. Ao invés de se expor a esta derrota, na qual o estilo da grande obra sempre se negou, a obra medíocre sempre foi mantida em sua similitude com outras, em um sucedâneo de identidade. Na indústria cultural, esta imitação torna-se finalmente um absoluto[8].

Adorno reconhecera em Paul Valéry uma das mais preciosas fontes da estética contemporânea. Valéry tivera a capacidade de desvendar a lógica da arte do interior das obras. Em "Os Desvios de Valéry", das *Notas sobre Literatura*, Adorno ressaltará o propósito valeryano de buscar a lógica imanente da arte como a adequada para a compreensão da arte ocidental, imagem da autonomia da arte em relação ao mundo empírico. A racionalidade da obra é própria, segundo a lógica arbitrária da criação, engendradora do não idêntico no mundo da coerção racional do idêntico. A figura do acaso, filha do arbitrário adotada por Adorno da estética de Valéry, é a única capaz de afrontar a identidade, opondo-se à racionalidade integradora. Assim, "a figura estética atual desse paradoxo é o acaso, é o que não é idêntico à *ratio*". A mesma lógica da inutilidade Adorno reencontrará em Valéry:

> Valéry, que como filho do século da razão não reconhece a separação bem nítida entre a produção e a reflexão, é homem de reflexão demais para iludir-se sobre o fato de que, mesmo os artistas que professam um desprezo arrogante das coações do mercado, permanecem escravos da precária situação do espírito na sociedade de poder, a qual eles devem obedecer mesmo enquanto opositores. Hoje os artistas são intelectuais queiram ou não e, enquanto tais, eles são o que a teoria

8   Idem, p. 40.

318   ESTÉTICA DA CONTRADIÇÃO

social chama de terciários: eles vivem do desvio do lucro. Enquanto eles próprios não fornecem nenhum *trabalho socialmente útil*, não contribuem em nada para a produção material da vida, eles são os únicos a representar a teoria e toda a consciência, ultrapassando a cega coação das condições materiais; tão desarmados diante da desconfiança da sociedade em questão, da qual eles vivem sem lealmente servi-la, quanto diante daquela de seus inimigos, e só vê neles os agentes impotentes do poder.[9]

A distância dos artistas em relação àquilo que vem sendo chamado de "trabalho socialmente útil", coerente com sua forma de "trabalho socialmente inútil", no recolhimento das sobras financeiras do sistema dominante, fora já antecipada na teoria estética com Kant. A teoria da finalidade sem fim (determinado) rompe com o imperativo categórico social da realidade empírica como paradigma de vida. Aqueles que vivem de atividades terciárias são os que melhor se posicionam na antítese da relação fim-meio da realidade empírica. Desta, os artistas só querem a sua antítese, que é para curá-los dela própria. Na estética adorniana, esse momento de recusa da finalidade constituiria sua diferença conceitual em relação à linguagem significativa, tributária do sentido e, por que não, da coerência. A negatividade da arte é crítica da coerência. A esse propósito, Marc Jimenez, com precisão, mostrou a dimensão negativa da crítica da coerência ao evidenciar o lugar da contradição na estética adorniana e sua função negativa. Referimo-nos, pois, a *Theodor W. Adorno: Art, idéologie et théorie de l'art* (Theodor W. Adorno: Arte, Ideologia e Teoria da Arte), mas, sobretudo a *Vers une esthétique négative: Adorno et la modernité* (Para uma Estética Negativa: Adorno e a Modernidade), no qual o desempenho do autor é associado à inteligência de uma arquitetura da contradição adorniana como se ela pudesse "ir por si".

Nas obras de arte, a forma é seu momento de coerência estética. A obra reúne de uma só vez todos os seus momentos de coerência negativa, naquele que derradeiramente vem a ser o momento da positividade de sua síntese. A não identidade de seus momentos mais preciosos explica-se pelas referências apodíticas ao idêntico e suas figuras de expressão. O destino

---

9   *Notes sur la littérature*, p. 115 (grifo nosso).

ADORNO E A TEORIA ESTÉTICA DA CONTRADIÇÃO

negativo da arte é sua resignação como antítese da vida empírica, em que esta, além de colocá-la sob suspeita de traição ao *trabalho socialmente útil*, sabota seu direito à existência. A obra de arte é a soma coerente das contradições, das coerências inconscientes e negativas acumuladas em seu interior desde seu engendramento. A *inutilidade* da arte é que a torna *trabalho socialmente útil*.

Contrariamente a Lukács e a outros estetas que consideravam a arte moderna uma expressão do exagero formalista, da ênfase na forma, Adorno respondia: "Só pensa em uma superestimação da forma aquele que ignora que ela é um elemento essencial e mediador do conteúdo da arte. A forma é a coerência dos artefatos – por mais antagonista e fragmentada que seja – pela qual toda obra de arte exitosa separa-se do simples ente"[10].

Vemos que a coerência merece ser dialetizada. A forma, enquanto coerência dos artefatos, significa que, ao organizar o material e inventar seus itinerários, ela o faz coerentemente, mesmo que essa coerência traduza a unidade dos conflitos e contradições, como também das incoerências. Os antagonismos internos da obra, ainda vivos na criação e em seus processos, tendem a desaparecer por obrigatoriedade de conciliação artística. As quebras, fraturas, fragmentos e antagonismos que faziam sentido no decorrer das vibrações da imaginação criadora, e mesmo na concreção da realização estética, os atos que a caracterizam, não permanecem enquanto tais no produto final. A forma acabada, ainda que deflagrada por todos esses conflitos, só existe conquanto renuncie as origens, dando corpo unitário e coerente aos seus conflitos internos. As incoerências soam como coerência utópica ou metafórica.

Por outro lado, para Adorno,

a forma estética é a organização objetiva de tudo o que no interior de uma obra de arte aparece como sendo de linguagem coerente. Ela é a síntese não violenta dos elementos esparsos que ela conserva tais quais em suas divergências e suas contradições, e é por isso que ela é efetivamente uma demonstração da verdade[11].

10   *Autour de la théorie esthétique*, p. 191.
11   Idem, p. 193.

320 ESTÉTICA DA CONTRADIÇÃO

O artista adorniano é um organizador de seus conflitos, representando uma espécie de poder moderador diante das problemáticas com as quais se defronta. A síntese é necessária ao desembocar da criação, impedindo os impasses que certamente tornariam a obra enfadonha e seu processo, um desgaste. Essa visão da obra tem compromissos com a verdade por manter acesa as formas da contradição, sem cair no imobilismo ou na doença infantil dos antagonismos sem fim. Sua verdade, que é a verdade estética, está exposta na inteligência criativa de uma solução fundada na ação estética preservadora das contradições, ainda que essas venham a ser tidas como conciliadas na síntese do produto, isto é, daquilo que é produzido pela imaginação criadora.

A unidade da obra, sintetizadora das contradições estéticas e das divergências artísticas, é marcada por sua relação com seu outro, que tem na exatidão seu paradigma conceitual. Esses processos, inerentes às formas da contradição na arte, pouco têm em comum com os processos de formação empírica. Entretanto, faltou talvez a Adorno admitir que, em muito, a forma na arte só se enriquece quando sustentada pela fineza e agudez da percepção sensível, que permanentemente redescobre o mundo, aumentando sua sensibilidade, exercitando suas emoções diante dos fatos do universo. Essa qualidade estética desenvolvida pela percepção fina e delicada do processo da formação empírica e dos fatos empíricos transformar-se-á quando integrada aos processos imaginativos e formativos da arte.

A resposta adorniana às acusações de formalismo que lhe foram imputadas por Lukács, para quem a realidade empírica deveria ser refletida na obra com todo rigor, com não menos rigor, agora conceitual, dizia que "a forma que é dada ao conteúdo é ela própria um conteúdo sedimentado". Em outros termos, o elogio do conteúdo é o elogio da dependência à realidade empírica. Na concepção lukacsiana, essa merece ser refletida em toda a sua objetividade, passando a ter valor de ícone, como observou Adorno – "um fetiche ao qual ele se apega com um materialismo vulgar imperturbável"[12]. Para Adorno, o desprezo lukacsiano pela forma e pelo estilo nada mais representa que o momento brutal do dogmatismo do con-

12 *Notes sur la littérature*, p. 174.

teúdo a qualquer preço. Essa identidade da obra de arte com a realidade empírica, com o vivido, traduz a vontade de reduzir o conhecimento da arte ao conhecimento científico. Entender a obra como reprodução servil da realidade empírica é rejeitar a imanência de seus momentos e condenar a obra ao bloqueio das mediações estéticas. Arte é contradição estética pelas mediações artísticas.

Essa preguiça da razão, evidenciada pela aceitação passiva dos objetos do mundo empírico, impede a arte de procurar a realização de sua lei formal, que, embora só se afirme antiteticamente em relação a ele, tem seu momento de reconciliação com o real quando a deixam existir. Portanto, o conhecimento estético é mediatizado no rigor de sua lei formal, caso contrário a arte será derrotada pelo conhecimento científico, identificando-se com ele. Para que a arte permaneça sendo arte, isto é, na aceitação que a arte seja arte, é necessário reconhecer a legitimidade das categorias estéticas. A esse respeito, disse Adorno:

> As categorias estéticas formais, como a particularidade, o desenvolvimento e a resolução da contradição, e mesmo a antecipação da reconciliação pelo equilíbrio, são transparentes ao seu conteúdo mesmo e com mais razão quando elas se desligaram dos objetos empíricos. A arte adota sua posição face ao empírico precisamente pela distância que ela toma ao seu respeito; as contradições nela são imediatas e excluem-se simples e mutuamente. Sua mediação contida em si na realidade empírica só se torna para-si da consciência pela ação de retirada da arte.[13]

Imediatamente se tocando no caos de suas formas sem conteúdo artístico, as contradições estéticas encontrariam na arte um modo de equilíbrio impossível de ser alcançado no caos e na desorganização do mundo empírico, rejeitado enquanto tal pela arte. A reconciliação das contradições estéticas na obra de arte antecipa a utopia da unidade humana. O conteúdo da obra não pode deixar de ser entendido como estranho às contradições, que na verdade são a ele inerentes enquanto forma e/ou conteúdo sedimentado. Ao abandonar o mundo empírico ou da imediatidade, as contradições mediatizam-se não mais se excluindo umas às outras, pois estariam sendo regidas agora

---

13 *Théorie esthétique*, p. 194.

pela lei formal que as obrigam ao recuo, à distância em relação à realidade empírica. A preocupação com as contradições e os acordos entre si verificados na obra nos leva à reflexão necessária sobre o conceito de coerência e sua pertinência ou não na teoria estética e na práxis da arte. Assim, só podemos concordar com Marc Jimenez no dizer que

se a coerência está no centro da problemática adorniana e, notadamente de sua estética, convém se interrogar sobre a significação dessa estética em sua relação com os discursos que conferem à coerência e ao sentido – erigidos como critérios, até mesmo como normas – um valor positivo[14].

A coerência positiva e sua dimensão teleológica seriam buscadas tanto pelas obras de arte que visam a reprodução do empírico, do vivido, quanto pelas estéticas do conteúdo que as buscam por meio do uso do sentido, da lógica do real. A coerência negativa, que por sua vez não despreza o real, mas somente não quer a ele limitar-se, abre caminho no zigue-zague dialético das contradições interiores à formação estética, isto é, internas à formação da obra particular. Assim, na obra de arte a reconciliação é conquistada por meio das mediações artísticas que entre si as contradições estéticas operam, distantes da violência da imposição autoritária da ideologia ou da razão pragmática: não é internamente *uma reconciliação extorquida*. A concepção adorniana é tão crítica em relação ao artista extorsionário quanto à teoria estética que, *toto pectore*, pratica a extorsão de fora do objeto. A prática extorsiva cumpriria funções de natureza ideológica na inobservância do objeto estético de maneira imanente.

Apesar das inúmeras ligações com o real, a arte deverá distanciar-se dele e buscar sua própria realidade, mesmo que antiteticamente e com toda a dramaticidade decorrente dessa decisão. Daí a crítica de Adorno a Lukács, ao propor que a arte seja a realização plena de seu próprio conteúdo (o que implica necessariamente o divórcio perante a realidade), ao dizer que

o próprio Lukács terá dificuldade em negligenciar o fato de que a realidade efetiva do conteúdo das obras de arte não tenha o mesmo sentido que o da sociedade concreta. Eliminar essa diferença é retirar todo

14 *Adorno et la modernité*, p. 237.

ADORNO E A TEORIA ESTÉTICA DA CONTRADIÇÃO

fundamento da pesquisa estética. Mas o fato de que a arte tenha se separado qualitativamente da realidade imediata, na qual ela surgiu outrora sob a forma da magia, isto é, seu caráter de parecer não é um pecado original ideológico nem uma característica que lhe teria sido acrescentada do exterior como se ela só fizesse repetir o mundo, sem ela própria pretender ser imediatamente real. Uma concepção tão redutora seria um desafio à dialética. Ao contrário, a diferença entre a existência empírica e a arte diz respeito ao seu agenciamento interno o mais profundo. Se ela dá essências, "imagens", ela não comete o pecado do idealismo; ainda que artistas tenham sido partidários de filósofos idealistas, isso não diz nada quanto ao conteúdo de suas obras. Mas face ao simples ente, a menos de se contentar de recopiá-lo de maneira não artística, a essência da arte é de ser essência e imagem[15].

A longa citação tem sua razão de ser. Na concepção adorniana, a recusa da arte de ser um mero duplo inerte da realidade imediata é acompanhada de sua obstinação de uma recriação dinâmica da realidade imediata, mediatizando-a enquanto obra de arte. Por meio das contradições mediatizadas, a arte realiza a liberdade em sua rigorosa imanência no respeito à sua lei formal. A fidelidade ao conteúdo imanente – ou, em outros termos, a fidelidade ao compromisso que a arte seja arte e permaneça sendo –, comporta uma ruptura e uma distância cada vez maiores entre ela e a existência empírica. A distância progressiva, também chamada por Adorno de "diferença estética da existência", incide na qualidade mesma da obra, fazendo com que ela desça em suas mais profundas vocações estéticas. A liberdade da imaginação criadora é exercida na prática cada vez mais radical dos territórios. Essa práxis de autodeterminação do imaginário, sempre em relação à existência empírica, é indissociável de sua liberdade expressa na distância que estabelece como ideal. Trair a comunicação fácil, de imediata identificação, própria da "arte" duplicadora do real – procurando, ao contrário, diminuir a diferença estética da existência –, é tarefa da negatividade intrínseca de uma arte indomesticável. Exercer a comunicação objetiva como tendência artística seria positivar as imagens e as essências, trair o conteúdo de verdade da obra de arte. A comunicação objetiva, típica das estéticas do conteúdo e da mensagem, isto é, a redução da obra a uma

15 *Notes sur la littérature*, p. 180.

mera exemplificação do esquema universal da teoria da comunicação – emissor/canal/receptor – traz em sua "mensagem" a mediocrização da ideia de arte. Arte não é comunicação, é expressão da contradição estética. Arte é recusa da comunicação. A arte está em franca oposição à indústria cultural, que utiliza os instrumentos tecnológicos da arte, mas não imita os processos da criação autêntica. A indústria cultural é um território paralelo. Comunicação e contradição estética se excluem.

A ideologização da arte como perda do recuo diante da realidade é, ao mesmo tempo, a positivação das contradições internas e uma fuga das contradições externas por meio de *uma reconciliação extorquida*. Não foi por qualquer outra razão que Adorno viu-se na situação de chegar a afirmar que "as obras herméticas exercem muito mais a crítica do *statu quo* que aquelas que, por amor de uma crítica social inteligível, esforçam-se em obter uma conciliação formal e reconhecer por todo lado o florescente tráfego da comunicação"[16]. A arte fácil é domínio da comunicação, da indústria cultural, da recusa do enigma e do empenho interpretativo solicitado pelo antikitsch. A dimensão crítica da obra hermética, daquela que não se entrega ao primeiro que aparece, não expondo coerências ao público, é por sua vez crítica da ideologia na arte.

A estética adorniana atribui à arte o papel de fazer falar as contradições, segundo o critério da forma irredutível às mensagens (ideológica, sociológica e outras), criando em seu interior aquilo que a ideologia não só dissimula como impede de realizar no plano da realidade empírica. A recusa da comunicação fácil, proposta pela indústria cultural, é simultaneamente fazer falar as contradições e negar a logicidade do discurso coerente da dominação. Essa coerência da dominação é a incoerência do espírito burguês, preocupado em manter a dominação de um sentido absoluto dado de uma vez por todas, como quanto à dominação da coerência atende a desígnios ideológicos diversificados. Adorno, na *Filosofia da Nova Música*, afirmava que a criação artística encerra uma contradição fundada na comunicação, na qual "o discurso, o mais solitário do artista, vive ainda do paradoxo, consistindo em falar aos homens graças à solidão, renunciando

16 *Théorie esthétique*, p. 195.

ADORNO E A TEORIA ESTÉTICA DA CONTRADIÇÃO

a uma comunicação rotineira"[17]. Comunicamos a impossibilidade de comunicar. A rejeição da comunicação fácil fala da dificuldade de comunicar e da profundidade e penetração de espírito do artista, em contato com sua solidão radical diante da festa do mundo da indústria cultural. Aqui nos encontramos como no *Inominável*, de Beckett, no qual "não há ninguém, não há bosque, eu o procurei, só há eu, tampouco, eu tampouco, eu procurei por toda parte, deve haver alguém"[18]. A solidão do artista difere da solidão industrializada, quando esta impõe aos consumidores a comunicação rotineira e banalizada, como solução da solidão administrada, ao passo que a solidão do artista mergulha em sua imediatidade, mediatizando-a por meio de seus objetos de imaginação tornados formatividade artística das contradições.

Seus objetos de imaginação, contrariamente aos objetos de uso, convergem com o real na crítica da realização de sua lei formal, para que a arte seja conhecimento negativo da realidade concreta, conforme preconizava Adorno. Segundo ele, "o objeto está recolhido enquanto imagem no sujeito, ao invés de se petrificar diante dele como uma coisa, como lhe ordena o mundo alienado", como escreveu em "Uma Reconciliação Extorquida"[19]. O mundo da alienação trai os objetos do sujeito ao fazê-lo sujeito para os objetos. Essa traição será revista pelos próprios olhos que a traíram, mais ou menos o que Beckett escreveu: "O olho retornará sobre os lugares de suas traições", ocasião em que "a cabeça trai os olhos traidores, e a traidora palavra, suas traições"[20]. Não há identidade entre os objetos de imaginação e os objetos de uso, salvo identidade negativa. Os objetos de imaginação são inúteis e têm valor de uso, já os objetos de uso são úteis e têm valor de troca. O caráter *sui generis* do conhecimento estético da obra de arte recusa a identidade com o conhecimento científico, tanto quanto do conhecimento empírico. Este só é admitido totalmente transformado segundo os interesses "sem fim" da arte. Nesse conhecimento autônomo da arte, a realidade empírica, longe de ser desprezada, é absorvida pelas intenções da obra, quando "os conteúdos materiais só tomam um sentido objetivo

---

17 Idem, p. 31.
18 *L'Innominable*, p. 203.
19 *Notes sur la littérature*, p. 181.
20 *Mal vu mal dit*, p. 32 e 61, respectivamente.

326 ESTÉTICA DA CONTRADIÇÃO

sob condição de fundir-se com a intenção subjetiva"[21]. O primado do subjetivo é inerente à prática da negatividade estética. Não é por outra razão que nos referimos à diferença progressiva da arte do mundo empírico, como da solidão do artista diante dos homens fabricados, do sujeito que tem horror do incerto, conforme dizia Beckett em *Molloy*.

Em *Imaginação Poética e Delírio* (1886), Dilthey rendia homenagens ao fator delirante da criação artística, ou melhor, à função do delírio na imaginação criadora. Várias das muitas teorias sobre a fundamentação delirante na criação poética estão presentes nos textos diltheanos. Neles, Dilthey explora o delírio como fator não patológico, como absolutamente indispensável e intrínseco às atividades criadoras. O gênio poético, ainda que delirante, não possui qualquer relação necessária com o patológico. Segundo ele próprio, basta "tocar o pulso e tomar a temperatura do poeta". O gênio diltheano é o personagem antitético do homem fabricado de Schopenhauer ou de Beckett, ou do homem administrado em Adorno. Ser gênio, exercer suas funções delirantes, é opor-se a tudo aquilo quanto possa representar acomodação à mediocridade cotidiana, à norma e à linguagem. Como na estética adorniana, criar linguagem é distanciar-se da linguagem. Para Dilthey, "de um modo geral, o gênio apresenta traços que se distanciam da norma do homem médio [...] Logo, ele deve entrar em contradição com a prática vulgar"[22].

A lógica do delírio da arte, ou a razão da loucura estética, (Basaglia) possui sua coerência interna negativa e *sui generis*. A linguagem da arte distancia-se da linguagem vulgar, da linguagem da comunicação, a exemplo do que Adorno dissera a respeito da poesia no *Discurso sobre a Poesia Lírica e a Sociedade*, sobre a distância tomada em relação à objetividade enganadora do discurso comunicante. Ao radicalizar sua função antitética, enquanto negação determinada, a obra precisa da logicidade interna que a vincule à categoria do sentido, mesmo que ele não se dê de imediato. A comunicação da poesia lírica procura sua própria objetividade comunicativa, de natureza diversa da objetividade do sistema de comunicação. Assim,

21 Adorno, *Notes sur la littérature*, p. 184.
22 *Le Monde de l'esprit*, p. 95.

ADORNO E A TEORIA ESTÉTICA DA CONTRADIÇÃO

quando a contradição entre linguagem poética e linguagem da comunicação se acentua ao extremo, toda a poesia lírica torna-se uma espécie de banco; não como gostaria a opinião dos beócios, porque ela tornar-se-ia incompreensível, mas graças a esse movimento de retorno a si da linguagem enquanto linguagem da arte; por esse esforço tenso rumo à sua absoluta objetividade que não limita qualquer preocupação de comunicar, ela se distancia também da objetividade do espírito, da linguagem viva e substitui uma linguagem que não está mais presente pela atividade poética[23].

O sistema de comunicação por sua vez é um obstáculo ao sistema de contradição da obra de arte. Mesmo aqui eles são antitéticos. Na concepção de Dilthey, o discurso poético engendra um estado psíquico de sobre-excitação, determinante de uma atividade mais ampla, difícil e alta do que o raciocínio lógico. A ação poética o possui. O artista, ao ser possuído por essa energia, perde o controle consciente sobre si. Na obscuridade das atividades criadoras, o artista não tem mais visão clara e nítida de suas ações. Ele está em estreito contato com seu inconsciente, em uma região desconhecida, onde as imagens, os objetos e as percepções tomam rumos autônomos, direcionam-se de forma endógena. Apesar de a arte não ser ilustração do inconsciente, este é parte reinventada na formatividade artística. Tanto quanto a realidade empírica, a realidade onírica não é por si mesma arte quando da imitação servil. A realidade empírica e a realidade onírica são matérias-primas a sofrerem ainda a ação da lei formal. A atividade poética orienta seu próprio discurso, seu próprio desconhecido, como Blanchot também admite. Para Dilthey,

as percepções do homem comum são para ele signos de qualquer coisa que ocupa um lugar determinado no cálculo de suas intenções, enquanto o gênio artístico parece com um viajante que se abandona, sem qualquer fim nem cálculo e em toda liberdade às imagens que um país estrangeiro lhe oferece[24].

Nele, então, encontramos a ideia de recusa da disciplina do real sobre a arte. Esta se afirma na distância que consegue impor ao princípio de realidade. Na concepção diltheana, igualmente, a

23   T. Adorno, *Notes sur la littérature*, p. 53.
24   Op. cit., p. 100.

atividade poética rompe com as fronteiras do real, chegando mesmo a ir além delas apoiada em seu delírio criador. Este contraria os princípios da lógica, fruto do conjunto coerente constituído pela vida psíquica genial. Os princípios da criação, dada sua riqueza, não se deixariam explicar ou condicionar pelos critérios de construção de um sistema lógico. O fato de a arte, enquanto produto da faculdade estética, não se deixar submeter aos princípios da realidade fez com que passasse a ser regida pela lei formal de sua criação autônoma que, ao incluir a da realidade empírica, fez-se superior.

Em Adorno, a obra de arte em sua qualidade de antirreflexo da realidade, isto é, não tendo a realidade imediata como seu objeto, estabelece uma relação dialética com o real. Segundo ele, "ela não é antitética à realidade empírica que, entretanto, faz parte da obra de arte e da qual a obra de arte faz parte, porque ela não define, justamente, a realidade de maneira unívoca como isto ou aquilo, à maneira das formas intelectuais que se ligam imediatamente à realidade"[25]. A visão plurívoca da arte ampliando as fronteiras do real e ultrapassando-o, aí sim, refletir-se-á em sua "estrutura", em seus elementos formais constitutivos. Ela não é antitética em sentido rigorosamente direto, pois ao ver a realidade empírica de modo plurívoco e mediatizado, a arte não poderia ser definida de modo simplista, como somente o oposto da existência empírica: a arte seria o contrário da empiria. Ela não é imitação da empiria nem o oposto exato da empiria. A obra aberta é o fechamento de suas liberdades ao que não está formado, nem merece qualquer consideração formal. A plurivocidade com que se relaciona com a realidade empírica a habilita à criação aberta e à interpretação igualmente plurívoca.

Em Dilthey, a autonomia da arte é garantida por seu vínculo com a estética do século XVIII que, segundo ele, produzira na Alemanha essa ideia fundamental a ser posteriormente incorporada às demais estéticas. Assim, pois, para ele

a poesia não é a imitação de uma realidade que lhe seria anterior, ela não é uma maneira de apresentar verdades, nem um conteúdo espiritual que de certo modo lhe precederia. A faculdade estética é uma força criadora, da qual nasce um conteúdo ultrapassando a realidade e que

25 *Notes sur la littérature*, p. 190.

não é dada por qualquer pensamento abstrato, uma força criadora que engendra mesmo uma maneira de considerar o mundo[26].

Contudo, observaria Adorno em seu texto "Engajamento", "a imaginação criadora do artista não é *creatio ex nihilo*; só os amadores e os belos espíritos a representam assim. Opondo-se à empiria, as obras de arte obedecem às forças daquela, que rejeitam, por assim dizer, a criação do espírito, remetem-na a ela própria"[27]. Vemos então que o compromisso selado entre o realismo socialista e a realidade difere radicalmente da incorporação da realidade empírica na arte de vanguarda ou "formalista". O rompimento com a realidade na estética diltheyana encontrará seu momento desenvolvido na estética adorniana, que o dialetiza profundamente. A relação da obra de arte com a realidade é regida pela contradição dialética da criação, que, mesmo rompendo com a realidade, não a ignora.

Se Dilthey com toda propriedade estima que a obra de arte não tem a função de apresentar verdades, nem qualquer conteúdo espiritual que lhe seja exterior ou a preceda, em Adorno o conteúdo e qualquer categoria formal não existem sem passar pela realidade empírica da qual nascem. Na concepção adorniana, se a arte é engendrada pela realidade empírica, convém deixar claro que, sem negar sua filiação, adquire sua maioridade ao abandoná-la e assumir plenamente sua autonomia. Ela recria a realidade empírica a seu modo e segundo sua lei ou, conforme Adorno, segundo a lei da sua forma. Ou ainda, diríamos nós, à forma de sua lei: o direito chamaria na "forma da lei". E, é claro, no momento em que a arte corrompe a realidade empírica, virando-a do avesso sem determinação, a partir daí ela estabelece suas próprias formas de engendramento da criação. Assim, sua dependência anterior à empiria desfaz-se mediante o jogo da imaginação criadora, que procura deslocar os objetos de suas origens e lugares. Neste ponto, não há mais como se falar em coerência, ao menos de uma coerência a reboque da racionalidade dominante.

Em um mundo onde não há coerência, porque outrora a coerência era uma falsa coerência, segundo Adorno, ao recusar

---

26 Op. cit., p. 119.
27 *Notes sur la littérature*, p. 300.

o conceito de coerência que a sociedade faz de si mesma, a obra de arte procura uma misteriosa coerência desconhecida pelo sistema dominante, da qual nem ela mesma tem uma clara e consciente imagem. Entretanto, calcada na intuição de sua coerência negativa, a obra de arte habilita-se a dar uma mais profunda e "real" imagem dialética da realidade empírica abandonada. Tal abandono, claro, é estratégico. Ao distanciar-se da empiria, a arte faz descobrir maiores nuanças do real, trazendo uma densidade desconhecida. O conteúdo de verdade da obra de arte, dessa obra que exerceu sua própria lei imanente, expressará a contradição de ser interpretada a partir dela mesma, e, como diz Adorno, nenhuma obra poderá ter essa pretensão, pois que o próprio conteúdo de verdade nos remete para algo que lhe é exógeno. Mesmo a dimensão paratática da arte é dependente de sua logicidade interna, a que atribuímos a função de equilíbrio dos elementos sobre os quais se exerceu uma coordenação.

Mas Dilthey tampouco procurara demonstrar que a imaginação criadora era *creatio ex nihilo*. Nele, a imaginação deve estar "saturada de realidade", e desconhecer qualquer origem em um espaço vazio. De acordo com ele, "o solo alimentador de toda poesia verdadeira é já uma realidade de ordem histórica". A distância do artista em relação à realidade, por outro lado, o faz crer na realidade de sua distância, isto é, na realidade da imaginação criadora. Desse modo, temos em Flaubert a imagem radical da crença no real imaginário: ao escrever sobre o envenenamento de Emma Bovary, diz ele: "eu tinha tanto gosto de arsênico na boca que eu me causei duas indigestões uma atrás da outra", lembra Dilthey. A intensidade da imagem, a força da imaginação e o grau de desenvolvimento do artista com a obra têm o poder de mudar a face das coisas e dos homens.

A imaginação criadora, ao tomar posse de suas imagens, rompendo qualquer compromisso em preservar a ordem das coisas tais como estão estabelecidas, pratica com liberdade a lógica da obra, aí incluída sua *techne*. Se o gênio não pode prescindir de seu momento técnico e consciente, não quer dizer que preserve o sentido dado pela ordem das coisas. Na estética adorniana, as obras de arte se recusam a fazer o papel de protetoras do sentido e de sua coerência. O conceito de coerência por elas adotado doravante tende muito mais a uma profunda desorganização da lógica do sentido, que para a proteção da tradição dos riscos de cair na negatividade. O sentido da obra ultrapassa seu próprio sentido; é a contradição estética com o sentido da ordem empírica.

A ordem da arte é a ordem da contradição e a contradição da ordem. O sentido da contradição estética é que dá sentido à arte: assim desaparece o sentido. A arte cria sentido. O sentido em si é ausência de contradição. O sentido da obra não é obra do sentido. Por outro lado, dirá Adorno: "A reflexão crítica de si, inerente a toda obra de arte, agudiza sua intolerância a respeito de todos os momentos nela que reforçam tradicionalmente o sentido"[28]. Ao tomar a si mesma como conteúdo e forma, a obra em estado de autorreflexão pulveriza sua dependência para com o sentido.

Apesar de prudente, Adorno por vezes emprega, bastante nuançado, o conceito de gênio: *seu* conceito de gênio. Este, apesar de inconsciente, toma consciência dos momentos concretos que o fazer técnico o obriga a se dar conta. Essa ambiguidade do gênio, ou melhor, sua ambivalência, determinou Adorno a permitir-se dizer que "o trabalho inconsciente do gênio artístico da obra como elemento substancial e fundamental suprime o sentido"[29]. O sentido da obra é contradição com o sentido em geral. Seu conflito enriquece as determinações de sua construção autônoma e independente (vimos como a independência da obra nasce da interação dialética de sua dependência com o real empírico). Há, pois, na estética adorniana, uma incompatibilidade irredutível do sentido da obra, de sua coerência interna e negativa, com a lógica e a coerência da ordem que rege o mundo. A vanguarda moderna deu a demonstração prática de tal regência. Ninguém melhor que Beckett para ilustrar tudo aquilo que defendera Adorno, como ele próprio admite (é sabido que a *Teoria Estética* a ele seria dedicada). Beckett, por essas antipalavras do *Inominável*, sintetiza toda a riqueza das contradições e dos conflitos do processo fundamental da imaginação criadora: "são palavras que me ensinaram sem me

28 *Théorie esthétique*, p. 205.
29 Idem, ibidem.

332 ESTÉTICA DA CONTRADIÇÃO

fazer ver o sentido, foi assim que eu aprendi a raciocinar, eu as emprego todas, todas as palavras que me mostraram"[30].

Em um mundo que autoritariamente despeja suas palavras sem sentido aos consumidores *de palavras*, o artista, por não se ver a elas conectado pela autenticidade do sentido – este na verdade lhe fora prometido, mas de fato roubado –, não teria qualquer razão para preservá-las. A conservação das palavras tais como elas foram ensinadas impossibilitaria não só a compreensão do sentido verdadeiro delas mesmas, como a criação de novas formas a partir das que foram dadas. Beckett denuncia a falsidade e a profunda estupidez da sociedade, do discurso da ordem dominante, que constrói seus alicerces sólidos e onipresentes sobre bases totalmente precárias, frágeis e, por que não, incoerentes. A revolta beckettiana, sua vingança, é reenviar àqueles que acreditam nesse discurso de "tigre de papel" tudo aquilo que lhes foi "ensinado", reorganizado segundo a lei formal associada à lei da imaginação criadora. A criação artística enquanto jogo é uma forma de vingança contra a dominação totalitária dos discursos justificativos.

A obra de arte, enquanto expressão lúdica da vingança sobre o universo reificado, confirma a teoria adorniana contida na *Minima Moralia*, segundo a qual "toda obra de arte é um crime não perpetrado"[31]. Essa fórmula de Adorno é uma das mais herméticas e difíceis de sua obra estética e encontra aqui toda a sua riqueza interna, sua fertilidade negativa e crítica. O artista criador segue a palavra de ordem de Beckett – "é preciso continuar, logo eu vou continuar, é preciso dizer palavras enquanto elas ainda existem, é preciso as dizer até que elas me encontrem, até que elas me digam". A possessão criadora é na verdade deixar-se possuir pela criação, até que a criação me crie e me nomeie. Toda obra de arte é um crime não perpetrado também em função da santidade de origem da arte. Nisso os medievais tinham razão: a arte é inspirada pelo Espírito Santo. Nesse sentido, é a única atividade humana que nunca gerou crimes, a única na história da humanidade que não tem as mãos sujas de sangue: a filosofia, a religião e a ciência não podem afirmar o mesmo.

30 *L'Innominable*, p. 201.
31 T. Adorno, *Minima moralia*, p. 107.

ADORNO E A TEORIA ESTÉTICA DA CONTRADIÇÃO

A cessação com o real, típica da criação, guia a ruptura com o sentido herdado da tradição acomodada. Essa característica fundamental da invenção artística levaria Dilthey a propor a associação dos estados a ela vinculados ao delírio ou à loucura. Contudo, na concepção diltheyana, esses vínculos traduzem a perfeita saúde do artista que é capaz de ser são e delirante ao mesmo tempo, quer dizer, elabora inventiva e construtivamente sua loucura enquanto contradição estética com a normalidade da ordem regular. Em sua estética, Dilthey considera que o artista ou poeta exercem a ideação livre (*idéation libre – Eine freie Gestaltung der Bilder* [Uma livre formação de imagens]). Nela, eles não respeitam os limites impostos pela realidade e suas condições. Em *Imaginação Poética*, chegará mesmo a afirmar que nos estados sob a instância da ideação livre "a elaboração das representações é independente da realidade". A independência da realidade é a contradição da criação de novas realidades poeticamente inteligíveis.

Se o delírio da arte é ruptura com o sentido, sua negatividade é conduzida por Adorno ao retorno, ao sentido, embora não como outrora. Segundo ele, "a obra que nega rigorosamente o sentido é fixada por esta lógica à mesma coerência e à mesma unidade que deviam outrora evocar o sentido. Mesmo contra sua própria vontade, as obras de arte adquirem um sentido coerente à medida que elas negam o sentido"[32]. A coerência negativa das obras de contradição, isto é, das obras que assimilam os conflitos integrando-os, é parceira da crise do sentido que também é por elas incorporada na arte autêntica. Esta é a antítese da arte da renúncia, da resignação diante da crise do sentido e da capitulação, diante das contradições a que são levadas pela imaginação criadora. Para Adorno, o importante é que nas obras autênticas a negação do sentido permaneça fiel à negatividade, ao passo que ela se positivize nas obras de conformação. Segundo ele, até mesmo a lógica radical do absurdo "tem por resultado qualquer coisa que parece com um sentido". A arte em sua intenção de sentido negativo aceita as contradições e as ruínas da realidade empírica como realidade interna do processamento criador. Em Adorno, esse sentimento

32 *Théorie esthétique*, p. 206.

é a expressão de sua impotência diante da força do capitalismo tardio que inclui sua recusa na confissão.

A estética diltheyana assinalou semelhantemente o momento de coerência nas imagens criadas pelo artista, quando o abandono da realidade não se converte em falta de conhecimento do real, e sim sua inclusão em uma categoria mais elevada e densa. A realidade curvar-se-á perante os objetivos da obra sem impedir que esta a destrua. O conjunto coerente da obra é a conciliação das contradições dispersas no real, dando-lhes uma mais profunda compreensão. Em Dilthey, o louco não tem consciência das contradições, por isso não as assume nem as orienta produtivamente, ao passo que o artista tem a fina consciência da delicadeza dos conflitos criadores e os impulsiona inventivamente. Entretanto, Dilthey crê em um núcleo inerente a um conjunto coerente que dirigiria o artista; este, como parte da humanidade em constante evolução e progresso, responsabilizar-se-ia pelo progresso da humanidade. A história mostrou ao contrário, que o progresso foi acompanhado pela crise do sentido e pela adoção da crítica do sentido e da coerência positiva. A reconciliação diltheyana cede à integração, positiva-se ao não manter as contradições da obra com a realidade empírica. Contudo, é inegável a contribuição da arte ao progresso humano, porém tanto mais a arte se desvincula de compromissos teleológicos extra-artísticos, tanto mais ela é útil ao progresso da humanidade. A ausência de contrato é a própria fiadora do contrato estético.

Na Alemanha anterior a Dilthey, alguém como Jean Paul Fr. Richter, em 1804, apontara no *Curso Preparatório de Estética* a clausura do espaço poético em seu próprio tempo intrínseco. Segundo ele, "diferentemente da realidade que distribui suas flores com uma prosaica equidade, ao longo do espaço e do tempo infinitos", a arte é a deusa da paz que, ao se limitar aos cantos das coisas, delas se serve para nos levar às estrelas. O mundo poético, para romper as barreiras do prosaísmo do real, procura exercer seu domínio sobre o mundo da realidade. Para Jean Paul, não só a imitação da arte é mais rica que o modelo, como chega até mesmo a não mais segui-lo, fazendo-se seu contrário por vezes. Aqui a fidelidade ao real levou o artista a produzir sua antítese formal. Na concepção de genialidade

ADORNO E A TEORIA ESTÉTICA DA CONTRADIÇÃO 335

de Jean Paul, a lucidez do artista é mais profunda que a dos homens comuns. O verdadeiro gênio, sem desprezar o momento técnico da obra, busca em si as forças da criação, porém, "o verdadeiro gênio acalma-se a partir do interior; para refletir o mundo é preciso águas profundas de superfície lisa, e não o jorrar tumultuoso das ondas"[33]. A lucidez genial difere radicalmente da lucidez da vida prática. A lucidez poética e meditativa, próxima do sonho e da loucura, pratica seu delírio particular, no qual, "na clareza de seu sonho, ele tem mais audácia que o homem desperto, e ele escala na obscuridade todos os picos da realidade; mas se lhe tomarmos o mundo do sonho, ele se afunda naquele da realidade"[34]. Tal como um sonâmbulo, ele tem a coragem de desafiar a realidade empírica.

A *loucura artística* é uma conquista da razão. As obras romanescas e poéticas de Carlos Nejar representam mais para a razão que a soma das obras racionais de muitos sensatos, isso porque o delírio da razão em Nejar é criador de uma nova razão que a própria razão não é capaz de imaginar... por falta de imaginação. Adorno refere-se à racionalidade irracional que é desmascarada pela irracionalidade racional da arte, reforçando a tese de que as contradições estéticas da arte conduzem à razão muito mais que a razão irracional do instrumentalismo contemporâneo[35]. M.J. Chénier, poeta do século XVIII, em um de seus versos didáticos afirmou que "o gênio é a razão sublime", porém dentro de uma estética racionalista, o que não é a nossa perspectiva.

A crítica de Adorno a um dos aspectos do conceito de gênio, como o de identificá-lo a semideuses, passa também pela crítica aos beócios que acreditam na abstração da forma e em sua qualidade acessória. Em Adorno, o momento de verdade no conceito de gênio é antitético ao caráter repetitivo das obras medíocres, e só por meio dessas é possível existir o outro momento. Para Adorno, o conceito de genial permanece paradoxal, um nó dialético, no qual a liberdade de criação do novo, do não repetitivo, dificilmente se conciliará com seu ar de sentimento do necessário. O exercício da genialidade estaria provavelmente naqueles pontos precisos em que o artista efetivamente se viu em

33 J.-P. F Richter, *Cours préparatoire d'esthétique*, p. 60.
34 Idem, p. 59.
35 *Théorie esthétique*, p. 64.

condições de praticar sua genialidade. Logo, "o trabalho da imaginação é menos a criação *ex nihilo*, à qual crê a religião da arte estranha à arte, que a imaginação de soluções autênticas no interior do contexto por assim dizer preexistente das obras. De brincadeira, artistas experimentados amam dizer rapidamente: aqui ele torna-se genial"[36].

Adorno chama também a atenção para a lógica da obra, em que uma determinada solução formal destaca-se das outras por sua "coerência" negativa no interior de uma problemática de criação e de linguagem em geral. A solução genial surpreende ao propor uma nova "contradição coerente", um novo sentido, lá onde praticamente não há qualquer possibilidade do novo instaurar qualquer solução original. O momento de verdade da genialidade deve estar submetido ao caráter de linguagem da arte, pois é este que conduz a uma compreensão internalizada da arte, isto é, à sua concepção de genialidade internalizada. A linguagem da arte é a arte da linguagem singular de cada obra. A formatividade específica de cada obra é instauradora de sua própria linguagem artística. A estética de Luigi Pareyson mostra exemplarmente o funcionamento endógeno da obra de arte. Esse se deve menos ao autor e ao receptor que à realidade da imaginação aplicada à linguagem. Se o gênio tem sua parte de loucura, seu delírio criador ao se tornar matéria reflexiva da estética impregna o conceito com suas contradições. O conceito estético não pode abrir mão das contradições inerentes à criação. Talvez tenha sido essa verdade que fez Adorno afirmar que a teoria estética de Valéry é uma teoria racional da irracionalidade estética. A coerência negativa da obra de arte, a racionalidade de suas contradições estéticas, e sua sedução pelas incoerências do desconhecido, a faz identificar-se de alguma forma com a irracionalidade. Valéry, em "Filosofia", diz o seguinte:

> Não há contradições lá onde não existe nada. Disso resulta em seguida que uma linguagem isenta de contradições nada mais é que uma linguagem homogênea, ou tornada tal por uma refundição, que substitui definições explícitas convencionais em "sentidos" do uso. Mas nada de mais quanto às coisas significadas.[37]

---

36 T. Adorno, *La Dialectique de la raison*, p. 229.
37 *Cahiers*, p. 695.

Todavia, a incoerência da imaginação criadora, sintetizada na conciliação estética das contradições, fala da incoerência do mundo, ou de sua falsa coerência. O caráter utópico da arte não evita que as contradições sociais, as que gravitam fora da obra, sejam excluídas de sua conciliação. A estética adorniana prevê que "os antagonismos da sociedade permaneçam, entretanto, contidos na arte". A arte não tem como função extinguir os conflitos a título de realizar dentro de si aquilo que não foi possível realizar fora dela. Dissimular as contradições não é tarefa da arte, e sim da ideologia. Ao contrário, muitas vezes a obra procura aumentar a densidade dos conflitos e a profundeza das contradições. O mundo, que ao desvelar-se, apresenta-se como falsa coerência travestida de coerência evidenciada, não pode pretender impor à arte aquilo que ele próprio não teve competência para realizar. Mesmo que as obras de arte devam "dar a impressão de que o impossível lhe é possível" (Adorno), cabe completar que, contudo, lhe é impossível acabar dentro de si com a irracionalidade e a incoerência de um mundo grosseiro e insensível. A mimese da grosseria auxilia a consciência de si e a sua superação. Aqui se manifesta toda a verdade da teoria estética adorniana, quando afirma que "os antagonismos não realmente conciliados não se deixam conciliar mesmo no imaginário; eles agem no interior da imaginação e reproduzem-se em sua própria incoerência, proporcionalmente ao grau com o qual eles insistem sobre sua coerência"[38]. A intenção de Adorno ao nuançar o conceito de gênio, já que não o rejeita por inteiro, deve-se ao fato de procurar desincompatibilizar a obra do sujeito. Este não produz somente autobiografias ou registros fotográficos que documentem sua vida em seus mais "criativos" momentos. A vida do artista estaria para a obra, assim como a realidade empírica está para o artista (e a obra também): em suas respectivas dependências e distâncias críticas.

A função da estética adorniana é fazer da estética um conjunto coerente, ainda que hermético; um conjunto claro, ainda que espesso, dando às obras tudo aquilo que elas não têm como dar e nem têm como fim. A estética não tem como função a utilização do conceito, enquanto escudo para se proteger das

---

38 T. Adorno, *La Dialectique de la raison*, p. 225.

contradições. Ela as integra em seu discurso, abrindo suas janelas a tudo aquilo que se encontra conciliado, mas em estado de conflito e tensão. Se, para Adorno, "a impossibilidade de conceber uma teoria da arte desprovida de contradições" não se deve somente ao fato de que "a essência da história da arte seja em si contraditória", mas talvez porque, sobretudo, as obras são em si mesmas obras da contradição. Tanto quanto entre si, enquanto história da arte, elas se contradizem e entram em conflito. A arte enquanto fato social é fato estético das contradições do mundo que a cerca. Por entre os diversos antagonismos que fazem da arte uma espécie de fortaleza sensível aos conflitos externos e produtora de novos conflitos internos, o antagonismo entre a arte e a sociedade põe a nu sua situação fundamental de contradição permanente onde quer que esteja. Se toda obra é um sistema de contradições, uma coerente organização que lhe dá um ar de aparente incoerência formal, é porque além de as obras serem intrinsecamente paradoxais elas se fizeram tratamento contraditório do caos do mundo. O caos da obra é antídoto estético ao caos do mundo.

A qualidade da obra de arte e sua recusa do princípio da ideologia são inerentes às obras que enfrentam as contradições, tornando-as produtivas e formando material constante sobre o qual a imaginação poderá jogar livremente. A contradição natural das obras de arte é conciliar as divergências e os conflitos traduzidos no momento formal e na prática da *techne* particular, sem esconder as contradições em uma "reconciliação extorquida" e artificial. Por outro lado, dirá Adorno: "enquanto integração não violenta dos elementos divergentes, a obra de arte transcende simultaneamente os antagonismos da existência, sem dar a ilusão que eles não existem mais"[39]. Apesar de os conflitos antagônicos deverem excluir-se mutuamente, na obra eles permanecem enquanto tais e, ao mesmo tempo, acomodam-se entre si, ajeitam-se lado a lado, em uma integração negativa que é parceira da coerência igualmente negativa de suas formas. Isso quer dizer, entre outras coisas, que a obra diverte-se em meio à seriedade com que joga a dialética da conciliação e da inconciliação.

39   Idem, p. 253.

ADORNO E A TEORIA ESTÉTICA DA CONTRADIÇÃO

Integrar as contradições em um todo coerente e racional dentro da irracionalidade de seus momentos subjetivos dá o tom da característica enigmática da obra de arte na teoria adorniana. Segundo Adorno, "a condição do caráter enigmático das obras de arte é menos sua irracionalidade que sua racionalidade"[40]. Organizar a irracionalidade das contradições dando-lhes um ar de racionalidade conferirá às obras uma maior taxa de estranheza e enigmaticidade. O agenciamento das contradições internas da obra, por sua vez, é naturalmente contraditório ao dar coerência àquilo que também de modo natural reage à coerência. A rejeição da coerência pelas contradições engendra novas formas de organização do material, agora segundo a lei formal criadora de uma anticoerência, que cede às pressões de sua coerência negativa.

Essa racionalidade dissimulada pela obra deve-se à sua recusa das práticas mágicas, conforme indica Adorno. As contradições inerentes à irracionalidade do mundo, embora se apresentem sob o manto da racionalidade pragmática e técnica, são expostas a olho nu pela arte que, ao fazer a imaginação criadora engendrar suas próprias contradições, desvela mimética e enigmaticamente o mundo contraditório da dominação administrada racionalmente. A ininteligibilidade da obra de arte tem sua origem no enigma formado pela construção, dada às suas contradições e imagens criadoras (que são imagens criadas). Contra a "medíocre irracionalidade do mundo racional", as contradições da arte revelam o absurdo dissolvido na ação dominadora da sociedade. Haveria, pois, na obra de arte um núcleo contraditório de reação à irracionalidade dominante (contradições do mundo pseudorracional). A arte, ao expressar-se na obra, exibe tudo aquilo que tem de determinado e indeterminado. Essa ambiguidade é, para Adorno, constituída à imagem e semelhança dos enigmas. De forma ainda mais radical, "a finalidade da obra de arte é a determinação do indeterminado", dirá ele a propósito do enigma. As contradições estéticas indeterminadas da obra são *coerentemente* dispostas, segundo as regras da imaginação criadora que as cria – criando as regras e as contradições simultaneamente –,

40 Idem, p. 163.

340 ESTÉTICA DA CONTRADIÇÃO

determinando-as a se relacionarem entre si, apesar de todos os possíveis conflitos.

Quando se fala em determinação do indeterminado, fala-se em intenções, em um jogo de intenções de significação. Como também se fala em finalidades. A indeterminabilidade da criação nos remete à ambiguidade das intenções, isto é, ao caráter contraditório de sua presença de indeterminação criadora. Contudo, observa Adorno:

> A música visa uma linguagem desprovida de intenções. Entretanto, não há entre ela e a linguagem significante qualquer franca separação como entre dois campos distintos. Aqui opera uma dialética: com efeito, a música é por toda parte penetrada de intenções, sem que tenha sido preciso esperar por isso o *stile rappresentativo* que coloca a racionalização da música a serviço da similitude com a linguagem. Uma música vazia de toda intenção seria parecida com um caleidoscópio acústico, reduzida a um simples encadeamento de fenômenos sonoros. Porém, se, ao inverso, ela só fizesse querer dizer alguma coisa, ela deixaria de ser música e transformar-se-ia falsamente em palavra. As intenções lhe são essenciais na exata medida em que elas permaneçam intermitentes.[41]

Vimos que as intenções só podem ser compreendidas em sua dimensão dialética, sob a visão da contradição como fundamento maior de sua aplicabilidade intermitente. A intenção pontual e situada em uma obra sem intenção confere à arte sua peculiar contradição intencional, em que se instala definitivamente sua dialética de presença e ausência concomitantes. Talvez de todas as artes a música seja a que mais põe em risco os compromissos entre as intenções e as não intenções. Nela, uma intenção fortemente marcada realmente a descaracterizaria, como também sua ausência absoluta certamente a faria perder a determinação do indeterminado. A intenção aberta é a descaracterização absoluta do princípio do delírio criador e o elemento sabotador do enigma, da lei formal e da imaginação criadora.

A linguagem significante da arte é fundada contraditoriamente em sua significância indeterminada. A arte em geral difere da linguagem significante em seu sentido pleno. Ao aceitar a ideia de uma unidade de sentido da obra musical,

41 *Quasi una fantasia*, p. 4.

ADORNO E A TEORIA ESTÉTICA DA CONTRADIÇÃO   341

Adorno adverte para os riscos da inobservância da contradição intencional:

> Entretanto, o sentido de tal unidade é diferente daquele que funda a linguagem significante. O todo musical realiza-se contra as intenções que ele integra negando cada intenção particular, incompreensível. Ele acolhe nele mesmo as intenções, não as diluindo para obter uma intenção mais abstrata e mais alta, mas abrindo-se, no momento em que ele se constitui como unidade, à chamada do inintencional.[42]

As intenções abrem-se para o inintencional, para o seu outro. A procura do inintencional faz-se na luta com as diferenças e as contradições em uma perspectiva de aceitação e recusa das intenções. Estas, ainda que aceitas, dissimulam-se quando o artista está em pleno processo de contato com o desconhecido. Intenção e desconhecido formam um todo paradoxal.

Jimenez, a propósito da inversão anatréptica (*renversement anatreptique*), observa com justeza que

> é contra a lógica da racionalidade que argumenta a dialética negativa de Adorno. Minado pelo paradoxo, o discurso crítico é utilizado por meio de sua contradição – lutar contra o conceito com ajuda do conceito – a fim de refutar o discurso da racionalidade dominante não a atacando "de frente", mas fazendo-se mimese da reificação à qual chega esta racionalidade, e que finalmente revela a sua irracionalidade.[43]

A contradição estética vivida pela arte nesse caso dá-se pela sua condição de comportamento mimético da arte como "o refúgio do comportamento mimético" (Adorno). Sua própria vida implica na relação com o outro da relação mimética, e isso quer dizer envolver-se com a racionalidade em geral e com a racionalidade técnica em especial.

A *ratio* estética nutre-se da *ratio* dominante visando o mimético para destruí-lo. A *ratio* estética explora as contradições do momento mimético, acentuando ainda mais, por meio das contradições e diferenças observadas na obra de arte, as contradições da dominação exterior. Assim, dirá Adorno:

> A arte é a racionalidade que critica a própria racionalidade sem esquivá-la. A arte não é pré-racional ou irracional condenada *a priori*

42 Idem, p. 7.
43 Op. cit., p. 341.

342 ESTÉTICA DA CONTRADIÇÃO

à mentira a respeito da imbricação de toda atividade humana na totalidade social. É por isso que as teorias racionalistas e irracionalistas da arte igualmente fracassam [...] O racionalismo que argumenta em vão a propósito das obras de arte, aplicando-lhes critérios de lógica e de causalidade extraestéticas não desapareceu completamente. O abuso ideológico da arte o provoca.[44]

O centro contraditório da obra de arte tem uma função precisa: impedir a dominação dos critérios exógenos. Vindos da determinação causal, eles são sistematicamente derrubados pela lógica delirante da arte. A lógica indeterminada da arte impede sua queda na lógica formal e na racionalidade dominante. A incompatibilidade da arte com a ideologia se deve em parte à incompatibilidade das contradições que lhe são inerentes com quaisquer determinações exógenas e estranhas ao seu corpo autônomo.

A arte constitui sua própria racionalidade que, se criticar a racionalidade do mundo irracional, o faz porque introduz novos conflitos e leis formais constituídas de diferenças e contradições que desmoronam a arquitetura da *ratio* dominante. O não idêntico introduz um elemento de ruído na organização da racionalidade do mundo. Desfaz-se sua arquitetônica ao ver-se diante do inusitado artístico; diante da surpresa do desconhecido, livre da empresa do determinado, o idêntico da totalidade dominante é arruinado pelas contradições estéticas. Para Adorno,

a arte é um comportamento mimético que para objetivar-se utiliza a racionalidade mais avançada, enquanto mestria do material e dos processos técnicos. Por meio desta contradição, esse comportamento responde assim à contradição da própria ratio [...] Para isso, ele se serve da racionalidade sem limite em seus diferentes procedimentos, enquanto o pretenso mundo técnico permanece ele mesmo irracional, prisioneiro das relações de produção[45].

Contudo, a racionalidade da arte, apesar de seu comportamento mimético, introduz em *sua* racionalidade algo a que não é dado o direito de existir senão enquanto ideologia: a

44 *La Dialectique de la raison*, p. 79.
45 *Autour de la théorie esthétique*, p. 49.

contradição. A racionalidade da obra de arte é a imagem invertida do imitado, como nos espelhos. Em Adorno, a realidade do momento mimético da arte tem um destino certo, o de estabelecer contraditoriamente um paralelo com a realidade empírica e, por esse mesmo fator, fortalecer a distância que as separam por meio do paradoxo da mimese. Dirá Adorno a esse propósito:

> A racionalidade das obras de arte tem por objetivo sua resistência à existência empírica: organizar as obras de arte de maneira racional significa elaborá-las rigorosamente em si. Assim, elas contrastam com o mundo exterior, com o lugar onde se exerce a *ratio* dominando a natureza, donde provém a *ratio* estética e tornam-se um para-si. A oposição das obras de arte à dominação é mimese desta. Elas devem identificar-se com o comportamento dominador para produzir alguma coisa de qualitativamente diferente do mundo da dominação.[46]

A contradição da arte é instalar a não identidade fazendo uso do disfarce da mimese, que é o lugar da identidade. A arte reagiria à dominação fazendo-se cúmplice aparente dela, mas instaurando o veneno da contradição. Mesmo a arte chamada irracional, a exemplo do surrealismo, do dadá e do expressionismo, é portadora de um núcleo racional que é crítica do obscurantismo e da violência "racionais" do mundo moderno. Aos beócios interessa somente a aparência da razão sob o signo de suas regras. Seus irmãos no poder, os filisteus servem-se da ideologia como guarita de inconfessáveis serviços prestados à razão e à burocracia autotélica.

É certo que na estética de Adorno as contradições não nos deixariam esgotar toda sua riqueza paradoxal. Diante da profundidade a que nos veríamos confrontados, caso aceitássemos perseguir sua infinitude, a contradição estética adorniana nos tragaria como um redemoinho igualmente infinito. O tufão vertiginoso das contradições estéticas na verdade nos livra do tufão da dominação, mas é impossível esgotá-lo em sua versão adorniana. Mesmo aqui nos parece difícil saber onde nos encontramos, vista a fragmentação da contradição na estética de Adorno. Junto com Beckett diríamos, através do *Inominável*,

---

46   Idem, p. 50.

que "para dizer a verdade, ao menos sejamos francos, há um bom momento já que não sei mais o que digo"[47]. Entretanto, sob a autoridade intelectual de Adorno, só poderíamos concordar com as palavras finais de *Quasi una fantasia* a propósito da utopia estética. Esta não só enquanto crítica conceitual, mas igualmente como produção livre da imaginação criadora, encontra-se sob a fórmula criativa de "fazer coisas das quais nós não sabemos o que elas são". Aqui se rompe o comportamento mimético e o compromisso paradoxal com o mundo da racionalidade, que pretende saber o que faz, mas só faz o que sabe: a arte não sabe o que faz, mas faz o que sabe e principalmente o que não sabe. A utopia estética tem um olho no desconhecido e por aí esgarça os limites da razão impostos pela racionalidade do capital e pela razão totalitária do mundo constituído, principalmente aquele asfixiado pelo fundamentalismo das ideologias. Ao impacto atômico da fragmentação do mundo correspondeu, como que por mimetismo, a exemplo da obra de arte em relação à existência empírica, o impacto contraditório da fragmentação da arte. Diacronicamente, a contradição estética alcançou o pleno direito de cidadania na cultura universal.

47 *L'Innominable*, p. 60.

APÊNDICE V:
ADORNO E A ESTÉTICA
DO TERCEIRO INCLUSO

Ao longo da história da estética, a ideia ou a percepção de que a obra de arte encerra muitas contradições em sua estrutura organizacional – e, por sua vez, estabelece relações de contradição com a sociedade e com o mundo empírico – torna a questão do conflito contraditório essência mesma da arte. A ideia de contradição na obra de arte vai passando, gradativa e descontinuamente, de seu conteúdo "lógico" para seu conteúdo propriamente estético, isto é, segundo a lei estética. Em outras palavras, e de modo bastante sucinto, a afirmação dos valores estéticos da imaginação criadora implicou uma gradual derrota e um recuo do princípio do terceiro excluso na obra de arte. Seu caráter lógico, depois lógico-estético e hoje *puramente* estético ainda está por ser inteiramente assimilado.

Nossa tese é que com a filosofia estética de Theodor W. Adorno dá-se finalmente o momento de consagração, daquilo que passamos a denominar estética do terceiro incluso ou da contradição, conforme uma *Estética da Contradição*. O processo de destruição da coerência positiva foi historicamente vislumbrado quando do reconhecimento das contradições estéticas na Antiguidade. Ocorreu principalmente em Platão, a partir do *Hípias Maior*, mas por ele igualmente abafado, passando por Petrarca e Boccaccio e desaguando na crítica à estética racionalista pelo Iluminismo europeu. Tornou-se cada vez mais tendente à afirmação das contradições estéticas que culminou, no século XX, com a obra de Adorno. No século da destruição generalizada, a obra de arte implode. Nele, a obra de arte como mônada sem janelas é a obra do tempo do mundo sem janelas. A ideia mesma de obra de arte que se debate na radioatividade da sociedade irradiante explode em suas contradições e tensões à imagem do que se passa em volta, porém sem repetir o mundo empírico. A noção de obra de arte vincula-se, a partir de então, à internalização produtiva das contradições de caráter estético em busca de uma harmonia contraditória e uma coerência negativa.

Não é arbitrária, nem casual, a associação da arte com a destrutibilidade moderna e a ideia de explosão. A estética adorniana contida na *Teoria Estética* dá continuidade crítica à concepção segundo a qual a arte não é repetição da realidade empírica, mas autodestruição da *imagerie* das obras de arte, e pela via da aparência elas entram em combustão na realização antecipada do apocalipse. A arte cria uma Jerusalém celeste no plano estético. Ao negar o mundo, a arte cria um mundo. Há uma santidade de origem na criação artística, não fosse ela um crime não perpetrado, como indica Adorno em *Minima Moralia*; mas a eticidade, a moralidade e a integridade artísticas opõem-se à malignidade do mundo. O fim do mundo é a salvação do mundo, a salvação da criação divina. A arte explode em contradições, antinomias, paradoxos e conflitos, e por essa mesma razão, como reconciliação diante da humanidade angustiada[48].

A arte explode internamente com suas contradições de natureza estética, antecipando o apocalipse e a explosão definitiva. Se a arte atual é explosão antecipada, metafórica ou alegórica, a história da contradição estética nos aponta o período adorniano como o momento histórico da "explosão" das contradições da arte. No mundo atômico, as contradições estético-artísticas encontrar-se-iam em estado de não-reconciliação. A rebelião contra a realidade empírica imposta pela natureza contraditória da arte denota sua irredutível posição antinômica, interiorizada profunda e estruturalmente na obra. Vista tanto em sua interioridade quanto em sua exterioridade, a obra de arte é expressão da não identidade do ponto de vista da estética do terceiro incluso, divisão permanente de seu conteúdo em partes mantidas unificadas na conciliação estético-negativa e rompimento sutil com a lógica dominante e com a razão demonstrativa. Nesta, a obra permaneceria vítima da reflexão raciocinante e da explicação conceituais.

Se a coerência é inerente ao princípio do terceiro excluso de corte ortodoxo, à arte é totalmente estranha a ideia de coerência, típica da ciência. Ela está mais próxima daquilo que a psicanálise chamou de coerência inconsciente, haja vista que a arte se utiliza da razão e do consciente para criar algo que poderíamos situar no plano do inconsciente. Paradoxalmente, o

---

48 Cf. T. Adorno, *Théorie esthétique*, p. 118.

consciente é instrumento do inconsciente. A lógica da estética do terceiro incluso é a coerência negativa, manter-se coerente na incoerência. A coerência negativa ou estética remete a Bouhours e ao espírito de fineza ou delicadeza, diferentemente da coerência positiva ou científica, típica do espírito de rigor ou do terceiro excluso. Na delicadeza estética, tudo é falso e tudo é verdadeiro, ou pode sê-lo.

Sainte-Beuve afirmou algum tempo depois que o que parece ao homem comum incoerente e contraditório nada mais é para o poeta que um contraste harmônico, um acordo à distância sobre a lira universal, indicando a naturalidade da contradição estética na criação artística. Se a estética filosófica surge organizada pelas mãos do lógico Baumgarten, não restam mais dúvidas de que desde então a estética historicamente conquistou a sua autonomia. O mesmo Baumgarten foi quem denominou e definiu explicitamente o princípio do terceiro excluso, separando-o do princípio de contradição, tornando-o autônomo. Baumgarten cria o princípio do terceiro excluso em sua *Metafísica*[49], intuitivamente dando partida ao *princípio do terceiro incluso*, criado agora pela nossa *Estética da Contradição*, que estaria para a estética assim como o excluso estaria para a lógica. A lógica interior da arte acompanha o rompimento do compromisso das ciências com o princípio do terceiro excluso. A lógica da arte precisou retirar de si tudo aquilo que pudesse identificá-la ou torná-la ainda dependente da lógica formal. Adorno reitera a estética kantiana ao afirmar que há uma lógica própria da arte, opondo-se às regras da outra lógica, e concluindo sem conceito nem juízo. Em Adorno, a arte tira as consequências de fenômenos naturalmente já *mediatizados pelo espírito* e *em certa medida logicizados*, porém imprimindo a sua marca singular e sua lógica *sui generis*.

Segundo Adorno, o inconsciente artístico é obscuro aos olhos da razão, regida pelos princípios que figuram em sua essência. Obscura no sentido de que seu tipo de clareza e distinção não é da mesma natureza que o da lógica enquanto tal. Sua *obscuridade* traz uma clareza singular e específica. Vimos que o entendimento da arte no que concerne à sua relação particular

---

49 § 10 e subsequentes.

com as contradições procurou mostrar que a intuição criadora percorre por entre mistérios, como um porta-voz do desconhecido. Há na arte uma lógica que resiste como núcleo duro da razão, ainda que ambiguamente se volte contra ela mesma. Sua relação com a lógica também é contraditória, e procura manter viva e tornar produtiva essa condição. Se na arte as conclusões são desprovidas de conceito ou juízo, a concepção adorniana de autonomia estética conclui que esta possibilidade existe somente em função de uma identidade genética com a causalidade e a logicidade. Na estética adorniana, e com razão, a arte só vive no contraste com o outro da arte, com aquilo que causa aversão à arte. Assim, segundo Adorno, é somente em função do seu *duplo caráter que provoca um conflito permanente que ela escapa por um triz dessa ação*[50].

A contradição estética impõe seu próprio tempo em nítida diferença com o tempo empírico, que vem a ser o tempo lógico, que não suporta o convívio com as contradições, sejam lógicas ou estéticas. O tempo do terceiro incluso mantém uma correspondência velada com o tempo do terceiro excluso. Este *outro* da contradição estética. O tempo da contradição estética tem uma lógica própria, que se autorrealiza para fins internos mediatos. A *obscura* e *confusa* lógica da arte contrapõe-se ao mundo *claro* e *distinto* da indústria cultural. A lógica da imaginação criadora dá sustentação à lógica da obra de arte, que é obscura e confusa. Na arte, o artista não sabe o que faz, criando o que não sabe. Na lógica da indústria cultural, ele sabe o que faz, não criando o que sabe. A racionalidade da indústria cultural está representada pelo estilo néon das ruas como razão *tape-à-l'oeil*.

A razão *tape-à-l'oeil* é uma das versões da racionalidade que procura manter, por razões mercadológicas, a liderança do princípio do terceiro excluso. Este fornece o campo semântico adequado para o afastamento das ambiguidades artísticas e das contradições estéticas, e, por isso, é a base aliada do mercado da cultura industrial. É possível que seja nesse sentido que Adorno, em *Dialética do Esclarecimento*, refira-se à estandardização da ideia de arte quando a tecnologia da indústria

---

50 Cf. op. cit., p. 186.

ADORNO E A TEORIA ESTÉTICA DA CONTRADIÇÃO

cultural, ao generalizar-se, viabiliza a diminuição progressiva da diferença entre *a lógica da obra e a lógica do sistema social*[51].

A estética de Adorno radicaliza a estética kantiana quanto à finalidade sem fim da arte. Ainda que a obra de arte possa e deva ser comercializada, a arte mantém-se íntegra, pois o paradoxo da teleologia da arte ficou preservado. A autonomia da arte não é afetada, já que a lógica do mercado não alcança a arte na sua plenitude. A estética adorniana é um diálogo crítico com as grandes temáticas das estéticas desde o século XVIII, reforçando a tendência histórica inclusiva.

Adorno é continuidade e descontinuidade críticas das teses e figuras iluministas, podendo mesmo ser considerado um iluminista pós-moderno, ao defender a finalidade sem fim determinado, a crítica ao utilitarismo heteronômico e à razão prática na criação artística. Como já vimos em *Dialética do Esclarecimento*, de Adorno, tanto mais útil a arte quanto mais distante estiver do princípio de utilidade. A onipresença do útil na história da humanidade é uma carga genética praticamente insuperável, mas cuja recusa pelo artista justifica a arte perante o mundo. A metafísica do inútil é a condição mesma da autonomia da arte e sua liberdade.

Portanto, é característico da seriedade da arte posicionar-se ao lado da inutilidade estética, da coerência negativa e da contradição inclusiva. A afirmação da arte como jogo de regras autônomas, de caráter rigorosamente estético, incide em sua responsabilização sem conceito de sua característica antitética radical. A lógica da arte é disrupção da lógica do pensamento, da lógica do terceiro excluso. Ou seja, a lógica da arte é a lógica do terceiro incluso. No mesmo sentido, a *lógica da arte fácil* ou *kitsch* vem a ser a antítese da arte de vanguarda, contrária à lógica do divertimento. Assim, Adorno afirma que a *arte fácil acompanhou a arte autônoma como uma sombra*. Segundo ele, ela é *má consciência social da arte séria*. Observa ele, contudo, que a absorção da arte fácil pela arte séria ou o inverso é o meio menos seguro de anular a oposição entre elas.[52]

Ao contrário do pensamento vulgar e filisteu, a harmonia da arte não é pré-estabelecida por uma ordem mágica, mas

---

51 *Dialética do Esclarecimento*, p. 166.
52 Idem, p. 144.

nasce da não identidade oriunda das contradições estéticas. A estética da não identidade é a expressão artística da estética da contradição ou do terceiro incluso: dessa condição nasce a transgressão do princípio de realidade, de caráter excluso por definição, dada a incompatibilidade fundamental com a atenuação estética na expressão da identidade. O *princípio do terceiro incluso* que nós criamos a partir das evidências históricas das contradições estéticas, e das inúmeras possibilidades inerentes à filosofia estética de Adorno, marca o estilo como promessa, e promessa de voltar-se contra a harmonia positiva e a identidade repressora. O estilo é a expressão individual da pessoalidade das contradições estéticas.

ADORNO E A TEORIA ESTÉTICA DA CONTRADIÇÃO   351

APÊNDICE VI:
REVAULT D'ALLONNES
E A EXPRESSÃO FRANCESA CONTEMPORÂNEA DE
UMA ESTÉTICA DA CONTRADIÇÃO

> *L'avenir commence à me fatiger bien plus que le passé.*
>
> PICABIA

Na atual estética contemporânea francesa, uma das mais importantes figuras é certamente Olivier Revault d'Allonnes, herdeiro de uma histórica cátedra de estética na Universidade de Paris I, Panthéon–Sorbonne, que podemos considerar um autêntico dialético na exploração das contradições estéticas das obras de arte. Seu pensamento estético é um exemplo de excelência da influência da contradição estética, como acabamos de expor.

Tomemos somente uma de suas obras por considerá-la paradigmática no que concerne à aplicação dialética da contradição estética na arte. Trata-se da *La Création artistique et les promesses de la liberté*. "A Teoria Estética e as Promessas da Liberdade" poderia igualmente ser o título da segunda parte deste apêndice, pois não só a criação autêntica é um exercício ou uma promessa de liberdade, como também a teoria estética é outra forma de exercício ou promessa de liberdade.

Contudo, isso só se torna possível caso uma determinada teoria estética seja suficientemente aberta para incluir o conteúdo de verdade das obras de arte, razoavelmente dialética para não se congelar e coagular resultados sempre transitórios, e inquestionavelmente crítica para não se converter em um credo totalitário.

Procuraremos evidenciar algumas tendências, apontando a inequívoca coerência crítica entre suas opções teóricas e seus resultados conceituais, com o caráter progressista ou de vanguarda de suas considerações sobre a criação artística. Revault d'Allonnes faz da teoria crítica da arte uma continuidade autônoma da liberdade na criação artística. Isso significa dizer que seu trabalho teórico não faz da estética uma disciplina intelectualista, artificial ou exterior à sabedoria da obra de arte. Porém, tampouco faz dela uma condicionante opressora do discurso estético.

352   ESTÉTICA DA CONTRADIÇÃO

As estéticas positivas relatam a história de suas próprias derrotas a partir do século XVIII, quando até mesmo Baumgarten denunciava a *tirania da razão* nas primeiras páginas de sua *Estética*. A Queda da Bastilha na arte e na estética é anterior à Revolução Francesa.

O absolutismo e o despotismo esclarecido na criação artística e na teoria estética foram condenados à guilhotina da crítica da imaginação criadora ao racionalismo estético. A cabeça de Boileau rolou antes que qualquer membro da aristocracia francesa tombasse no plano político. Esse processo do pensamento estético tinha inegáveis compromissos e responsabilidades com a liberdade, e está na raiz da fundação da autonomia no fazer e no pensar das artes.

Ao romper com a lógica, a estética inicia um caminho sem retorno, mas até hoje ainda em estado de promessa e de utopia, apesar dos esforços de Adorno: o de romper com o princípio do terceiro excluso ou do meio excluso. Sua promessa de liberdade passa pela inclusão da lógica específica da arte e do pensamento estético. Essa promessa de liberdade como tentativa utópica da contradição estética de se autossustentar – antes uma lógica estética que uma pura lógica –, seria a realização prática do conceito do terceiro incluso, em que as contradições estéticas sentir-se-iam em domínio próprio. Aquilo que Adorno realizou permanece ainda latente na sociedade. Tudo teria se tornado em vão caso não se tivesse em conta a legitimidade do princípio da não identidade em função da inadequação do princípio de identidade, seu outro necessário e hostil à internalização das contradições e conflitos na obra de arte e no pensamento estético dela decorrentes. Quando Revault d'Allonnes afirma ser a arte o mundo pelo avesso, refere-se à inversão da lógica do mundo pela arte. A lógica da arte é a lógica do mundo às avessas; ela conclui sem conceito nem juízo, afirmara Adorno.

Assim sendo, é pela adição de algumas de suas interpretações dos fatos artísticos que parece ser possível identificarmos a ideia, segundo a qual a legitimidade dos processos contraditórios e paradoxais da criação artística é não somente verificável como também desejável. Ao contrário das estéticas autoritárias que procuram reduzir o potencial conflitivo da arte, ela insiste

ADORNO E A TEORIA ESTÉTICA DA CONTRADIÇÃO

em fazer valer o fundo conflitual como inerente à natureza do processo criador, "sempre conflituoso até a dilaceração"[53]. A prática dilacerante da arte é a realização de sua verdade, ou de seu conteúdo de verdade. Com efeito, aceitar a condição dilacerante da criação, integrando-a no seio do pensamento estético, forma a dupla face de uma mesma moeda de compatibilidade com a realidade dos fatos da arte. A dilaceração é o estado natural do sentido permanente da negatividade criadora.

Nada mais estranho ao caráter geral do artista que o princípio da certeza que rege ou pretende reger o mundo da ciência, dos negócios e da vida cotidiana. Poderíamos até mesmo afirmar que não cabe falar-se em princípio de certeza nas coisas estéticas da criação artística. Contudo, cederíamos diante da possibilidade concreta de ser a noção mesma de certeza refeita à imagem e semelhança do processo criador, tal como este se apresenta a cada artista particular. Essa possibilidade concreta levar-nos-ia a considerar a pertinência de um princípio de certeza negativa, de origem intuitiva, que guardaria certos traços daquilo que comumente designamos como incerteza. Essa dimensão essencial do artista levou Revault d'Allonnes a explicar como não sendo uma

faculdade inspirada de ir direto ao objetivo, ignorando os entraves, atropelando as tradições, pisando os obstáculos. Ele ajeita, hesita, duvida, engana-se e renuncia. Ele visa um fim que não vê claramente. Por vezes, até mesmo improvisa esse fim no meio do caminho: no curso de um caminho do qual ele não sabe nunca se terminou. Ele utiliza aquilo que tem nas mãos, ou crê utilizar o que crê ter em mãos[54].

Ao ultrapassar os limites das determinações empíricas mesmo sem abandoná-las, o artista enquanto herói da arte impõe seu ritmo paradoxal à ordem geral das coisas. Ainda que vítima perene das determinações empíricas – condenado igualmente a driblá-las para justificar sua atividade –, ele consegue livrar-se delas ao praticar atos estéticos imprevistos, sustentados pelo desconhecido, quando "tudo isso começa um dia a funcionar paradoxalmente"[55]. A própria atividade do esteta

53   O.R. d'Alllones, *La Création artistique et les promesses de la liberté*, p. 8.
54   Idem, p. 27.
55   Idem, ibidem.

354   ESTÉTICA DA CONTRADIÇÃO

deve também paradoxalmente manter-se fiel à ambiguidade da arte quando, por sua vez, engendra suas próprias ambiguidades. Uma das mais brilhantes estéticas da ambiguidade foi de William Empson, autor de *Seven Types of Ambiguity* (Sete Tipos de Ambiguidade). Essa poética da ambiguidade inclui-se na melhor tradição crítica intuitiva e empírica. Poder-se-ia ainda mencionar Pareyson, Eco ou Ehrenzweig, malgrado as particularidades. A agudeza do espírito esteta d'allonniano é responsável pela integração das ambiguidades, filiando-o à radical modernidade do pensamento estético contemporâneo.

Do ponto de vista das estéticas do reflexo típicas da ortodoxia marxista, a estética da contradição é uma decepção, pois reúne história e subjetividade, ambiguidade e política, condições espirituais, sociais, materiais, ideológicas e crítica da ideologia. A estética do terceiro incluso não tem o caráter reconciliador das estéticas ideológicas.

Vejamos como Revault observa o mundo contraditório de Delacroix:

[este] traz consigo uma contradição viva, na qual os dois termos antitéticos se exprimiriam um pela pintura e o outro pela música. A pintura seria a ordem, a razão e o classicismo como princípios gerais, e como princípios estéticos a composição, a proporção, o equilíbrio, o efeito desejado e cuidado; enfim, o que nós chamamos há pouco o estilo. A música seria a emoção, o sentimento e o romantismo, tendo como princípios estéticos a inspiração, o elã da imaginação e mesmo a improvisação, o efeito obtido custe o que custar; enfim, o que nós chamamos a expressão[56].

A adoção da distinção de Delacroix, segundo a qual os *efeitos estéticos* dividir-se-iam em efeitos *imediatos* (pintura, escultura) e efeitos *diferidos* (música, literatura), conduziu Revault a acentuar uma concepção do efeito estético enquanto essencialidade da obra. Nesse sentido, cabe separar essa concepção daquela pela qual o efeito é buscado vulgarmente como fim e não como parte consequente do processo criador. Referimo-nos ao efeitismo da indústria cultural, nos quais prevalece a ideia pervertida da ausência de tragicidade autêntica e de presença de dramaticidade vulgarizada. Segundo a estética de Revault,

56   Idem, p. 84.

o efeito é absolutamente integrado ao conteúdo de verdade da obra, como um efeito autêntico relacionado com o seu outro. O caráter de contrafação dos efeitismos vulgares não se confunde com o caráter de autenticidade dos efeitos da arte íntegra de inspiração adorniana.

Em sua brilhante monografia sobre Bonnard ou sobre a hora da decisão estético-artística, Revault d'Allonnes desmonta o universo conflitivo das ideias de término (*achèvement*) e de resultado ou acabamento (*aboutissement*), em relação à imagem que delas faz a sociedade, e da natureza necessariamente dialética da decisão, inerente ao processo criador da arte. Ele orienta sua crítica apelando para fatos concretos observados na sociedade e aparentemente banais, como os de uma decisão judicial acerca de problemas de herança familiar, na qual ele encontra a oportunidade de confrontar os pareceres da decisão judicial com os juízos da decisão estético-artística dos artistas. O resultado é uma instigante e original filosofia concreta da arte, em que mais uma vez as contradições estéticas ganham *droit de cité* na obra de arte. A teoria estética como promessa de liberdade é congruente com o paradoxo da arte, quando "de todos os conflitos que opõem o artista a ele mesmo, o do término talvez seja o mais insolúvel, ainda que ele seja, pela força das coisas, o mais frequentemente resolvido. Pela força das coisas"[57].

Exemplo da dignificação estética dos conflitos e das contradições, a monografia sobre Picabia mostra estar sua estética à altura da radicalidade dada. A percepção da realidade libertária da arte de Picabia, em particular, e da arte dadá e surrealista, em geral, remete a estética à direção da promessa da liberdade no projeto artístico. As relações por ele estabelecidas entre os objetos nos projetos picabiano e dadá, instituídas na "utilização sistemática da justaposição dos incompatíveis, criadora de novos objetos, e o uso de juízos de tipo predicativo evocador de relações informuláveis em um discurso racional, isto é, tradicional"[58], demonstram e reafirmam a condição privilegiada de seu discurso estético diante das novas obras da radical modernidade tardia.

---

57 Idem, p. 117.
58 Idem, p. 135.

356   ESTÉTICA DA CONTRADIÇÃO

Ao assentir esteticamente com a justaposição dos incompatíveis, Revault busca encontrar seu destino no ser da obra de arte. O autotelismo relativo da estética não justifica uma ruptura brutal com os fatos artísticos. Em uma concepção inclusiva da arte e da estética, ele exalta a coerência paradoxal da imaginação criadora nas obras de arte, encontrando a justificação argumentativa da constituição legítima de uma lógica endógena da arte. Com efeito, a justaposição dos incompatíveis ou "pesquisa sistemática dos paradoxos" faz da prática da arte uma atividade não submetida à coerência lógica que rege o mundo. Umberto Eco referira-se à arte de vanguarda como prática da ambiguidade e da irracionalidade específicas, porém com consequências mais racionais que as do *kitsch* e da indústria cultural, nos quais a verdadeira irracionalidade denuncia seu parentesco.

Conclusivamente, as promessas da felicidade e da liberdade tanto na arte quanto na estética estariam associadas, de alguma forma, à prática paradoxal dos incompatíveis e das contradições especificamente estéticas. Revault d'Allonnes define que o paradoxo estético "como recusa da opinião aceita consiste em acentuar a parte escondida da verdade; pela justaposição dos incompatíveis emergem objetos que somente a atividade criadora é capaz de realizar dentro e em razão de seu absurdo, de sua impossibilidade ou de sua inutilidade"[59].

O paradoxo e as contradições estéticas são pura negatividade, demonstrada a partir da *desorganização* do mundo das coisas e na reassociação imaginante dos recursos materiais, culturais e espirituais tornados realidade artística pela obra de arte. Retirar as ambiguidades da arte não é tarefa do artista nem tampouco do filósofo. Se a lógica do mundo recusa as contradições e os paradoxos estéticos, a lógica da arte os integra no seio do processo criador. Se a lógica do mundo dissimula os conflitos estéticos, a da arte os absorve e os expõe, criando novos fatos artísticos. Revault resume da seguinte forma: "A criação não é o contrário das coerções, ela é o produto"[60]. O incômodo coercitivo é causa de conflitos, tensões, paradoxos e contradições de natureza estética. Por conseguinte, toda essa escala de pressões não só representa o leito natural da criação,

59   Idem, p. 136.
60   Idem, p. 141.

como poderíamos considerar o lugar mesmo dos puros fatos de contradição estética. Referenciando-se a Hegel, afirma Revault que o artista "deve entregar-se à diferença absoluta", do mesmo modo que "deve entregar-se à contradição estética absoluta".

Em torno da contradição estética, Revault d'Allonnes projeta sua estética. Ele mesmo sintetiza: "Enfim, a contradição sob suas formas empíricas, que são a mistura, a ambiguidade, a tensão, o paradoxo e, por vezes, o conflito agudo, constituem o tecido mesmo da criação artística em nossa sociedade, segundo o estatuto que ela lhe reserva ou lhe atribuem"[61]. A dialética da criação artística é indissociável de seu destino histórico, já que "é totalmente impossível falar de criação como se ela fosse uma faculdade ou uma função, existindo independentemente da situação singular e datada, no seio da qual ela se manifesta"[62].

Para que a arte não sucumba diante da sempre presente ameaça dos efeitos institucionalizados, como dizia Adorno, é fundamental que a crítica estética não seja vítima de temores em relação à contradição estética, temores reveladores do misoneísmo cultural dos guardiães do *statu quo*. As promessas da arte e da estética só poderão ser cumpridas caso a liberdade seja capaz de permitir *droit de cité* às contradições estéticas. A estética da contradição ou do terceiro incluso é uma das formas puras da liberdade do espírito. O pensamento estético de Revault d'Allonnes não trai a esperança de suas promessas de liberdade.

---

61 Idem, p. 265.
62 Idem, ibidem.

6. Princípio do Terceiro Incluso

Ao longo das nossas pesquisas, temperadas pelo esforço do conceito e pela dramaticidade da criação artística, a força da contradição estética se fez presente em todos os seus matizes e em todas as épocas, em maior ou menor grau, autorizando-nos a constituir uma Estética da Contradição. A legitimidade filosófica da Estética da Contradição centra-se no conjunto crítico da contradição estética.

Tendo constituído concretamente um corpo histórico--crítico da contradição estética no seio da história da estética, acreditamos ter destacado sua importância orgânica desde os primórdios da literatura filosófica ocidental, que se apresenta como a mais significativa correlativamente à oriental.

A história crítica da contradição estética confirmou-se como uma história singular no seio da história da estética, e, embora não estivesse dentro de seu raio de extensão, essa singularidade figura igualmente na história da arte, da música, da literatura e demais artes. Sendo, se não a alma toda da criação artística e da crítica teórica, pelo menos uma boa parte dela.

Foi preciso isolar criteriosa e rigorosamente a contradição estética em todas as suas nuanças, para não deixar dúvidas quanto à sua legitimidade filosófica. A condição contraditória da arte, com menor ou maior consciência, não só foi confirmada, como alcançou a titularidade de invariante do pensamento estético. Essa singularidade da contradição estética foi tecida gradativamente, respeitando-se o caráter cultural sincrônico, relativizando-o em função da diacronicidade histórica.

A promessa da constituição de um corpo teórico a partir do conceito filosófico de contradição estética, passando ao largo do interesse em construir uma nova história da estética, que poderia ser legítimo, mas não se adequava à pesquisa em curso, necessitava, pois, abandonar o padrão tradicional e construir um novo padrão, em acordo exclusivo com a intencionalidade de partida. Este abandonou a história como *nominata* e como cronologia fática, porém tampouco foi um abandono total. O *modus operandi* foi determinado em respeito à intenção de rigorosamente se manter voltado para a contradição estética em suas múltiplas manifestações.

O conceito de contradição estética foi confirmado como um universo autônomo, ainda que parte integrante da história da estética. Havia como que uma história subliminar e em estado latente à espera da manifestação do seu momento de expressão, mesmo que tenha se manifestado irregularmente ao longo da história da estética. A constituição do corpo como unidade singular é que estava por ser reunida e desenvolvida conceitual e criticamente. Com efeito, a estética da contradição quis dar voz manifesta a esse conteúdo latente, bastante influente na história da estética, mas até então adormecido no conforto das grandes interpretações, das linhas históricas aceitas e de uma hermenêutica estética acomodada.

O conceito de contradição estética até então não ousava dizer o nome, pressionado pela autoridade da razão. Tendo tido um percurso histórico descontínuo, passava despercebido, ainda que tão flagrantemente importante. Malgrado esta importância, a contradição estética não era uma evidência, como algo que estivesse claramente à disposição crítica do exercício da razão, pois se assim o fosse, há muito o corpo teórico já teria sido organizado criticamente.

A suspeita da hipótese foi confirmada ao longo da pesquisa, por meio da qual a história da contradição estética se confunde com a dos mais variados problemas estéticos, em todos os níveis da estética e da criação. A falta de autonomia teórica ficou resolvida com a redação de um estatuto definido. A autonomia do conceito de contradição estética está amparada pela autoridade de toda a história da filosofia e de toda a história das artes.

Uma das maiores dificuldades residia no fato de o objeto não ter uma trajetória linear, mas ziguezagueante. A desconfiança pública com relação à contradição – afinal, perguntam-se os leigos, como a contradição pode ser fonte de algo de valor? – funcionou como uma constante forma de desafio moral. O filistinismo é um desassombro. Ele acredita que só existe aquilo que conhece, e como conhece pouco, e mesmo esse pouco superficialmente, a contradição estética não existe. O esforço de demonstração é muito maior nesse caso.

A fobia à contradição artística foi cedendo passo a passo ao longo dos anos, e hoje é uma doença cultural que já não assusta mais. Na perspectiva fóbica, a exploração crítica das contradições estéticas representa uma ameaça ao estabelecido. Preservar o *statu quo* estético e artístico implica em afastamento das contradições. Regras que são válidas em outros domínios são mecanicamente aplicadas na arte e na estética.

Foi possível a constituição de uma *teoria da contradição estética* centrada na estética da contradição, e esta como resultado daquela. Afinal, a estética da contradição é uma teoria da contradição estética, e simultaneamente esta é condição daquela, e o fortalecimento de uma é o enriquecimento da outra. O ser mesmo da estética da contradição é *alguma* teoria da contradição estética.

A estratégia teórica isolou a contradição estética e ao mesmo tempo a integrou em todas as suas formas de manifestação teórica e prática. O arco da contradição estética foi amplo o suficiente para não deixar nada de relevante e importante do lado de fora, salvo o fato de não ser possível esgotar todas as possibilidades, até mesmo por não se saber ao certo quantas e quais seriam essas possibilidades.

Estética da Contradição, ao recordar Baumgarten, negou-se sistematicamente a aplicar o princípio lógico do terceiro excluso nos objetos estéticos, e, ao criar o conceito de *princípio do terceiro incluso,* é complementar à obra de Baumgarten, ao unir as suas conquistas da *Estética* às da *Metafísica*. Entretanto, a teoria estética de Theodor W. Adorno expandiu de tal forma a modernidade filosófica a partir da modernidade artística, que a *Estética da Contradição* deve ser compreendida também como uma vertente de complementaridade do pensamento estético adorniano.

Referências Bibliográficas

Introdução

ABBAGNANO, N. *Dicionário de Filosofia*. São Paulo: Mestre Jou, 1982.

BRUGGER, W. *Dicionário de Filosofia*. São Paulo: Herder, 1969.

LALANDE, A. *Vocabulaire technique et critique de la philosophie*. Paris: PUF, 1980.

MODERNO, J.R. (org.) *Estética: A Lógica da Arte e do Poema*. Petrópolis: Vozes, 1993.

_____. (org.). *Meditações Filosóficas sobre Alguns Tópicos Referentes à Essência do Poema* (com seleção da *Metafísica* e da *Estética*). Petrópolis: Vozes, 1993.

1. Elementos da Estética Antiga Até Platão

BAYER, R. *Histoire de l'esthétique*. Paris: Armand Colin, 1961.

CHÂTELET, F. *Platon*. Paris: Gallimard, 1965.

TATARKIEWICZ, W. *Storia dell'estetica*. Torino: Einaudi, 1979.

2. A Estética de Platão e a Modernidade Estética

ADORNO, T.W. *Dialettica e positivismo in sociologia*. Torino: Einaudi, 1989.

_____. *Prismes*. Trad. Geneviève & Rainer Rochlitz. Paris: Payot, 1986.

_____. *Théorie esthétique*. Trad. Marc Jimenez. Paris: Klincksiek, 1974.

ADORNO, T.W. ; EISLER, H. *Musique de cinéma*. Trad. Jean-Pierre Hammer. Paris: L'Arche, 1972.

BARTHES, R. *Critique et verité*. Paris: Seuil, 1966.

BAUDELAIRE, C. *Oeuvres complètes*. Paris: Seuil, 1966.

BAYER, R. *Histoire de l'esthétique*. Paris: Armand Colin, 1961.

364 ESTÉTICA DA CONTRADIÇÃO

BLANCHOT, M. *L'Entretien infini*. Paris: Gallimard, 1969.

BOULEZ, P. *Points de repères*. Paris: Christian Bourgois/Seuil, 1985.

BRENNER, H. *La Politique artistique du national-socialisme*. Paris: Maspero, 1980.

BRISSON, L. L'Égypte de Platon. *Les Études philosophiques*. Paris: PUF, 1987.

BROCH, H. *Kitsch, Vanguardia y Arte por el Arte*. Barcelona: Tusquets, 1970.

CHOISY, A. *Histoire de l'architecture*. Genève/Paris: Slatkine, 1889. V. 2.

DELEUZE, G. *Différence et répétition*. Paris: PUF, 1968.

EISENSTEIN, S.M. *Le Film: Sa forme, son sens*. Trad. Armand Panigel. Paris: Christian Bourgois, 1976.

FOUCAULT, M. *Histoire de la folie à l'age classique*. Paris: Gallimard, 1972.

GLUCKSMANN, A. *La Cuisinière et le mangeur d'hommes*. Paris: Seuil, 1975.

HARASZTI, M. *L'Artiste d'etat*. Trad. Georges Kassaï. Paris: Fayard, 1983.

HAUSER, A. A *Arte e A Sociedade*. Trad. Maria M. Morgado. Lisboa: Presença, 1984.

_____. *História Social da Literatura e da Arte*. Trad. Jean-Louis Vieillard-Baron. São Paulo: Mestre Jou, 1972.

HEGEL, G.W.F. *Leçons sur Platon*. Paris: Aubier Montaigne, 1976.

HUSSERL, E. *Idées directrices pour une phénoménologie*. Trad. Paul Ricoeur. Paris: Gallimard, 1950.

JOUFFROY, T. *Cours d'esthétique*. Paris: Hachette, 1843.

KIERKEGAARD, S. *O Banquete*. Lisboa: Guimarães, 1975.

LYOTARD, J.F. *Dérive à partir de Marx et Freud*. Paris: UGE, 1973.

PERRAULT, C. *Parallèle des anciens et des modernes, en ce qui regarde les arts et les sciences*. Paris: Jean Baptiste Coignard (Veuve et Fils), 1692-1697.

PHILONENKO, A. *Schopenhauer. Histoire de la philosophie*. Paris: Gallimard, 1974. V. 3.

PLATÃO. *Oeuvres complètes*. Trad. Léon Robin. Paris: Gallimard, 1950.

POPPER, K.R. *La Société ouverte et ses ennemis*. Trad. Jacqueline Bernard & Philippe Monod. Paris: Seuil, 1979. V. 1.

REVAULT D'ALLONNES, O. *Plaisir à Beethoven*. Paris: Christian Bourgois, 1982.

ROBIN, L. *La Pensée hellénique: Des origines à Epicure*. Paris: PUF, 1967.

SCHOPENHAUER, A. *Le Monde comme volonté et comme représentation*. Trad. A. Burdeau. Paris: PUF, 1966.

WAHL, J. *Encyclopédie de la Plêiade: Histoire de la philosophie I*. Paris: Gallimard, 1974.

WINCKELMANN, J.J. *Historia del Arte en la Antiguedad*. Trad. Herminia Dauer. Barcelona: Iberia, 1984.

ZEVI, B. *Saber Ver Arquitetura*. Trad. Maria Isabel Gaspar e Gaëtan Oliveira. Lisboa: Martins Fontes, 1978.

3. As Contradições Estéticas Fundamentais do Século XVIII

ADDISON, J. *Filosofia del Arte: Los Placeres de la Imaginación*. Trad. A. Alvarez Villar. Madri: Morata, 1968.

ADORNO, T.W. *Théorie esthétique*. Trad. Marc Jimenez. Paris: Klincksiek, 1974.

BASCH, V. *Essai critique sur l'esthétique de Kant*. Paris: Félix Alcan, 1896.

_____. *Essais d'esthétique, de philosophie et de littérature*. Paris: Félix Alcan, 1934.

BELAVAL, Y. *L'Esthétique sans paradoxe de Diderot*. Paris: Gallimard, 1950.

BENJAMIN, W. *Le Concept de critique esthétique dans le romantisme allemand*. Trad. Lacoue-Labarthe & A. Lang. Paris: Flammarion, 1986.

REFERÊNCIAS BIBLIOGRÁFICAS

BERKELEY, G. *Tratado sobre los Principios del Conocimiento Humano*. Trad. Concha C. Mansilla. Madri: Gredos, 1982.

BOILEAU, N. *Oeuvres complètes*. Paris: Flammarion, 1969.

BURKE, E. *Recherche philosophique sur l'origine de nos idées du sublime et du beau*. Trad. E.L. de Lavaïsse. Paris: Vrin, 1973.

CASSIRER, E. *La Philosophie des lumières*. Trad. P. Quillet. Paris: Fayard, 1966.

CHÉDIN, O. *Sur l'esthétique de Kant*. Paris: Vrin, 1982.

CHÉNIER, A. *Histoire du style et du goût*. Paris: Gallimard, 1958.

_____. *Oeuvres complètes*. Paris: Gallimard, 1958.

CLAUDEL, P. *Oeuvres en prose*. Paris: Gallimard, 1965.

CONDILLAC, E.B. de. *Essai sur l'origine des connaissances humaines*. Paris: Galilée, 1973.

CROCE, B. *Estetica come scienza dell'espressione e linguistica generale*. Bari: Gius, Laterza & Figli, 1965.

_____. *La critica e la storia delle arti figurative*. Bari: Gius, Laterza & Figli, 1934.

CROUSAZ, J.-P. *Traité du beau*. Paris: Fayard, 1985.

DELEUZE, G. *Empirisme et subjectivité*. Paris: PUF, 1980.

_____. L'Idée de genèse dans l'esthétique de Kant. *Revue d'esthétique*, Paris, n. 4, 1953.

DESCARTES, R. *Oeuvres et lettres*. Paris: Gallimard, 1953.

_____. *Obras Escolhidas*. São Paulo: Perspectiva, 2010.

DIDEROT, D. *Oeuvres*. Paris: Gallimard, 1951.

_____. *Oeuvres esthétiques*. Paris: Garnier Frères, 1959.

DUBOS, J.B. *Réflexions critiques sur la poésie et sur la peinture*. Genève: Pissot, 1770.

EHRENZWEIG, A. *L'Ordre caché de l'art*. Trad. F. Lacoue-Labarthe & C. Nancy. Paris: Gallimard, 1974.

EINSTEIN, A. *La Musique romantique*. Trad. J. Delalande. Paris: Gallimard, 1959.

FOLKIERSKI, W. *Entre le classicisme et le romantisme*. Paris: H. Champion, 1969.

GOETHE, J.W. *Écrits sur l'art*. Trad. J.-M. Schaeffer. Paris: Klincksiek, 1983.

HABERMAS, J. *L'Espace public*. Trad. Marc B. de Launay. Paris: Payot, 1978.

_____. *Théorie et pratique*. Trad. G. Raulet. Paris: Payot, 1975. V. 2.

HELL, V. *Schiller: Théories esthétiques et structures dramatiques*. Paris: Aubier, 1974.

HELVÉTIUS, C.A. *De l'esprit: De l'homme*. Paris: Mercure de France, 1909.

HORKHEIMER, M. *Eclipse de la raison*. Trad. J. Laizé. Paris: Gallimard, 1974.

HUME, D. *Les Essais esthétiques I – II*. Trad. R. Bouveresse. Paris: Vrin, 1974.

KANT, E. *Critique de la faculté de juger*. Trad. A. Philonenko. Paris: Vrin, 1982.

_____. *Oeuvres philosophiques: Des prolégomènes aux écrits de 1791*. Paris: Gallimard, 1985.

LE BOSSU, R. *Oeuvres et lettres*. Paris: Jean-Geoffroy Nyon, 1708.

_____. *Traité du poème épique*. Cidade: Editora, ano.

LEFÈBVRE, H. *Diderot*. Paris: L'Arche, 1983.

LUKÁCS, G. *Contributi alla storia dell'estetica*. Trad. E. Picco. Milão: Feltrinelli, 1975.

MARCUSE, H. *Eros et civilisation*. Trad. J.G. Nény; B. Fraenkel. Paris: Minuit, 1963.

_____. *L'Homme unidimensionnel*. Trad. M. Wittig; H. Marcuse. Paris: Minuit, 1968.

SCHILLER, F. *Lettres sur l'éducation esthétique de l'homme*. Trad. R. Leroux. Paris: Aubier, 1943.

_____. *Poésie naïve et poésie sentimentale*. Paris: Aubier, 1947.

366 ESTÉTICA DA CONTRADIÇÃO

VAUVENARGUES, L. de C. *Oeuvres complètes.* Paris: Hachette, 1968.

WINCKELMANN, J.J. *Réflexions sur l'imitation des oeuvres grecques en peinture et en sculpture.* Trad. L. Mis. Paris: Aubier, 1954.

Apêndice I

BAUMGARTEN, A.G. *Estética: A Lógica da Arte e do Poema.* Trad. Miriam Sulter Medeiros. Petrópolis: Vozes, 1993.

BÄUMLER, A. *Kants Kritik der Urteilskraft, ihre Geschichte und Systematik.* Halle: Niemeyer, p. 923.

BAYER, R. *Histoire de l'esthétique.* Paris: Armand Colin, 1961.

CASSIRER, E. *La Philosophie des lumières.* Trad. P. Quillet. Paris: Fayard, 1966.

FOLKIERSKI, W. *Entre le classicisme et le romantisme.* Paris: Honoré Champion, 1969.

MADAME DE STAËL. *De l'allemagne.* Paris: Garnier/Flammarion, 1968.

MODERNO, J.R. "Perrault" ou o Templo do Gosto Moderno. *Tempo Brasileiro,* n. 118-119. Rio de Janeiro, 1994. Avatares da Modernidade.

MORA, F. *Dicionário de Filosofia.* São Paulo: Loyola, 1994.

PAREYSON, L. *Estética.* Petrópolis: Vozes, 1993.

SCHILLER, F. *Lettres sur l'éducation esthétique de l'homme.* Trad. R. Leroux. Paris: Aubier, 1943.

_____. *Poèmes philosophiques.* Trad. Robert d'Harcourt. Paris: Aubier, 1944.

TATARKIEWICZ, W. *Storia dell'estetica.* Torino: Einaudi, 1980.

TONELLI, G. *Histoire de la philosophie.* Paris: Gallimard, 1973. 2 v.

Apêndice II

BOILEAU-DESPRÉAUX, N. *Oeuvres complètes.* Paris: Flammarion, 1969.

BOUHOURS, D. *La Manière de bien penser dans les ouvrages de l'esprit.* 2. ed. Paris: La Veuve de Sébastien Mabre-Cramoisy, 1688.

BÜRGER, P. *Teoria de la Vanguardia.* Barcelona: Ediciones Península, 1987.

CASSIRER, E. *La Philosophie des lumières.* Trad. P. Quillet. Paris: Fayard, 1966.

FRÉART DE CHAMBRAY, R. *Idée de la perfection de la peinture.* Mans: Jacques Ysambart, 1662.

PERRAULT, C. *Parallèle des anciens et des modernes, en ce qui regarde les arts et les sciences.* Paris: Jean Baptiste Coignard (Veuve et Fils), 1692-1697.

RAPIN, R. *Refléxions sur la poétique d'Aristote, et sur les ouvrages des poètes anciens et modernes.* Paris: François Muguet, 1674.

RIGAULT, H. *Histoire de la Querelle des Anciens et des Modernes.* New York: Burt Franklin, 1859.

TATARKIEWICZ, W. *Storia dell'estetica.* Torino: Einaudi, 1980.

Apêndice III

BAYER, R. *Histoire de l'esthétique.* Paris: Armand Colin, 1961.

BODMER, J.J.; BREITINGER, J.J. *Schriften sur Literatur.* Stuttgart: Reclam, 1980.

CASSIRER, E. *La Philosophie des lumières.* Trad. P. Quillet. Paris: Fayard, 1966.

CROCE, B. *Estetica come sienza dell'espressione e linguistica generale.* Bari: Gius, Laterza & Figli, 1965.

REFERÊNCIAS BIBLIOGRÁFICAS 367

_____. L'Estetica del Gravina. In: *Problemi di estetica e contributi alla storia dell'estetica italiana*. Bari: Gius, Laterza & Figli, 1954.

GOTTSCHED, J.C. *Schriften sur Literatur*. Stuttgart: Reclam, 1982.

LEIBNIZ, G.W. *Nouveaux essais sur l'entendement humain*. Paris: Garnier/Flammarion, 1966.

PASCAL, B. *Pensées*. Paris: Flammarion, 1670.

PENIDO, M.T.L. Leibniz e o Inconsciente Cognitivo. *Revista da Academia Brasileira de Filosofia*, Rio de Janeiro, n. 1, 1998.

TATARKIEWICZ, W. *Storia dell'estetica*. Torino: Einaudi, 1980.

Apêndice IV

BAUMGARTEN, A.G. *Estética: A Lógica da Arte e do Poema*. Trad. Miriam Sutter Medeiros. Petrópolis: Vozes, 1993.

BAYER, R. *Histoire de l'esthétique*. Paris: Armand Colin, 1961.

CROCE, B. *Breviario di estetica e aesthetica in nuce*. Bari: Gius, Laterza & Figli, 1954.

_____. *Estetica come scienza dell'espressione e linguistica generale*. Bari: Gius, Laterza & Figli, 1965.

TATARKIEWICZ, W. *Storia dell'estetica*. Torino: Einaudi, 1980.

4. Hegel e as Sistematizações das Contradições

ADORNO, T.W. *Autour de la théorie esthétique: Paralipomena, introduction première*. Trad. M. Jimenez; E. Kaufholz. Paris: Klincksieck, 1976. (Col. d'esthétique, 25)

BEGUIN, A. *Le Romantisme allemand*. Marseille: Cahiers du Sud, 1949.

BENJAMIN, W. *Le Concept de critique esthétique dans le romantisme allemand*. Trad. Lacoue-Labarthe; A. Lang. Paris: Flammarion, 1986.

CLAUDEL, P. *Oeuvres en prose*. Paris: Gallimard, 1965.

EINSTEIN, A. *La Musique romantique*. Trad. J. Delalande. Paris: Gallimard, 1959.

HEGEL, G.W.F. *La Philosophie de l'esprit*. Trad. G.P. Bonjour. Paris: PUF, 1982.

_____. *Esthétique*. Trad. S. Jankélévitch. Paris: Flammarion, 1979. 4 v.

HÖLDERLIN, J.C.F. *Oeuvres*. Trad. D. Naville. Paris: Gallimard, 1967.

HUME, D. *Les Essais esthétiques*. Trad. R. Bouveresse. Paris: Vrin, 1973. V. 2.

KANT, E. *Brève histoire de la littérature allemande*. Trad. L. Goldmann; M. Butor. Paris: Nagel, 1949.

_____. *Oeuvres philosophiques*. Trad. J.R. Ladmiral; M.B. de Launay; J.-M. Vaysse. Paris: Gallimard, 1985. V. 2.

LUKÁCS, G. *Goethe et son époque*. Trad. L. Goldmann et Frank. Paris: Nagel, 1949.

MANN, T. *Le Docteur Faustus: La Vie du compositeur allemand Adrian Leverkühn racontée par un ami*. Paris: Livre de Poche-Biblio, 1987.

MERQUIOR, J.G. *Arte e Sociedade em Marcuse, Adorno e Benjamin*. Rio de Janeiro: Tempo Brasileiro, 1969.

SCHACHTNER, C. *Kultur Chronik*. Bonn, n. 4, 1991.

SCHELLING, F.W.J. *Essais*. Trad. S. Jankélévitch. Paris: Aubier, 1946.

_____. *Textes esthétiques*. Trad. A. Pernet. Paris: Klincksiek, 1978.

SCHOPENHAUER, A. *Le Monde comme volonté et comme représentation*. Trad. A. Burdeau. Paris: PUF, 1966.

TZARA, T. *Le Surréalisme et l'après-guerre*. Paris: Nagel, 1966.

368 ESTÉTICA DA CONTRADIÇÃO

VAUVENARGUES, L.C. *Oeuvres complètes*. Paris: Hachette, 1968. V. 2.

VENTURI, L. *Historia da Crítica de Arte*. Trad. R.E. Santana Brito. Lisboa: Martins Fontes, 1984.

VICO, G.B. *Oeuvres choisies*. Trad. Jules Michelet. Paris: Flammarion, [18–].

5. Adorno e a Teoria Estética da Contradição

ADORNO, T.W. *Autour de la théorie esthétique: Paralipomena, introduction première*. Trad. M. Jimenez; E. Kaufholz. Paris: Klincksieck, 1976. (Col. d'esthétique, 25)

_____. *La Dialectique de la raison*. Trad. E. Kaufholz. Paris: Gallimard, 1974.

_____. *Minima moralia*. Paris: Payot, 1980.

_____. *Notes sur la littérature*. Trad. S. Müller. Paris: Flammarion, 1984.

_____. *Philosophie de la nouvelle musique*. Trad. H. Hildenbrabd; A. Lindenberg. Paris: Gallimard, 1962.

_____. *Quasi una fantasia*. Trad. J.-L. Leleu. Paris: Gallimard, 1982.

_____. *Théorie esthétique*. Trad. Marc Jimenez. Paris: Klincksiek, 1974.

BECKETT, S. *L'Innominable*. Paris: Éditions de Minuit, 1953.

_____. *Mal vu mal dit*. Paris: Éditions de Minuit, 1981.

DILTHEY, W. *Le Monde de l'esprit*. Trad. M. Remy. Paris: Aubier, 1947. V. 2.

JIMENEZ, M. *Vers une esthétique negative: Adorno et la modernité*. Paris: Klincksieck, 1986.

RICHTER, J.-P.F. *Cours préparatoire d'esthétique*. Trad. Anne-Marie Lang; Jean-Luc Nancy. Lausanne: L'Age d'Homme, 1979.

VALÉRY, P. *Cahiers*. Paris: Gallimard, 1973. V. 2.

Apêndice V

ADORNO, T. *Dialética do Esclarecimento*. Rio de Janeiro: Jorge Zahar, 1985.

_____. *Teoria Estética*. São Paulo: Martins Fontes, 2008.

BAUMGARTEN, A.G. *Metaphisica*. Cidade: Editora, 1739.

Apêndice VI

EMPSON, W. *Seven Types of Ambiguity*. London: Chatto and Windus, 1930.

REVAULT D'ALLONNES, O. *La Création artistique et les promesses de la liberté*. Paris: Klincksieck, 1973.

Índice Onomástico

A

Abbagnano XXII

Addison 100, 101, 102, 103, 104, 137, 231

Adorno XIX, XXII, XXIII, 9, 30, 34, 35, 36, 41, 66, 67, 69, 72, 73, 76, 86, 87, 89, 90, 91, 105, 106, 113, 163, 164, 203, 213, 266, 294, 301, 311, 312, 313-357, 362

Alberti 95, 238, 239, 245

Alexandroff 72

Alfieri 94, 230

Allen 129

André 137, 229

Ariosto 94, 230

Aristófanes 18

Aristóteles XX, XXI, XXII, 9, 10, 20, 31, 35, 50, 76, 79, 95, 180, 231, 234, 249, 250

Artaud 79

Ayrault 133

B

Baldinucci 230

Barker 220

Barthes 76

Basaglia 326

Basch 96, 98, 99, 100, 103, 105, 110, 111, 112, 114, 115, 117, 118, 119, 120, 123, 124, 129, 130, 131, 132, 154, 157, 158, 159, 163, 165, 166, 167

Batteux 181, 220, 229

Baudelaire 35, 70, 71, 76, 77, 78, 84, 88, 128, 162, 163, 248

Baumgarten XXI, XXII, XXIII, 94, 97, 112, 113, 118, 120, 125, 135, 137, 154, 193, 214, 216, 217, 219, 220, 223, 225, 226, 243, 245, 246, 247, 248, 249, 250, 252, 253, 347, 352, 361

Bäumler 228n

Bayer 1, 5, 9, 11, 19, 21, 26, 27, 28, 94, 98, 104, 214, 215, 216, 218, 220, 221, 222, 224, 225, 229, 230, 246, 247, 252

Beckett 90, 325, 326, 331, 332, 343

Beethoven 33, 36, 43, 310, 316

Béguin 133

Belaval 168, 172, 173, 174, 176, 177, 180, 181

Benjamin 24, 30, 70, 91, 263, 265, 306

Berkeley 103, 104

Blanchot 52, 327

Bodmer 99, 100, 103, 215, 216, 229, 243

Boiardo 94, 230

Boileau 106, 108, 109, 135, 136, 157, 170, 171, 227, 229, 233, 236, 237, 238, 239, 240, 352

Bosanquet 1

370   ESTÉTICA DA CONTRADIÇÃO

Bouhours 98, 135, 136, 140, 226, 227, 228, 238, 239, 240, 241, 244, 253, 314, 347
Boulez 48, 70, 71, 72
Brecht 35
Breitinger 99, 103, 215, 243
Brenner 42n, 43n
Breton 72, 87, 88
Brion 133
Brisson 56
Broch 69, 70, 163, 209
Brugger XXI
Buffon 230
Bürger 234n
Burke 97, 104, 113, 141, 142, 143, 147, 151, 152, 217, 231

C

Camus 72, 278
Cassirer 1, 95, 96, 97, 98, 99, 102, 103, 104, 106, 107, 108, 109, 120, 133, 134, 136, 137, 138, 139, 141, 169, 170, 171, 172, 223, 224, 226, 228, 237, 238, 240
Chagall 116
Châtelet 14, 28
Chédin 114, 115, 116
Chénier 139-140, 153, 230, 335
Choisy 53
Chouillet 239
Cícero 77, 95
Claudel 289, 290
Cohen 131, 157
Colbert 236
Condillac 160, 161, 229
Condorcet 241
Croce 93, 133, 138, 243, 244, 246, 252
Crousaz 98, 109

D

D'Alembert 233, 237
Dali 116
Damon 14
Dante 95
Delacroix 72, 354
Deleuze 83, 84, 88, 144, 159, 176
Demócrito 14, 15
Derrida 160
Descartes 94, 97, 102, 104, 105, 106, 107, 108, 109, 133, 151, 174, 214, 229, 237, 243, 245, 246, 248-253

Diderot 72, 78, 98, 137, 138, 143, 150, 152, 153, 154, 167, 168, 169, 172-181, 182, 223, 224, 226, 229, 230, 243
Dilthey 326, 327, 328, 329, 330, 333, 334
Dorfles 60
Dubos 94, 98, 99, 105, 137, 140, 141, 220, 223, 227, 228, 229
Duchamp 307

E

Eco 37, 60, 354, 356
Ehrenzweig 160, 354
Einstein 309
Eisenstein 30, 72, 73
Eisler 72, 73
Erasmo 77
Ernst 116, 169, 223
Ésquilo 18, 82
Eurípedes 18, 47, 82

F

Fechner 97, 114, 163
Félibien 236
Fídias 18, 32
Filolau 10, 11
Flaubert 330
Folkierski 174, 223, 224, 229
Foucault 40, 76, 78, 79
Freud 76, 77, 81, 204, 303
Furtwängler 42

G

Gerard 162, 231
Giacometti 116
Gilbert 1
Giotto 95
Glucksmann 39
Goethe 72, 73, 77, 97, 113, 127, 138, 159, 165, 167, 168, 169, 171, 172, 177, 191, 192, 197, 209, 211, 221, 243, 247, 258, 311
Gottsched 99, 102, 103, 104, 105, 109, 121, 157, 215, 243, 246
Gravina 93, 94, 231, 243

H

Habermas 189, 196, 200
Haraszti 34, 35, 42
Hartmann 129
Hauser 18, 19, 47, 48, 49, 268

ÍNDICE ONOMÁSTICO

Hegel 20, 30, 31, 32, 36, 73, 74, 97, 113, 114, 118, 172, 181, 182, 184, 185, 190, 201, 213, 214, 247, 255-312, 357
Heine 133
Hell 182, 206
Herbart 97, 113, 124
Herder 98, 140
Hesíodo 5, 50, 298
Hoffmeister 43
Hogarth 72, 231
Hölderlin 30, 49, 73, 255, 256, 257
Home 153, 231
Homero 44, 45, 50, 52, 60, 80, 156, 298
Horácio 77, 108, 109
Horkheimer 188, 189, 190, 194, 196, 197
Huch 133
Humboldt 211
Hume 104, 113, 135, 136, 137, 140, 144, 152, 172, 176, 178, 180, 217, 231, 274
Husserl 88, 89
Hutcheson 100, 137, 220, 231

J

Jaeger 20
Jean-Paul 181, 191
Jimenez 36, 318, 322, 341
Jouffroy 35
Joyce 72
Jung 154

K

Kafka 90
Kames 231
Kant 18, 24, 33, 96, 97, 98, 99, 100, 104, 105, 106, 110, 111, 112, 113, 114, 115, 116, 117, 118, 119, 120, 121, 122, 123, 124, 125, 126, 127, 128, 129, 130, 131, 132, 137, 138, 140, 143, 154, 155, 156, 157, 158, 159, 160, 162, 163, 164, 165, 166, 167, 181, 182, 183, 184, 185, 189, 193, 195, 211, 212, 213, 214, 215, 217, 218, 219, 220, 221, 224, 225, 226, 232, 242, 243, 247, 267, 288, 316, 318
Kierkegaard 67, 68, 277
Kirchmann 129
König 215
Körner 211
Kuhn 1

L

La Rochefoucauld 143
Lacan 83, 84
Lalande XXI
Lefèbvre 168-169, 172, 173, 174, 177, 180, 181
Leibniz 69, 94, 97, 98, 99, 113, 118, 120, 135, 214, 215, 217, 218, 220, 243, 244, 245, 246, 247, 249
Lênin 73
Lessing 98, 138, 140, 206, 221, 222, 223, 224, 243
Locke 98, 99, 138, 143, 147, 160
Longino 236
Lukács 90, 106, 127, 183, 184, 185, 188, 202, 203, 204, 205, 283, 306, 319, 320, 322
Lyotard 48

M

Magritte 116
Mann 310
Mao 73, 298
Marcuse 37, 193, 194, 195, 200, 201, 203, 205, 206
Marx 73, 129, 188, 283
Mendelssohn 138, 219, 220, 221, 243
Merquior 70, 306
Milton 50, 140
Minturno 94, 230
Miró 116
Miron 18
Montesquieu 230
Mora 219
Mornet 173
Muratori 94, 231

N

Nerval 79
Newton 105, 106, 132
Nietzsche 79, 91, 115, 174
Novalis 30, 73, 191, 255, 163, 310

P

Pareyson 37, 336, 354
Passeri 230
Perrault 28, 213, 226, 232-242, 244
Pflüger 284, 285
Philonenko 90

Platão XVII, XIX, 1, 2, 9, 10, 13, 14, 15, 17-
91, 118, 139, 179, 214, 231, 295, 345
Plotino 2, 95, 139
Policleto 8, 18
Polinoto 18
Popper 41, 47, 62, 63, 67
Pudovkin 72
Poussin 235
Pradon 233

R

Racine 79, 119, 135
Rapin 234
Reich 94
Renan 154
Revault d'Allonnes 24, 33, 34, 35, 36, 282, 351-357
Reynolds 72
Rigault 233, 241
Robin 41
Romano 235
Rousseau 182, 226, 230

S

Saint-Simon 241
Saint-Sorlin 234
Santa Tereza d'Ávila 95
Santo Agostinho 95
São João da Cruz 95
São Tomás de Aquino 95, 239, 244, 252, 253
Sarbiewski 228
Scaliger 94, 230, 250
Scanelli 230
Schelling 30, 36, 73, 97, 113, 114, 122, 185, 190, 214, 243, 247, 255, 257, 258, 259, 260, 261, 262, 263, 264, 265, 266
Schiller 24, 73, 97, 98, 106, 113, 122, 126, 127, 138, 153, 169, 172, 177, 182-210, 211-232, 239, 243, 247, 255, 292
Schönberg 72
Schopenhauer 67, 70, 75, 76, 79, 81, 84, 85, 86, 87, 88, 89, 90, 97, 113, 131, 165, 253, 303, 311, 326

Schurz 284, 285
Staël 212, 214
Stálin 73
Sully 129
Sulzer 138, 217, 218, 219, 243

T

Tasso 94, 230
Tatarkiewicz 1, 2, 3, 5, 8, 10, 11, 12, 13, 15, 18, 25, 28, 228, 239, 245, 251
Teócrito 82
Tesauro 228
Tieck 73
Tonelli 222
Trissino 94, 230
Tucídedes 18
Tzara 286, 287

V

Valéry 72, 317, 336
Van Gogh 78-79
Vauvenargues 148, 149, 150, 160, 161
Venturi 1, 162
Vico 93, 94, 107, 120, 198, 231, 243, 253
Vida 94, 230
Vinci 72, 95
Vischer 129
Vitrúvio 4, 233, 236, 237
Voltaire 98, 143, 226, 230

W

Wagner 70, 71, 77
Wahl 40, 310
Winckelmann 52, 94, 138, 178, 179, 180, 221, 22, 243
Wolff XXII, 69, 98, 99, 102, 216, 217, 220, 226, 243, 246

Y

Young 140, 231

Z

Zevi 24
Zimmermann 97, 113, 124

ESTÉTICA E FILOSOFIA NA PERSPECTIVA

Obra Aberta
  Umberto Eco (D004)
Apocalípticos e Integrados
  Umberto Eco (D019)
Pequena Estética
  Max Bense (D030)
O Socialismo Utópico
  Martin Buber (D031)
Filosofia em Nova Chave
  Susanne K. Langer (D033)
Sartre
  Gerd A. Bornheim (D036)
O Visível e o Invisível
  M. Merleau-Ponty (D040)
Linguagem e Mito
  Ernst Cassirer (D050)
Mito e Realidade
  Mircea Eliade (D052)
A Linguagem do Espaço e do Tempo
  Hugh M. Lacey (D059)
Estética e História
  Bernard Berenson (D062)
O Kitsch
  Abraham Moles (D068)
Estética e Filosofia
  Mikel Dufrenne (D069)
Fenomenologia e Estruturalismo
  Andrea Bonomi (D089)

A Cabala e seu Simbolismo
  Gershom Scholem (D128)
A Estética do Objetivo
  Aldo Tagliaferri (D143)
Do Diálogo e do Dialógico
  Martin Buber (D158)
Visão Filosófica do Mundo
  Max Scheler (D191)
Conhecimento, Linguagem, Ideologia
  Marcelo Dascal (org.) (D213)
Notas para uma Definição de Cultura
  T. S. Eliot (D215)
Dewey: Filosofia e Experiência Democrática
  Maria Nazaré de C. Pacheco
  Amaral (D229)
Romantismo e Messianismo
  Michel Löwy (D234)
Correspondência
  Walter Benjamin e Gershom
  Scholem (D249)
Ironia e o Irônico
  D. C. Muecke (D250)
Isaiah Berlin: Com Toda a Liberdade
  Ramin Jahanbegloo (D263)
Existência em Decisão
  Ricardo Timm de Souza (D276)
Metafísica e Finitude
  Gerd A. Bornheim (D280)

O Caldeirão de Medéia
  Roberto Romano (D283)
George Steiner: À Luz de Si Mesmo
  Ramin Jahanbegloo (D291)
Um Ofício Perigoso
  Luciano Canfora (D292)
O Desafio do Islã e Outros Desafios
  Roberto Romano (D294)
Adeus a Emmanuel Lévinas
  Jacques Derrida (D296)
Platão: Uma Poética para a Filosofia
  Paulo Butti de Lima (D297)
Ética e Cultura
  Danilo Santos de Miranda (D299)
Emmanuel Lévinas: Ensaios e Entrevistas
  François Poirié (D309)
Preconceito, Racismo e Política
  Anatol Rosenfeld (D322)
Homo Ludens
  Joan Huizinga (E004)
A Estrutura Ausente
  Umberto Eco (E006)
Gramatologia
  Jacques Derrida (E016)
As Formas do Conteúdo
  Umberto Eco (E025)
Filosofia da Nova Música
  T. W. Adorno (E026)
Filosofia do Estilo
  Gilles Geston Granger (E029)
Lógica do Sentido
  Gilles Deleuze (E035)
Sentimento e Forma
  Susanne K. Langer (E044)
A Visão Existenciadora
  Evaldo Coutinho (E051)
O Lugar de Todos os Lugares
  Evaldo Coutinho (E055)
História da Loucura
  Michel Foucault (E061)
O Convívio Alegórico
  Evaldo Coutinho (E070)

Ser e Estar em Nós
  Evaldo Coutinho (E074)
Teoria Crítica I
  Max Horkheimer (E077)
A Subordinação ao Nosso Existir
  Evaldo Coutinho (E078)
A Testemunha Participante
  Evaldo Coutinho (E084)
A Artisticidade do Ser
  Evaldo Coutinho (E097)
Dilthey: Um Conceito de Vida e uma Pedagogia
  Maria Nazaré de C. P. Amaral (E102)
Tempo e Religião
  Walter I. Rehfeld (E106)
Kósmos Noetós
  Ivo Assad Ibri (E130)
História e Narração em Walter Benjamin
  Jeanne Marie Gagnebin (E142)
A Procura da Lucidez em Artaud
  Vera Lúcia G. Felício (E148)
Cabala: Novas Perspectivas
  Moshe Idel (E154)
O Tempo Não-Reconciliado
  Peter Pál Pelbart (E160)
Jesus
  David Flusser (E176)
Avicena: A Viagem da Alma
  Rosalie Helena de S. Pereira (E179)
O Fragmento e a Síntese
  Jorge Anthonio e Silva (E195)
Nas Sendas do Judaísmo
  Walter I. Rehfeld (E198)
Cabala e Contra-História: Gershom Scholem
  David Biale (E202)
Nietzsche e a Justiça
  Eduardo Rezende Melo (E205)
Ética contra Estética
  Amelia Valcárcel (E210)
O Umbral da Sombra
  Nuccio Ordine (E218)
Ensaios Filosóficos
  Walter I. Rehfeld (E246)

Filosofia do Judaísmo em Abraham Joshua Heschel
Glória Hazan (E250)
A Escritura e a Diferença
Jacques Derrida (E271)
Monstrutivismo
Lucio Agra (E281)
Mística e Razão: Dialética no Pensamento Judaico. De Speculis Heschel
Alexandre Leone (E289)
A Simulação da Morte
Lúcio Vaz (E293)
Judeus Heterodoxos: Messianismo, Romantismo, Utopia
Michael Löwy (E298)
A Arte Poética
Nicolas Boileau-Despréaux (EL34)
Ensaios sobre a Liberdade
Celso Lafer (EL038)
O Schabat
Abraham J. Heschel (EL049)
O Homem no Universo
Frithjof Schuon (EL050)
Quatro Leituras Talmúdicas
Emmanuel Levinas (EL051)
Yossel Rakover Dirige-se a Deus
Zvi Kolitz (EL052)
Sobre a Construção do Sentido
Ricardo Timm de Souza (EL053)
A Paz Perpétua
J. Guinsburg (org.) (EL055)
O Segredo Guardado
Ili Gorlizki (EL058)
Os Nomes do Ódio
Roberto Romano (EL062)
Kafka: A Justiça, O Veredicto e a Colônia Penal
Ricardo Timm de Souza (EL063)
A Filosofia do Judaísmo
Julius Guttmann (PERS)
Averróis, a Arte de Governar
Rosalie Helena de Souza Pereira (PERS)
Testemunhas do Futuro
Pierre Bouretz (PERS)

O Brasil Filosófico
Ricardo Timm de Souza (K022)
Diderot: Obras I – Filosofia e Política
J. Guinsburg (org.) (T012-i)
Diderot: Obras II – Estética, Poética e Contos
J. Guinsburg (org.) (T012-H)
Diderot: Obras III – O Sobrinho de Rameau
J. Guinsburg (org.) (T012-III)
Diderot: Obras IV – Jacques, o Fatalista, e Seu Amo
J. Guinsburg (org.) (T012-IV)
Diderot: Obras V – O Filho Natural
J. Guinsburg (org.) (T012-V)
Diderot: Obras VI (1) – O Enciclopedista – História da Filosofia I
J. Guinsburg e Roberto Romano (orgs.) (T012-VI)
Diderot: Obras vi (2) – O Enciclopedista – História da Filosofia ii
J. Guinsburg e Roberto Romano (orgs.) (T012-VI)
Diderot: Obras VI (3) – O Enciclopedista – Arte, Filosofia e Política
J. Guinsburg e Roberto Romano (orgs.) (T012-H)
Diderot: Obras vii – A Religiosa
J. Guinsburg (org.) (T012-VII)
Platão: República – Obras i
J. Guinsburg (org.) (T019-I)
Platão: Górgias – Obras II
Daniel R. N. Lopes (intr., trad. e notas) (T019-II)
Hegel e o Estado
Franz Rosenzweig (T021)
Descartes: Obras Escolhidas
J. Guinsburg, Roberto Romano e Newton Cunha (orgs.) (T024)
Cabala, Cabalismo e Cabalistas
Moshe Idel et al. (EJ01)
As Ilhas
Jean Grenier (LSC)

Este livro foi impresso na cidade de São Paulo,
nas oficinas da Orgráfic Gráfica e Editora, em outubro de 2013,
para a Editora Perspectiva